『十三五』国家重点图书出版规划项目

国家社会科学基金重大项目『中国近代日记文献叙录、整理与研究』

（项目编号：18ZDA259）阶段性研究成果

中国近现代稀见史料丛刊【第八辑】

# 邵祖平文集

张剑 徐雁平 彭国忠 主编

邵祖平 著

钱得运 整理

本辑执行主编 徐雁平

凤凰出版社

图书在版编目（CIP）数据

邵祖平文集 / 邵祖平著 ; 钱得运整理. -- 南京 : 凤凰出版社, 2021.9
（中国近现代稀见史料丛刊. 第八辑）
ISBN 978-7-5506-3465-7

Ⅰ. ①邵… Ⅱ. ①邵… ②钱… Ⅲ. ①邵祖平－文集 Ⅳ. ①Z426

中国版本图书馆CIP数据核字(2021)第147686号

| | |
|---|---|
| 书名 | 邵祖平文集 |
| 著者 | 邵祖平 著　钱得运 整理 |
| 责任编辑 | 徐珊珊 |
| 装帧设计 | 姜　嵩 |
| 出版发行 | 凤凰出版社(原江苏古籍出版社)<br>发行部电话025-83223462 |
| 出版社地址 | 江苏省南京市中央路165号,邮编:210009 |
| 出版社网址 | http://www.fhcbs.com |
| 照排 | 南京凯建文化发展有限公司 |
| 印刷 | 江苏凤凰通达印刷有限公司<br>江苏省南京市六合区冶山镇,邮编:211523 |
| 开本 | 880毫米×1230毫米　1/32 |
| 印张 | 15.625 |
| 字数 | 406千字 |
| 版次 | 2021年9月第1版 |
| 印次 | 2021年9月第1次印刷 |
| 标准书号 | ISBN 978-7-5506-3465-7 |
| 定价 | 118.00元 |

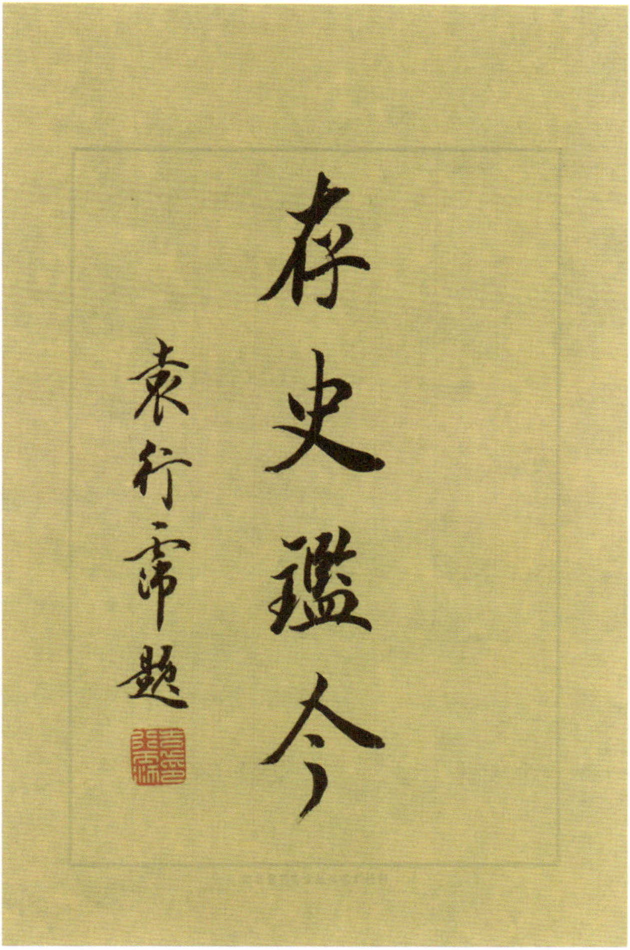


袁行霈先生题辞

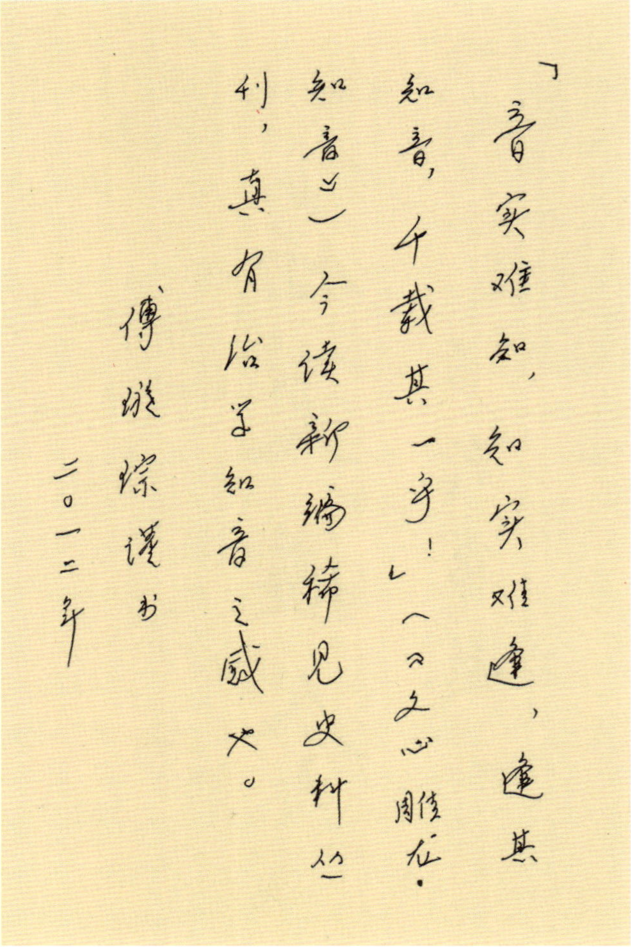

「音实难知，知实难逢，逢其知音，千载其一乎！」（《文心雕龙·知音》）今读新编稀见史料丛刊，真有治学知音之感矣。

傅璇琮谨书
二〇一二年

傅璇琮先生题辞

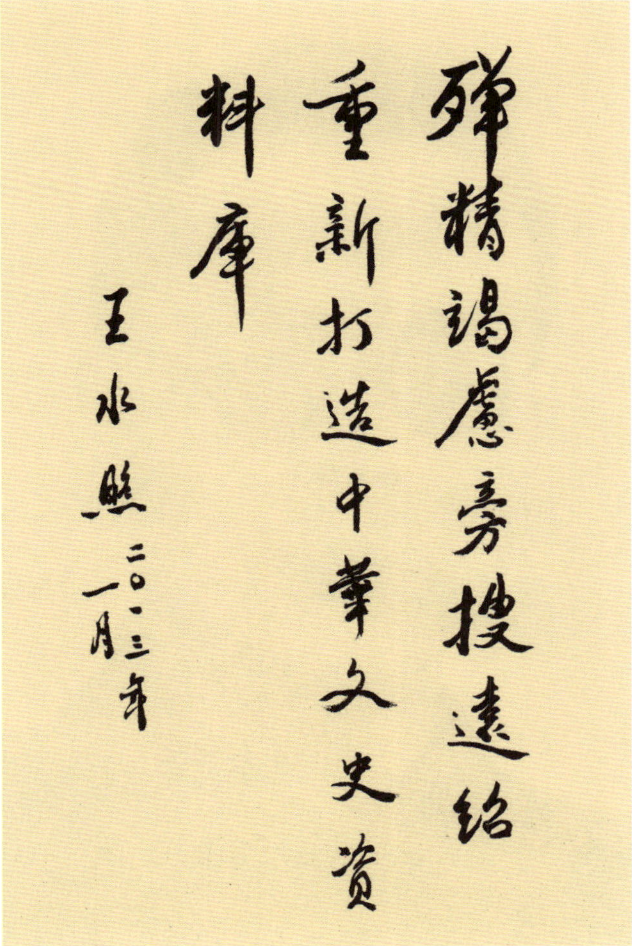


王水照先生题辞

邵祖平像

家人合影（自左至右，前排：长子邵靖宇，次子邵澄宇，次女邵渊愉。后排：夫人郭以适，邵祖平先生）

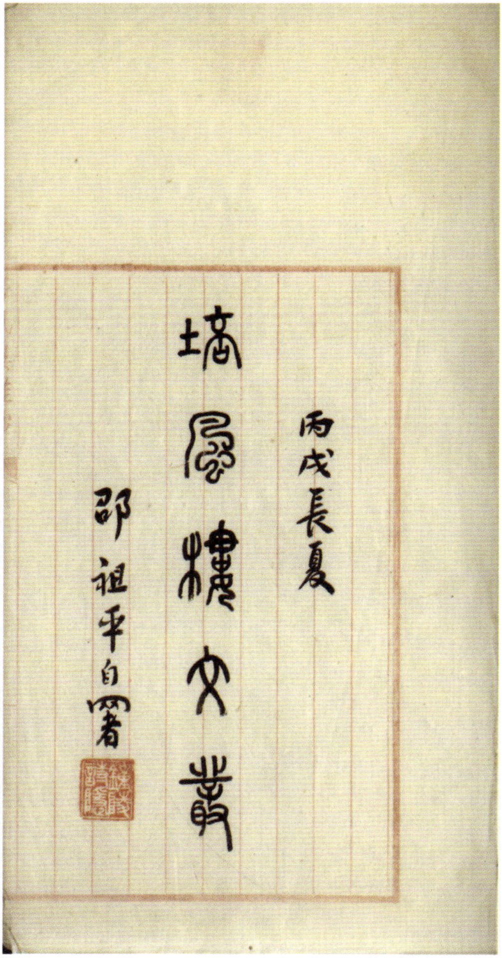


《培风楼文丛》封面

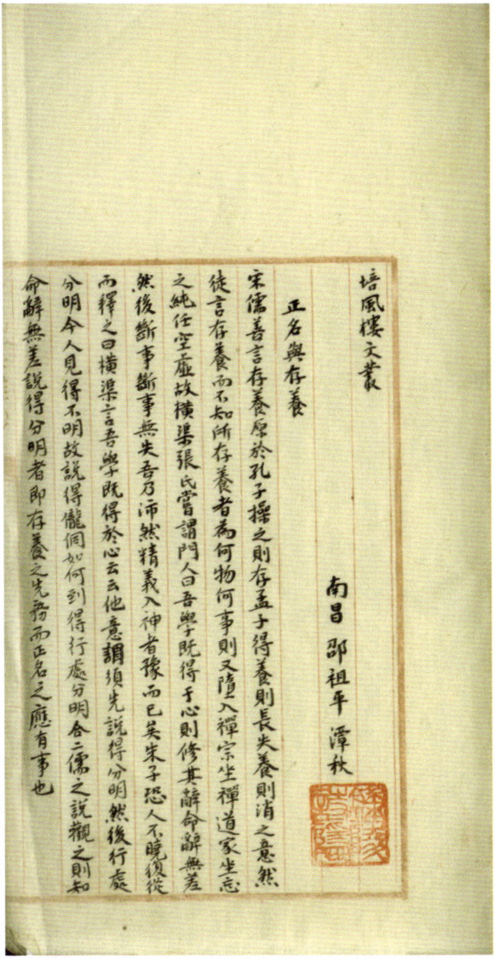

培風樓文叢

南昌 邵祖平 潭秋

正名與存養

宋儒善言存養原於孔子操之則存孟子得養則長失養則消之意然徒言存養而不知所存養者爲何物何事則又隨入禪宗坐禪道家坐忘之純任空虛故横渠張氏嘗謂門人曰吾學既得于心則修其辭命辭無差然後斷事斷事無失吾乃沛然精義入神者豫而已矣朱子恐人不曉復從而釋之曰横渠言吾學既得於心云云他意謂須先說得分明然後行處分明今人見得不明故說得儱侗如何到得行處分明合二儒之說觀之則知命辭無差說得分明者即存養之先務而正名之應有事也

《培风楼文丛》内文

# 《中国近现代稀见史料丛刊》总序

在世界所有的文明中，中华文明也许可说是“唯一从古代存留至今的文明”（罗素《中国问题》）。她绵延不绝、永葆生机的秘诀何在？袁行霈先生做过很好的总结：“和平、和谐、包容、开明、革新、开放，就是回顾中华文明史所得到的主要启示。凡是大体上处于这种状况的时候，文明就繁荣发展，而当与之背离的时候，文明就会减慢发展的速度甚至停滞不前。”（《中华文明的历史启示》，《北京大学学报》2007年第1期）

但我们也要清醒看到，数千年的中华文明带给我们的并不全是积极遗产，其长时段积累而成的生活方式与价值观具有强大的稳定性，使她在应对挑战时所做的必要革新与转变，相比他者往往显得迟缓和沉重。即使是面对佛教这种柔性的文化进入，也是历经数百年之久才使之彻底完成中国化，成为中华文明的一部分；更不用说遭逢“数千年来未有之变局”、“数千年未有之强敌”（李鸿章《筹议海防折》），“数千年未有之巨劫奇变”（陈寅恪《王观堂先生挽词序》）的中国近现代。晚清至今虽历一百六十余年，但是，足以应对当今世界全方位挑战的新型中华文明还没能最终形成，变动和融合仍在进行。1998年6月17日，美国三位前总统（布什、卡特、福特）和二十四位前国务卿、前财政部长、前国防部长、前国家安全顾问致信国会称：“中国注定要在21世纪中成为一个伟大的经济和政治强国。”（徐中约著《中国近代史》上册第六版英文版序，香港中文大学2002年版）即便如此，我们也不能盲目乐观，认为中华文明已经转型成功，相反，中华文明今天面对的挑战更为复杂和严峻。新型的中华文明到底会怎样呈现，又怎样具体表现或作用于政治、经济、文化等层面，人们还在不断探索。这个问题，我们这一代恐怕无法给出答案。但我们坚信，在历史上曾经灿烂辉煌的中华文明必将凤凰浴火，涅槃重生。这既是数千年已经存在的中华文明发展史告诉我们的经验事实，也是所有为中国文化所化之人应有的信念和责任。

不过，对于近现代这一涉及当代中国合法性的重要历史阶段，我们了解得还过于粗线条。她所遗存下来的史料范围广阔，内容复杂，且有数量庞大且富有价值的稀见史料未被发掘和利用，这不仅会影响到我们对这段历史的全面了解和规律性认识，也会影响到今天中国新型文明和现代化建设对它的科学借鉴。有一则印度谚语如是说："骑在树枝上锯树枝的时候，千万不要锯自己骑着的那一根。"那么，就让我们用自己的专业知识与能力，为承载和养育我们的中华文明做一点有益的事情——这是我们编纂这套《中国近现代稀见史料丛刊》的初衷。

书名中的"近现代"，主要指 1840—1949 年这一时段，但上限并非以一标志性的事件一刀切割，可以适当向前延展，然与所指较为宽泛的包含整个清朝的"近代中国"、"晚期中华帝国"又有所区分。将近现代连为一体，并有意淡化起始的界限，是想表达一种历史的整体观。我们观看社会发展变革的波澜，当然要回看波澜如何生，风从何处来；也要看波澜如何扩散，或为涟漪，或为浪涛。个人的生活记录，与大历史相比，更多地显现出生活的连续。变局中的个体，经历的可能是渐变。《丛刊》期望通过整合多种稀见史料，以个体陈述的方式，从生活、文化、风习、人情等多个层面，重现具有连续性的近现代中国社会。

书名中的"稀见"，只是相对而言。因为随着时代与科技的进步，越来越多的珍本秘籍经影印或数字化方式处理后，真身虽仍"稀见"，化身却成为"可见"。但是，高昂的定价、难辨的字迹、未经标点的文本，仍使其处于专业研究的小众阅读状态。况且尚有大量未被影印或数字化的文献，或流传较少，或未被整合，也造成阅读和利用的不便。因此，《丛刊》侧重选择未被纳入电子数据库的文献，尤欢迎整理那些辨识困难、断句费力、裒合不易或是其他具有难度和挑战性的文献，也欢迎整理那些确有价值但被人们习见思维与眼光所遮蔽的文献，在我们看来，这些文献都可属于"稀见"。

书名中的"史料"，不局限于严格意义上的历史学范畴，举凡日记、书信、奏牍、笔记、诗文集、诗话、词话乃至序跋汇编等，只要是某方面能够反映时代政治、经济、文化特色以及人物生平、思想、性情的文献，都在考虑之列。我们的目的，是想以切实的工作，促进处于秘藏、边缘、零散等状态的史料转化为新型的文献，通过一辑、二辑、三辑……这样的累积性整理，自然地呈现出一种规模与气象，与其他已经整理出版的文献相互关联，形成一个丰茂的文献群，从而揭示在宏大的中国近现代叙事背后，还有很多未被打量过的局部、日常与细节；在主流周边或更远处，还有富于变化的细小溪流；甚至在主流中，还有漩涡，在边缘，还有静止之水。近现代中国是大变革、大痛苦的时代，身处变局中的个体接物处事的伸屈、所思所想的起落，藉纸墨得以留存，这是一个时代的个人记录。此中有文学、文化、生活；也时有动乱、战争、革命。我们整理史料，是提供一种俯首细看的方式，或者一种贴近近现代社会和文化的文本。当然，对这些个人印记明显的史料，也要客观地看待其价值，需要与其他史料联系和比照阅读，减少因个人视角、立场或叙述体裁带来的偏差。

知识皆有其价值和魅力，知识分子也应具有价值关怀和理想追求。清人舒位诗云"名士十年无赖贼"（《金谷园故址》），我们警惕袖手空谈，傲慢指点江山；鲁迅先生诗云"我以我血荐轩辕"（《自题小像》），我们愿意埋头苦干，逐步趋近理想。我们没有奢望这套《丛刊》产生宏大的效果，只是盼望所做的一切，能融合于前贤时彦所做的贡献之中，共同为中华文明的成功转型，适当"缩短和减轻分娩的痛苦"（马克思《资本论》第一卷第一版序言）。

《丛刊》的编纂，得到了诸多前辈、时贤和出版社的大力扶植。袁行霈先生、傅璇琮先生、王水照先生题辞勖勉，周勋初先生来信鼓励，凤凰出版社姜小青总编辑赋予信任，刘跃进先生还慷慨同意将其列入"中华文学史史料学会"重大规划项目，学界其他友好也多有不同形式的帮助……这些，都增添了我们做好这套《丛刊》的信心。必须一提的是，《丛刊》原拟主编四人（张剑、张晖、徐雁平、彭国忠），每位主编负责一辑，周而复始，滚动发展，原计划由张晖负责第四辑，但他尚未正式投入工作即于 2013 年 3 月 15 日赍志而殁，令人抱恨终天，我们将以兢兢业业的工作表达对他的怀念。

《丛刊》的基本整理方式为简体横排和标点（鼓励必要的校释），以期更广泛地传播知识、更好地服务社会。希望我们的工作，得到更多朋友的理解和支持。

2013 年 4 月 15 日

# 目　录

# 前　言

近年来，随着“民国热”“国学热”的逐渐升温，人们对民国学人的学术著作及其诗词创作予以广泛关注和深入探研，但较为集中于民国名家。在对民国学者的研究视阈中，邵祖平不能不作关注。邵祖平的诗词创作成就在民国学人中占有相当地位，《当代诗坛点将录》称：“邵潭秋《培风楼诗》篇什甚富，沉雄瑰玮，眩人眼目，自是一代大家手笔。”①浙江大学 2000 年出版重辑本《培风楼诗》录邵诗 1508 首，词 100 阕，是目前整理邵祖平诗词作品最为全备的集子。近来颇有几篇论文探讨其学术成就，可惜关注度仍不够高，这是很遗憾的事。之所以如此，不外乎民国学人众多，许多学者的文集尚未进行全面的整理。因此，对邵祖平的著作进行整理是很有必要的事，同时也有必要对其学术研究有一个大体的勾勒，以示其学术旨趣及其相关成就，希望对当今学术研究提供新的思路和借鉴意义。

## 一、生平简介

邵祖平(1898—1969)，字潭秋，别号钟陵老隐、培风老人，室名无尽藏斋、培风楼，江西南昌人。早年肄业于江西高等学堂。因家境清贫，未再深造，后来完全靠自学成才。邵祖平早年贫穷，买不起书，借他人《史记》、前后《汉书》等书誊抄装订，刻苦学习。20 岁时，应聘于

① 冯永军著：《当代诗坛点将录》，上海：华东师范大学出版社，2011 年版，第39 页。

东南大学附中，成为该校高中国文教员，因其口才好，说话很风趣，学殖深厚，教学效果好，深受学生喜爱。23 岁时，时任东南大学外文教授的吴宓主办《学衡》杂志，请邵祖平参加《学衡》的编辑工作，并负责《杂俎》栏目。邵祖平亦在《学衡》上发表文章。其中发表的诗歌《渔丈人行》(诗作写成时年仅 20 岁)，曾在鲁迅《估〈学衡〉》一文受到挖苦。自 1922 年起，历任《学衡》杂志编辑，东南、之江、浙江大学教授，章氏国学会讲席，铁道部次长曾养甫秘书，朝阳法学院、四川大学、金陵女子大学、华西大学、西北大学、西南美术专科学校、重庆大学、四川教育学院教授。中华人民共和国成立后，历任四川大学、中国人民大学、青海民族学院教授。在这些经历中，稍需一提的是，1929 年在浙江大学任教时，邵祖平诗集《培风楼诗存》由浙江大学印刷厂铅印出版，后陆续增补。入蜀任中央大学(内迁)、四川大学教授时，《培风楼诗存》获重庆国民政府教育部审议委员会主办文艺奖励第一名(仅一名)。1954 年，邵祖平离开川大，想回杭州任教，曾写信给夏承焘，请为之设法，此事没有成功，就去了中国人民大学，后划为“右派”，被“发配”到青海民族学院(现为青海民族大学)。1965 年退休后回杭州，后突发脑出血，不治而辞世。

邵祖平著述丰富，著作有《中国观人论》《文字学概论》《国学导读》《词心笺评》《乐府诗选》《七绝诗论・七绝诗话合编》《培风楼诗存》《培风楼诗续存》《培风楼诗》《峨眉游草》《关中游草》等。另有相关文章，涉及学术思想、序文书札、感想随笔等方面。在这些著述中，《中国观人论》(原名《中国观人术》)一书完成于 1931 年，邵祖平将原稿与《培风楼诗存》寄章太炎，章太炎写信回复并予赞扬，并为是书作序。因此机缘，邵祖平得以拜见章太炎，成为章氏门下弟子。1933 年，《中国观人论》由开明书店出版发行。后邵祖平在 1950 年前后对其进行重订，并有重订稿。此后，其哲嗣邵靖宇欲出版此稿以纪念先父百年寿辰，结果因此书被盗了版，且擅自改名为《观人学》，一跃而成为畅销书，这是邵祖平生前未曾想到的事。

在交游方面，通过其著述及诗文唱酬，可知邵祖平交游人物颇多，有早年与其共事的吴宓、梅光迪、胡步曾等人；有章太炎及其门人黄侃、孙世扬等；有江西籍前辈陈三立及其子陈寅恪、胡先骕、汪辟疆等；有词学家唐圭璋、夏承焘、龙榆生、詹安泰等；有前辈名流郑孝胥、汪兆镛、王廷扬、余绍宋等；有历史文化大家柳诒徵、熊十力、王伯沆、马一浮、陈柱、金松岑、谢无量、顾颉刚、王仲荦、沈尹默、殷孟伦等；与艺术家黄宾虹、阮性山、胡献雅、丁筠碧、罗祥止、郑鸣玉、陈小翠等人有交往；与杨圻、江湜、费仲深、林思进、唐玉虬、钱仲联、黄稚荃等人酬唱。于此可见，邵祖平在任职各个大学期间，交游广泛，与诸多人物主要是通过诗词唱和进行交流。

## 二、学术成就

据现有资料，邵祖平供职《学衡》杂志时即开始发表学术论著。大体来讲，主要有诗（词）学思想、经史子方面的研究、古典文学研究这几方面的论（著）文。本文试作简要说明。

（一）诗学研究

1. 诗学思想

“诗话可以补注本、评本之不及，大抵片段的多，系统的少”[①]，邵祖平的诗学研究与其选诗、评诗和作诗联系在一起的，这是其诗学研究的一大特色。如此，避免了诗话之空疏与片段，再加上其诗歌创作的实践，所论很有启发意义。早在1922年，邵祖平即在《学衡》杂志上分六期刊发了《无尽藏斋诗话》。诚如该《诗话》开篇所云：“仆昔年尝发愿欲作一诗话，寻以他事阻之不果。年来学诗稍进，同好渐多，胸中所蓄者，辄欲吐出一快。重以友朋不弃，惠以新篇。裒举之役，

① 《论诗学门径》，朱乔森编：朱自清全集（第二卷），南京：江苏教育出版社，1988年版，第87页。

遂不可缓。”由此可知，撰著之志及诗歌创作，以及同好激励等因素促使作者完成此役。

大体来讲，《无尽藏斋诗话》既有仿前人诗话的作法，这可从他对诗话的定义中看出：“诗话之作，所以辨古人之得失，备师友之讲论，存一时之故实，发潜德之幽光者也。”从内容中也看出他不仅谈及古人诗作得失，更谈及近人时人的古诗创作。同时，不可避免地涉及对于新诗的看法。从中可以看出作者的诗词交游、诗歌点评及其诗学思想，更能从中寻绎出作者的诗学趣向及学诗历程。评诗与学诗结合起来，这是作者所撰诗话所体现出来的一个重要特点。

就诗歌的学习来讲，作者在《无尽藏斋诗话》中认为“诗文之须模仿以进于创造，其理甚明”，但如何模仿，就得有所选择，因此《古今诗选》《乐府诗选》等选本成了具体的实践。另外，《诗厄篇》《七绝诗话》《诗说》等论诗文章则是其诗学思想的体现。以《诗厄篇》为例，作者认为“观于诗之厄而可察知世变”，认为诗厄之论迄古至今不时出现，分析这些原因，故有“二厄”“十二异”之说。《诗说》在分析前贤得失的基础上，认为“中国自有中国之国民性，衷乎才性，发乎情理，自可为常代之大诗人”。具体到山水诗，则在《诗与山水游》中，以谢灵运诗为讨论例，提出情、理、声、色四纲，并简述历朝山水诗特色。正是基于对前代诗歌成败得失的考察，提出相应的诗歌理论，进而将这些理念体现在诗歌研究与创作中。

2. 通过选钞诗歌，表达诗学观念

最典型的如钞选《全唐诗》，并撰有《全唐诗说》(原名《唐诗通论》)。作者于《钞选〈全唐诗〉竟感题五首》其一云：“清晨倚案览，宵分勤钞铨……兹来六个月，窥尽三百年。”于此可见其诵钞之勤。通过钞选《全唐诗》，读者对唐诗有整体的观念：

> 初唐四杰出，富艳如春花。乔刘实酣绮，张宋何高华。盛时李与杜，飞动龙鸾拿。高岑与王李，骖乘亦同车。鸣戛尽金玉，

容裔比云霞。群谓颇挺出，荆玉抱家家。大历十才子，吐词仰天葩。秀色难为贞，蹈隙或抵瑕。韦柳皎而峻，孟韩高而夸。秀洁与深雄，两两实分衙。末流渐淆乱，荒险羼僻邪。元白虽俗轻，尚为诗教嗟。晚唐为绮靡，薄惠生齿牙。淳风欲茫昧，古体髻已髽。二许才未称，方罗意有涯。后起有李杜，曾莫救偏斜。世衰元音阙，细响征筝琶。（《钞选〈全唐诗〉竟感题五首》其三）

如将此诗与《全唐诗说》结合起来看，即可看出作者对有唐一代诗歌的整体观照。再如《钞选〈全唐诗〉竟感题五首》其四：

文章以气胜，一代不数辈。吾爱五夫子，真采树千载。太白逸天下，轩豁出尘壒。杜公抱忠贞，悲悯世如瘵。倔强韩吏部，横铄出胸肺。东野穷复穷，沉鸷六尺内。惟有太傅白，气和色无坏。吁嗟此五君，吐辞各极态。其人实贤杰，气作于诗外。他如刘与柳，远谪蓄叹慨。王孟暨储韦，偶然清气会。是皆包有馀，惜未抵其最。拙哉昌谷生，乃以诗雕绘。

作者既表达唐诗的整体观念，也直言自己对李白、杜甫、韩愈、孟郊、白居易这五位盛中唐诗人的喜爱。另外，作者掊击诗分唐宋、壁垒森严的门派之见：

夐矣三百篇，文存名不有。当时发愤作，宁以别谁某。诗者世公言，发泄任众口。如何后世人，唐宋互击掊。苦心出头地，肝肾取雕剖。俨然承作家，怫焉拒诤友。不知人心变，时岂可美丑。君看李唐篇，何必黄初后。瘦吟与短舞，宋岂又唐负。从今愿无师，佳处随所偶。随意赋新诗，风窗劝樽酒。（《钞选〈全唐诗〉竟感题五首》其五）

邵祖平在创作上师法唐代李白等诸名家，并通过系统全面学习《全唐诗》，撰成《唐诗通论》。杜晓勤认为在20世纪前半叶，唐代文学研究的现代学术规范形成、定型的时期，邵祖平的《唐诗通论》是“20世纪较早对唐诗进行系统、深入研究的，该书虽然没有能够完全跳出明清以来唐诗研究界‘天分’‘学力’之争的旧框框，但对唐诗艺术特质的把握和唐诗优缺点的评述，无疑是深刻而中肯的，而且他对唐诗艺术精彩而新警的剖析，对于扭转当时文坛重宋诗而轻唐诗之风气，引导学界重视研究唐诗，有不可忽视的积极作用”①。由此，也就不难理解陈三立为其《培风楼诗存》所作序文并未得到邵祖平认可，其中一个主要原因即在于他不认为自己属于江西诗派，不将自己置限于某门派中。后来邵祖平请杨圻撰序，因杨圻诗宗盛唐，工七古，故引为同调，并予采用。

此外，作者“取历代乐府诗，选一长编自课，上甄郊祀，下采民歌，为十二大类，颜曰《乐府诗选》”（《乐府诗选自序》），因《乐府诗选》的编钞而有《乐府诗通论》。再如，“编者夙好七言绝句，于唐宋金元明清历代诗皆有专选，卷帙浩繁”（《七绝诗话自序》），而有《七言绝句诗通论》《七绝诗话》。邵祖平后将此两篇文章合编出版，名为《七绝诗论·七绝诗话合编》（中国文化服务社四川分社1943年初版，1946年再版）。是书《自序》云：“友人顾颉刚先生见而喜之，为刊于《文史杂志》中。洎于成都客授中，复成《七绝诗话》一编，三十二年由中国文化服务社成都分社出版。书出不半载，即告销罄。华西大学中国文学系教授沈祖棻女史，且以是二编开文学专题研究课程于其校。足见海内吟人学者嗜此编者多矣。”于此可见是书在当时的受欢迎程度。

3. 通过为诗集或诗学论著所撰序文表达诗学理念

据浙江大学出版社2000年版《培风楼诗》，收录作者所撰序文四

---

① 杜晓勤：《20世纪唐代文学研究历程回顾》，《北京大学学报》（哲学社会科学版）2002年第1期，第70～71页。

篇，附以《诗厄篇》。此外，还有《古今诗选自序》《峨嵋山游草自序》等。

（二）词学研究

在词学方面，作者所较论诗为少，但不乏精彩见解。就其本人词作来看，1940 年在重庆时，“初嗜为长短句”（《溪音羁唱自序》），现存词作 100 阙。邵祖平的词学理论主要体现在三方面，第一是通过《词心笺评》选词评词，第二是通过 1948 年发表于《东方杂志》的《说词心》一文与《词心笺评自序》，标举“词心”之说。第三则是词之创作。《词心笺评自序》云：“余三十年客渝沙坪坝，教授国立中央大学，每与诸生讲长短句，辄标词心之说。三十三年客授成都国立四川大学，因选唐宋名家词二百六十阕，为之笺评，备为课本。”是序撰于 1948 年 9 月。邵祖平早年并无意于词之创作，亦无有关词学的相关论著。据序所云，自 1940 年作者始有意于词，并标“词心”之说。自 1945 年开始编选并笺评唐宋名家词，完成《词心笺评》一书。夏承焘作序，称邵祖平“出其绪馀，治唐宋词，廓然能见其大”，且评邵氏《词心笺评自序》“陈义且高于皋文（张惠言）、静安（王国维）所云”①。邵祖平认为具有词心的作品要符合两个条件，一是情感的直接传递性，要求作品真挚地表达内心情感，具有直接感染人、打动人的艺术力量；二是表达的曲折蕴藉性。由此可见邵祖平的“词心”说有欲调和王国维和况周颐两派观点的倾向②。可以说，邵祖平“词心”说之“感物”“感人”是其本质特征，而“世间一切境皆由心造，心在则境存，心迁则境异”则是邵祖平“词心”说的基本理论逻辑。邵祖平标举“词心”，乃是试图在王国维“境界”说之外，另辟一种系统的词学（诗学）理论③。另

① 《词心笺评・序言》，邵祖平著，复旦大学出版社 2007 年版，第 1 页。

② 程郁缀：《史有遗贤，而文章无穷——邵祖平先生〈词心笺评〉略评》，《北京大学学报》（哲学社会科学版）2008 年第 2 期，第 176～179 页。

③ 路成文：《论邵祖平的“词心”说》，《文艺研究》2015 年第 12 期，第 50～60 页。

外，值得一提的是，1949 年正月初七日邵祖平从戴亮吉处借得其岳父大鹤山人郑文焯的手校《片玉词》，并予迻钞，并言“偶有猎发，亦僭附其后”（《大鹤山人校订〈片玉词〉题记》），亦可见其学词的经历。

（三）古典文学研究

在古典文学研究方面，有三点值得重视。其一，邵祖平早年即开始作诗，故其文学研究与其诗歌创作有着紧密关系。其二，邵祖平的研究有系列，有重点。其三，以诗话形式或论文表达其诗学思想。

在古典文学研究方面，《七言绝句诗通论》《七绝诗话》从诗歌体裁方面进行论述，《乐府诗通论》则从题材的角度进行研究，《全唐诗说》（即《唐诗通论》）论述有唐一代的诗歌，“总论各节都有新意”①。

在专题方面，作者亦有一以贯之的研究与关注，最为明显地体现在杜甫研究上，有《读杜札记》《杜甫诗法十讲》《杜诗精义》等。若稍加追溯，《无尽藏斋诗话》论杜之处多达 14 处。再将此与其诗歌创作和诗学思想结合来看的话，则更为具体而深入。

将铨评、创作与研究相结合，是邵祖平的一大特色。如通过铨评唐诗选择历代七绝诗作、笺评唐宋词的方式，进行诗词批评研究。作者既从文本细读入手，又进行理论提升，使所论不至于落到肤廓无实或人云亦云的境地。同样，作者的诗歌创作的经验对于解读诗歌大有帮助，而这些选钞诗歌又回过头来帮助作者学习前贤。如此往复，形成内在自足的系统，使其创作与研究相得益彰。

（四）学术研究

除文学研究外，邵祖平亦有其他方面的学术研究。早在 1928 年，作者发表《国文学程刍言》一文，探讨当时热衷之国学，作者将其称之为“国文”，并为之定义曰：“国文，一大共名也。举凡中国数千年累积之政教学艺、嘉言懿行，莫不附丽国文以存。即外来之佛学，经典粲然为我华所有者，亦可目为国文。”作者以治标、治本之法指导初

---

① 《朱自清全集》第二卷，第 88 页。

学。通过其列举的书目可知，作者的国学理念仍以古代的治学方法为宗，然不废新学、西学。由此来看，其专著《文字学概说》《中国观人论》《国学导读》，以及对《战国策》《水经注》、经今古文、清儒学说等方面的研究，即是此一理念的具体实施。

作者早年在投入章太炎门下之前，就已有《文字学概说》与《中国观人论》等学术著作。这些研究理路与旨趣颇与章氏相合，故而邵祖平撰成《中国观人论》一书之后，请章太炎先生作序。

“衡鉴人伦，宇宙间一大事”(《上章太炎先生书》)，作者通观近来历史现状，故有志于此书，期能有补时政。就《中国观人论自序》可知，作者通过中国观人术之原理、实用、评论三个方面进行编撰，以期“当国者因材而使，干事者择官而任，务交者审友而处，自修者借资而鉴”。此书最初由开明书店于 1933 年出版发行。1949 年至 1950 年春，作者重新修订，惜后未再刊行。《文字学概说》一书，则由商务印书馆列入“万有文库”于 1929 年出版。

这两部著作皆在作者结识章太炎之前即已撰著，故从此角度可知邵祖平于学术研究服膺章太炎，并成为其门下弟子。成为章太炎弟子之后，所发表相关文章多与章氏国学研究旨趣相近，通过论文《经今古文平议》《清儒学说述要》，以及专著《国学导读》(商务印书馆 1947 年版)等，大体可知作者倾向于朴学的学术理路。邵祖平经史子类方面的论著，既有整体观照，又有深入细究。

此外，本书还收录作者的书札、游记文章、评论文章以及墓志铭、诗序等，从中可窥探作者的学术交流、生平履历及交游等，此处不再赘述，读者通过本书即可得知。

整理《邵祖平文集》，是很有意义的工作，在此感谢邵祖平先生的后人邵靖宇、邵宏仪二位先生及其家属的关心和支持。邵靖宇先生特向中国艺术研究院陈斐梦白授权，希望邵集能早日面世，以嘉惠学林，了却多年心愿。我与梦白兄为本科同班同学，相交有年。2014 年 12 月 20 日，在梦白兄家谈及整理邵祖平先生文集的事。原本由梦白兄来整理文集，因单位事务太多，就将此重任托付于我，相信我能将这项工作做好。也就是从这一天开始，我既开始已有资料的整理，又着力搜集许多未见资料。说来惭愧，原本顺利的进度也因烦冗而拖延良久。幸亏有邵先生后人不断提供珍贵资料，以及师门、好友帮助下载、查寻相关资料，使得工作能够得以完成。屈指算来，自接手以来，到交定稿，3 年半的时光已轻轻流走。这部文集的整理，既是我与梦白兄交谊的见证，也是我得到向张剑老师、凤凰出版社编辑徐珊珊老师请教的机会。在整理过程中，因学殖所限，难免有诸多错舛遗漏，尚祈读者指正为幸！

# 凡　例

一、此次收录邵祖平文章，主要来自邵祖平的手稿本《培风楼文丛》、期刊发表文章和学术著作的自序。手稿本《培风楼文丛》现藏于上海图书馆，据封面所署时间及内容，可以断定稿本撰于 1946 年长夏时节，抄毕于 1947 年秋七月。《培文楼文丛》可分为三大部分：一部分文章未经发表，本书径据手稿本迻录；一部分文章此前已经发表，有与手稿本基本相同者，有与手稿本略有不同者，以手稿本为底本，校以他本；一部分文章后来发表，且内容有所增加者，以最新发表为底本，以手稿本为校本。经多方搜辑，另有手稿本未录的文章，有文章发表多次或分节发表的情况，通过仔细勘对，择优作底本。

二、所收文章大致按文体分类，每类排序以时间先后为据。为便于阅读，目录为整理者所加。

三、每篇文章下均有版本说明，以明渊源所自及校对依据。

四、凡底本“讹脱衍倒”者，皆据他本或他书订正，并出校记。

五、原稿中出现字迹模糊处，确实无从判断，或其他特殊情况，则以“□”标示。

六、因版式改动，原版行文中提到的“右文”“如左”等，统改变“上文”“如下”等。

七、卷末另附“参考文献”，详列作者、书名、出版社、出版年等信息。

# 无尽藏斋诗话①

## 一

诗话之作，所以辨古人之得失，备师友之讲论，存一时之故实，发潜德之幽光者也。昔匡衡说诗，使人解颐。虽其说专属古三百篇，当时苟有不贤识小之流，笔之于书，传之后世，则亦诗话之类也。有宋承李唐之烈，诗话始盛。虽贤如庐陵、涑水，犹复为之。后世门户日辟，讨论益密，或则自标家数，或则自矜禁脔。有清一代，作者益夥。阮亭、简斋之作，颇为世尚。渔洋爱好固出于天性，而随园则多杂以市道，盖稍衰矣。仆昔年尝发愿欲作一诗话，寻以他事阻之不果。年来学诗稍进，同好渐多，胸中所蓄者，辄欲吐出一快。重以友朋不弃，惠以新篇。裒举之役，遂不可缓。因昔日有《无尽藏斋诗说》之作，更命其名为《无尽藏斋诗话》。

侯官严几道先生，辛酉九月，病没于家。一时识与不识者，莫不以竟失人师为恨。先生旧与南昌熊季廉相善。南昌熊氏独创之心远中学，至今几阅二纪，当时实开风气之先，而得先生指训之力为多。校长熊纯如先生与先生书翰往来，数十年如一日。校务之设施，必有谋于先生。是知贤哲之惠，初非一乡一省之所可得而私也。纯如先生，去冬承先生寄近诗甚多，兹从其处假钞数首如下，以见先生晚年一斑。《璇儿入唐山工业专门校书此示之》："吾思初生民，中国固独秀。一画开庖牺，衣裳垂轩后。虞夏丁中天，心法着授受。史臣所载笔，明白同旦昼。西旅当此时，蠢蠢犹禽兽。汤武行征诛，惟民在所救。孔子删诗书，述古资法守。时逗。义大矣哉，一贯亘宇宙。周礼

① 编者按：是文分别发表于《学衡》1922 年第 2、6、9、13、21、23 期，故据之分为六部分。

有损益，百世难悉究。云胡世变殷，一一异经觏。嬴秦始变法，驱民用鞭扭。自兹更纷纭，王霸相杂糅。极盛推汉唐，宋明亦在宥。强胡入中原，始寇终昏媾。清人张大机，久则见涩绣。于是西方人，造化供镌铸。周髀函员舆，阴阳随指嗾。思潮百千途，黄钟杂瓦缶。舟车所开通，势欲穷高厚。佳兵非不祥，彼谓战者乃进化大具。远贾期必售。平等复自由，群龙见无首。岂徒才力雄，固亦祛荒陋。空穴嗟来风，黄人遂瞠后。推人曰文明，自处但怐愗。吁嗟四千年，声教总刍狗。宁知人道尊，不在强与富。恭惟天生人，岂曰资兵斗？何期科学精，转把斯民蹂。□看四年战，兹事岂可又？汝今治旁行，如农始备收。毋忘七尺躯，幸托炎黄胄。所期取彼长，为国补阙漏。他时劫运回，端复资旧有。举世方饮狂，昌披等桀纣。慎勿三年学，归来便名母。内政及外交，主者所宿留。就云匹夫责，今人欲干非分，动言"天下兴亡，匹夫有责"，以为语本顾亭林。《日知录》具在，亭林初无此旨。呜呼，谁为此言，其无后乎！事岂关童幼？吾衰不足云，况复多疵谬。然于二者间，衡量亦云久。不胜舐犊情，为儿进苦口。"《和王荆公杂咏五首》："灯火年年作近邻，残篇断简古陈陈。不知适意云何事，只信捐书一语真。"《捐书》。"范雎魏冉兼商鞅，智足强秦不庇身。若道学葵先卫足，称诗发冢尽能臣。"《愍儒坑》。"古人名位心原淡，绛灌何能尼贾生。赋服深情人不解，只云未得作公卿。"《贾生》。"清谈岂必能亡晋，法令如何可过秦。天子骄昏臣隶谄，天能无意救斯民。"《谢安》。"宴游何以能亡国，应是君心不两谋。却怪欧罗今日事，利于刀剑巧倡优。"《辱井》。学人之诗，自异寻摘，示儿诗尤针砭近世不少。

江宁姚缘督佩珩。孝廉，工诗、骈俪、小品文。身后有遗稿一卷，皆门生所集。诗仅六十馀，而佳者甚多。《塞翁失马吟》曰："的卢的卢，今日妨吾。折臂虽凶伤不殊，狭路倾险将何如？青刍玉勒春风庑，养成毛骨耍吾驾。悔不放之桃林下，徒步归来心欢诧。王济颇能知马性，支公但解赏神骏，为君驰驱绝奋迅。骥不称力君岂信，徒行也有到家时。吁嗟世途多险巇，物性调良不可知，愿君回头为我思。"

非马喻马，有为而言，惜未明其事实。《反昭君怨》七首，录四首。其一曰："费尽黄金只自污，殿廷一顾主恩殊。汉家多少如花女，不买长门买画图。"其二曰："和亲公主出重关，艳夺阏氏塞外山。要使单于惊下拜，汉皇原不重红颜。"其三曰："度尽黄河是雪山，中原可有雁臣还。他年冢上生青草，犹有春风出玉关。"其四曰："出关曾不梦刀头，黑水黄河尽北流。差逊木兰奇女子，功成还上旧妆楼。"《赠聚卿》云："屋偕蛙黾居同穴，人似僵蚕茧一窝。地僻并怜山鬼少，宵清偏觉雁声多。"写泽居语奇绝。《官舍岁除作》五首，其一曰："千家腷膊声，岁事斗今夕。我亦聊尔为，拥炉爆香栗。"其二曰："邻妇宰黄鸡，祀灶乞异彩。出门欲镜听，方言苦不解。"其三曰："公私两无事，心与炉篆清。在家无此境，静坐数平生。"其四曰："守岁阿戎宅，中年客况难。杜陵呼五白，已是强为欢。"其五曰："半生多作客，一岁得今夕。自理丛残稿，吟哦到窗白。"真永可诵，第三首尤淡不可及。又断句择其最佳者录如下："霜如秦酷吏，菊是鲁灵光"，"送别了无言，味在登舟许"，"新解冻如盐着水，旧烧痕似豆含黄"，"残梦有痕寻不得，嫩寒无迹病能知"。

友人某君自言生平多奇遇。其一留学美国时，尝有吴江某女史，从学西文，课馀间治美馔相饷。又为写《洛神赋》一篇，字体秀曼，如其为人。征其身世，则俯首不答，若甚抱怨者。会卧病赴德就医，病中率寓书相问。寻由德复归美，病以转剧。某君自海舶中相迎，调护备至，并为舁入医院。当时颇负钟建之嫌，然出人急难，不之顾也。其后同归国，女史留沪，阅月竟病卒。某君甚伤之。其一尝于九江买舟来金陵，在舱中识一老翁。翁行李襆被，于上游汉口被人盗去。有二女同行，一及笄，一垂髫，均昳丽如天人。舟行近晚，老翁无被颇窘。时某君有被二袭，因假与一袭。翁甚感之，且知其非俗人也，因令二女从之谈笑。二女既慧美，天真又憨绝。因共说故事，斗叶子戏如家人。颇觉舟行之速，将别，老翁请订再见期而去。后某君以事赴京，道过天津。向之老翁值焉，相见极欢。因驱汽车相迎至家，则固一巨室,拟王邸之陈设者也。又值前见长女之嫁期,因与其喜宴,某君尚怵惕惊喜不自知也。某君自恨此二遇,均无诗纪之,因代追赋各四首,以发友人一笑。前诗四首曰:“海云十日作愁阴,去国南花托浩吟。万里停船一借问,教侬尚敢惜吴音。”“中厨为办鲤鱼尾,妾食猩猩亦有唇。谁识磨刀揎袖手,簪花犹写洛川神。”“不要府君磐石誓,去听成连海上琴。嫦娥漫悔偷灵药,已抱青天夜夜心。闻某女史实遴脱輹之变者。”“一树梨花似病身,但甘摇落向江滨。悬知愁雨繁风日,尚有阿郎瘥得真。”后诗四首曰:“千里相逢大有情,闻君江上唱歌声。苍头欲睡且睡去,如此明珠买得成。”“两鬟千万真无价,一幅湘妃大有春。绿水青山王敬伯,不知此去更何人。”“燕子矶头送客路,女儿港口对君情。纵然不吃胡麻饭,也被桃花恼一生。”“射覆藏钩最怅神,笙歌百辆已迎宾。座中仍有田山叟,只是当时记不真。”一时戏作,自恨徒造口孽。

题壁诗可诵者绝鲜。金陵名胜甚多,而题壁者亦多。扫叶楼有易实甫诸人数绝句,实为仅见。城北鸡鸣寺豁蒙楼,有自署懒云外史者,所题四绝尚佳,为录之如下:“景阳旧制此邻楼,元老题名与豁忧。不是前林芟伐尽,秣陵怎见远天秋。”“日暮林鸦过夕阳,漫馀故迹说兴亡。行人指点台城路,只有当年舍笏场。”“玄武荷衣不待霜,楼前寒水与茫茫。而今饱识江南味,柿叶新红槲叶黄。”“同泰钟声定一丘,出门几日复来游。醉中落笔君休笑,占得梅花最上头。”

元宋子虚旡。《寒翠集》行世外,更有《嗱呓集》,世莫之传。顷自溧水王伯沆先生处借得手钞本一册读之,为摘其《咏史八绝句》如下。《范蠡》曰:“变姓浮齐去止陶,越王犹礼大夫朝。当时意重黄金铸,铸得黄金亦便销。”《晏子》曰:“愿为晏子执鞭俦,太史公言盖有由。被罪自伤如越石,解骖谁是旧交游。”《秋胡妻》曰:“藁砧久宦忘卿卿,桑下相逢笑不成。既有黄金满归橐,料君官亦欠冰清。”《司马迁》曰:“赎罪无财政坐贫,交亲谁解一言纷。朱家脱急关东客,自是当时不识君。”《曹瞒》曰:“奸雄睥睨鼎终移,筑舍谯东志竟赍。若使人生尽如意，墓门应表汉征西。”《通子》曰：“但觅家中梨枣尝，不拈纸笔学文章。乃翁临老投莲社，解举篮舆亦自强。”《泰娘》曰：“太守风流宠泰娘，歌成乐府属刘郎。一般女子皋桥住，底事无人咏孟光。”《秦少游女》曰：“郎罢滕阴老泪潸，黄金谁赎蔡姬还。看来山抹微云恨，直送蛾眉出汉关。”泰娘事见《刘宾客集》中。秦少游女能诗，为金人虏去，有“眼前虽有还乡路，马上曾无送我情”之句。

老杜七言歌行，气骨苍老，横绝百代。其雄悍处不可及，其拙厚处亦不可及也。近人谓《醉时歌》，如“但觉高歌有鬼神，焉知饿死填沟壑”，已酣肆极矣。犹益以“相如逸才亲涤器，子云识字终投阁”，此古人之拙处，今人不肯学者也。此语甚善，然杜诗似此者甚多，如《骢马行》之“卿家旧赐公取之，天厩真龙此其亚”。以他人至此，已可换韵，而必曰：“昼洗须腾泾渭深，朝趋可刷幽并夜。”又如《奉先刘少府新画山水障歌》之“元气淋漓障犹湿，真宰上诉天应泣”，亦酣肆极矣，而必益曰：“野亭春还杂花远，渔翁暝踏孤舟立。”不可不辨也。不宁惟是，老杜七言歌行换韵者，于换韵紧前一联惯用对语以厚其势，如前均对仗无论矣。他如《渼陂行》之“船舷暝戛云际寺，水面月出蓝田关”，《洗兵马》之“三年笛里关山月，万国兵前草木风”，《阌乡姜七少府设鲙戏赠长歌》之“落砧何曾白纸湿，放箸未觉金盘空”，《戏为双松图歌》之“白摧朽骨龙虎死，黑入太阴雷雨垂”，《古柏行》之“扶持自是神明力，正直原因造化功”，《寄裴施州》之“霜雪回光避锦袖，龙蛇动箧蟠银钩”，《追酬故高蜀州人日见寄》之“潇湘水国傍鼋鼍，鄠杜秋天失雕鹗”等，皆对仗极工，一篇之警策于此可见，古人之用力处自与今人不同。宋人学老杜七古者固不乏人，只学得峭拔廉悍、盘空硬语而已，于此处似尚未梦见。

南丰谭铁箫光祥。先生，乾嘉间名士，曾任某省学使，性不善治家人生产。晚年无嗣，纳一妾，皆座师同年醵资所合赠。先生工诗，有《典衣行》一首，写质库生活，纤些备具，非经历者不知其有味也。诗曰：“无桑八百橘一千，全家作宦来长安。宫室车马又衣服，婢媪仆隶何翩翩。书生年少不更事，文字撑肠乏生计。岂无将伯与监河，再三竭欢亦难继。再三不继可奈何，量入为出出苦多。衣裳在笥且快意，顷刻便有钱神过。岂知典衣亦有道，合则钱多分则少。钱多快意只一时，从此衣裳费寻讨。东家觇缕西丁宁，马瘦人饥笔不停。十家祈请一家许，已自感激将涕零。持钱入门自斟酌，质帖番番费筹度。母钱才足子钱虚，子母相权聊一索。衣分多少钱有无，寒暖缓急随所需。子钱全归母一半，十赎二三票一换。衣来钱去又可怜，再典预愁不值钱。衣去钱来钱渐少，衣亦如人暗中老。衣新衣故任去来，但愿一年赎一回。三年不赎票难卖，故纸无用俄成堆。春天典裘秋典葛，未冷先愁到冬月。赎葛容易赎裘难，闭户商量烧榾柮。几年拙宦心殷忧，除却典衣无一筹。但见衣出不见入，夏且无葛冬宁裘。记得去年建子月，举室忍寒都衣褐。解衣幸有同年生，才得当官除省闼。今年二月移居时，春衣未办春气迟。一裘刚借魏吏部，又付质库千钱支。炎天五月着春服，九月装绵绵不足。天寒地薄少陵悲，我较佳人更无竹。只今十月风雪飘，小妇缩颈大妇号。羊裘一袭聚两腋，冻饿难解袁安嘲。吁嗟乎先人清德贻孙子，范叔一寒宜至此。不能济物但能贫，公孙布被吾犹耻。”

近日盛行新诗，句之长短，既难一定；韵之有无，亦不一致。可诵者既不多见，而狡者率割旧诗词头，砌入篇幅，友人戏呼之为“百衲诗”。余曰：“未若鹦哥娇拟之之当也。”昔李公择初学草书，所不能者，辄杂以真行。刘贡父谓之“鹦哥娇”，意谓鹦鹉之于人言，止能道此数句耳。近于南京某日刊见有署名韬君者，有《咏新诗》二首，颇为嘲弄尽致。诗曰：“一纸新诗照眼明，故人高咏意难轻。庄周地籁谁闻得，刘蜕天荒竟破成。惜有野鸣呼格磔，独愁聚坐打杯觥。龙钟老妪徒相解，地下香山笑未能。”“旁行斜上意纵横，符号森严钩戟撑。蚊子苍蝇皆入调，家人小畜半齐名。独愁小玉付歌板，似遣长沮离耦耕。最是曲终人不见，看君惟有烂星明。”

太白七言歌行，沉着处不及子美，而飘逸处实若过之。幼时酷好太白七言乐府诸诗，觉其奔走群书，驱役万灵，有非人力所可及者。后读长吉诗，佳处偶一遭之。然太白尚气，长吉贪词；太白仙丽，长吉幽怪，是其不同之处。昔年不自量力，有《放歌行》三首效太白，其一曰："我有双明珠，欲赠城中静女姝。我有双宝剑，欲共聂生论雷电。聂生已死静女嫁，高堂谁与为欢夜。放歌心事不曾知，欲笑忽悲先泪下。卞和三刖玉为珉，郑袖掩鼻杀美人。汉廷无对贤良策，仲舒见抑公孙弘。自古贤达皆谗死，令我闻之常苦辛。常苦辛、悲歌深，南山有豹路冥冥，西林有凤意愔愔。豹兮何不出，凤兮何不鸣？为有雾雨荆棘苦，宁以寂寞缠其身？"其二曰："长安少年走斗鸡，挟弹临门何光辉。腰间宝剑千黄金，马上驮妾娇芳菲。兴来乱走东家胡，醉倒阶前银酒卮。一生不读霍光传，两字矜宠游侠儿。不见老儒诵书史，发白曾不析人圭。朝啖脱粟晚瓮菹，暮归复无瘦马骑。侏儒三尺常苦肥，臣朔七尺常苦饥。苏武穷塞人盗羝，李广后军诚数奇。庄子终为曳尾龟，列子正有拊心妻。古来贤杰皆颠倒，乡里小儿狐白衣。吁嗟万事竟如此，坐恨天不当我为。"其三曰："岂其蚕室之文当藏山，岂其金马之门可避世，岂其结交必剧孟之贤，岂其改过必颜回不贰？东鲁孔圣爱文王，学食昌歜攒眉鼻。后来复有嗜痂人，学之不善果何异。君不见留侯辟谷已成仙，女子何乃预人事。赤松黄石在其旁，煮石餐芝有至味。下视叔孙萧何辈，律令礼乐纷如厕。云中大笑未可见，下士不知其所至。"当时尚学山谷，不能似也。

溧水王伯沆瀣。先生，工诗词，善书法，而尤邃于内典。自其先人迁来江南凡四五世，江南人类能知之。先生善谈论，论诗尤精绝。仆尝得句，常先示先生。或甲夜谈诗，丙夜不绝。校灯既息，先生持烛相送为常，亦奇遇也。先生有诗甚多，皆弃去不甚惜。近年来禅悦日深，结习几除。近闻仆有《诗话》之作，尤缄秘不肯相示。往者湖南程君尝至陈散原先生处，阴挈散原诗为江风题用。后复来取不厌，散原觉之，因于其来时相戒"小心火烛"为笑，先生亦引之为言。人各有性情，有里纸十重不以示人者，有深夜打门送诗与人者，有纳之一瓢任其浮沉者，固不能相强也。先生少作，有《题侣琴室图》诗曰："万有不入一瓦笠，大乐无声古弦直。鞠穷夜瞑耳更寂，道人温似冬虫蛰。风初停兮月方出，一人一琴倚破壁，瘦影棱棱讶衣窄。"又为余写《便面录癸丑五月十四日焦山》诗四首，其一曰："焦山不满眼，影秀浮蓬壶。帆舟向北渡，微风绿蠕蠕。楼殿拍水飞，环甃肩不逾。柽碧架高溜，江淮来委输。洑洄郁无声，一喷碎群珠。兹山古天险，岳岳特百夫。历劫当流中，气尊骨不枯。着我来振衣，畴写凌风图。"其二曰："阴涎滴焦洞，揞危半椽颇。老僧卧江光，梦稳心靡他。方知出世法，艰苦栖松萝。不受尘纲婴，差免孝然呵。摩顶猛自思，此意我则多。杳闻定慧钟，晚僧课多罗。柏古挂冷霞，到寺屡摩挱。默诵南巡碑，何者非逝波。"其三曰："松寥晚共饭，客散江楼宽。散原脚不袜，冥对天星寒。觚斋澹荡人，感叹在云端。颇恨万象闳，无月无好观。兹游岂失时，冰丸正团栾。碗荈守冷啜，就枕各不安。冥冥风揭帘，微微露侵栏。象山暗如几，倦眼时一看。似有空外音，栗魂听风湍。"其四曰："江山壮南戒，将归造层颠。浑浑元气包，高绿风扫天。佛光黯危楼，木末冷眼悬。坐见百变灭，沙鸟云帆烟。吾身亦邻虚，吸习烦尘煎。纯想久不飞，终冀佛见怜。息影茆盖头，寸壤随前缘。高揖辞山灵，神思永绵绵。"

江宁高子安德泰。先生，咸同间布衣，诗学白傅，颇多苦语，亦家难为之也。《读杜子美诗集》四首曰："浣花溪上草堂西，橐笔从军厌鼓鼙。一种奇情何所托，登床纵酒醉如泥。""避贼彭衙徒步归，天风惨淡雨霏霏。故人尚有一孙宰，曛黑张灯为解衣。""灵武征兵帝业恢，参军辛苦客中来。拾遗才拜便言事，从此华州去不回。""白头才老竟无依，往返东川故识稀。一自郑公严武卒，荆湘艰阻不胜饥。"写杜公一生，自是实录。第三首尤能道出流离忠爱之旨，第四首结句太拙。《读王荆公集》曰："好奇著字说，喜事变新法。自是超踔才，惜哉心术杂。诗文独创格，刻削无剿袭。矫矫以自矜，千仞高冈立。涑水及庐陵，交情见篇什。一旦登庙堂，忠告俱不纳。悉力排斥之，冰炭终难合。天下已嚣然，其心犹固执。祁寒暑雨对，无乃强为答，神宗好高主，以故任辅夹。不然初责难，何遽情深惬。悠悠名翰林，迫之登黄阁。不展其有馀，反形其不及。取士凭文章，格格不相入。”论临川一生，颇为平允。中间“涑水及庐陵”至“其心犹固执”，写来极钝而觉可爱，不足害全幅也。《归里杂述》八首，录四首。其一曰：“遥望石城桥，奔湍舟难至。登岸入冶城，不禁一涕泗。回忆十三载，前事犹默识。炎天夺虎穴，实从此门避。生还固欣幸，追想转怖悸。当时守关贼，如虎复如鸷。我竟闯关出，初未逢魑魅。悠悠者苍天，悯念我孤稚。”其二曰：“晨起天已晴，敬展父兄墓。纡曲行菜田，已失古柏树。去冬感王甥，马鬣封甚固。初也有马妇，陷贼时眷顾。一日见有贼，汹汹手持具。破棺探黄白，马妇大愤怒。曰此殉节者，安得有宝璐。我当白汝酋，去去莫自误。贼闻马妇言，遽去似惊惧。妇也荷畚耒，撮土相掩护。虽云棺已残，幸免穴狐兔。”其三曰：“诹吉备榰具，敬检父兄骨。当年殡荒草，仓卒未至碣。启土多一棺，不禁呼咄咄。虎岩徒居士，有母贼中没。土人陈颠末，始知乃误掘。拜瞻我父兄，衣冠未灭没。凛凛忠贞魂，生气全齿发。我嫂襟裾中，白鼠出窸窣。有藤绕其棺，当是西山蕨。检毕寄萧寺，悲风送凉月。”其四曰：“幼小三女侄，同殉为国殇。其时乏棺具，权瘗屋东厢。及我归来时，已变坎坷场。绿草齐裙腰，骸骨抛何方。荷锸从邻人，寻觅就其旁。果有骨铮铮，一一承以筐。形质奈不全，柔脆固其常。苦经几播掘，弃置十年强。在昔最偏怜，于今良可伤。聚汝同一棺，附汝从耶娘。庶几上冢日，附祭奠一觞。”凄恻哀动，情至之文。《韩介孙先生青山款客图》诗曰：“香山家居作图会，耆英诸老皆赋诗。狄卢以年未合例，虽与其会无其词。今也小子忽承命，卷尾亦许相攀追。笑予本非图中客，题句得无非所宜。因念公度如渊海，细流不择包容之。去夏始识荆州面，降尊临卑谦光㧑。年长以倍当父事，何幸几杖常追陪。口授图意欲作画，山水屏障谁能为。丹青妙手已星散，眼下独数西城施。施君不效俗子态，甘守穷困无媚姿。公也掀髯三首肯，因谓此事非渠谁。清晨公写此图说,命予持示施君知。图中大意在访旧,天留二老歌黍离。二老龚韩皆世族,饱看陵谷相推移。即今徐家野味处,拄杖恐亦烦寻思。青山无恙正招客,二公游兴何尝疲。青鞋布袜缓步往,好寻诗料摩古碑。念我四十年正壮,举步喘汗嗟肥痴。少不如老甘自弃,对图使我增涎垂。何当奋励练腰脚,从公于后携酒资。”清易和粹,颇近宛陵。《病中忆家》曰:“一事不如意,动为归去思。羊肠悲世险,鸡助苦身羁。尽有友联络,所忧亲老衰。江乡宗族辈,强半叹斯饥。”起极真动。《读吴梅村集》曰:“攀髯不及泪如丝,可奈征车敦迫时。忍死只缘亲尚在,零丁不幸子生迟。沧桑轶事凭传记,兵火残诗费护持。晚岁优游容著述,绝胜拾橡叹斯饥。”首二联忠厚之意,三联纪实,末联稍为溢词,骏公一生当如是也。又《咏冬柳四律》摘其一联曰:“不作槎枒傲桑梓,转留弱线系乾坤。”寄托极高。

德化桂柏华念祖。先生,学佛于杨仁山先生门下,称江西三大弟子之一。前年化去,遗诗甚少。好事者仅集得数帧,所谓绮语妨道,损之又损者欤?为录其数首如下。《酬梅伯鸾》曰:“嗒尔子綦方丧我,嗟来桑扈尚犹人。深山大泽千灵魄,厚地高天一僇民。惟有西邦堪税驾,莫令东海又生尘。耶回孔老谁先觉,问取仙才梅子真。”《酬胡苏存》曰:“云沉海色天愁客,雷走车声日聒人。蕉梦醒来闻郢曲,桃源思去访秦民。如今世界谁先觉,自古王侯一聚尘。遮莫千山万山处,蒲团坐破始全真。”《欧阳集甫次韵见赠八叠韵酬之》曰:“援儒入释非由我,化腐为奇早有人。妙旨元机参古佛,微言大义守先民。明明魏子胸如月,矫矫龚生足轶尘。愿与联翩照来世,莫令瞽说乱吾真。”《与谭铁崖游江之岛遇风宿焉因次其韵》曰:“待学坡公筑雪堂,懒随贾客泛重洋。潮声屡换人间世,梦境方酣夜未央。救世才难心早死,浇愁诗好韵都强。他年会意文言外,并祖瞿昙祧老庄。”

王伯沆先生云:“濮青士先生少时,尝于月夜构思,欲有所成。有小妹文绮年才六七岁,见兄苦吟,脱口谓兄曰:‘我诗已成矣。’青士笑呵之,则‘吟成五字诗,踏破六街月’十字也。青士为之搁笔。此女子之早慧，如‘叶小鸾霜叶，乱红凋之俦’者。然人固有夙日痴钝，一旦豁悟者。相传阮大铖之父，幼极椎鲁。有师课家中，穷极循诱，不能令其熟只字。怒笞之时，虽畏而不知逃。尝于门上加一衡木，令高如其肩项，不知偻身以出也。一日竟知偻身出逃，一家之人大喜过望，以为犹可教，然复拙读如恒。家中不得已，令弃学事渔，亦已久不念之。会一夜其兄往观其渔，渔无所得，成诗一首示兄。末二句曰：‘虾子鲤鱼无半个，只扳明月两三罾。’兄惊异欲狂，走告家中弟不痴。遂复令就读，强敏特甚，后竟绩学成名。此二事以月诗相类，故并书之。南昌熊梵樵家璧。先生，豫章名孝廉也。旧与家君交，余十八岁时，以父执礼见之。一见即假大集见读。因呈诗三章，有‘征士谈言清欲绝，达夫才调老尤奇’之句，以先生年近五十，始发愤为诗。前是二十年，固稍为之，而未欲存稿也。先生湛深经学，古文、骈体、笔记、小品之文，无不工。冬夏读书，未尝稍辍。见客蔼然，问字从学者，门户填委。余前有寿先生诗：‘执经有客喧门巷，得句流云看屋檐。’盖纪实也。先生诗乐府宫词为多，近体和易似忠雅堂。其《见赠诗六叠老杜〈逼仄行〉韵》曰：‘操觚自附骚坛侧，心兵三战三逃北。晋楚齐盟主少年，郲莒旗旌淡无色。自废吟哦二十年，旧径重寻斩荆棘。少年无多强自存，明知獭祭何心得。向日深虞此道难，负山敢竭蚊虻力。晚将韵语遣馀年，敝帚千金饷相识。得君大笔题简颠，驽骀将藉孙阳传。空山声响相和答，朋友人合亦有天。老惧身名俱灭没，丈夫甘受穷途怜。书生御侮张空拳，寄言毛颖毋徒然。便取封侯如邓禹，胡为兀兀穷青年。馀事聊摹剑南句，兼工绘素追龙眠。高歌青眼从兹始，韶光累值黄金钱。’《金抹额》曰：‘声桓出裨将，服属宁南侯。德仁流寇孽，豪富猗顿侔。当时下建昌，蕃庶供搜求。括掠益藩府，金珠杂翠裘。舆台满囊橐，醉饱发吴讴。黄金饰抹额，雕镂文兜鍪。映日白金甲，照耀光射眸。见者惊天神，意气隘九州。此辈少为贵，有识怀殷忧。敌兵暂辟易，转战溃泡沤。空竖反正旗，晚盖功讵收。’《今艳情》四首，其一曰：‘侍郎碧落骑箕去，洪文卿。番将重瀛破浪来。联军统帅德人某。一曲琵琶翻古调，和戎不用出燕台。’其二曰：‘乘间东来拥御床，汉番杂锦织鸳鸯。陌头唤得流莺至，新逐西邻入建章。赛金花同德将某同卧西后御榻。’其三曰：‘凤寝难疏过位仪，耳提出入弄胡儿。和夷若更论勋绩，麟阁应图绝世姿。德将踞椒宫，李相以后之虚位在焉，不忍趋而与之言。赛金花提德将耳使出椒房，与李相议和好。’其四曰：‘遣妾何堪岁暮时，探瀛惆怅御冯夷。云门才调香山似，乐府重赓杨柳枝。樊云门有《杨柳枝辞》。’《日重光》曰：‘日重光，曈曈旭日升东方。轮不停驶羲驭，戈不必挥鲁阳。合璧新旧历，政探东西洋。慈圣曼寿乐且康，皇帝禅让齐陶唐。大总统阁部寺院，庶尹卿士皆明良。大酺十日民气张。汉满蒙回藏，集权归中央。文教武卫政法工艺追列强，日所出入皆有商旗扬，万国和会开明堂。自今以始，反我侵地，重订约章。跻我最惠国，平等利益相颉颃。五千年来古帝国，重见旭日生东方。’《娘子从军行》曰：‘深闺怀报国，女子愿长征，雌剑跃跃匣里鸣。侧闻胡骑纵且横，誓肌抚臆输精诚。不读二乔纸上兵，不忧木兰无长兄。长跪别父母，请勿牵连儿女情。弟妹见送我，杀鸡割肉溉釜烹。学堂别师保，今日答副期望宏。蚕女送我行，君营实业我请缨。短衣窄袖结队行，意气谈笑无□□。君不见石砫土司秦良玉，又不见游击将军沈云英。近来汉族都如此，不独唐代夫人城。’上诗自《金抹额》以下，皆今乐府之流，朴至真浑，妙在能采用今世名词成语，而不害为好诗。”

予旧有《雪夜曲》，演西书郎法罗乐府故事，微参他家纪载，因念西事可以入诗者甚多。即莎士比亚、藤纳逊、瓦尔士瓦斯诸作，不无缠绵哀丽、恢诡动人者也。《雪夜曲》有序曰：“法王却尔斯第一，有秘书臣伊琴夏者，与王女公主意玛甚相爱。偶一冬夜，伊已诣主所。会大雪猛下没途，欲出则雪上之履印可虑。欲更留，则恐为宫中所获。事出万不得已，主即起负伊密置他室而去。此时王实于他室中阴瞰其情，而主与伊不知也。翌晨早朝，廷仪既罢，王忽呼一大臣问之曰：‘设今者有一男子，迫吾女襁负其人而趋于雪夜中，其罪将若何？’臣对曰:'必死无赦。'于时主与伊相视皆大恐。有间,王顾伊而慰之曰:'汝幸无恐,汝爱吾女,可来求吾女。吾今以女累汝矣。其尚勤肃乃事,毋孤朕望。'其事甚韵,暇日因绎之云云。"曲曰:"世间何事足堪悢,美人有赋难自刺。世间何物足堪欢,美人赠我金琅玕。赠我多情时自见,回头却帐花钿面。如何阆风绿琐间,中间痴情长不变。玉京夜访瑶台客,阁铃风动乌栖寂。相见时难别更难,送君但有泪沾臆。沾臆羞颜未可知,门外雪花掌大飞。青苔那见婢行迹,锦鞯空闻郎马嘶。欲去未去私自怜,蓬莱有客散初筵。欲行不行多所误,鸿飞那辨桃源路。君来我处我所悲,恨不身为连理枝。来时明驼未曾借,去时钟建还自嗤。玉霏银糁下阶路,半臂香绡湿花雾。回眸自异抱颈泣,长爪时应搔背误。复关人去倚垝垣,贾午墙高接箐树。玉龙万舞影梅花,惟有弓鞋自来去。夜深漏尽金烬阑,宫样瘦眉腰支寒。归来香鬌不曾扫,那识游仙踏海看。晨日香姻早朝路,家家催起金龟婿。殿墀肃对无一言,泥中深恐逢君怒。奕奕君恩不自料,平阳尚子如赐诏。高文典册信君才,宝马香车从依耀。红叶题诗出御沟,明珠百斛写无愁。佳话西来难比疑,传奇者谁我欲休。"

《读杜诗话》,自宋人《　溪》《岁寒堂》以来甚多,惟皆包论大体,鲜及纤细。旧读《李崆峒集》中有一则云:"叠景者意必二,阔大者半必细,此最律诗三昧。如'浮云连海岱,平野入青徐。孤嶂秦碑在,荒城鲁殿馀',前景寓目,后景感怀也;'诏从三殿去,碑到百蛮开。野馆浓花发,春帆细雨来'①,前半阔大,后半工细也。"又《朱竹垞集》中《寄查德尹书》称:富平李天生云:"少陵自诩'晚节渐于诗律细',盖谓近体一三五七句用仄字,上去入三声必隔别用之,莫有叠出之意。竹垞因检诵杜诗,各七律中惟八首与天生所言不符。后以宋元旧雕本暨《文苑英华》证之,则天生所云八诗,无一犯者。循此说以勘五言,

① 编者按:此四句为《送翰林张司马南海勒碑》颔联、颈联,原文两联颠倒,今据《杜诗详注》改。第170页同句亦改。

虽长律百韵诸本字义之异，可审择而正之，莫不皆然。”余于温杜诗时，秉二李之发明验之，亦悉相合，因并记之于此。

丹徒柳翼谋诒徵。先生，有《登泰山》诗曰：“岱宗如孔孟，骤观止寻常。遵道入深处，高奇固难量。混元涵两仪，严正藐百王。梯天何坦荡，云日相蔽藏。廓然一闿豁，大宇青堂堂。他山盛峰石，谲诡腾辉光。到此感自失，一拳陋寸长。我来值盛夏，冒寒入上方。真相窥乾坤，岂独小吾疆。伸眉逼帝座，跐足摇星芒。嗤彼杜陵叟，绝顶徒相望。”《程生丧母感赋》一首曰：“十载无母儿，常羡有母人。粒粟得所遗，欢娱出艰辛。望云意有寄，旅食亦足珍。千别得一归，蔼蔼充胸春。程生席斯祜，何遽歌鲜民。语我万亿言，同泪洒异巾。儿时一饼屑，回首皆泪因。儿身今不殊，顿觉非昔神。惘惘客空馆，宁识昏与晨。奔走乞铭诔，私冀酬微尘。微尘一何补，拾菽逾镌珉。愿抱无穷悲，更立百世身。”《雨夜感赋》曰：“独夜亲檐雨，凉灯发箧书。乾坤莽蛮触，身世老虫鱼。变局炎黄泣，初心妇子馀。筳篿如可问，何地著吾庐。”《宿外家感赋》曰：“是处都留涕笑痕，小楼听雨梦重温。风门夏课堆书册，月榻秋吟唤酒樽。照睫音尘犹未沫，劳生江海已成髡。绿杨戢影朱藤老，剩对修篁语旧恩。”《门司山口号》曰：“十七星霜万事新，蓬莱清浅几扬尘。门司山色浑如昨，忆否观河面皱人。”又有《圆明园遗石歌》七古一首，过长未录。

钱塘许季上，丹。柳翼谋先生之友。闻诗治《选》体，有《奉答翼谋先生》一首，曰：“杨生泣南北，墨翟悲仓黄。迟迟心有违，游子逝河梁。愿言上京乐，辞我穷庐康。知名忧不救，世俗难为量。原生排藜藿，方此可云藏。迁乔本非喻，嘤鸣一何良。抚兹控地翼，未可乘风翔。一身不自泰，安用荣名扬。多念椒兰意，述志成报章。依依恋明德，悠悠涉山冈。分好期久要，饮食乐不忘。”

又柳翼谋先生出示江都毛元征乃庸。《洄阳尚书行》一首，有序曰：“哀故总督端方也。端方死资中之难，其人好士，有承平时卢毕之风。官两江时，曾招予，未果往。顷岁入蜀，再经资中，过其临难地，欲为诗而未成。兹用悼之。”诗曰:“尚书远出柴桑胤,族望嵇山久标映。婆楼先世习居夷,隆运登朝频改姓。早年秋律骋文词,郎署清名噪一时。肃政初迁廉访使,雄藩继长度支司。开府东南邀宠遇,鄂岳江淮归节度。老子闲为玩月谈,相公讵有争墩趣。龙去攀髯不可留,正移棨戟领司州。山陵阙礼蒙严谴,斧钺宽刑作故侯。故侯生计原萧索,三载长安成落拓。文绣从知惨作牺,门庭何必嗟罗雀。无何海内化榛芜,锦水巫山断使车。持节未除严仆射,论书先遣马相如。天符敦促东山起,仆马辉煌戒行李。叱驭都忘九折危,弹冠但庆三迁喜。兵气连云日月阴,渝州西望坐沉吟。玉关此是生还地,雷岸偏存过越心。腥风一夜吹资水,壮士三千齐解体。逾墙无地可求生,藏褚何人能救死。仓皇棣萼并捐躯,金紫貂蝉满血污。闻说姜维曾剖胆,不容温序暂衔须。尔时正际沧桑扰,廊庙纷纭谋自保。飞章告变亦徒然,赠谥褒忠尤潦草。劫后山河换弈棋,青磷暗暗草萋萋。寿春久暴王琳骨,深井初归聂政尸。尚书爱客耽风雅,仄席冲襟礼贤者。未知可免叶公龙,且喜知珍燕市马。落日荒原酹酒尊,凄凉过客赋《招魂》。崖州功罪今休论,独有孤寒最感恩。”

文以缘情而生,情以感人为尚。悲哀流涕之作,自来以述哀、悼亡、哭儿诸类为多,以经骨肉之变者也。顷有友自章门来,诵某君《哭继室》诗数章,哀感凄丽,颇似《疑雨集》中语,为录五首如下。某君姓名不能省,亦非夙日能诗者也。诗曰:“青天碧海苦相思,此恨绵绵无尽时。不幸中年遭此厄,章门一夜鬓成丝。”“娟娟此豸可怜生,取次思量尽泪盈。垂死香桃留瘦骨,海天迁转不分明。”“玉靓韶年耀翠翘,解哦诗句按琼箫。自亲箕帚司庖灶,黄叶如云手自烧。”“纤腰雅步不胜衣,胸有灵珠四散飞。女伴夸能风骨粹,几人身瘦得家肥。”“感卿频戒夜眠迟,今夜迟眠只自知。灯灺漏长残月淡,故应消受未来时。”

老杜之诗,人之推服至极者,如秦少游以为孔子集大成,郑尚明以为周公制作,黄鲁直以为诗中之史,罗景纶以为诗中之经,杨诚斋以为诗中之圣，王元美以为诗中之神，各衷一是，犹未若老杜自云之可信也。老杜除“吾人诗家秀”“诗接谢宣城”“诗名惟我共”“诗是吾家事”诸句外，他如“豪发无遗憾，波澜独老成”，即自谓其成就之到也；“精微穿溟涬，飞动摧霹雳”，即自谓其思力之至也；“倒悬瑶池影，屈注沧江流”，即自谓其气势之厚也；“律比昆仑竹，音知燥湿弦”，即自谓其格律之细也。舍成就、思力、气势、格律之外，尤有一必具之物。此必具之物维何？神来是也，故复补以数语曰：“诗兴不无神”，“下笔如有神”，“诗应有神助”，“诗成觉有神”。呜呼！庖丁之解技乃遇，木鸡之斗胜必全，九方皋相马于牝牡骊黄之外，婴婗子戏虎于折莛坐沙之馀，诗而至于神来，是岂独惊风雨、泣鬼神、走雷霆、舞蛟鼍而已耶？

杜诗绝似《史记》，读者当具一副眼目对观之。《北征》《奉先》诸诗似项羽、高祖诸本纪，《八哀》《诸将》诸诗似萧、曹诸世家、淮阴、黥布诸列传，《洗兵马》似《封禅文》，《乐游园歌》《简薛华醉歌》似《秋风辞》，《丽人行》《哀江头》诸诗似《外戚世家》，《马鹰》《义鹘》诸诗似《刺客列传》及《游侠列传》，《堕马》《赠友》诸俳体诗似《滑稽列传》，《去矣行》《上水遣怀》诸诗似《太史公自序》，其他尚多相类，不能强为比合。且老杜之好奇，尤与史公相似。故如诗中所见雕鹗鼋鼍也，骅骝騄駬也，骠袅乘黄也，苍兕角鹰也，骐骥凤麟也，死树鬼妾也，悲风穷阴也，萧瑟飒爽也，时危惨澹也，莫不喜用之以遂其好奇。亦如史公好述白昼杀人、刎首谢客、悲歌慷慨、箕踞骂坐诸事，此虽仅就其纤小处推言，然杜公一生之好奇，固无所而不遇之也。

杜诗中有觉其微险者，如“林热鸟开口，江浑鱼掉头”；有觉其微直者，如“舟楫因人动，形骸用杖扶”；有觉其微巧者，如“爱酒晋山简，能诗何水曹”；有觉其微寒者，如“书乱谁能帙，杯干可自添”；有觉其微诞者，如“日月笼中鸟，乾坤水上萍”；有觉其微质者，如“仰面贪看鸟，回头错应人”；有觉其可笑者，如“心微傍鱼鸟，肉瘦怯豺狼”。质之读者，不知以为然否？

## 二

武夫之诗，吐语多壮。昔曹氏父子鞍间为诗，早开悲壮一流，岂独其语之工，亦其气之盛骘，有足以掩人者。故如论武人之作，宜宽其绳律之迹，而取其骏迈之气。盖以其跃马横戈，喑呜叱咤之人，固未尝学为撚髭拥被，沉幽细寂之诗也。上元张承颐小伊。咸同间随向忠武荣出剿红羊桂滇间，以战功著，任云南迤东道道尹。其人姿貌雄武，才气横逸，为文操纸笔立就，若不经意者。戎马间尤嗜为诗，有《怀柏山房诗稿》二卷。溧水王伯沆先生尝觅得相示，其诗近体独多，因为录数首如下。《军中夜饮书所见》曰："长枪大戟森辕门，将军夜饮呼开樽。乱山露顶四更月，枯松挂壁千声猿。草根白骨鬼火炙，楼外赤纛霜风翻。拔剑乘醉歌且舞，碧天斗大明星繁。"《次西津驿》曰："渡此一江水，谁怜万里身。涛声走东壁，霜色冷西津。舟楫商趋市，鱼盐利罔民。前行旌旆肃，疆吏正边巡。"《寄和沈朗山方伯》曰："为有高堂赋遂初，宦情真个冷云如。公于小友心犹尔，我是中年鬓也疏。寒雨南宁朝　陈，梅花东阁夜钞书。雪泥尽是鸿飞迹，甘作前驱不负予。"《水西道中》曰："浮云飞去复飞回，日日闲吟雨更催。夹道山花香不断，惊泉喷过马头来。"《毕节感怀次文方伯韵》曰："一城雪色泼刀光，赤子犹惊痛定创。着雨孤花须爱惜，连天衰草极苍茫。军书日奏孙歆捷，驿路春归陆贾装。但得河清应可俟，浪传坯土起膏肓。"

南通周曾锦晋琦。有《藏天室遗诗》二卷，友人为诵其《冬日读书偶题》四绝。其一："柳州能郁兼能达，郁则离骚达则庄。莫怪投荒年不永，一双灵鬼据肝肠。"其二："佛语为诗始长公，华严字字走霆风。后人翻被刀圭误，堕入泥犁第几重。"其三："南渡君臣恨不消，说经朱陆析秋毫。识时只有陈同甫，开拓心胸万古豪。"其四："第一昌黎荐一功，宅心颇与古人同。不然宰相书三上，千载何曾便恕公。"温切有致，微伤轻熟。《登楼》五律："斜日西风里，高楼纵目间。江光沉小县，塔势表孤山。万室方悬磬，重城早闭关。苍鹰亦何事，浩荡不能闲。”七律中佳句颇多，如“好友乍如初满月，春情试抚半开梅”，“驱车客到尘蒙面，下榻村空屋打头”，“暗潮自戛琤琮玉，缺月谁分上下弦”，“一灯倦客梦回枕，半夜主人归打门”，“小桥人影堕溪水，暗壁鬼风吹女萝”，皆可诵。

近日新派为诗者，多持无定韵、无定言、无定体之说，甚者不知其所谓韵句及体制也。因忆旧日曾有一文辟之，附录于此。其文曰：“诗者，有韵之文也。惟仅谓之有韵之文则与箴铭、赞颂、哀诔、占繇、词曲、里谣、冢刻、宗门之偈、仙坛之谶奚别？故诗有韵之外，犹必益之以自然有定短长之言，所以别于词曲也；益之以雅正有常之体，所以别于诸文体也；益之以文饰组炼之功，所以别于里谣乡谚也。诗之为韵，恶乎必备？曰：凡具颅趾之人，必有言语以通其情志。情志畜之无穷，言语有时难尽，故必为之逆顺奇偶。观义而继观音，由是得音节以助之，再三咏歌以出之，使言者有咏叹淫液之资，而听者得心通耳顺之致，则诗之为用已得矣。故子夏《诗序》曰：‘言之不足，故嗟叹之。嗟叹之不足，故永歌之。永歌之不足，不知手之舞之足之蹈之。’其言嗟叹之、永歌之者，即音也，韵也；其言手之舞之足之蹈之者，即节也，进于音韵以表情者也。是故慈母之抚婴儿，其吟声不必为诗也，而有诗之韵焉。故婴儿之入睡，常依母吟。儿童之歌俗谣，其歌声不必即诗也，而有诗之韵焉，故儿童之漫歌，常易成诵。明乎此，则诗之待韵而行，固不待言。矧以吾人行文之际，每无意中叠为韵句，诵之则口齿琅然，增进文篇之美感不少。而泰西之散文家，且有古实韵以为美者，则诗之本为咏叹之文，其必须韵，盖不足辨矣。韵既备矣，而句之长短，自然有定不可诬。挚虞《文章流别论》曰：‘诗之流也，有三言、四言、五言、六言、七言、九言。’所谓三、四、五、六、七、九言者，多源于《诗经》，得成口诵而合于自然者也。今苟为二言，则孤特不成诵；为八言，则难讽咏；为九言以上，则直缅缅如文矣。即三、四、五、六、七、九数言中者，犹有不合常用者。在三言之促迫，难于竟篇；六言亦多只能累四句；九言之断续，亦难常为。四言之文约意广，取效风骚固得，苟施之于众，亦苦文繁而意少。惟五言居文辞之要，七言足以助五言之不足而已。此诗句字数之多寡安于习用而异于词曲者也。诗有常体，子夏《诗序》所谓六义即六体。唐时元稹自序乐府，遂演为二十四名。宋时严羽，又以时、人、风格、篇章、句法、题目、韵、对句、杂体九者分体，而体益繁。然如今日之以篇章分体者，亦五言古诗、律诗、排体、绝句与七言古诗、律诗、排体、绝句及五七杂言体而已。谚谣里歌不足称诗者，以其为有韵之俗谚而为无文饰之言，故虽太史氏博采民谣，而必缉之为诗，岂不欲傅之以文乎？宣尼删诗，仅得三百，被删者害于文与义无疑。且逸诗甚多，后世不传，岂非言之无文，行而不远乎？综上观之，诗必须韵而有自然一定之言与体及审美之文，盖可灼见。”今日之为新诗者，视此得毋有所剌谬，而自摈于诗之外乎？

靖安舒梦兰白香。先生，诗词妙一世。著书甚多，独《白香词谱》一书为后人所好。予从其裔孙舒冀觉君处，得读其编诗集《香词百选》《湘舟漫录》诸书，皆极可传，惜世多不之见。诗似白傅，又近玉溪。《古南寺夜坐》五言：“清景不可失，深山坐长夜。月中无片云，凉露向空泻。寒萤上苔砌，落叶满僧舍。荡荡晴湖波，明明竹窗下。风涛与虫豸，声籁孰真假。我亦彻宵吟，坐见灯花谢。”《秋寺读王嫱小传》七言：“寒山暮鼓催黄叶，枫林一片凄凉月。香龛几点佛灯青，伴我孤吟倍愁绝。挝钟杀牛征艳曲，万幕刀光卫红玉。角声悲咽塞云低，何似禅林对修竹。昭君有貌良自矜，丰貂压眉秋不胜。当时若肯媚天子，白首专房渠亦能。”《叹友人恽子居文》七言：“长檠不自照，明镜不自娱。佳人对面有知己，一事不精非硕儒。我自灵山入东土，老龙卧吟瘦蛟舞。黑洋浑似砚池冰，万里黄云笔花吐。后世圣人作书契，雨粟天中鬼流涕。鲰生观义不观音，苦海千年乏精卫。真宰失传文苑荒，蓬蒿不剪秋无光。万窍悲歌待风发，太虚有籁非笙黄。呜呼此事到头知者谁，生气入花无丑枝。佳人独夜空援镜，此似春娇已后时。”《寄诸侄》绝句三首：“登高我正盼萸房，孰意先期别紫阳。爱汝廿年成进士，担头仍是一书箱。”“婺源风景亦关情，云抱青山水抱城。最是一年春好处，采茶娘子听书声。”“暮秋残月礼空王，举念家声鬓欲霜。愿汝一生为病鹤，只教年命比人长。”各诗新秀淡冶，读之令人肌骨轻缓。

又，先生论诗亦绝精。有《答人问李杜优劣》曰：“少陵才笔不逮青莲，而力学苦吟则过之。故凡属风骚乐府之体，李无不妙，五律则远不逮杜。七绝本唐时乐章，杜集竟绝无佳者；七律则风骨坚苍，又非青莲所及矣。皆才子也。知水仁山殊其乐，箕风毕雨殊其好，能自得师，无往非道。”《答问王孟优劣》曰：“辋川得味禅悦，深达性旨，故其诗绣淡通明，若云英化水，了无尘障，亦其晚年得罪后，顿悟真如，直超贤劫之验，不可以郁轮燥进少年事议其人品。此‘正如锁子菩萨，虽曾作妓，仙骨犹存，亦何碍于西升耶’！襄阳终不仕，人品固高，第观‘不才明主弃’及‘端居耻圣明’‘徒有羡鱼情’，流露诸语，似亦非渊明和靖一流人物。然其诗亦清妙矣。‘还君明珠双泪垂，恨不相逢未嫁时’，拟诸襄阳，殆亦多情节女也。”《答问高岑》曰：“高才大而气盛，风格苍老，固须晚成，非早年不能诗也。嘉州缜密矜持，音节入细，似欲过高，然正以是逊之耳。”《答问元白》曰：“元才新，白才清；元性忌，白性和；元惧身名之不立，白忧时事之多艰，其识趣分矣。元不如白，不仅以诗歌定也。试观白之新乐府《琵琶行》《草草劳人》，未尝忘国，不重可风乎？”

诗从温、李、冬郎入手者，造语自温媚动人，然其弊多流于浮伪。世之沉溺不返者，充其量不过如明王金坛之流，况其才犹有不及之者乎。苟其浸入未深，急图振拔，谨徒华不实之惧，体立言必诚之旨，则铅华一弃，容光大发，其间必有端曼清腴，白首专房者矣。昆山张庸景云。先生，少喜为绮语，壮而弃之，遂造平淡温腴一域，身后遗诗，自戊子至己未，有九百馀首之多。顷于友人处得读全稿，叹为难得。摘数诗如下，不知尚称张君之心否也。《寒夜》曰：“雪压梅花冻掩扉，酒阑泪湿孟郊衣。十年家事同卮漏，一夜归心若箭飞。时会最怜随手散，弟兄渐觉聚头稀。细思岂独当时错，只恐如今计亦非。”《自笑》曰：“邻树萧骚叶半枯，西风残照又归乌。隔溪雪尽梅花白，老圃霜酣菜叶粗。经月歌呼空酒盏，一番典质了官租。客来移晷高谈久，自笑厨头一事无。”《野客同功甫琴生小饮》曰：“惆怅山城春又阑，一尊相对恨漫漫。即今得路应嫌晚，况我同人各自难。江树花飞莺语寂，驿门水暗雨声残。青年何限飘零感，满眼江湖一倚栏。”《上妇冢》曰：“满把伤春酒一卮，重来湖上怕题诗。元知闭户无由遣，不道逢花有许悲。柳眼乍舒偏映日，桐心半死又生枝。江南陌上清明晚，应怨今年上冢迟。”《地僻》曰：“地僻书难达，天寒酒转豪。西风丛雁下，北海战云高。寥落悲生事，蹉跎感鬓毛。浪游成底事，卅载一青袍。”《别孝臣》曰：“百砚楼何在，西风换劫尘。一家名士气，三代作诗人。为别情何限，论交淡最真。向来酬丽句，落落与谁亲？”《黄溪卧病》曰：“一卧忽旬日，阶苔绿几重？门嚣嫌市近，病久怨医庸。此地少朋旧，何人相过从？空堂连夕雨，枕畔听淙淙。”《清明后十日过西城下忆亡妇》曰：“风尘谁念可怜生，每过西城掣泪行。一滴椒浆浇不到，年年瞒汝过清明。”《朱栏》曰：“但倚朱栏便断魂，青青芳草闭闲门。一炉香尽春何处，花叶还留指爪痕。”《舟过畲子口》曰：“墟里荒荒落日斜，空江村影两三家。远山卧地似黄犊，老树盘藤疑黑蛇。”《绝句》曰：“吾有朱弦琴，玉轸青铜质。忧来久不弹，指爪化为石。”各诗尤以《上妇冢》《忆亡妇》二首为最佳。

杜诗五七言古诗，气骨苍老，格局峻整，夫人而知之矣。而各篇起结必争，皆有奇采。起句如《天育骠骑歌》《慈恩寺塔》《奉先刘少府新画山水障歌》《简薛华醉歌》《病后过王倚饮赠歌》《短歌行》《王兵马使二角鹰》等篇，捉笔直写，奇横无匹。他种用比兴起者亦多，但为诸家之所尝有。结句如《北征》《洗兵马》《忆昔》诸巨篇，足握全篇之奇，固不必论。他篇悉用一种开拓法，而常喜用一“何”字，如“四邻耒耜出，何必吾家操”，《大雨》。“人生无家别，何以为蒸藜”，《无家别》。“自古有羁旅，我何苦哀伤”，《成都府》。“西极柱六倾，如何正穹旻”，《送长孙九侍御》。“园人非故侯，种此何草草”，《园人送瓜》。“有子贤与愚，何其挂怀抱”，《遣兴》。“深衷正为此，群盗何淹留”，《凤皇台》。“三叹酒食旁，何由似平昔”，《崔少府高斋》。“若道巫山女粗丑，何为此有昭君村”，《负薪行》。“若道士无英俊才，何得山有屈原宅”，《最能行》。“既称绝世无天子，何不唤取守成都”，《戏作花卿歌》。“青丝络头为君老，何由却出横门道”，《骢马行》。“铁锁高垂不可攀，致身福地何萧爽”《玄都坛》。等都是，馀不暇书。宋之问之“不愁明月尽，自有夜珠来”，司空图之“味外味”，姜夔之“有馀不尽”，何足比此老之后路宽宏耶？

东坡以杜诗“舜举十六相，身尊道更高。秦时用商鞅，法令如牛毛”，自是稷契辈人口中语。余谓更如《北征》内“或红如丹砂，或黑如点漆。雨露之所濡，甘苦齐结实”，岂非代天地造化说话？《大雨》内“四邻有耒耜，何必吾家操”，岂非古大臣之语耶？

古诗“荣名以为宝”，老杜反之曰“荣名忽中人，世乱如虮虱”；曹子建诗“俯身散马蹄”，老杜因之曰“归马散霜蹄”；谢康乐诗“怀新道转回，寻异景不延”，老杜易之曰“怀新目似击，接要心已领”；宋之问诗“水一曲兮肠一曲，山一重兮愁一重”，老杜约之曰“一重一掩吾肺腑”；骆宾王诗“诸葛才雄已号龙，公孙跃马轻称帝”，老杜综之曰“卧龙跃马终黄土”，其间虽有工拙不同，而一点化，便是杜公自己之诗。又“愁窥高鸟过，老逐众人行”，刘长卿遂效为“老至居人下，春归在客先”；“汝懦归无计，吾衰往未期”，韩退之遂演为《祭十二郎文》一篇。文章脱胎换骨，固无往而不奇也。

朋友赠答之诗，皆一时兴会交际所寄，附存集中，固似不必，随手弃置，亦可惜也。南昌熊梵樵先生，交游甚广，吟兴又酣，尝多友人酬酢之作。兹承见寄朋友赠答诗十一首，登入《诗话》。华焯澜石。次韵老杜《逼侧行》奉酬先生诗曰：“鹪鹩蚊睫不欹侧，鲲鹏扰扰徒南北。一士婆娑陋室中，明月清风自声色。未须三径荒蓬蒿，况许门墙长荆棘。教授馀闲寻旧业，火云炎天那易得。儿童跳荡对吟哦，战胜群嚣遑诗力。副是腰腹十围大，烂漫天真人不识。东湖游客荷花颠，曼声歌管微波传。帷裳艇子载美酒，齐桡荡破青瑶天。君知濠上鱼乐否，似我正谢夔蚿怜。家山芋魁大如拳，曰归不归谁使然。嘉日过从得故友，白袍意气非当年。文章结契不磨灭，巷东巷西仰屋眠。僧珍季雅太标榜，底事买邻千万钱。”又前人《次韵答赠》曰：“幽禽相与鸣，春雨不肯霁。闭居念友生，积感动新岁。摩挲袖中书，字若蝇头细。嵇生缓酬答，知子无世谛。别子东湖畔，荏苒逾三年。我颜怵观河，世事随飞烟。岂无停云咏，未掉雪夜船。相望政自佳，不勤出绵绵。绵绵想斯人，美质抱大璞。渊默惜雷声，天山期大畜。斫轮宁可老，良庖讵为族。先生拥肿居，弟子畏垒祝。精横出奇字，冢枯喜谀辞。勿回载酒人，坐误看花时。文章我输子，游兴无盛衰。旧欢会须续，乘兴不为期。”又前人二律：“寻思同巷叩门时，尺素缄情总费辞。吾道只今难自鬻，君诗于古竟谁师。看花江郭春无恙，坐钓溪云意与迟。何去何从犹有累，不须适尹问龟蓍。”“丧乱交朋契阔深，归来与子重相寻。诗书牢落宁非分，衫履佯狂却有心。屋外鸺鹠惊昨梦，床头蟋蟀伴秋吟。嗟予楗户人间世，一破空虚望足音。”马庆龙云门。《赠先生诗》曰：“大腹便便一先生，中含太古冰雪清。堆书满床才容膝，客来时闻吟哦声。翩翩挟筴二三子，排闼环坐问字亭。火云压屋蒸汗雨，袒肩说法可铿铿。手挥葵扇大于月，簸荡势欲翻沧溟。儿女欢呼杂啼笑，午倦隐几俄雷鸣。君不见辕固刺豕豕牢侧，扫地斯文世所轻。海叟逃死走东海，钻灼遍体瘢如星。书生遭际尝如此，迷阳一曲愁棘荆。先生浩浩无畦町，皇天老眼能垂青。鹪鹩得枝愿易足，眼底蛮触纷斗争。郁郁岂能无感忾，拟古低唱《逼侧行》。有时对饮发逸兴，百瓢宛转一笑倾。狂歌大嚼吾辈事，便欲携手骑长鲸。人生失意聊自熹，何用腰带黄金横。”又前人次老杜《赠卫八处士》韵还和诗曰：“君如待价贾，我如远估商。风沙暗湖海，爱此明月光。平生方寸心，回立向苍苍。感君三生誓，增予九回肠。桃源处士屋，荷芰水仙堂。

入门堪一笑，觍呼丈人行。相看成老大，苦无灭眦方。酡颜期烂熳，定胜餐霞浆。游兴惜未惬，幽梦堕黄粱。天慵时语我，留待菊花觞。菊花解客语，绰约如人长。浮生几醉醒，真宰何茫茫。”又前人一律曰：“制芰为裳捣玉餐，潇湘水满旧盟寒。偏孤征士寻花约，愿赋游仙踏海看。国势已成骑虎局，浮名犹著烂羊官。多君慷慨谈当世，不学华阴不谒桓。”王易简庵。奉酬先生诗二律曰：“丈人吟兴逾醇酒，饫我心脾快不辞。垂老须眉犹岸岸，故园花草日离离。沧桑劫后无遐举，湖海归来有道师。世难极知贫亦幸，好持黄卷护愚痴。”“盛业雍乾久渺茫，天凭一老寄文章。还收古意归诗味，好付闲情入酒肠。高躅未妨居里巷，馀音留取话沧桑。回黄转绿嗟予瘁，展卷从知百念忘。”王浩然父。酬先生诗二律曰：“先臣桂树同攀客，雕俎高寒几辈知。一士青蓝宁自媚，万钉腰腹不能维。龆年出见初承杖，老钝惊呼得似锤。偶用佳时窥燕寝，肉山松韵在哦诗。”“饥饱能煎衰丑鬓，风流来入少年群。按摩老辈有真髓，忽似看山生好云。一往礼容寒至骨，三江雄阔欲何云。当知山壁公卿贵，魂梦相安得卖文。”各诗均佳胜，云璈互奏，钟磬击撞，非偶然也。

## 三

唐人五、七言绝句，乐府为多。七言者当时之乐章，仙婉轻丽，前乎有唐，未尝有也。五言者深至怨恻，直魏晋《子夜》之遗，工者如郭元振、张祜、施肩吾、崔颢、崔国辅、令狐楚、刘禹锡、李暇等。东野昌谷，虽有深丽之笔，为之不多。而大家如杜，集中几绝无一首，是亦足异者也。往年酷好诸人之作，读之不易更忘。晴窗弄笔，辄写一通置之座右，不能悉分其某首为某人也。《苏小小歌》曰：“车轮不可遮，马足不可绊。长怨十字街，使郎心四散。”“新人千里去，故人千里来。剪刀横眼底，方觉泪难裁。”“登山不愁峻，涉海不愁深。中擘庭前枣，教郎见赤心。”《古曲》曰：“郎为匕上香，妾作笼中灰。归时虽暖热，去罢生尘埃。”“红颜感暮花，白日同流水。思君若孤灯，一夜一心死。”

《春江曲》曰："江水春沉沉，上有双竹林。竹叶坏水色，郎亦坏人心。"《今别离》曰："送别未能旋，相望连水口。船行欲映洲，几度急摇手。"《读曲歌》曰："碓上米不舂，窗中丝罢络。看渠驾去车，定是无四角。"《怨诗》曰："罗敷初总髻，蕙芳正娇小。月落始归船，春眠恒著晓。""何处期郎游，小苑花台间，相忆不可见，且复乘月还。""妾有罗衣裳，秦王在时作。为舞春风多，秋来不堪著。"《三阁辞》曰："贵人三阁上，日晏未梳头。不应有恨事，娇甚却成愁。"《淮阴行》曰："船头大铜环，摩挲光陈陈。早晚使风来，沙头一眼认。""隔浦望行船，头昂尾𡼫𡼫。无奈晚来时，清淮春浪软。"

江宁高子安先生，尝一日与王癸门论元白优劣曰："乐天之诗，处处得温柔忠厚之旨；微之则口齿伶俐，不免尖薄，其才虽新，不能过白也。"因举《长恨歌》《连昌宫词》比而论之："白不过曰'汉皇重色思倾国'，元则必曰'上皇正在望仙楼，太真同凭阑干立'，诗人温厚之旨，岂不得失判然乎？"愚谓此尚不能全以轩轾二人。唐人之诗，多以汉影本朝，如"汉主何时访逐臣"之类尚多。发端一语，如直曰"唐皇重色思倾国""明皇重色思倾国"，则直笨伯之语，尚何论于诗人？《长恨歌》篇中明写处亦多，最浅直如"春宵苦短日高起，从此君王不早朝"，岂能优于《连昌宫词》语万一耶？惟微之诗语尖薄，少蕴蓄敦厚之致，则其性情使然。殆有可寻，如《决绝词》曰："已焉哉，织女别黄姑。一年一度暂相见，彼此隔河何事无？"《估客乐》曰："一身偃市利，突若截海鲸。钩距不敢下，下则牙齿横。生为估客乐，判尔乐一生。尔又生两子，钱刀何岁平。"造思极深刻，而出语不免有轻薄气矣。若白诗则通体和易，少此锋棱；乐府诸体，皆有古意。子安先生之论，亦谅矣哉！

闺秀之诗，悉多纤丽秀举之作。崇明施淑懿女史，适湖南蔡君南平，未久而蔡卒，遂一志吟咏，有《湘痕吟草》一卷。其悼所天各诗，语多沉痛，他诗则不掩其纤秀之迹，似可诵也。《寄外》曰："小院蝶飞春日永，海棠花下听吟诗。"《春眺》曰："池塘夜雨添新梦，芳草斜阳有落花。”《秋日示外》曰：“茂陵酒渴多愁病，却典征裘不典琴。”《西施》七绝曰：“若耶溪畔浣纱人，歌舞吴宫媚态新。千里江山供一笑，苏台春去有谁颦。”《寄外》七律曰：“前年花里送君舟，今日花开已二周。客思偏生明月夜，吟魂常绕海天秋。懒抛红豆歌新曲，盼尽征鸿忆远游。莫怪迩来诗讯少，挥毫总为写离愁。”又，“明月有情随我转，青山依旧送人行”一联亦佳。

同聚谈诗，尝有一友问仆作诗以何事取譬为佳。对曰：“作诗如蚕作茧，请以为譬可乎？蠕黑如蚁，才有食欲，山叶有来，不辨桑柘，此如吾人最始读诗之际，不识其为所应读之诗与否也。饱食既餍，废然欲眠，不识不知，蜕皮数过，此如读古人诗既多，憬然若有所思，思之不得，烦惫欲死，徐徐寻之，实已得造另一境界也。眠期完就，纯丝满腹，引绪抽端，上簇成茧，此如读书既多，精思又至，功候已成，机杼待发，而后可以为诗也。然蚕至作茧，不可谓能事已毕，必也成其厚薄、形状、色泽固有之茧。自缚以入，还须自破以出，不可中道辍作，亦不可永幽于茧中也，此如作诗自具家数，自成气象。多先屈心以学一家，终须打破藩篱，自辟畦径。既如骊龙抱珠，亦当狮子独行也。”友笑为然之。

江西都昌，文风夙盛，诗人笃生，代有所闻。顷承其邑人李孑云、陈迪亚两先生，见寄其乡前辈遗诗数种，谨为摘尤。公之《诗话》，俾世知鄱阳湖畔，尚有大声发于水上也。徐燮廷灼。先生有《绿波草堂诗》八卷，未梓行。其《巴阳峡》诗曰：“巨灵劈破巴山首，共工头触天柱朽。五丁阔斧划然剖，蜀江澎湃作龙吼。两峰夹抱忽当口，束之不住竟东走。轰雷下注转培塿，颓光闷曜天如亩。阴精四塞形昏黝，迷离恍有蛟鼍守。入峡一滩更寡偶，突起洪涛挥败帚。急流直射四壁陡，悬崖木石恣缠纠。老猿苦啼杂牝牡，怪鸟嘤咛咳病叟。土花剥落穿鼯鼬，圣仓炯目书蝌蚪。上有断瀑势蚴蟉，白虹曳练黾蟠纽。初如戛玉鸣瑶玖，筝琶紧拨吴姬手。忽然万窍狂风诱，铁马金戈互击掊。时维暮雨日没西，我舟颠簸大如斗。长年摇橹面目垢，赤足跳呼身抖擻。我时兀坐独倾瓿，盘飧狼藉陈春韭。醉酣失讶山川丑，归帆万里还将母。愿祝丝波清且浏，故园终日耽林薮。冯夷浅笑色沮忸，淡烟微浪如将狃。夜深星月挂窗牖，停桡谢汝一杯酒。”《嘉定晚泊》曰："才鼓轻桡便舣舟，好山多处古嘉州。菜花三月卖鱼市，杨柳几家沽酒楼。估客换船争白打，蛮奴吹火看乌尤。今宵一片蛾眉月，遮莫荒江照独愁。”黄百我锡朋。先生有《凰山樵隐诗钞》四卷，诗学陶公，又似得力于《选》体者。《村夜》曰："林墟风露清，于焉含趣殊。田父闲造门，农谈喧我庐。已去静亦佳，还窥灯下书。老妻犹未眠，宵绩恒忘劬。偶然念埘筑，拳拳及鸡雏。相惬从所好，守真聊与娱。”《九日》曰："日夕澄秋阴，眷言遵荒原。悠悠天宇高，粲粲寒华繁。西风吹我衣，采菊窥芳园。但求得美酒，开襟散尘喧。回视瓶已空，欢然谢清尊。无心忘所宰，真想谁能言。仰瞻鸿雁飞，翘翘脱笼樊。乃知守篷蒿，养拙初怀存。”《讲武亭》曰："独自携樽吊绿苔，断桥荒径几徘徊。江山我辈寻诗料，风月当年付将才。百战孤城吴土地，一椽千古宋亭台。残荷满目旌旗杳，秋草秋花无限哀。”《题百里奚食牛图》曰："富贵犹存初志违，思乡心逐陇云飞。暮年须发愁生镜，乱世功名泪满衣。野色饱谙春路草，尘襟羞对故山薇。凄凉璧马伤前事，秦树青青眼底非。”《生日》曰："五十六年百无补，频看青镜负头颅。艰难去日复来日，牢落今吾仍故吾。自护微躯如拱璧，每垂双泪却明珠。江河不废遗经在，大地穹天一腐儒。”《酒后》曰："小酌村醪忧绪删，苔苍藓碧未嫌顽。醉来不觉嗤刘项，乐处安从证孔颜。耿耿余怀坚自信，滔滔天下苦相关。徒令野兴亲猿鹤，惆怅寒林落照间。”李定山苏毓。先生，秀峰先生长子，诗有家法，颇为一时传诵。兹所录者都为七律。《出走》曰："频年肮脏息尘埃，醉梦依人倍自哀。忽破重城乘雾出，全收平野出江来。黄河远挟豪情上，碧嶂横撑倦眼开。犹忆联床踠足语，指天画地为低徊。”《道出乐化谒外王舅勒少仲先生墓》曰："谁家烟树黯然收，崛起佳城带碧流。直并沧桑成浩劫，还拈苹藻荐清修。低头恰下先生拜，坦腹难消后死忧。不识阿孙逢地下，可仍夫婿望封侯。”《许春和招饮酒楼》曰：“那堪飞涕落神州，携手高歌上酒楼。发短心长同一喟，眼前身后几千秋。竟无冤海填精卫，怪有横风打石尤。我欲放船难解缆，江湖满地使人愁。”

为人以久经忧患而见道益真，作诗以饱识甘苦而境界自辟。作诗本极苦之境、极难之事，少年轻事，不羞妄作。其为之也，旬日可以盈幅，弱龄可以刻集，或当筵以酬酢，或同声而奖借。动言发挥才情，陶写性灵，而不知其才情实亦短浅，性灵固非高妙，而薄晚唐不为。斥七子庸妄者，实则皮、陆之集未尝阅，李、何之篇未遑读也。呜呼，彼其人者。终其身岂识诗中甘苦，其亦尝闻是中甘苦语乎？永新贺子翼贻孙。先生《水田居文集》，有《示儿书》一首，极言作诗须知惭愧及寻悟门，读之可为悚惕，其书曰：“吾少不知作诗，见诸大老集有鄙俚应酬诗，辄掩口而笑。自丙子九月场事失志，时年三十二矣，忽发愤为诗，殚竭心力，至忘寝食。每得一语，自矜创获，不知皆古人所已道者。积累成帙，谬付梓人。尔时同社皆不知诗，妄相奖许，推为诗人。如是者五年，始知惭愧，取而删窜其半，因得稍进一格，然尚在古人堂下，辄诩诩得意，自谓入室。如是又五年，复知惭愧，又取而删窜其半。时值国变，三灾并起，百忧咸集，饥寒流离，逼出性灵，方能自立堂奥。永叔所谓“穷而后工”者，其在此时乎？及平心静气，取古诗与吾诗比勘，惭愧又起。自叹辛勤半生，求其集中如唐人诗，偶有相合；若求三百篇劳人思妇天怀自放之妙，十首之内，不得一二，又况能颉颃雅颂，奏清庙而被管弦乎？因羡唐人如陆敬舆、李习之辈，不以诗名；宋人如曾子固、陈同甫辈，不能为诗。彼不走苦难一路，所以良工不示人以瑕也。盖作诗贵有悟门，悟门不在他求，日取三百篇、汉魏唐人佳诗反复吟咏，自能悟入。若无悟门，但求古诗及汉魏晋唐人诗内声容字句摹拟描画，如在琉璃屏外拍美人肩，虽表里洞见，然所拍者终是琉璃，不是美人。若舍三百篇、汉魏晋唐而别寻悟门，如涉江海者本无神通，漫学折芦浮杯，捐弃舟航，凌空飞渡。此两种病，近代名家往往有之。然悟门不能遽开，积累时日，庶几一朝遇之。汝诗疵处，吾姑不为汝指出，待汝知惭愧时，自当别白。知惭愧别白，则悟门开矣。汝今非发愤为诗之时，又无牢骚郁愤之事，遽欲窜身苦趣，譬无事人自著枷锁，投入犴狴，殊为可惜。倘知汝父作诗如此苦难，自然废然而返也。”

铅山胡梓方朝梁。学诗于义宁陈散原先生。治宋诗，浸淫于宛陵、后山之间。京师所居庐，四壁尽张海内名贤诗翰，号为“诗庐”。著有《诗庐诗草》四卷，其第四次删定者共存三百九十首。已未冬，予于彭泽汪辟疆处，得读一二，顷更由友人处得尽读之。其诗瘦硬隽深，精气内敛，虽洪声广局，集中少见，而单纯有味，要为可诵也。《杂诗》：“有妇能持家，隔岁制儿衣。不辞刀尺寒，但求短长宜。宜长不宜短，儿短有长时。春朝节物盛，熙阳生光辉。大儿貌整整，弱女情依依。盘中杂羹饵，案上堆枣梨。枣梨与羹饵，恣儿饱啖之。慎莫污儿衣，母劳儿当知！”深刻真挚，语足动人。《岁暮杂诗》：“举俗循汉腊，粗记甲子某。南街买果栗，北市沽鱼酒。东家报礼先，西邻投赠厚。纤悉丰啬间，斟酌施与受。兹事政匪易，付托幸有妇。我但拥书坐，兀兀当窗牖。冷眼看仆妪，奔凑恐失后。欢笑翻倍常，酒食恣饱取。苟活我正同，攘攘端为口。”写送年礼赠诸状如画。《旧腊二十九日会祭陈后山先生于法源寺》：“诗人清峭例寒饿，唐有穷者称孟郊。后二百年得圣俞，以穷而工冠其曹。吾犹二子固穷者，犹胜后山之所遭。世传闭门卧索句，呵令儿女纷藏逃。吾疑此翁托辞耳，实不忍睹儿啼号。抛除百事屏百虑，用能肝肾工镌雕。篇篇无愧配杜黄，字字有托追风骚。一官五品除正字，狐白之裘胡为至。分甘冻死不受怜，可以想见其高致。为狂为狷吾不知，要于其志能不欺。竟先除夜遘寒疾，乃不及祭其年诗。我爱翁诗惜翁遇，却恨我穷不如之。妻言尔自不工诗，便穷百倍奚以为。岂真欲使妇无裈，我已十日三日饥。诗人黄罗厉介节，欲起后山为之师。谓挈嘉诚同展拜，生日不如卒日宜。邀余荒寺酹一卮，立去不告妻与儿。归来作诗仍不进，乞灵无效空自嗤。”清切有韵致。《秋日集何氏园亭》：“霜寒木落雁横天，风物依稀似去年。枯竹鸣廊如有诉,晚山当户自生妍。穷途作吏敢求饱,乘兴题诗何必传。顾我支离亲更老,背人偷眼白云边。"《赠别陈寅恪》:"君家诗句高天下,汝更耽吟废食餐。动足西游轻万里,当筵古抱郁千端。空文毕竟惭吾辈,微命犹堪托冗官。明日车窗试回首,乱山残雪向人寒。"《赠畏庐先生》:"头白昏昏子林子,论文两眼独无花。自称下酒汉书熟,不欲成名小说家。吾道从来有兴废,词人共遣在天涯。斜街寂寞扬雄宅,许我时停问字车。"《夜自城外督课归》:"诸经半向儿时熟,断句每于归路成。风劲似弓张彀满,雪残如带画沟明。计年闻道吾真愧,作客看人意渐平。休沐明朝晴定未,好听鸠燕乱春城。"

## 四

壬戌九月二十一日,义宁陈散原先生七十寿辰,远近以诗来祝者,珠玉琳琅,辉溢户庭。先生志节文章,并负重望于当世,宜夫言者词无溢美,受者意可泰然也。寿诗佳者甚多,兹录不及十一。读者不作寿诗,观可也。郑孝胥:"名节虽苦有至味,世人区区各殊嗜。散原自是千载人,不朽何曾待文字。卷里秋声满世间,几年华发对钟山。试将新句参消息,似觉承平气象还。"沈曾植:"望望钟陵幕阜云,六朝山色接缤纷。列仙姑射冰雪杳,丈室维摩金粟芬。诗句流传十洲遍,文心不立一言云。病夫病榻神游去,未复诸公介雅勤。"康有为:"戊戌党人存几辈,月泉吟社祝良晨。诗名高比陶征士,秋气生成宋逸民。湖海归来尊大老,乾坤毁后剩词人。诸男好笔古稀寿,山色清凉别有春。"冯煦:"君今七十我八十,同是羲皇以上人。北海风规齐邴管,西江诗派续黄陈。纵心儒墨融三古,放眼乾坤渺一尘。愿共岁寒贞晚节,浊醪粗饭任吾真。"夏敬观:"从翁学诗二十年,初如钝根坐学禅。酒楼一语为道破,渐悟立脚不在文字边。从翁学诗未学道,为诗那能十分好。日历中间记此言,诗中顿获僧中宝。诡时依世两皆非,浮言近意何所施。同时流辈谁似之,翁老谓我昌吾诗。长生久视到沈陆，万变未历前贤目。翁诗如史不绝书，忍古能容人几读。”诸宗元：“峥庐岁一归，白发抗忠孝。翁虽寿七十，我谓年方少。有心系伦纪，本不涉颜貌。溯前共卅年，朋辈共腾踔。翁言从所重，如汉推许劭。忧时日相语，伐恶退不肖。何意眼中事，及见今已耄。青溪在屋隅，闭门宜却扫。谁持平生心，县之拟两曜。”姚华：“少陵诗句几山谷，永叔文章亦退之。直到先生兼两美，尚容晚进与同时。孑馀甲子仍成集，生后庚寅合有辞。不碍高秋天地隔，满斟江斗入金卮。自注：江斗用于湖《念奴娇·洞庭》词。”罗惇曧：“西江诗派黄双井，南宋遗民谢叠山。四海论文皆敛手，诸男得笔足开颜。眼看世局浮云变，心似青溪尽日闲。满院菊花齐上寿，笑簪鬓发未全斑。”罗惇　：“欺寒缩手到吟边，四海弥天觉独贤。并世通才元祐籍，行滕吟卷义熙年。黄花晚节秋同劲，白发华灯应更妍。接武苏门文字盛，酒酣著语漱芳鲜。”陈止贡：“故人梁茭与王存，向我谈诗右散原。近益矩从心所欲，本来德比齿尤尊。归家彭泽荒三径，忧世灵均叩九阍。愿乞斑衣老莱子，敢持布鼓过雷门。”

义宁曹东敷，用晦。散原先生乡人，为诗颇事刻苦。己未客死汉皋，遗诗仅三十馀首，皆生平手自删定者也。其诗严净精刻，学法黄、陈，而稍参东野，散原许其纳才气于韵味之中；为学黄得力处，杨昀谷许其奥折。樊樊山、罗瘿公均有褒语，而劝其不必入深晦幽仄一路。予于吾友刘朴庵处，得谂东敷所诣，而闻之王简庵，亦盛称其品诗之精。兹读其诗，益惜天啬其年，不护广以造诣，徐待其成也。窃尝谓晚近喜宋诗者多，而于山谷、后山之间，尤成风气。学者无论如何，固可挹其清芬，永不堕入野狐禅一道。然学之不善者，则往往得黄之犷硬而落其瑰丽，得陈之瘦狠而失其深腴。且也雕刻伤气奥折入晦，枯木土花，毫无生气，律之初衷未为合也。昔苏东坡醉中作书与人，书咸自云：“觉酒气拂拂，自十指间出。”此语最妙，仅不作书为然，作诗亦何尝不然？黄、陈之诗，虽极生硬奥屈，而落纸莫不飞动，拂拂有生气。吾人此后作诗，无论如何，总以落纸生动为第一义，而于学宋贤中之黄、陈，尤宜措意，否则诸病悉乘之矣。东敷之诗，盖似善学黄、陈者，予岂敢短之哉，亦牵连书此以为自醒语耳。东敷诗采入《诗话》者如下，《社稷坛》：“举茗如有恒，驱车上砥石。匪无战栗心，就阴娑婆柏。冉冉七百载，盖藏临咫尺。于人固云奢，谓天亦已仄。丹墙照四围，曾迎玉辇迹。往往属闲人，袒衣明未襞。庙社遂如此，狐鼠惨不怿。步筵费周章，夷作花佣宅。故老起旁皇，油油思禾麦。强笑对秋草，有酒沽亦得。”《答王三》：“乖离戚不浅，行李难具陈。无能举昏垫，宁独伤隐沦？剖鱼见高兴，兴高美无伦。形影惑屯代，火阴迭主宾。同亮故欣然，折麻未苦频。所患文字灭，吞吐转车轮。周才匪我任，造适乃因循。游宦视居常，轸外同一尘。潜虬亦幽媚，长谢尺蠖伸。鲁酒亦胜引，讵诉使君醇。斟酌布兰生，真藏埋照人。矜名事缠牵，役此百年身。朱颜照成丑，观河吝惊春。徂物感解作，得气长苦辛。升条失所丰，斧斤以时亲。车足能辞折，爨下欠劳薪。于君味斯语，慕类若比邻。笑啼俱未免，尺牍与申申。”《寄持庵》：“病后寄君书，卷心蕉未舒。病里读君诗，碍耳尘有之。故山猿鹤笑问我，名山著作空尔为。青灯老屋吴坊渡，誓墓归来未衰素。文章林下因缘重，丈夫生事锄犁误。郑重先邱走原隰，不逢竹实逢橡实。干戈未定以家何，弃儿同我吞声泣。秋深篱落见南山，地偏消息在郊寒。文豹身为烟雾隐，何用窥斑更索瘢。我祖八十事苦卓，谓我与公自摧坐。诗境毋于驴背寻，诗思莫使闭门索。最忆东湖惯打艇，鼎中鱼眼煎双井。此味醰醰苦涩并，白石清泉谁略领。南中炊饼应须羡，明年江上笑相见。并儿悬印大如斗，楚伧负轭如电走。”《赠梓方》：“光怪四荣诗作壁，悠悠墨食定斯庐。牵萝待月停基构，争席分宵费扫除。槛外晴随官事了，车前尘犯觉华无。微烦春力温生坐，想照秋豪屋漏书。”

数月前钞选《全唐诗》竟，曾题五诗，录此以当《诗话》。其一：“平居颇耽诗，诵古日数篇。诵诗觉至乐，渐苦作诗虔。清晨倚案览，宵分勤钞铨。尝谓古人作，贵取心口传。先须恣手眼，如割生彘肩。兹来六个月，窥尽三百年。良金必高价，众美如云烟。搴香兰亩中，弄珠沧海边。诚知有遗弃，此事古难全。作者今已矣，传犹有不传。蠹卷高数尺，此哉谁为怜。”其二：“才大气必全，神王理可到。吾怜李与杜，丰采真绝调。下此非不能，天限未可校。丽思或杂淫，豪篇近伤躁。笔犀写尖碎，力探又为傲。譬如昼夜乐，众器合全妙。他虽引考司，独弄只增燥。千载诗笔完，几辈闻踸踔。姚贾四十字，孑孑一生蹈。令人思呜咽，从悔事吟啸。”其三：“初唐四杰出，富艳若春花。乔刘实酣绮，张宋何高华。盛时李与杜，飞动龙鸾拿。高岑与王李，骖乘亦同车。鸣戛尽金玉，容裔比云霞。群谓颇挺出，荆玉抱家家。大历十才子，吐词仰天葩。秀色难为贞，蹈隙或抵瑕。韦柳皎而峻，孟韩高而夸。秀洁与深雄，两两实分衙。末流渐淆乱，荒险羼僻邪。元白虽俗轻，尚为诗教嗟。晚唐为绮靡，薄惠生齿牙。淳风欲茫昧，古体髻已髽。二许才未称，方罗意有涯。后起有李杜，曾莫救偏斜。世衰元音阒，细响征筝琶。”其四：“文章以气胜，一代不数辈。吾爱五夫子，真采树千载。太白逸天下，轩豁出尘壒。杜公抱忠贞，悲悯世如瘵。倔强韩吏部，横轹出胸肺。东野穷复穷，沉鸷六尺内。惟有太傅白，气和色无坏。吁嗟此五君，吐辞各极态。其人实贤杰，气作于诗外。他如刘与柳，远谪蓄叹慨。王孟暨储韦，偶然清气会。是皆包有馀，惜未抵其最。拙哉昌谷生，乃以诗雕绘。”其五：“敻矣三百篇，文存名不有。当时发愤作，宁以别谁某。诗者世公言，发泄任众口。如何后世人，唐宋互击掊。苦心出头地，肝肾取雕剖。俨然承作家，佛焉拒诤友。不知人心变，时岂可美丑。君看李唐篇，何必黄初后。瘦吟与短舞，宋岂又唐负。从今愿无师，佳处随所偶。随意赋新诗，风窗劝樽酒。”

挽近印刷术精进，书报杂志，如火如荼。虽文化之传递，赖以周迅，然谬解流传，其为害亦复可虑。至于庸妄空疏之堕落文人，空腹著书，其为误人，则又甚焉。昨于某君处，见梁溪酒丐邹弢编之《诗学捷径》一书，为上海苏州振新书社发行。其内容之乖谬，随手一披，即已多见。兹略指斥之如下。其书共分十二章，末二章为《诗学饾饤》

《名句摘艳》，著列已觉不妥，且不必论。最谬妄者，如第五章《读诗次第》有曰："理解之诗，利于古体。李白之诗，不过奇横，而宋苏轼之诗，不过明达而已。惟清之袁子才、赵瓯北两人，殊有奇想，读之别有会心。"第八章《诗之法律律绝之别》曰："自唐人改截为绝，而作法与形式遂变。迨渔洋老人出，遂专以七绝鸣矣。"第十一章《诗学饾饤》有曰："与论其历史，则风雅颂后有楚词，又有古诗十九首。中略。惟秦世坑儒，风雅中绝。至齐梁时《文选》之学大昌，而苏子瞻则斥昭明以为小儿强解，殆风气迁转乎。"最鄙俗者，如以歌谣中"月子弯弯照九州"为文明之诗。以学诗可得联交游、保身体隐合卫生之理。之益，以"吟成五个字，捻断几茎髭"，未免想头拙滞。以排律作法云：须押韵起马十馀韵。最邪魔者，如以言情之诗，则李玉溪、韩冬郎、温飞卿之香奁体及王次回之《疑雨集》最佳。以改友人诗"天地劳双鬓，风尘任一肩"为"天地催双鬓，风尘借一肩"为雄浑壮健。其它征引不合，妄下断语之处，尤指不胜指。综上而观，邹某以不辨绝句即截句、古诗十九首在秦前秦后之人，居然敢著书示人捷径，吾人观之，不禁笑而怒矣。其为毒于无诗学常识之青年，可胜道哉！寄语振新书社，速火其书可也。

昆山李君默先生出示其乡人方惟一还。先生诗数首，读而喜之，爰为采入《诗话》。《题徐翥青五湖归帆图》二绝："初元时事犹能说，各挟风雷怀抱开。君往莫厘我乡国，至今一梦等萧闲。""本不为官去就轻，湖烟欲雨早归程。回帆卧听船头鼓，留赠云山尚有情。"《屡迟香禅送帖不至》绝句："碧山无际渡江去，山妇言归何太迟。客里只因爱书帖，冷摊闲话误归期。"《将去南通与诸子话别感赋绝句》："芳园随意种瓜茄，结口何时莫问花。来去等闲本无我，长镵放下夕阳[①]斜。"《哀黄许臣》律诗："昔我逢君地，东西讲舍开。声名接闾壤，怀抱各风雷。白日一以短，神州百可哀。四方犹盗贼，残息仅蒿莱。病眼

① 阳：底本作"场"，据文意酌改。

伤春莫，颓林吊夕荣。年衰朋从少，世乱死生轻。皮骨磨尘劫，山川睇晚晴。犹应属英髦，未合坠峥嵘。”《挽吴讷士》律诗：“眼看吴士数谁健，不分天年伤兀鲐。正月邮亭照眉色，三春高阁失尊罍。巨卿车拟修途往，季重书犹隔岁来。怆绝落花满天末，芳筵人说昨宵开。”

咏物之诗，绘形刻相，以不多费笔墨为难；而语隽意永，妙有寄托，则又难也。唐人咏物诗，求如其类而不纤碎伤格者，甚不可多得。如张说之《咏瓢》“美酒酌悬瓢，真淳好相映。蜗房卷堕首，鹤颈抽长柄。雅色素而黄，虚心轻且劲。岂无雕刻者，贵此成天性”，万楚之《咏帘》“玳瑁昔称华，玲珑薄绛纱。钩衔门势曲，节乱水纹斜。日弄长飞鸟，风摇不卷花。自当分内外，非是为骄奢”，包何之《赋秤》“愿以金锤秤，因君赠别离。钩悬新月吐，衡举众星随。掌握应平执，锱铢必尽知。由来投分审，莫放弄权移”，朱湾之《咏拍板》“赴节心常在，从绳道可观。须知片木用，莫作散材看。空为歌偏苦，仍愁和即难。既能亲掌握，愿得接同欢”，裴说之《咏棋》“十九条平路，言平又崄巇。人心无算处，国手有输时。势迥流星远，声干下雹迟。临轩才一局，寒日又西垂”等则皆难能可贵者也。

述哀之诗，以白描为得法。若贪词采，竞用事，则往往夺情掩真，难足贵矣。偶阅无锡侯学愈所纂《续梁溪诗钞》一书，载昆山知县诸可宝室邓瑜诗十馀首。内有《哭旅儿》诗七首，词旨哀恻，笔甚瘦屈。能写真语而不伤觋缕，善叙悲怀而不至泛滥，妇人中有此，真不可多得者也。兹为摘取五首，仍存其先后次序如下。其一：“早慧物所忌，汝质乃近愚。独喜性静默，嗜好与俗殊。家贫无长物，所有书五车。喜汝能博涉，六籍供田渔。汝爷笑谓我，此吾行秘书。每当下学归，兄弟相喁于。作字亦不丑，簪花善临摹。书成请评骘，含笑牵娘裾。我老百无欢，见此颇自娱。此景今不再，回首悲何如。”其二：“自我归汝家，汝父苦贫累。对泣牛衣中，宁敢怨憔悴。生汝八弟兄，心力亦几殆。所觊俱有成，婚嫁事完备。迨我谢世时，送我入幽邃。了我一生事，辛苦聊自慰。此愿岂云奢，而竟未能遂。自从阿加殇，倏忽廿四载。今汝又继之，天乎我何罪。汝爷素旷达，痛极转无泪。况我多病躯，剜此肉一块。吾衰岂久存，九原汝其待。”其三：“十月有八日，儿病渐不支。宛转衾簟中，气息馀一丝。依依握母手，问耶归何迟。伏枕还和南，声声念母慈。儿身惟母爱，儿病惟母知。勿厌儿扰母，扰母只此时。愿母强自宽，向后毋思儿。此语诚可痛，此情那可思。夜台风雨黑，儿今去何之。暄寒与饮食，谁为儿护持。呜呼我阿寄，汝当知我悲。”其四：“书堂夜沉沉，灯火凄以碧。凉月照古苔，中多汝行迹。入室何所见，见儿几与席。是儿冠与裳，是儿巾与舄。儿书所未竟，朱墨纷狼籍。儿尝所披览，丹铅半剥蚀。为儿检箧衍，一检一于邑。凄风动尘幌，犹如儿出入。儿魂傥归来，抚几应叹息。叹息如可闻，哀蛩暗中泣。”其五：“赚我十九年，欠汝泪万行。承此万行泪，为儿奠一觞。儿生于慈湖，殁乃在金阊。中间鄂渚游，曾未识梓桑。行觅一坏土，送儿归故乡。当与汝长兄，埋骨登蒿邙。庶汝小兄弟，泉下相扶将。朝游傍青林，夕啸依白杨。倘犹恋庭闱，同来侍吾旁。呜呼我阿寄，汝今在何方。人家或汝悲，时过亦渐忘。独有汝母心，积久弥摧伤。摧伤岂能久，双鬓今已苍。老者幸尚存，少者胡遽亡？呜呼我阿寄，天意真茫茫。”

诗中之有唐宋，其犹人中之有元方、季方乎。吾尝喻之，唐诗如春花烂熳，宋诗如秋林萧爽；唐诗如夏云吐峰，宋诗如秋月当楼；唐诗如骅骝开道，宋诗如鹰隼击空；唐诗如钟牢乍吼，宋咏如笛鹤南飞；唐诗如秀峦耀影，宋诗如澄潭见底；唐诗如秾桃朱李，宋诗如哀梨谏果；唐诗如汉官威仪，宋诗如胡服骑射；唐诗如珊瑚玛瑙，宋诗如火浣水精；唐诗如三河少年，宋诗如太白胡僧；唐诗如艳女晓妆，宋诗如美人夜哭，皆各擅其胜，不能优劣者也。惟其弊也，则唐诗如泥马渡河，全无着落，宋诗如黠鼠入橐，自取苦闷；唐诗如博士卖驴，时堪笑谑，宋诗如狙公赋茅，偶为狡狯；唐诗如上仙委蜕，仅剩衣冠，宋诗如下士畯寒，时羞肘踵；唐诗如乐妓适人，冶容不免，宋诗如剑侠入道，峭性难温，是皆可得而言之者也。

唐宋诗之可得互论者，唐七律之瘦硬者，多开宋派。宋七绝之秀韵者，亦往往有唐调。五古唐人多可学，宋人多不可学。七古唐宋俱佳，宋微变唐，一韵到底者尤多。五律宋人不如唐人，七律则宋诗中之最擅胜场者。七绝正当并相辉射，五绝宋人与唐迥异，多不可学。

梅圣俞谓诗句义理虽通，语涉浅俗而可笑者，亦其病也。因指《赠渔父》之“眼前不见市朝事，耳畔惟闻风水声”，似患肝肾风语。又《咏诗》之“尽日觅不得，有时还自来”，为人家失却猫儿语，读之可发一噱。予谓诗句中多可附会他事者，正不必语涉浅俗者为然。杜诗如“吴楚东南坼，乾坤日夜浮”，说者谓为地震。又“竹叶于人既无分，菊花从此不须开”，说者谓为似雀戏中南家牢骚语。至他如“潮平两岸阔，风正一帆悬”，似为测量家言；“燕知社日辞巢去，菊为重肠冒雨开”，似节气注脚；“细雨湿衣看不见，闲花落地听无声”，直不聋不瞎诗耳。书此以博一笑。

## 五

柳翼谋先生出示《翠岩室诗钞》及《天韵堂诗存》两清人诗，嘱为择尤，选入《诗话》。《翠岩室》著者为丹徒韩叔起，弼元。道、咸间人，与监利王子寿、柏心。桂林朱伯韩、琦。溧阳强赓廷汝询。相友善，今人冯梦华煦。则视为后辈。《诗钞》后有冯跋语，所许为孤直遒上，诗如其人者也。《翠岩室》诗朴重不躁，笔亦能瘦，惜为才气所限，无大精采。然枯木嵌空，固足自娱悦也。《责鹰》诗曰：“旅居城南隅，老树枝覆屋。群鸟啼哑哑，夜闻寐不熟。鸱鸮时一鸣，怦怦惊幽独。其馀众小鸟，呼噪声相续。主人厌恶之，呼鹰一言属。尔性本刚鸷，尔职司驱逐。有爪胡不施，有喙胡不啄？搏击垂得名，狰狞空注目。鹰口不能言，俯仰以臆告。物情固如斯，匪独我畏缩。虎噬乃入柙，牛触故设楅。鸠拙得安居，莺巧悦流俗。仗马喑不鸣，日食三斗粟。无用全其生，多迕往见辱。因之悟生理，默默甘雌伏。君胡不解事，强言相喧黩。疾恶不能容，勿谓莫予毒。处世宜模棱，奚庸分清浊。主人笑不言，扪心自反复。”托讽颇有致。《〈樊笼有羁羽〉一篇寄赠杰庵同年》曰：“樊笼有羁羽，潢潦无纵鳞。鳞羽岂不利，惜未逢其辰。嗟我与夫子，道合心相亲。束发读儒书，志欲康世屯。奈何困尘俗，欲走仍踆踆。盛年饱闲散，坐视白日昏。秋风忽萧瑟，芳草色已陈。蟋蟀发商音，哀若嫠妇呻。夜月吐寒辉，高洁殊华春。朱颜能几时，悲此落叶纷。壮怀恐销歇，远愧逖与琨。愿持慷慨意，一与素心论。”清恻动人，颇有《选》意。《得家书》二首，录一曰：“我有两男儿，头角幸稍异。大者能读书，小者方识字。日日散学来，相将吾前戏。弱女始解语，随兄索果饵。忆余出门时，各知离别意。牵衣问归期，双眦荧欲泪。翳予实多情，未忍遽恝置。在家苦尔扰，离家复尔记。书到言平安，寤寐一以慰。”清真婉挚，白傅之遗。《即目》曰：“闲居观化养吾真，即目推寻见道亲。蜂子触窗争得出，蠹鱼食字岂能神。流泉不腐源头活，白日无私气象新。大路当前劳远问，亡羊谁与挽迷津。”《春来》曰：“谢职归休自在行，春来物物尚关情。虫方启户须防践，燕正安巢未许惊。汲取新泉滋竹活，芟除芜秽爱花明。无聊且觅闲中乐，拚得闲中老此身。”读此足征此老优游理窟，见道处固不少也。

《天韵堂诗》作者徐纲伯，维城。燕山人，同光间有诗名，以举人就官知县，历任贵筑边远之地。官既不达，益发愤为诗。所刻诗约八百首，类多可存。其五言古诗《泛月至茅家步侵晓步至冷泉亭》曰：“落月送轻桡，飞蓬破晓雾。钟寺隔层云，镫楼隐丛树。花气霭若烟，岚翠浓于露。人家抱云水，指点鸡鸣处。平明快遵陆，丹霞烛幽路。发黏疑沐膏，衣重忘袭布。清镜忽炫目，万泉绿争注。绕石苔纹回，压阑松影渡。空碧洗诗骨，浮光荡修步。照影形自忘，秋心欲与诉。枕流挹其秀，恨不作鸥鹭。无风凉自生，障尘却纨素。”《登理安寺松巅阁》曰：“足底烟云矗，眼前峰峦平。飞阁万木捧，孱躯一鸟轻。松涛涌天末，岩谷酣钟笙。划然作长啸，自疑鸾鹤鸣。惜无奇雨来，乱飞林叶声。跳珠万斛落，舞翠八窗倾。健笔缚潜虬，挥洒龙气腥。作为雄秀句，云海收空青。复念春冬时，玉龙屠紫京。漫天空花散，树树森瑶琼。高处不胜寒，心目摇光晶。月悬银界彻，风动珠尘萦。即比是仙境，骨换神气清。何用驰荒渺，世外求阆瀛。”《趵突泉》曰：“济南七二泉，趵突名称最。出郭访琳刹，眩目炯丹翠。雪然与耳谋，独赏兹泉异。声喧境弥静，天晴雨长沸。冰柱一条涌，琼树万珠坠。水仙矗奇波，地媪鸣杂佩。昼夜猛腾趠，古今遄年代。绝似才人笔，逆用出光怪。复类奸雄徒，倒行肆凌厉。抑扬泉心印，如喜还如怼。殷其作雷鸣，鼓舞奋出地。烹泉试一吸，一笑澹相对。薄莫徐徐归，夕阳城欲闭。”三诗皆纪游，首作冲永隽逸，颇似初唐人吐属。末二奇情壮采，俊伟不凡，直用剽剥韩、杜，傥真所谓“健笔缚潜虬，逆用出光怪”者耶？其五言律如《宝应城外维舟》曰：“侧帽倚疏棂，平安又此经。乱鸦翻岸黑，高树过城青。湖望遥天接，舟因细雨停。买鱼供早馔，雅称玉粳馨。”《海昌北郭访青雨上人即赠》曰：“抱门双古树，引我入禅房。野鹤孤云迴，秋花一院凉。圆神心似月，清话齿生香。一笑可同印，海天青莽苍。”《雨雪》曰：“一望陈云深，霏霏雨雪侵。天容连地湿，海气入城阴。镜里崚嶒骨，镫前辗转心。岁寒豺虎恶，何处抱瑶琴。”《江夜》曰：“鱼龙曼衍收，寒意压涛头。风动疏星战，天空片月浮。千山包夜气，万古汩江流。欲按铜琵曲，填胸荡百忧。”皆效浣花，森然有可畏之色。“万古汩江流”，则学杜者之通病，不足责也。其七言律如《渡钱塘江》曰：“江风顺拥片帆轻，小试宗生破浪情。日射鼋鼍浮海气，天分吴越变人声。红羊劫已千秋冷，白马威难一日平。最忆潮回犀弩日，福田春煦数州氓。”《阌乡道中》曰：“泥人一蝶下山阿，客路风光此际多。绿草如烟羊满地，黄沙似雾马临河。天含好雨无穷惜，云怯炎曦不敢过。觅句吟成重锻句，轮蹄时日尽消磨。”《越秀山》曰：“荒台掉首入阴森，都会番禺地下临。霸气千年犹漭荡，海氛一道未销沉。破空榕绿翻云重，似火棉红障日深。无限暖风芳树感，万山环抱一披襟。”《九月禹王台登高同玉山时玉山将还山左》诗曰：“地北天南吾与汝，高秋忽喜共登台。回临红日堂堂照，不见黄河滚滚来。四海子由殊怅望，千年禹迹郁崔嵬。循墙莫惜频联步，来日风帆又北回。”学古并得神髓，音节沉雄，气势流宕，忽然而杜，忽然而苏。惜其七言古诗，则贪多务奇，殊乏剪裁。有《题桃溪雪》乐府七古诗一首，前半极佳，后半则庞杂枝蔓，不足观矣，盖才为之累也。五七言绝句，尚有佳制，兹不录。柳翼谋先生曾为之评语曰：“恃其逸足，往往奔放，学杜时有过当处。然视局促如辕下驹者，固有上下驷之别。”此真作者知己之言也。

刘劭《人物志·英雄篇》曰：“夫草之精秀者为英，兽之特群者为雄。故人之文武英异，取名于此。是故聪明秀出谓之英，胆力过人谓之雄，此其大体之别名也。”愚谓英属于阴，雄属于阳，人之足为英雄，亦其阴阳分之美，得充类而至其境焉耳。世间万事，无不可以阴阳之说赅之。姚姬传先生论文，创为阴阳之说，以为文章之美，不出此二者。曾文正公因更推之为太阴、少阴、太阳、少阳，以为气势太阳之类，趣味少阳之类，识度太阴之类，情韵少阴之类。至张廉卿又以二十字分配四象，则充类极尽，惜稍碎矣。夫文章之有阳阴之美，悉难两全。龙门《史记》，其阴阳之美两全而共胜者也。韩、欧之文，其阴阳之美备具而有偏胜者也。故学《史记》之文，罕有其病；学韩、欧之文，则尝不能无病。文既如是，诗亦何尝不然。诗中之有气势，此最阳分之美，情韵则最阴分之美也。古今来诗人亦众矣，然未有如杜子美者，以杜诗阴阳之美均并具而共胜者也，故学杜可以少病。杜诗有马、鹰、画松诸诗，复有风雨、落花之什；有《观公孙大娘弟子舞剑器行》，复有“黄四娘家花满蹊”之作；有子章髑髅、王郎莫哀之词，复有牙樯锦缆、香雾云鬟之句，莫不阴阳并美，配置惬当。即就其《北征》一篇观之，浑雄闳壮极矣。而“学母无不为，晓妆随手抹。移时施朱铅，狼藉画眉阔”诸句，则又细匀妥帖，香泽动人矣。一篇之中，阴阳美之配置尚如是，况与他篇乎？此杜诗之所以独绝也。

杜诗奇莫奇于“荡胸生层云，决眦入归鸟”，豪莫豪于“豫章翻风白日动，鲸鱼跋浪沧溟开”，壮莫壮于“元气淋漓障犹湿，真宰上诉天应泣”，险莫险于“白摧朽骨龙虎死，黑入太阴雷雨垂”，浑莫浑于“雷声忽送千峰雨，花气浑如百合香”，精莫精于“竹批双耳峻，风入四蹄轻”，警莫警于“骅骝开道路，鹰隼出风尘”，淡莫淡于“涧水空山道，柴门老树村”，逸莫逸于“翡翠鸣衣桁，蜻蜓立钓丝”，老莫老于“百年地僻柴门迥，五月江深草阁寒”，熟莫熟于“老妻画纸为棋局，稚子敲针作钓钩”，雅莫雅于“两章比秋月，一字对华星”，瘦莫瘦于“地坼江帆隐，天清木叶闻”，僻莫僻于“鸟惊出死树，龙怒拔老湫”，简莫简于“功业频看镜，行藏独倚楼”，括莫括于“江山有巴蜀，栋宇自齐梁”，真莫真于“众雏烂熳睡，唤起沾盘飧”，理莫理于“灯影照无睡，心清闻妙香”，古莫古于“淘米少汲水，汲多井水浑”，深莫深于“所向无空阔，真堪托死生”，秀莫秀于“钩帘宿鹭起，丸药流莺啭”，绮莫绮于“香雾云鬟湿，清辉玉臂寒”，华莫华于“退朝花底散，归院柳边迷”，韵莫韵于“晚凉看洗马，森木乱鸣蝉”，皆绝境也，他更不胜详举。

古今诗人学杜甫者多矣，而卓然可自成一家者，李义山、黄山谷、元遗山三人而已。李学杜得其雅，黄学杜得其变，元学杜得其全，皆若似杜而非杜，非杜而似杜。既不甘为古人臣仆，亦不忘其初祖，此真善学杜甫者也。他如张籍之古淡，姚合之清雅，贾岛之僻涩，嗛嗛之德，不足有也。宋人后山、简斋与山谷并学杜，号为三宗。实则后山学杜失之晦，简斋学杜失之隘，盖非山谷比。陆放翁受诗法于曾茶山，曾茶山亦学杜者也。茶山诗局宇不敞，短于才气。至放翁则声势壮奕，才思烂熳。不仅青蓝寒冰，突过乃师，且遥与浣花异代相视，如两雄矣。陆放翁虽貌不为杜，然视彼硁硁学杜者，固不可同日语矣，岂非豪杰之士哉！学杜者得其雄浑固难，得其简丽亦不易；得其拙厚固难，得其新秀亦不易。而世俗之学杜者，往往于其悲天悯人、忧叹内热者求之，而不知杜老逸情野趣，深自媚悦者固有在。一年三百六十日，开口而笑诗写喜情者，应亦不过少。众人独奈何于其忧愁悲涕之处以求之乎？又杜老虽穷苦不遇，然落笔中书堂，献三大礼赋，声名上动人主。登床叱“严武挺之乃有此儿”，睨傲见容疆寄。其高而不切，自此稷、契之处，宁草野贱夫所敢望乎？读《奉先》《咏怀》诸诗，苍莽郁结，想见其为人。及其濡笔作《游何将军山林》与《重过何氏》十五首，又复赤舄几几，雍容闲豫。退食自公、纡徐委蛇，其一种名贵气非盛时人物不办。而近世学杜如吴陋轩者，则寒窘逼仄，满纸酸鼻，盖不仅有草野气也。岂境遇为之耶，抑胸襟之不同耶？则学杜之事，固难言矣。

诗文之须模仿以进于创造，其理甚明。韩退之论文："惟陈言之务去，戛戛乎其难哉！"盖昌黎尔时文字，已由模仿进于创造，故以不用陈言为要务也。但诗与文异，由模仿以进于创造，其径虽与文同，然创造之时，固亦不害用陈言也。此论自刘海峰发之，刘之言曰："王元美论东坡云：'观其诗有学矣，似无才者；观其文有才矣，似无学者。'此元美不知文，而以陈言为学也。东坡诗于前人事词，无所不用，以诗可用陈言也。东坡文于前人事词，一毫不用，以文不可用陈言也。正可于此悟古人行文之法与诗迥异，而元美见以为有学无学。夫一人之诗文，何以忽有学而忽无学哉？由不知文，故其言如此。"观此可知诗不害用陈言而犹列于创造之林也。

壬戌七月，仆于沪上见郑苏戡先生，谈次承先生出示苏州江弢叔湜。《伏敔堂诗录》，叹为清代罕有之作，谓与郑子尹比肩不难也。仆受而读之，并假以归金陵。前后披阅凡二过，觉其诗确有过人处。而于作者所值之时、地言之，则尤为难得。盖自乾嘉诸诗老倡为格调、性灵诸说，高者式李、杜，低者学元、白，枝者入于温、李。诗学末流至如舒铁云、陈云伯辈者，方之如女，盖无正色矣。弢叔生丁道、咸之间，弢叔诗存者，自道光十八年戊戌起，至同治五年丙寅止。毅然学昌黎、山谷于举世不为之日，其识已超乎流俗矣。此以时言之，难能者一也。弢叔苏州人，苏州诗人卓然自见者甚少。陆鲁望虽号赡[①]博，其诗实不免纤猥，殆其俗之软美为然欤？而弢叔独杰然异众，其成就虽不甚大，然已非苏州人所敢望矣。此以地言之，难能者又一也。弢叔诗五

---

① 赡：底本作"瞻"，据文意改。

言古独有面目，七言古稍伤议论，五言律绝无佳者，七言律颇落宋人窠臼，然佳者多。五言绝最少，七言绝则最擅胜场。其诗得韩处不多，得黄处最多，得白傅、东坡之处亦不少。大概长处在意致新隽，气势流畅，随笔写来，不窘篇幅。而短处则在贪多就熟，步骤太快。指全集诗言。步骤太快之病，比之作山阴道上客，光景虽好，终嫌行步匆忙，不能深细领略也。江之诗才学力，不见有逊于郑，能放矣，能精微矣，而不能凝炼，卒以此非经巢之敌。然两贤生并世，又皆南人，亦云异矣。弢叔诗近始盛行于海上，不知其名者尚多。兹为各体录登数首，以绍介于世。《论古》五首录二首，其一："渊明亲在时，曾作州祭酒。欲为弦歌资，亦绾彭泽绶。适逢晋祚移，脱然田归亩。折腰向小儿，此言乃藉口。孰云忠孝殊，一人不兼咎。鄙哉李令伯，陈情一何丑。伪朝斥蜀汉，急急用自剖。无论多讳词，其心岂忠厚。倘遇王陵母，义不忍此垢。"其二："操刀贵能割，踌躇自贻悔。何况君侧奸，临事尚豫怠。陈蕃与窦武，志勇才实猥。空怀忠义心，碎首竟何罪。迂延拜章奏，得毋气自馁。经世须实用，未害诈与绐。奇兵不列阵，沉机要伺殆。不密终害成，将身充菹醢。所以诸葛公，取不孔北海。"《秋感》二首录一："枫叶本非花，质殊桃李杏。风霜为假合，渲染缀春景。随荣亦随落，策策堕荒梗。可怜几叶红，犹弄夕阳影。譬若老逢掖，忽啖红绫饼。晚景诚独佳，岁月亦垂尽。何如松柏姿，苍翠自冬岭。"颇似张宛丘。《旅夜不憀用孟郊体》四首，其一："百愁如百矢，无弦以心控。一发还射心，愁矢妙百中。噫嘻孤畸人，将灯与影共。有轮转离肠，无胶续断梦。饥鼠动承尘，讵能答短讽。"其二："治生无镃錤，谐世失要领。宦学费五年，凡百啖画饼。苦劳阿　慈，凋发念溪岭。绩灯浪自光，面壁无儿影。焉能摘船去，不日叩厅屏。"其三："马瘦陇坻回，轮摧邛坂曲。未信盈尺地，捩眼看牾触。巡檐瓦碎头，倚柱碣踠足。德人履大方，末途苦逼促。谁能叱良御，争道向棋局。"其四："檐雨滴空廊，一滴惟一音。羁人坐修夜，一坐非一心。一心亡故怀，剩有愁相寻。且披折绵衣，自奏明徽琴。咄哉子野死，虞韶成卫淫。”贞曜翁酸呻之中，亦当一笑，视为同调。《子鱼落解后见过》：“我观士以文应举，正如六博之一投。为枭为卢又为雉，其间幸胜非德优。胜者之喜败者愁，则如力农岁不收。贾人折阅商滞留，少妇见逐还家羞。自隋唐来岁千周，科举积弊人心偷。孰主张是非人谋？疑是造物特好弄。假于世主笼时流，使俗扰扰如蜉蝣。有天民者与天侔，旷代独立无朋俦，我欲从之空山陬。君胡挽我话许事，吾言醉矣将招尤。”集中七言古诗，以《曲阜谒先师庙堂五十韵》为最雄拔，惜过长不能录。七律如《晚步至普照寺同金朴夫》：“市声塞耳不能听，转入禅林取意行。寺破剩看残佛在，塔高留得夕阳明。与君短腊同为客，即日新交倍有情。更一徜徉可归去，寓斋分对两灯檠。”《近年》：“近年手创一编诗，脱略前人某在斯。意匠已成新架屋，心花那傍旧开枝。漫愁位置无多地，未碍流传到后时。要向書坊陈起说，不须过虑代刊之。”《南台酒家题壁》：“忽忽青春客里休，半生赢得一生愁。与人会饮从沉醉，是处无家且浪游。海气夜迷灯火市，江风凉入管弦秋。不知一枕羁人梦，更上谁家旧酒楼。”《晚至孤山》：“谁说吾生自有涯，雕年相促不还家。坐萦千虑书难把，来到孤山日又斜。拙宦初无御寒具，野藤偏有忍冬花。冲风独立苍茫极，雪意漫天噪万鸦。”《五月二十日生一女》：“中年心迹两沉沦，只望生儿救晚贫。得女他时翻是累，今生何事更如人。直愁诗卷无藏处，莫论饥驱不贷身。一段凄凉客中意，封书还去恼衰亲。”各诗芬芳悱恻，功候圆融，叹观止矣。《夏夜》两绝五言曰：“夜坐自钩帘，飞入一蝙蝠。方便杀明灯，摊书不能读。”“渴鼠案上行，饮水及吾墨。眼弗见之时，睡耳有独得。”隽寂可喜。七绝佳者最多，兹录七首如下。《晨发嶅阳车中》：“连冈碎石堆百层，辕下驹犹侧足登。车如箕舌人如米，欲谢簸扬知未能。”《难得》：“从人唾面娄师德，避客挥拳刘伯伦。难得萧斋成独坐，相看峦树着浓春。”《由常山至开化折回江山山行》绝句录二首：“修路环溪十里强，篮舆摇兀似车箱。坐吟浑忘斜阳晚，只见舆夫影渐长。”“人日怀人懒作诗，风光只系故乡思。纸鸢一线如弦直，可是春风爱小儿。”《抱关》:“正此民凋物敝时,得从闲处捻吟髭。吾侪自古荷宽政,榷尽新茶不税诗。”《湖楼早起》二首:“面湖楼好纳朝光,夜梦分明起辄忘。但记晓钟来两寺,一钟声短一声长。”“湖上朝来水气升,南高峰色自崚嶒。小船看汝投西岸,载得三人两是僧。”

宋人《道山清话》云:“余少时常与文潜在馆中因看《隋唐嘉话》,见杨祭酒赠项斯诗,因问诸公:‘唐时未闻项斯有诗名也。’文潜曰:‘不必足观。杨君诗律已如此,想其所好者,皆此类也。’”按,“到处逢人说项斯”一语,至今犹脍炙人口,不谓其诗无足观也。愚谓杨祭酒诗固不佳,不能好佳诗,然杨亦未即认项诗为佳诗也。不观其首二句云:“几度闻君诗句好,及观标格胜于诗。”是明明赏其标格,而阴抑其诗也。犹之赏人诗文者,不赞其诗文而惟赞[①]其书法,则诗文之不佳可知矣。杨祭酒之于项斯,亦犹是也。虽然,标格与诗,岂易言哉?千载而下,惟李太白一人独绝于世耳。近代张船山问陶。倜傥不群,诗名藉甚,名士慕之者,至愿死后化为绝代丽姝为船山侍巾栉。故船山有诗纪之曰:“飞来绮语太缠绵,不独青娥爱少年。人尽愿为夫子妾,天教多结再生缘。累他名士皆求死,引我痴情欲放颠。为语山妻须料理,典衣早蓄买花钱。”“名流争现女郎身,一笑残冬四座春。击壁此时无妒妇,倾城他日尽诗人。只愁隔世红裙小,未免先生白发新。宋玉年来伤积毁,登墙何事苦窥臣。”此真诗人从来未有之奇福,船山可以自豪矣。因辨杨祭酒赠项斯诗,遂牵连书此。

新文化运动后,国内青年竞喜为白话诗。杂志、报纸所载,绝少佳构。而前日之盛创白话诗者,今且专为文言诗矣。夫诗者,世之公言,本不容有限制。体制虽异,要在归于至美。而考诗所以合于美者,有四事焉:一、情意之美,二、音韵之美,三、声律之美,四、篇章之美,是也。旧诗绝佳者,四美无不悉具,真有不具者,则艺术上有不至也。情意之美,属之内美,凡为文章所必具不仅韵文为然。音韵声

---

① 赞:底本作“读”,据文意酌改。

律、篇章之美，属之外美，则视美文之种类而略有不同。旧诗之有感而作者，情之事也；有为而作者，意之事也。诗必用韵，或一句一韵、隔句一韵、三句一韵，视其所为之诗而异。古体诗或换韵或通押，以其体大贵变化也；近体诗不宜换韵与通押，以其体小贵精纯也，唐人诗且多双声叠韵，音节最美。此音韵之事也。古体诗平仄，忌如律句，以拗屈生劲致也；近体诗宫商必协，四声必究，以谐和多美响也，此声律之事也。诗长篇有长篇章法，短篇有短篇章法，一题数首者，贵有先后排次之法。此等虽难言，但一读杜诗，如《北征》者，可悟长篇章法；如《望岳》者，可悟短篇章法；如《陪郑广文游何将军山林》十首，及《重过何氏》五首者，可悟先后排次之法，此篇章之事也。白话诗既不用韵，又不拘平仄，不顾章法，诗之为美之事已去其三，所仅仅可自致力者，惟在情意之间。情意即有可取，其美已不逮诸事齐者远甚。况为白话诗者，其感情未必即能悱恻动人，意旨亦未必即能高深出俗，则读者宁不感如味同嚼蜡乎？此白话诗之所以永难进步者也。

## 六

黔省鬼方旧壤，僻陋夷邦，自庄跷拓疆、唐蒙通道以来，未闻以文章振者。说者谓其地山童水涸，无灵淑之气以钟毓其人材，殆信然欤。惟有清道、咸间，郑、珍。莫友芝。崛起，卓为西南两儒，经训而外，并工词章。黔人之文采风流与世相见者，当始二公。而郑荔乡《桐野诗钞》小传所称，则郑、莫之前，以诗鸣时者，尚有周起渭渔璜。其人。周渔璜贵阳人，康熙间进士，有《桐野诗集》四卷。其诗虽不及郑、莫之才力弥满、风骨坚苍，然雅开隽唱，扫除华缛，实不愧为郑、莫导之先路也。全集诗仅三百五十馀首，惜多题跋酬应之作，兹录其戏作数首，以观其趣，亦可觇其工力也。《阻风鄱阳湖泊鸡山下三日湖中又有一小山名娱蚣山皆俗人以形似呼之舟中闷甚戏作此诗》："祝鸡老翁能养鸡，长距利嘴矜鸣嘶。好事格斗闻青齐，击剑扛鼎来市儿。音元教坊争鼓旗，贾昌十岁群儿师。戴冠郎君口如锥，悍目涨颈雄缨绥。胡为来此彭湖湄，侧脑顾望空盱睢。白头浪高蛟龙怒，鼓翅独向沧波啼。传闻彭郎耽娱嬉，蚕脑蜈蚣抟[1]土为。欲吞巨舰爬沙迟，跂跂脉脉如蛇医。小姑玉貌红绡袿，掷米空中彩翼披。腷膊一声云下垂，蜈蚣缩首徒躨跜。神人作戏真恢奇，大笑狡狯樊山姬，唾獭乃噬盘中鲕。"《戏作春菜诗次坡公韵》："三月黄芽换青叶，侯家染指辽阳蕨。千带萦盘青韭长，万钉入箸蘑菇滑。莴根荻芽同号笋，蒜叶葱头均一辣。北人烙饼卷啖之，顷刻千盘随手抹。更餐羊肉芼蔗荽，肌肤厚若三重甲。南人来此食虾鱼，面上颧高短须茁。王肥沈瘦定谁佳，此意须求净名说。我是南人苦爱南，正想琅玕锦绷脱。"《禹尚基画八瞽图》："古鼎斓斑土花翳，甕坼佳瓷亦奇制。盘龙镜子秋水光，依稀上有先秦字。异哉赏者亢仓徒，或能鼻观或耳视。可怜八人十六目，终欠荇生一汪泪。一盲高坐列瓶罂，箕踞指示通器名。一盲手持古伯雅，以指搏拊聆其声。馀盲哆口各陈说，摩挲递嗅相拳擎。一盲背立不见目，盲态却从肩际出。门外一盲复奇绝，　来观杖桃竹。不知盲意更何为，左臂挟持三画轴。画内群盲争抵掌，堂中先生一捧腹。吁嗟乎，虾蟆蚀月天眼朦，重瞳不识隆准公。卫青人奴不足道，但视田仁如诸佣。异同坚白本混沌，毕逋扑朔无雌雄。诚不如鲁襄晋旷明而聪。乃知盲者得天契，立论定可昭群蒙。禹生画笔僧繇工，点睛当作人中龙。"

杜诗"晚节渐于诗律细"，律当不只指音律言。大概体物用事精深微窈，使之分际恰好之谓也。常人颂古气盛才大作家，每有泥沙俱下一喻，而不理其律细之处。不知体物用事、精深微窈者，虽古大作家不废也。杜诗"细雨鱼儿出，微风燕子斜""穿花蛱蝶深深见，点水蜻蜓款款飞"诸联，《石林诗话》论之详矣。昌黎气盛才大，一世无两。观其荐孟郊、送贾岛诗曰"横空盘硬语，妥帖力排奡""奸穷怪变得，往往造平淡"。其曰"妥帖"者、"造平淡"者，即诗律精细，安置妥帖之意

---

[1] 抟，底本作"搏"，据文意改。

也。公之《赠同游》诗曰:“唤起窗前曙,催归日未西。”黄山谷儿时哦此,了不知解。后年五十八出峡时,方悟“唤起”“催归”是二禽名。“唤起”声如人络丝,圆转清亮,偏于春晓鸣,江南谓之“春唤”。“催归”,即子规也,始服其用意精深,虽小诗亦尚如是。又公《李花》诗曰:“花不见桃惟见李。”杨诚斋初亦不解,以为桃李岁岁同时并开,不应见李而不见桃。后因晚登碧落堂,望隔江桃皆暗而李独明,乃悟其妙。盖炫昼缟夜云。读此可知昌黎体物之精微。黄、杨二公释此,足为读韩诗者之一助。因并著之。

诗句用事或翻用陈语,最忌正面硬凑。韩昌黎、王荆公、苏东坡、黄山谷、陈后山诸公最擅长此事,妙能将死事活用,化腐臭为神奇。韩如“张籍学古淡,轩鹤避鸡群”“照壁喜见蝎,强箭射鲁缟”“猿鸣钟动不知曙”“如今便可尔,何用毕婚嫁”等,一见可知其反用之妙。王如“不知乌石冈头路,到老相寻得几回”,山谷谓为夺胎。顾况诗“一别二十年,人堪几回别”,又“闲眠尽日无人到,自有春风为扫门”“遥知不是雪,为有暗香来”,皆暗翻李涉、林逋诗句。最奇者,罢相归金陵时,《绝句》曰“穰侯老擅关中事,尝恐诸侯客子来。我亦暮年专一壑,每闻车马便惊猜”,全用《史记》穰侯问王稽语意,写出抑塞磊落,思用之怀如画。苏诗如“甚欲去为汤饼客,却愁错写弄獐书”“但把穷愁博长健,不辞最后饮屠苏”等,则更多不胜举。而《九日别王巩》诗:“相逢不用忙归去,明日黄花蝶也愁”二语,全从郑谷《十日菊》诗“自缘今日人心别,未必秋香一夜衰”二语化出,青胜于蓝。明日黄花,已成韵语,而郑谷之诗,习者盖少矣。黄诗如“管城子无食肉相,孔方兄有绝交书”“头白眼花行作吏,儿婚女嫁望还山”“诗催孺子成鸡栅,茶约邻翁掘芋区”“腹里虽盈五车读,囊中能有几钱穿”等,皆妙。后山诗如“墙头霜下草,又作一番新”之翻韩诗,“曲逆老不侯,知人公岂误”之暗用陈平、张负事,“真字飘扬今有种,清谈绝倒古无传”之赠苏迨,谓坡公之善真书,迨得其传也。用事之巧,真匪夷所思矣。此外,如唐人朱庆馀之《近试上张水部》、郑畋之《咏马嵬坡》、刘长卿之《瓜熟忆故萧相公》、吴融之《自讽》，皆用事精妙，以人多习知，故不备引。宋人如陆放翁之《楚城》“一千五百年间事，只有滩声似旧时”，范石湖之《钓台》“各问此心安处住，钓台无意压云台”，杨诚斋之《重九日雨》“正坐满城风雨句，平生不喜老潘诗”，皆用事翻成语之新隽可爱者。

古人诗集中论诗之诗甚少，杜诗中有数首及之，托为《戏作数绝句》，且不专属论诗。韩诗中如与孟郊、张籍、贾岛诸人者，稍涉论诗，亦多在有意无意之间。至宋人诗话盛行，诗中论诗者遂稍多。欧公《酬学诗僧惟晤》诗中，有“其言在合理，但惧学不臻”，及“维诗于文章，太山一浮尘。又如古衣裳，组织烂成文。拾其裁剪馀，未识衮服尊”数语，皆为浅学者骛诗之箴言。梅圣俞《答诸韩见赠述诗》诗中，如“迩来道颇丧，有作皆言空。烟云写形象，葩卉咏青红。人事极谀谄，引古称辨雄。经营唯切偶，荣利因被蒙。遂使世上人，只曰一艺充。以巧比戏弈，以声喻鸣桐。嗟嗟一何陋，甘用无言终”，则当时西昆之遗焰，殆欲复炽，李唐文士推进之猥风，庸未全革，可想知也。苏子美《诗僧则晖求诗》诗中，亦有“会将趋古澹，先可去浮嚣”之语，可以并观。陈后山《次韵答秦少章》曰：“学诗如学仙，时至骨自换。”韩子苍《赠赵伯鱼》曰：“学诗当如初学禅，未悟且遍参诸方。一朝悟罢正法眼，信手拈出皆成章。”二君之语，亦可同观。学诗如学仙学佛，须细心耐受，遍参诸方，然后得换仙骨，得成正法眼藏也。杨诚斋《送彭元忠县丞北归》诗曰：“学诗初学陈后山，霜皮脱尽山骨寒。近来别具一只眼，要踏唐人最上关。”诚斋初学后山五律、荆公绝句，后专学唐人，悉焚弃其少作。诚斋之意，终以唐优于宋。他诗亦间有道出者，陆放翁《示子遹》诗曰：“我初学诗日，但欲工藻绘。中年始少悟，渐若窥宏大。怪奇亦间出，如石激湍濑。数仞李杜墙，常恨欠领会。元白才倚门，温李真市侩。正令笔扛鼎，亦未造三昧。诗为六艺一，岂用资狡狯？汝果欲学诗，工夫在诗外。”苏长公谓“杜甫诗外大有事在”，亦政放翁“工夫在诗外”之类。放翁能心杜公之心，以师杜公之诗，无怪其似杜处，不以形肖。否则笔虽扛鼎，亦难造三昧，明矣。戴石屏《题郑宁夫玉轩诗卷》曰:"玉声贵清越,玉色爱纯粹。作诗亦如之,要在工夫至。"以玉喻诗,要在雕琢以致其美。徐仲车《还崔秀才唱和诗》曰:"元白有馀势,孟韩无困辞。子美骨格老,太白文采奇。"评六诗人甚当。综上论诗之作,其旨各见,要在学者自为会心,不能更一一详举也。

六月一日,诸友共集金陵宴乐春酒肆。酒馀论列古之诗人,因戏约各举十人,以概古今作者。当时取纸笔书举者,柳翼谋、马宗霍、胡步曾诸公暨仆凡四人。结果举列十人,大同小异。仆所举列者,计曹子建、陶渊明、谢康乐、李太白、杜子美、韩退之、白香山、苏东坡、黄山谷、陆放翁十人。柳髯所举几同,惟陆放翁易为王介甫。步曾所举者无曹子建,有王右丞、柳柳州,馀无甚出入。马君所举仅九人,有一人尚在考虑中,未竟其选。是日谈谐欢甚,归途尚取古文家、词家悬数以为选举。选政之忙,诚从来所未有也。因思诗坛作者,古今如林,而出类拔萃、垂辉千春者,实不过之数人。天之笃才甚难,士之求胜者,复不自量力,役役穷年,甚可叹也。灯下重有所感,复取前列之作家,依代增为二十家,计晋魏六朝五家,为曹子建、陶渊明、谢康乐、鲍明远、庾子山;李唐五家,为李太白、杜子美、韩退之、孟东野、白香山;两宋五家,为梅圣俞、王介甫、苏东坡、黄山谷、陆放翁;金元明清五家,为元遗山、虞道园、高青邱、吴梅村、郑子尹。之二十家,各树门户,足固强圉,古今悠悠,蔑以加矣。吾人于此选政,虽不能操之一手,然精金良玉,众目共见,固当不我遐弃也。

曹子建波澜壮阔,诗家初祖;陶渊明元气老雄,无假镌琢;谢康乐如朝霞夕翠,秀色满眼;鲍明远如孤蓬惊沙,振飞绝迹;庾子山如袿熏綦迹,自然芳泽;李太白如翔鸾哕凤,杜子美如奇骥怒猊,韩退之如奔蛟骇鲸,皆以其姿力绝世。孟东野如霜崖苍鹘,寒骨凄神;白香山如春草怒生,杂花敷荣;梅圣俞如玉音清远,羹酒澹泊;王介甫如老吏深智,霜鹰远姿;苏东坡如海若谈道,澜漪飘翻,东西易位;黄山谷如天孙制锦,精丽绝世,独具锦机;陆放翁老笔纷披,英姿飒爽;元遗山感喟苍凉，风云翕赫；虞道园古调独弹，贞姿自赏；高青邱雅音高畅，古姿嵚崎；吴梅村雍门哀弹，有时亦媚里耳；郑子尹解衣磅礴，论者或讥荒伧。此二十家之略品也。

# 诗厄篇[1]

荀子曰："诗者，中声之所止也。"刘勰曰："诗者，持也，持其志者也。"中声之所止，故啴缓荡靡噍杀哀思之音不生；持其志，故傲忽媚谀儇艳狠怒之情不至。唐虞之盛也，诗言志，歌永言，声依永，律和声。八音克谐，神人以和。姬周之治也，其诗乐而不淫，哀而不伤，怨诽而不乱。此殆中声之所止，而又能持其志者耶。后世诗人逐其所好，不贞其守。于是始有丧厥志者，而人主亦有竞创新声，以掩抑摧藏、哀音断绝为美者，于是志骛声不中，贞诗亡而伪诗鸥张桀起，德败俗偷，国乱于上，民困于下矣。

嗟乎，君子观于诗之厄而可察知世变矣。正始之际，晋移魏权，篡夺之祸，迫于眉睫。而一时风流名士，盛于雒下，弃经典、尚老庄、崇放达、蔑礼法，顾亭林所为致胃亡天下者，正此时也。当时士丧厥志，声不准于中。其间诗人，岂有坚持"汉贼不两立"之如诸葛武侯之抱膝而吟《梁甫吟》者乎？嵇康之为人，心于魏者也，而以非薄汤武遭戮，其诗固不多。阮籍心于魏而仕于晋，晦于酒而出入礼法。所作诗虽多，而志趣不明，则诗之厄也，殆初遘于兹矣。张华博物，王衍清谈，均之玩物丧志者也。终晋之世，几无诗。其亡也，仅得一陶靖节咏荆轲、三良以见其志。视彼清谈名士，观其故主之青衣行酒而漠然无动于中者，贤亦远矣。然而卓孤阳于群阴之中，诗之获存而不及于亡者，盖亦仅矣。刘宋之初，老庄告退，山水方滋。而山水者，犹之博物清谈之玩物丧志者也。夷考古人作诗，从未有藉山水以立篇章者。《嵩高》《汉广》，诗人不过以借喻其德崇化美，非真欲写山水也。谢灵

---

① 编者按：是文发表于《制言》1935 年第 2 期，后又发表于《之江中国文学会》1936 年第 2 期。本文以手稿本《培风楼文丛》为底本，校以《制言》《之江中国文学会》。

运乃疲神魂、干法纪，以从事所谓模山范水之诗，鬼幽鬼躁，卒不保其首领以没，其惑亦可哀矣。寺人孟子之诗，盲左之文，未尝乞灵于山水，而后世顾有诗文得江山助之说，亦成其所谓诗厄而已。齐、梁之间，钟嵘仲伟取汉魏以来一百有三人诗，论其优劣，著为《诗品》。其论优劣也，推原某人源出某人，固未为得也。至推原某人出于风、出于雅，则尤为害道矣。《诗》三百篇，一言蔽之，曰：思无邪。而风、雅、颂又同为诗人之一体。风者，讽也，有类乎春风之风人；鸟兽草木、雌雄牝牡，各以其风化而相感也。雅者，正也，大也，有类乎夏气之昌大条达，秋令之正肃晶明；鸟兽孳乳而蕃其族，草木揪敛而遂其实也。颂者，容也。严冬收闭，岁功已成，草木之实，可登俎豆，鸟兽之肉，可助祭享，于以见盛大庄肃之容也。诗之有风、有大雅、有小雅、有颂，一如四时之有春夏秋冬也。使云某人源出于雅，是有夏秋而无春冬也；使云某人源出于风，是有春而无夏秋与冬也。自诗教之衰，人不见诗道之全，其病则至于割裂风、雅，其意且欲以自绳而旌人，曾不知其为害道违理，使诗复蒙其破碎残缺之厄矣。陈、隋之间，迄无令主。后主素无心肝，顾好文学，靡丽轻绮，突过前代。以宫人袁大舍等为女学士，令其臣江总等与张贵妃、孔贵嫔游宴，共赋新诗，互相嘲谑，采其尤艳丽者《玉树后庭花》《金钗两臂垂》，制为乐词，被以新声。狎昵之情，激为哀艳，北鄙之音不是过，亡国之惨已自知矣。炀帝蒸及父姬，纵情声色，大制艳篇，辞极淫冶，令乐正白明达造新声，所创《泛龙舟》《清夜游曲》等，与陈后主之《玉树后庭花》相伯仲也。诗道不幸，至此几与倡优贱伎同蓄。美教化、移风俗之谓何？顾后世亦有目此新声艳曲为艺术之一种者。然艺术者，不必尽出雅正，有志者所不屑为。彼艺术则艺术，而吾终以中国之诗非艺术，不任屈己从人、婞阿媚世之厄也。唐太宗初有志于礼乐，贞观之治，庶几复古。开元多贤相，蔚为盛世。其时俗尚淳朴，淫邪之思不生。陈子昂、张九龄、李白、杜甫之伦，庶几为诗国复兴之杰。自天宝以迄大历，国奢召乱，诗道亦衰，钱起之脆薄，刘长卿之泄沓，顾为此时之两雄。钱诗疲于赠送，公卿大夫出为州郡，不得其诗饯送者，引以为耻；刘诗熟于题咏，篇章满天下，自负人知其名，每题句仅署长卿二字而不氏。极其弊也，诗体通俛，窠臼满纸，既阏性灵，复乖雅道。至于奔趋投谒，悬句以比雉媒；射策梯荣，媵篇藉邀鹗荐。“千首诗轻万户侯”“一曲菱歌敌万金”，受诗者姑为广座延誉，投诗者驯致私门无耻，其厄可谓甚矣。宋人诗学愈坏，稗书小说，取以装点诗篇；叫嚣议论，赖之恢张气势。联句次韵，汩没性源。声气朋党，堕染江湖。自苏轼、黄庭坚之诗行，诗法精进，而诗道垂绝；阮阅、胡仔之书行，而诗学可下降于稗钞；陈起之江湖集、吕居仁之宗派图行，诗道盖堕恶道，已不胜其厄矣。元无诗。明诗颇蕲复古，譬如女红之春花，刻玉之楮叶，姿形虽似，苦无生气。公安步趋白傅、杜荀鹤、罗昭谏而不足，竟陵追摹姚合、贾岛、四灵而不逮。明诗之成就如是，特又唐宋人之绪馀而已。清初诗无宋人清苦僻涩之习，然顺、康大家如吴伟业等，特为靡曼，王士桢弥见矜持。乾隆间袁枚之佻达，沈德潜之陈熟，赵翼之俳优，皆无足观。其间稍以才自力者，孙星衍、黄景仁之属；以学自力者，厉鹗、胡天游之属，差足以鏖持方隅。譬如礼失而求诸野，迷孤竹而得一老马，未可复见汉官之隆，遽问鼎于中原也。同、光作者，今犹有存者，佳者黝然有光，佶然有味；下者生硬槎枒，皆演宋诗之馀势，益无馀味。金和、黄遵宪、易佩绅之徒，拟变之而学力不逮。天其犹未欲振吾诗厄耶？抑振诗之厄者尚有待耶？

呜呼，天真未欲振吾诗厄矣。振诗之厄者无其人，而助之厄者实繁有徒矣。人或谓建国七年，文学革命，用夷变夏之白话诗，将致国诗于厄乎？曰：不然也。白话诗自附益为国诗之一体，庸何伤？且昔年之仿泰西白话诗者，今且相率而为国诗矣。而不知国诗之坏，国学之不讲，国耻之不明，国诗作者应自负其责者也。诗有自然高妙，性灵之事也。想高妙，意境之事也；理高妙，学问之事也。今日诗人之庸滥，束书不观，日惟手《佩文韵府》一编，取今日号称所谓之诗人诗，伏案揣摩。学尚不知，何物诗理？性灵意境，更无论矣。此一厄也。

顾亭林曰："士大夫之无耻，是谓国耻。"今之诗人，骈肩趋于辇毂之下，弋名利于都会之中，组为诗社，刊为报尾，翕忽而崇出作会，须臾而名刹登高。武弁商贾，杂遝拈韵；冠带相索，筐篚是勤；强致遗民，利诱诗老；要遮东西，隳突南北。识者怪其不伦，而昧者不察，以为中国之诗尽在是矣。此二厄也。惟此二厄，是生十二异。昔之诗人，中存温柔敦厚、兴观群怨之旨；今之诗人，心惟倾巧固结钩距纵横之术，一异也。昔之诗人，好名者不必好利，好清名者不好官职；今之诗人，既弋名，复好利，更不厌官职，二异也。昔之诗人，以泉石、松菊、月露、烟霞为累；今之诗人，以揖让、周旋、羔雁、筐篚为乐，三异也。昔之诗人，诗篇泥沙俱下，瑕不掩瑜，读之不能舍；今之诗人，周还中规，折旋中矩，令人不敢逼近，四异也。昔之诗人，好垂身后之名，慕史册文苑之光；今之诗人，好竞目前之名，恋报尾丛残之地，五异也。昔之诗人，嗜饮发狂，醉而遣客；今之诗人，侍坐贵人之侧，终日沾杯斝，其貌愈恭，六异也。昔之诗人，咏《五君》而黜王戎、山涛；今之诗人，常恐诗中无冠带贵人，七异也。昔之诗人，奖借后进，输心英俊；今之诗人，自倚老宿，惟恐人夺其手执之文柄，八异也。昔之诗人，高而不切；今之诗人，阿其所好，九异也。昔之诗人，貌癯而平视；今之诗人，体肥而睢视，十异也。昔之诗人，谋自刻其集；今之诗人，谋刻人之集，十一异也。昔之诗人，《悲陈陶》《悲青坂》，仅一隅一役之失，而哀痛不置；今之诗人，东四省全失，曾不肯作一诗惜之，十二异也。至郑光业所嗤之苦海，袁骏被讥之名士牙行，则其异尚小，略之不必谈可耳。

嗟乎，诗者，言之精也；志者，心之精也。诗言志，以天下之至精，遇天下之至精，其所入神，应有富贵不能淫，贫贱不能移，威武不能屈者，而轩冕者，物之傥来者也。有官职者，天之僇人也。保财富者，犹蜣螂之弄丸，事之最秽浊者也。皆天下之至粗者也，而吾诗人顾歆之乐之不倦。舍天下之至精，御天下之至粗；弃天下之至清，拾天下之至秽。以持志之诗，为财富利禄之媒囮，岂非亘万世盖天下之至惑者乎？《汉书·艺文志》曰："诗以正言，义之用也。"《春秋说题辞》曰："《诗》《书》，义之府也。"使诗为义府、义用之说而果信，则诗人固穷，不能舍义而趋利必矣。义喻于君子，利喻于小人。诗人者，三代以下直道而行之民也，有圣贤典谟焉，有祖宗坟墓焉，有父师训诲焉，有宗族乡党之清议焉，奈何以纯白之身，为贪污之行？舍君子之趋，而小人之归乎？

# 诗　说[①]

《记》曰："温柔敦厚，诗之教也。"《诗大序》曰："吟咏情性，以风其上，达于事变，而怀其旧俗。故变风发乎情，止乎礼义。发乎情，民之性也，止乎礼义，先王之泽也。"论诗之正变，千古尽此数语，后人说诗不得其道，则有支离附会，漫羡而无归心者矣。宋人《诗话》云："诗有别才，非关学也。诗有别趣，非关理也。"此支离之说也。夫诗以理性情，性情者，人人所共禀赋，圣凡所齐同也。孟子曰："恻隐之心，仁之端也。"仁为五常之一，恻隐之心，犹言恻隐之情也。人能扩而充之，则恻隐之情，可合于五常之仁，仁者无敌，仁者必有勇，仁人之言其利溥。舜得八元八恺以为相，《虞书》不言其才。断可知者，元为善之长，"恺悌君子"见于《诗》，必有仁德者也。郑子产之当国，民不能欺，其才可知，而《传》称古之遗规，亦可谓为仁。是才者，未尝不在仁之中，而亦未尝出于性情之外者也。千古圣贤，教人为仁者也。今之后生，学圣人为仁者也。今于诗则曰"有别才，非关学"，则是先王之泽可忽，礼义之懿德不可好，而又何贵于温柔敦厚之为诗教耶！且孔子尝言"小子何莫学乎诗"矣，三代而下，且有非静无以致学，非学无以广才矣。学与才实为一事，特有先后之不同耳，非二本也。孔子又言："诗可以兴，可以观，可以群，可以怨。"诗本有粲然之理，可察而知者也。至过武城而笑弦歌，与点而同乎风雩浴沂，此圣人天趣之洋溢，非不衷于理也。孔子教人以兴、观、群、怨之诗理，而亦同情于弦歌、风浴之趣致。是趣者，未尝不在理之中，而同归于诗教者也，而必曰："诗有别趣非关理。"适见与"诗有别才非关学"同为支离之说也。宋自庆历以后，天下治韵语者，皆宗杜甫，而有为之颂说者曰："老杜诗外大有事在。夫事者，如志虑忠纯，殷忧黎元，奔走不忘行在，是可

---

① 编者按：是文发表于《志学》1945 年第 22 期。

贵也。”而曰：“必在于诗外。”是以诗与事为二本也。周公，千古之诗人也；尹吉甫，亦千古之诗人也。有其诗自可有其事业，周公才美而无骄吝，吉甫作颂穆如清风。诗人之修养已备，特勋业则见与不见、有幸不幸耳。老杜存心稷、契，自可合于伟大诗人之抱负，然吾所谓诗人者，温柔敦厚，达于权变，根柢情性，感召八群，止乎礼义，怀其旧俗，岂有不能办天下之大事者乎。今人见稷、契无诗传于后，遂谓以民饥溺为怀者，决不当作诗。同时纳诗于艺术，而不使合于道术，是不知诗人之志者也。道援天下之溺，杜甫如是，稷、契亦如是。稷、契有幸而见乎事业，杜甫不幸而终为诗人而已。稷、契不害其无诗，周公、尹吉甫不害其有诗，吾人不当为胶执鲩断之言也。今必分事于诗外，是其志亦不广矣，是附会之言也。宋儒尝有荒于诗之戒，而或者味道之深，遂曰：“口中之诗不必有，胸中之诗不可无。”□者张之，以为吾为道矣，胸中有诗矣。三百首皆如吾诗之存于天壤间，阮、陶、李、杜，特文人之不知道而徒为诗者尔，则予圣自居，以蒙瞽之献箴诵诗者待人，温柔敦厚之道何存？呜呼！具曰予圣，孰知鸟之雌雄？则其人殆亦纵横诡辩之不入道者耳，何□言漫羡而无所归心至此耶？予治诗已二十馀年，诗无所进，顾知诗之所以为诗，自谓贤于昔者。尝以宋人工说诗而害道，其诗亦蔽痼太深，不见诗道之全。唐人兴象甚佳，而多流连于景物。汉、魏、晋、宋，神完气足，差为真实不漓。晋、宋虽有为文而造情者，然刘宋山水诗，亦往往因文见道，他作所不敌。齐、梁、陈、隋，淫哇亵艳，纵滥于情，而无复性之功，逸于礼义，曾不怀其旧俗，故诵“相为情颠倒”，则自比为狂易矣。“宁断娇儿乳”，则害于人伦矣。“妖姬脸似花含露”，则□矩于窈窕淑女矣。“璧月夜夜满，琼树朝朝新”，则深弃于经营灵台矣。“梳头入黄泉”，则纵情贼性之大□，尽目之为妖异可也。虽永明之间，声律之说大盛，在文学可视为进步，□古诗以娴于趋避，转成巧薄。唐人近体蒙其惠，齐、梁古诗受其累矣。挽近说诗，更有援泰西诗篇以绳吾华之韵语者，故喻其体，则必曰：“旧瓶贮新酒。”自序所诣，则弥儿敦、但丁、沙士比亚之名氏满纸，其□则与上者正同。盖中国自有中国之国民性，衷乎才性，发乎情理，自可为常代之大诗人。比兴如国风，幻想如《离骚》，神理若两汉，声律如齐、梁，性灵如唐人，取之不尽，用之不匮，乌在用夷变华，违其旧俗乎？民国三十二年十二月，上海商务印书馆初刊予《培风楼诗》于渝州，今夏当重版。因益以近二年之作二百四十馀首，俾附于后，属当自序其原委，因成《诗说》一首以归之，庶海内知言之君子共諟正其失焉。

# 诗与山水游[1]

诗主言志，志之不存，固不能为诗。存而发之于天下国家，是天下之公言，诗之有抱负者也。存而发之于休戚悲愉，亦不害为一人之私言，是诗之有性情者也。有抱负，有性情，翼以天才学力，诗之能事可谓已备，固无待于山水游也。

我国诗教诗义，诞生最早，圣贤篇制，传在人口，非秦火所能荡灭。惟篇制之纯为山水诗者，晋宋以前，殆难多觏。《蒹葭》三章，三百篇中惟一近山水游之诗也。然"溯洄从之"者，志在得贤与之共商国是，非专尚山水游也。屈原，千古来第一伤心诗人也。然《离骚》云："何离心之可同，将远逝以自疏。"遂乃朝发天津，夕次西极。"路不周以左转，指西海以为期"，此精神想象之游，非理舟车，寻于真山真水间者，不足言山水游也。此与庄周之书洸洋恣肆、屡言神游者略同。《人间世》云："浸假而化予之尻以为轮，以神为马，予因而乘之，岂更驾哉？"《天运》云："至人无江海而闲。"庄周文中，固不难刺取其似诗之韵文，然喜作山水游否？则亦无人肯作此痴问矣。战国之后，两汉间如武帝《秋风辞》、梁鸿《五噫歌》、马援《武溪深行》，固有合于山水游之诗。然武帝以生其悔心，伯鸾以托其讥刺，伏波以志其于役，非真山水游之篇制可比也。迄至魏晋间，玄风大畅，士乐放旷，官厌徇务。嵇康尝采药游山泽，会其得意，忽焉忘反。阮籍《咏怀》诗，尝言游大梁，登于黄华巅，于是流风所被，尚玄之名士，乃与尚游之诗人，渐渐接邻。左思《招隐》诗云："非必丝与竹，山水有清音。"郭璞《游仙诗》云："青溪千馀仞，中有一道士。云生梁栋间，风出窗户里。"左、郭所咏如是，山水已具声文形文之妙，只待诗人之情文凑拍，便成

---

① 编者按：是文发表于《南风》（重庆），1945 年第 1 卷第 2 期。本文以手稿本《培风楼文丛》为底本，以《南风》校补。

绝唱。故知山水诗之诞生，绝非易事，亦不许苟作。观于阮嗣宗鄙其所至之元父山，勉为作小赋，而未尝作诗，可益信也。

刘舍人《文心雕龙》一书，衡文之宝笈。其人生晋宋后，论山水之趣，合于神思者，则曰："登山则情满于山，观海则意溢于海。我才之多少，将与风云而并驱矣。"合于夸饰者，则曰："是以言峻则嵩高极天，论狭则河不容舠。"可谓深得山水诗之真谛矣。盖山水之岌嶫葱茏，天地间之形文也；水之沦涟湃澎，天地间形文兼声文者也；我之辞章，天地间之情文也。三美相遇，交欢无穷，参合之后，岂有仳离者哉！彦和所谓"登山则情满于山，观海则意溢于海"者，须我之胸襟识度，深广于彼山水，始可驭运入妙。故嵩山非域中至高之山，而言峻，可云"极天"；黄河非域中窄狭之河，而言峡，可云"不容舠"。李白诗云："铲却君山好，平铺湘水流。"杜甫诗云："吾将罪真宰，意欲铲叠巘。"大诗人之山水诗，直欲斡通造化，另具炉冶，所谓"文章得其微，物象由我裁"者，非欤？

晋人崇盛忘机之谈，山水可为忘机之助，故贤如山简，在襄阳每为习池之游，勋如谢安，在东山有丝竹之娱，逸如王羲之，在山阴有兰亭之集。或赋诗，或不赋诗，均在有意无意之间。盖山水游不过为清谈之馀兴，诗篇抑又在其次也。刘勰有言："宋初文咏，体有因革；庄老告退，而山水方滋。俪采百字之偶，争价一句之奇；情必极貌以写物，辞必穷力而追新，此近世之所竞也。"彦和，萧梁时人，所见古诗文咏，于宋初大有因革，悉趋于山水游览一途，而其思想情调，则仍受老庄玄谈之支配。所谓"庄老告退，而山水方滋"者，亦犹谓刘宋之初，以山水诗代典午清谈而兴作耳。考魏晋清谈，以谈《易》《老》《庄》三书为主，初创于王弼、何晏，极盛于王衍、乐广，复盛于王承、卫玠，为之羽翼者四友、八伯之流，不下数十公。初尚以解《易》阐玄为重，中则流为挥麈空谈，晚则习为散发裸袒，弃绝名教，故在宋初已无馀势，乃不得不改弦更张，为山水之诗咏焉。

山水之诗咏，滥觞于典午，极盛于宋初元嘉之际。谢灵运为之创，文章之美，江左莫逮。每成一篇，虽远在海隅，而京师传写，海内共知，其为当时所重可想。守永嘉郡时，自作游山屐，游郡中山水殆遍。尝自始宁南山伐木开径，直至临海，从者数百人。临海太守王琇惊骇，谓为山贼，徐知是灵运乃安。然卒以游山之故，致罹罪网。谢客既以山水烟霞为附疸瘤疾，所作之诗，当然以山水诗多而愈工，其诗如初发芙蓉，自然可爱。自然句绝，自然可爱，谓自然又可爱也。早有鲍照一评，才高词盛，富艳难踪，又有钟嵘一品，无待更加颂说。今仅就山水诗之本身，姑列情、理、声、色四纲，而以所系之时令附于后，就谢诗以为讨论之准绳。

游山以情趣为第一，情趣浓者，蜡屐不惮艰远，不计意外。谢客游山，情趣最浓，为古今第一作山水游、写山水诗人。观其集中佳句，如“扬帆采石华，挂席拾海月”“憩石挹[①]飞泉，攀林搴落英”“披拂趋南径，愉悦偃东扉”“俯濯石下潭，仰看条上猿”“暝还云际宿，弄此石上月”“舍舟眺回渚，停策倚茂松”“激涧代汲井，插槿当列墉”等，山中情事，宛然在目。此种情事，羌无故实，绝非摹习。盖游山之高情，自成本事，既非因袭前人，亦不容后人穿凿求之者也。谢诗先须观其自然处，如“俯濯石下潭，仰看条上猿”，因濯潭仰首而偶见树上之猿，山中幽兴可掬，设云“独行潭底影，数息树边身”，则凿矣。又如“暝还云际宿，弄此石上月”，盖岩高常为云屯，山高得月处多在磐石之上，常作山水游者，必能悟此，设云“请看石上藤萝月，已映洲前芦荻花”，则隔矣。

游山既可取清谈而代之，则清谈所寓之玄理，将无用乎？曰：是不然。玄理者，贵无而不尚有者也。人生苦恼，咸在视一切为真有，且思占为我有，厚味、美服、丰屋、姣色、荣名、显职，六者岂能尽人间之所欲？求之未得，早夜焦心苦思，无有释时。求之未全得而恚恨频生，求之既全得又患人夺之，疑惘坐驰，亦无有休时。稍有玄学修养

① 挹：底本与《南风》均作“抱”，据《先秦汉魏晋南北朝诗》改。

者，当不汲汲其间。修养更深者，则当淡然处之，忘怀得失，损之又损，以至于无矣。山水诗实从清谈来，同其心而不袭其貌，故谢客诗云："沉冥岂别理，守道自不携。"蜀之沉冥有严君平，卖卜成都市，日得二十馀钱，即闭肆下帷讲《老子》。吴之沉冥有阮思旷，隐于剡山，不惊宠辱。刘惔叹曰："我入东，正当泊安石渚下耳，不敢复近思旷傍。"此谢诗"沉冥岂别理"之所尚也。谢客又有句云："感往虑有复，理来情无存。庶持乘日车，得以慰营魂。"盖谓情感往复胸中，往往病己，不如以哲理遣之，则不惧其来复而存留，此后当如庄子所谓乘日之车，而游于襄城之野，旷荡夷犹，犹虚舟可超越也。其他如"既秉上皇心，岂屑末代诮""持操岂独古，无闷征在今"，亦引用《庄》《易》，皆清谈家所宗也。山水诗家所取之理如是，是第二纲也。

山水，天地间有色有声而自然流峙之物也。六朝文字重声色，而山水诗托始于六朝时之刘宋，可谓遇之矣。刘勰《文心雕龙·情采》篇云："一曰形文，五色是也。二曰声文，五音是也。三曰情文，五性是也。五色杂而成黼黻，五音比而成韶夏，五性发而为辞章，神理之数也。"故知山水者，挺形蕴音，实为天地间形文声文之妙造，事绘画者，入山不得不图貌写形；究音乐者，入山亦可得聆石泉林鸟、松风竹露之幽奏；而作诗歌者，挟高情而往，二者皆为其用，所谓谢康乐模山范水，王摩诘诗中有画、画中有诗，姜白石有镂月裁云之巧思、敲金戛玉之妙音者，皆指游山水之诗而言也。谢客诗如"白云抱幽石，绿筱媚清涟""空翠难强名，渔钓易为曲""岩下云方合，花上露犹泫""云日相辉映，空水共澄鲜""白花皜阳林，紫虈晔春流""白芷竞新苕，绿苹齐初叶"，此属之形色与目谋者也。如"活活夕流驶，噭噭夜猿啼""鸟鸣识夜栖，木落知风发""倾耳聆波澜，仰聆大壑淙""石浅水潺湲，析析就衰林"，此属之声音与耳谋者也。宋人梅圣俞论诗语云："写难状之景，如在目前，含不尽之意，流于言外。"清人毛大可有论诗语云："身境贵近，意境贵远。"二家所论，皆造微之言也。写难状之景，莫过山水；含不尽之意，贵在游者。身境则亲历之境，当任视听二官为先；

意境则想象之境，当在此山此水之外，或更在此宇宙之外也。此第三、四纲也。

山水诗既以情、理、声、色四纲为大宗主，如无时令季节以系之，则春将疑于秋，昏复类于旦矣。谢客诗于此颇复留意，如"首夏犹清和，芳草亦未歇""初景革绪风，新阳改故阴""池塘生春草，园柳变鸣禽"诸句，句中第三字，皆为句眼，以见景物所系之时令季候也。至"心契九秋干，日玩三春荑"，一为意境，一为身境，所系之时节，则惟在后一句耳①。

山水诗创自谢康乐与其诗美之由来，已如上述。今当略穷其派衍焉。大谢诗纯为八代诗体，其实即为五言古诗一体。五言古诗诗体朴重纡徐，最合于山水描写。大谢明秀高华，得此体更臻典重名贵，所以独绝千古。南齐谢朓，奇章秀句，往往警遒，然俊利少典重之致，人称"小谢"。其名篇亦在《晚登三山还望京邑》一首，盖其情能极貌，吾人循声而可得之矣。其馀则多开唐派，所谓玄晖诗变有唐风者也。初唐张说道济，相业文章均为当时所重，诗法超妙。晚谪岳阳，诗益凄惋，人谓得江山之助。其诗如《岳州作》云"器留鱼鳖腥，衣点蚊虻血。发白思益壮，心玄用弥拙。冠剑日苔藓，琴书坐废撤。惟有报恩字，刻意长不灭"，《岳州宴别潭州王熊》云"古木无生意，寒云若死灰"，《岳州别子均》云"津亭拔心草，江路断肠猿。他日将何见，愁来独倚门"，《闻雨》云"危戍临江火，空斋入雨寒。断猿知屡别，嘶雁觉虚弹"等，沉郁顿挫，虽开唐调，究亦不愧二谢。自此迁谪诗遂与山水游缔合为姻娅亲串矣。唐诗当然推杜甫为集大成，但其山水诗已非谢客之作法。乾元二年，自秦州出发入蜀，至成都府止，凡纪行诗二十五首，虽皆为五言古诗，然用韵有多至十六韵者，有叙事语，"此邦俯要冲，实恐人事稠"是也；有议论语，"贤有不黔突，圣有不暖席。况我饥愚人，焉能尚安宅"是也；有咏史语，"至今英雄人，高视见霸

① 编者按：手稿本《培风楼文丛》无此段，据《南风》（重庆）补。

王。并吞与割据，极力不相让”是也；有刻画语，“白马为铁骊，小儿成老翁。哀猿透却坠，死鹿力所穷”是也；有隐喻语，“恐有无母雏，饥寒日啾啾。我能剖心血，饮啄慰孤愁”“初月出不高，众星尚争光”是也。至《秦州杂诗二[1]十首》为五言律诗纪游诗，开口即曰：“满目悲生事，因人作远游。”其悲壮苍凉之旨，纯在抒叙朝野得失、一己身世，清晖之娱，乃其第二事。自此，丧乱诗又与山水诗胶漆相投、磁铁互吸。然一山一水、一阁一栈，镵天雄秀之气扑人眉宇，当与谢客永嘉、始宁诸作异曲同工，不害其为山水名作也。李白一生低首谢宣城，在宣城所作诗，五律五绝，天秀骀荡，俯视一世。又长于七绝，善写山水，喻巨帝城之高，则曰“彩云间”；譬孤帆之远，则曰“日边来”；喻白浪之高，则曰“瓦官阁”；状送行之情，则曰“桃花潭”。其胸襟之阔大，景物之鲜明，古今殆未有能敌之者，恐且令小谢低首地下矣。

盛唐诸公山水诗，杜、李之外，当推王、孟。王摩诘五言诗，取陶彭泽为神理，弋谢康乐为情采。人言其专学陶诗者，皮相之论。今观其《蓝田山石门精舍》《青溪》《崔季重前山兴》《渭川田家》《黄花川》《郑州》《辋川闲居》《山居秋暝》《终南别业》《归嵩山》《归辋川》《终南山》《过香积寺》诸作，精练华赡，多从谢客来，善乎王闿运之言曰“王维继以烟霞，唐诗之逸遂成芳秀”，诚不诬也。孟浩然趣清调逸，有唐诗人冠冕。李白赠诗“醉月频中圣，迷花不事君”二语，足想象其人之恬旷。《浩然集序》，天宝间宜城王士源作。王士源者，常游山水，不居人间，著《亢仓子》传世者也。足见浩然所取友矣。今观其《宿天台桐柏观》《宿终南翠微寺》《宿来公山房》《耶溪泛舟》《彭蠡湖中望庐山》《登鹿门山》《过龙泉寺精舍》《秋登万山》《登江中孤屿》《早发渔浦潭》《经七里滩》《晚泊寻阳望香炉峰》《万山潭》诸作，兴象华妙，散朗之中，不掩精秀之色，何其神似六朝人语耶？即其山水诗制题，亦多似谢客。人谓其全学陶靖节，吾不信也。

---

① 二：手稿本《培风楼文丛》与《南风》均作“三”，据《杜诗详注》改。

中唐惟柳宗元柳州、粤西诸诗峭洁隽永，足张南夷山水，但微伤精刻，开宋派。韦应物游览诗有五十八首之多，居全集十分之一。盖苏州澹静之襟，当与佳山水神交已久，宜其“落叶满空山，何处寻行迹”之孤踪独绝也。

晚唐纷乱，山水作家难数，惟司空图隐王官谷所作多佳。

北宋以山水为文酒燕乐之助，欧阳公滁州《醉翁亭记》自称“意在山水之间”可见。苏轼东坡，才大学博，谪所皆天下奇山水，以七言歌行为之写照。行琼、儋间，五言亦佳，但不似《金焦》《黄楼》诸作之声满天地耳。黄庭坚山谷《临河道中》诗绝佳，入黔诸作，多为七言，亦如东坡。

南宋诗家以范、陆为冠冕。石湖好游，《吴船录》《骖鸾录》皆其纪游之作。此公深得山水之趣，五七古皆有山水名作。五七律如“舟危神女峡，马瘦鬼门关”“汉树有情横北渚，蜀江无语抱南楼”，则工致悲壮两具之矣。放翁，宋之少陵也。其诗沉郁顿挫，生地褊国危之南渡朝廷，尤为感慨苍凉。所作山水诗，以七律为最多，如“万里羁愁生白发，一帆寒日过黄州”“万里不通京洛梦，一春最负牡丹时”“辇路疏槐迎驾处，苑城残日泛湖天”“江山重复争经眼，风雨纵横乱入楼”“无穷江水与天接，不断海风吹月来”“楼船夜雪瓜洲渡，铁马秋风大散关”“马影斜阳经剑阁，橹声清晓下瞿塘”“江底鱼龙贪昼睡，淮南草木借秋声”诸联，弹压江山，开阖今古。山水诗至此，又一变矣。

宋以后惟一元遗山可与讨论。遗山七律写山水者，风雷蓄怒，江河驶快，在苏、陆之间，不可轻视。

然山水诗自蕴藉纡徐，一变而为沉厉痛快。山川仍是昔人之山川，而今人之眼中心中，奈何磊砢不平何？此谢客山水之作，所以不复多见于今日者也。

# 论新旧道德与文艺[①]

自民国六年以来，国人对各事物，心目中悉有一种新旧之印象。新旧之印象既生，臧否之异同遂至。其臧否也，不以真伪、美恶、善否、适与不适为断，而妄蒙于一时之感情，与群众之鼓动。觉新者常佳，常足惊喜歆受；旧者常不佳，常足践踏鄙夷。其结果遂至媸妍易位、真赝颠倒、削趾适屦，不自知其痛苦，为惑盖未有甚于是者也。夫新旧不过时期之代谢，方式之迁换。苟其质量之不变，自无地位之轩轾。非可谓旧者常胜于新者，亦不可谓新者常优于旧者也。道德与文艺二端，其间虽因风俗思想之递变而微有出入损益，然仅相对的方向之不同，非绝对的方向之不同也。亦犹枝叶之纷披，无咎于根株之孤直；流派之演液，无害于源泉之莹溢也。以道德论，吾中国数千年孔孟诸哲所示孝弟仁义、慎独省身诸义，实足赡用于无穷。难者病其为伦理的道德、节制的道德、狭义的道德，非社会的自由的广义的道德也，遂欲起而毁弃之。殊不知"人人亲其亲、长其长而天下平"，伦理何尝不及于社会？"大德不逾闲，小德出入可也"，节制何尝不及于自由？"言忠信，行笃敬，虽蛮貊之邦行矣"，狭义又何尝不及于广义？审如是也，中国旧道德之主义，固不应有抨击，而必采取西邦重译而至之新道德也。以文艺论，吾中国数千年来之诗、古文、词、曲、小说、传奇，固已根柢深厚，无美不臻。抒情叙事之作，莫不繁简各宜，古今合德。《离骚》之美人香草，繁辞而芬芳；《春秋》之褒荣贬伐，一字而谨严；左氏之文，古之浮夸；庄生之书，今之浪漫。下如汉之文、六朝之骈俪、唐之诗、宋之词、元之曲、明清之传奇小说，莫不惟美是尚，写实是合。常人者，可以游以息矣，尝以试矣，固不必赖一种异军特起之新文字以救其衰穷也。闻者疑吾言，曰："由子之言观之，则彼介绍

① 编者按：是文发表于《学衡》1922 年第 7 期。

新文化入国中者非耶?”曰:非是之谓也。新文化者,所谓增进社会之幸福,解决人生之困难,为吾人所急需而未尝有,固非新道德、新文艺一二端所可赅括之者也。近世罗素先生(Bertrand Russell)以常人习见新闻纸上所代表无线电报、飞机、炼金术诸惊异之事物,犹非科学真正之现象。见 *The place of Science in a liberal education* 文中。则解放、改造白话诗文、新标点之见诸杂志报纸者,其非新文化真正之代表亦明矣。就中国今日所急需之新文化言之,固莫若西方今日物质之科学。物质之科学,其为真实应用,固当下拜登受之不暇。其效用与价值,不可与介绍抽象之道德与形式之文字同日语也。往者日本维新之顷,其物质文明之运动甚著。各种专门之科学,多袭自德国。吾复从之乞诸其邻,其结果东邻日益富强。吾亦不耻于追随,未尝以其新而拒绝之。然时至今日,日本之贵族专淫自若也,男女之阶级自若也,文字之因袭汉人自若也。其国中之贤杰,未闻有以新道德新文艺之输入,与旧道德旧文艺之废绝自任者。独至吾国当物质饥荒之时,彼荷介绍西洋新文化之责者,不竞于物质科学之输入,而局于道德文艺之引接;编者按:输入西洋之道德文艺,其事亦极重要。惟于西洋之道德文艺,当取其精华,不当但取糟粕。若所取者为精华,则与吾国之道德文艺正可相得而益彰。今人所输入之西洋道德文艺,实其中之糟粕,固不可因噎而废食。读者毋以辞害意可也。其着眼悉惟旧之是疾,而不审新之未然;不思与人以真善美适之实惠,而惟骛新奇伟怪之虚名。此国人所以淆惑迷乱,而不能自已者也。

吾华为数千年礼义之邦,其间因风俗礼制人伦维系之久长,故节制的、个人的、消极的、伦理的道德,莫不完备。如士人执雉以为贽,出疆必载贽,士不介不相见,男女不相知名,男女授受不亲,内言不出于阃,外言不入于阃等,属于风俗者也。如娶妻必告父母,婚姻必以父母之命、媒妁之言,温凊告面,冠昏饮射聘燕丧庆有礼等,属于礼制者也。父慈子孝、兄友弟敬、夫和妇顺、君臣有义、朋友有信等,属于人伦者也。今之盛倡解放女子,男女社交公开,女子贞洁诸问题,不过为破除风俗之一端。盛倡新家庭组织,婚姻自由诸问题,不过为破除礼制之一端。盛倡灭忠、非孝、公妻诸问题,亦不过为破除人伦之一端。至其根本道德,固有不应弃绝者也。解放女子,非必待今日始。不过昔日女子主中馈,今日女子得求学。势至今日,女子自身之得解放,盖无待论,亦不待今日男子之为之解放也。男女社交公开,先进国之前例,而其寄托之德道,实为尊重女子之人格。即吾国古时男女不相授受,不同椸枷,行道时女左男右等,亦为极端敬重女子人格之表征。男女社交公开,若以古意行之,亦未尝有可非者在也。女子贞洁问题,在新道德方面已弃而不论,嫠妇再醮,本法律所不禁;处女失身,或意外之可原。至必谓世间飞走动植之属悉无贞洁一德,柏舟之志,可以力夺;车贿之迁,可为世训,则亦为过情之论矣。原之节妇之守贞,初由藁砧之情重,烈女之死污,或出耻勇之激发,他人固不能强之必守必死,亦不能强之不守不死也。今之言者,必以贞洁一德为专横男子剥夺女权所致,则是不欲其妻女之有贞洁也,岂从心之论哉?新家庭组织所以避妇姑之勃溪,娣姒之暗斗,而隆进一己间伉俪之幸福也。欧美家庭之制度,由来如是。考其原始氏族,多为水草逐徙游牧之业。其家族亲属,本若散漫不系,相安已久。若以我国论之,则原始氏族多为固着不动农稼之业。岁时伏腊,斗酒相劳,所谓歌于斯、哭于斯、聚国族于斯者也。因根本制度之不同,一旦效法他人,避兄离母,挈妻徙居,如陈仲子之所为,即不为名教所非薄,亦为人情之所不忍。藉曰旧家庭必不足以谋幸福,则何以崇明老人数世而同居,朱公之妻垂老而求去乎?此吾论新家庭之组织,非仅乖离骨肉、破坏伦理之道德,亦事实上强效之而不能似者也。婚姻旧制,必有父母之命、媒妁之言,其积弊虽多,然苟为父母者,一秉子女之好恶以为好恶,不震羡于门第之高、资产之厚、奁媵之富,当其选择将定之前,由子女详审以定取去,则其结果当亦不恶。以视青年血气未定之贸然求偶,与夫见识未周之漫然鉴抉,岂非彼善于此?吾为此言,非谓旧婚制之必须保存也。窃以吾国个人之道德未提高,男女之社交未扩大,婚姻自由之新制,行之殊多危险,而思所以为过渡之方耳。五伦之列,至今日而废其君臣一伦。君臣之关系既废,然忠不以之而废也。读史有曰:“忠贞体国。”则是忠者,忠于国也。且孔子之道忠恕而已,曾子省身,必曰:“为人谋而不忠乎。”吾前读某杂志中有灭忠一语,殊深憾焉。非孝之说,初见于某杂志,后见于某君之演辞。吾国旧德,夙以孝治天下,西人之所共知,盖百行之先,而众德之母也。然东汉时,路粹奏孔融之状,已有孔融父之与子当有何亲?论其本意,实为情欲发耳。子之于母,亦复奚为?譬如寄物瓶中,出则离矣之语。如其实也,则古人已有非孝之议,虽狂妄犹有理致。如今人者,徒有“百善淫为先,万恶孝为首”无注脚之言,吾人所以大惑不解而不欲论之者也。公妻诸说,发源于东俄过激之主义,吾国少数谬妄之文人,远为无聊之应声。此类为物性还原之恶,象洪荒之际,人与物只知有母,不知有父。此亦欲返于狉榛草芴之时代耳,不足论于吾国也。

新文艺之号召于中国者,有白话文、白话诗、写实派小说。白话文本为中国之旧有,其用宜于语录、家书、小说及传奇、小说之科白,非不欲多用也,不能用也。或者以其足便初学诵习科学各书,然为之不善者,冗幅既多,漏义滞义,仍复遍是。即如某君著译之经济学一书,开卷即令人难读。其句法倒装之多,底字应用之滥,读者如堕雾中,不知其所指何在。夫文字不过意志、思想、学术传达之代表。代表之不失使命及胜任与否,乃视其主人之意志坚定、思想清晰、学术缜密与否为断。故其人如意志游移、思想淆杂、学术偏缺者,其文必不能令人欣赏或领会。文言固然,白话亦何尝不然?盖为文,必先识字。识文言之字与识白话之字,固无以异;文以载道,文言之能载道与白话文之能载道,亦无以异也。至其传之久远、行之寥阔,文言视白话远为超胜。良以白话文之覼缕,篇幅冗长,不及文言之易卒读,一也。白话文以方言之不能统一,俗字、谚语非赖反切不可识,不及文言之久经晓喻,二也。白话文之体裁不完,如碑铭传志之类,不及文言之有程式可寻，三也。沈约有言："文章有三易，易见事，一也；易识字，二也；易读诵，三也。"王通有言："古之文也约以达，今之文也繁以塞。"由此言之，文言、白话知所从矣。白话诗暗效美国之自由诗，Freeverse 不及 Prosaic Poetry 句法之长，又非 Blank Verse 之含有节拍。其表情虽似无阻碍，然无音韵节奏，美感常缺，在美国不过少数不学之少年为之，至吾国则识字之少年尽能为之。师学舍短，古有前智。自由诗之本为骫骳之文体，学之无益，所谓丐丑女之膏沐者也。道、咸间遵义郑子尹为诗，善写真语，其白描处即白话。如《留湘佩内妹》诗曰："欲归何事真无说，饮过菖蒲不汝留。算待明年方见汝，明年又识果来不。"此真白话诗之圣手，然亦何尝堕隳声韵之有？且似白话之诗，匪独清郑子尹一人而已。溯而上之，宋如杨诚斋，唐如白乐天等，靡不称是。今之效人白话诗于万里之外者，所谓舍近求远，弃家鸡而爱野鹜者也。写实派小说自某新文化巨子指海上之黑幕大观为杰作后，于是海上营业不正之书肆，悉聘请无聊堕落之文人，专作淫秽之小说，既能合写实之美名，又可利市百倍，而冥冥中不知葬送多少青年，增进社会弱点于无穷矣。夫作品之佳，初在思想处境之高。写实固未为非，而有高尚、卑污之不同。今舍写人伦正变、社会苦乐之实，而惟写床笫秽亵、兽欲狂滥之实，文学之品格，固将置于何地乎？昔仇十洲善丹青，尝奉大内密示作秘戏图十馀幅。十洲穷精敝神，力摹男女横陈之状，及数幅而稍置之。其女亦工画者也，瞰父出，阴为图之，辄作一宫闱复室景致：鸭鼎初罢，蜡泪方斜，绣帐之外，遣男女舄二双，帐旁立一鹦鹉架。慧鸟知情，方侧首窥帐作睨视状。画毕，其父掩至，不惟不责，反大加嗟赏，以其画意之高，省去多少淫污笔墨，而又能曲曲传出其情也。呜呼，今日写实派之新文艺家，其构思之程度，乃不及一弱女子耶？

又新文艺家常用为主张者，对古诗文即目为死文字，对白话诗文即目为活文字；对古诗文即目为贵族文学，对白话诗文即目为民间文学；对古诗文即咎其模仿，对白话诗文即标为创造。此其大略也，请得一一论之。文字之有死活，以其艺术优劣之结果定之，非以其产生时期之迟早定之也。古籍浩繁，汗牛充栋，历代作者，复平地添出集子不少，然最传之不朽者，《十三经》、周秦数子、四史、杜甫、韩愈之集而已。诸书讲德论道，则如见圣哲之衣冠；说理论事，则如见谈士之纵横；奇功伟迹，则如见英杰之眉宇；掩袖起舞，则如见美人之颦泣。其他喜怒哀乐、流离感愤之情，后人读之，莫不虎虎有生气，岂可诋之为死文字耶？且如扬雄草玄，桓谭知其必传；刘勰雕龙，沈约为之起敬。当时皆以其论不诡于圣人，而具不朽之作业也。岂以其产生之迟，遂目为活文字哉？总之，文言、白话，皆以其可传者而传，即以其可不死者而不死。近人好发表著作，杂志书报遍天下，无论其为文言抑白话，又谁为之寿命保险？诚恐梨枣一灾，酱瓿即覆，朝生暮死，恒不自保耳。贵族文学与民间文学，对待而生。以为贵族者，少数人之所游适；民间者，群众之所涉猎也。殊不知贵族、民间，初无定界。试以五经而论，如《书经》者，最可称为贵族文学，以其为帝王辅弼、左右史少数人之文也。如《诗经》者，最可称为民间文学，以其为太史远近里巷所采得之文也。然其结果，则《书经》除各典谟体制奥涩难读外，他如诸训誓、叙事问答之词，可以对群臣百工，可以对众士师旅，非为民间所解而能如是耶？《诗经》仅三百馀篇，至汉而成绝学，传之者仅韩生、申公诸辈，岂不又为贵族之文学耶？唐代樊宗师之文、李义山之诗，读者病其难解；元微之之宫词、白香山之诗，解者乃为宫女及老妪。然樊、李、元、白均一代之作家，不能优劣也。是知作品之佳，雅俗共赏，正不必强分贵族与民间也。文章之源出于模仿：班固序传谓："斟酌六经，参考众论。"黄山谷云："学议论文字，须取明允文字观，并熟看董、贾诸文。欲作楚辞，追配古人，直须熟读楚辞。巧女文绣妙一世，若欲作锦，必得锦机，乃可作锦也。"姚惜抱亦云："大抵学古人，必始而迷闷，故无似处，久而能似之，又久而自得，不复似之。"此古之文人不废模仿之论也。更观历代之文，长卿《美人》本于《好色》，扬雄四赋实拟相如，班固《宾戏》暗师《客难》，退之《送穷》本仪

《逐贫》，杜牧《晚晴》托体《小园》，欧公《黄杨》则效《枯树》，此古之文章不废模仿之事也。盖模仿者，如人之得师承，亦步亦趋，初必不免，而出蓝寒冰，固可由模仿而进于创造也。善夫英国画家雷那尔 Sir Joshua Reynolds 之言曰："苟欲创造，必先知古人之所创造。创造乃天才当然之事，然欲创造而不模仿，则个人天才有限，不久枯竭，终至自为模仿重复颠倒而已。"模仿非剿袭之谓，亦犹创造非生撰之谓。今日之自命为创造者，实由于浪漫派之主张。人人自以天材挺出，为文须自我作古。其弊也，鄙群书为糟粕，矜空言为创获。腹笥空虚，思想谬妄，其毒盖远甚于剿袭之模仿也。

新道德、新文艺，已如上论，今更引而申之。今世美国批评大家穆尔先生(Paul Elmer More)所著 *The New Morality* 一文，于美国之提倡新道德者加以针砭，谓道德本无新旧，在个人而不在社会。其结论有曰："真正之道德，既非新，亦非旧，任何风俗社会之中皆可行之，非为求他人之欣赏而发，而由自己良心正谊，流露而出，即所谓良知是也。其所修者，为克己、诚实、忠信、坚忍、大度、高尚诸德，而其报酬，则自己内心之快乐是也。"盖西洋今者异说流行，人尽舍己耘人，伦理不修，而高谈社会道德；克己之工夫不治，而竞言救人。视其所不知，如其所知；爱其所不亲，如其所亲。对社会间真正之恶，不思匡正之，矫革之，而惟为无谓之慈悲恻隐伪善以容于众。盖非人文主义之修养，而感情之放纵而已。按：此与吾国先哲"君子之爱人也以德，细人之爱人也以姑息"语相合。方诸吾国，何独不然？公妻公产、废孔非孝、劳工神圣、女子解放诸声，暄豗宇内。俄氛未至，烈焰暗挑；物质未充，伦常扫地。资本家国内且无之，劳工何由神圣？二万万机会早至，解放何劳簧惑？此皆所谓惟恐天下不乱，而为之诡词大言以惑众也。而倡之者，其人私德堕落，世人共知，乌能使人信之耶？返观吾国数千年来，民族美德常存，孔孟之道昌明，杨墨之说全熄。其间庸德庸行，古圣之所昭训，父兄之所劝勉者，虽终其身行之犹不能尽。奇伟不稽，则道不信，安用以新者羼杂其间为耶？文艺一事，从古所谓为文章者，如六经《论语》之言，取其自然形见者，后世始以笔墨著述为文章，及汉遂有文艺之目。盖古时之文本，以合德后世之文，则以合艺。虽然，固无害也。昔扬雄著《太玄》五千言，枝叶扶疏，文矣而为论不诡于圣人。尝观其言曰："君子之言，幽必有验乎明，远必有验乎近，大必有验乎小，微必有验乎著。无验而言，谓之妄言。言不能达其心，书不能达其言，难矣哉！"则知其为不愧于文者矣。魏晋以后，文至齐梁而极敝，岂非以其文体之骫骳、文辞之艳薄，辞非达意、言不明理乎？李唐文治之昌，足绍两汉之隆。韩、柳之文，所以能彪炳一世、垂光后祀者，亦以其能辟异端，明道德，订名实，归雅正而已。赵宋承运，馀烈未衰。至明成化间，创为制义之文。其文熟滥，固不必言，而陈陈相因、辅圣翼教之语，一如今日新文化家盛言改造、解放，德谟克拉西者。语云：说西施之美，无益于容；道尧舜之德，无益于治。盖谓立言不诚，出言无征者，徒为无益也。新文家之立言不诚，心存功利，固不自其体制之骫骳、声韵之堕隳始。即以体制声韵论，白话文、白话诗者，所谓少年好事，徒乱人意，而又有武断操纵之嫌者也。杜甫诗曰："汝曹身与名俱灭，不废江河万古流。"韩愈为裴度作书曰："文之异，在气格之高下，思致之深浅，不在磔裂章句、隳废声韵也。"合二公之言观之，则文字之不应菲薄前人，自我作古，专求形式之新明矣。白话文本为旧有，而新文家标之以为新。白话诗徒为无韵之文，而新文家强之以为诗。讥弹昔人，愚弄黔首，出辞吐气，訑訑然拒人于千里之外，此吾所谓少年好事，徒乱人意，有武断操纵之嫌，而不足称为新文艺者也。总之，德道、文艺二端，只有真善美适之归宿，而非区区新旧所可范围。又非如巴黎市上妇女时式之衣帽，瞬息数变。因而世界时髦之妇女，必为之趋效不遑也。又非如太平洋会议席上某种议案，苟有任何一国之不赞成，即绝对不能通过执行也。噫！道德、文艺之骛新趋世，且为人所操纵久矣。吾不能不哀世俗之为惑，沉沉于无已也。

# 《古诗十九首》作者内心之臆测

五言古诗向以《十九首》为最先，然《十九首》始列于萧统《文选》，园无作者名氏，致启后人之怀疑推测。初有萧统文章侍从之臣徐陵者撰《玉台新咏》，叙述《十九首》非皆无名氏之作，指出《青青河畔草》以下八首为枚乘之作，复增入《兰若生春阳》一首，题为枚乘杂诗，则共为二十首矣。又以《驱车上东门》为乐府杂曲，《冉冉孤生竹》以下四首为古诗，则《古诗十九首》作者、时代、体制、作风，皆成问题。继有刘勰撰《文心雕龙》，以《冉冉孤生竹》为傅毅之辞，则名氏可知之中，枚乘之外，应更增入傅毅一人矣。又有钟嵘者，与刘勰同时，撰有《诗品》，以《去者日以疏》等首虽多哀怨，颇为总杂，旧疑是建安中曹王所制，有"人代冥灭，清音独远"之评；又谓第十四首为陆机所拟，几于一字千金。则《十九首》中作者名氏可知者，又增曹植、陆机二人，其时代则自东汉下及典午矣。明王世贞《凤洲集》以《十九首》杂有枚乘，或张衡、蔡邕之作。清末王闿运亦引饶学斌之言，以为《十九首》殆为一人之作。盖桓帝初党锢，被徙北方者，蔡邕之徒所作也。如是，《十九首》作者名氏可知者，又增张衡、蔡邕二人。王闿运湘绮，晚清诗学巨子，似深信《十九首》为一人之作，断为蔡邕之徒无疑。则无名氏之说，又破徐陵以来之论举不可依。中国文学史近古所应讨论者，莫过《十九首》古诗其时代之推测，自西汉、东汉，而魏而晋；作者名氏之推测有枚乘、傅毅、张衡、蔡邕、曹植诸人；体裁之推论，有古诗，有乐府杂曲，有杂拟之作；《诗品》谓《去者日以疏》等有四十五首之多。作者撰述离合之推测，有枚乘、傅毅、张衡、曹植诸家共作，与蔡邕之徒独作二者之不同。其问题可谓复杂之至，以是《古诗十九》悬案，乃阅二千年而不决。今欲殚究此问题，如不从作者、作风、环境以推测其内心所在，哆口纵谈，隔靴搔痒，徒无益也。兹请略论《十九首》之作风。

沈德潜《说诗晬语》曰："《古诗十九首》不必一人之辞，一时之作，大率逐臣弃妻、朋友阔绝、游子他乡、死生新故之感，或寓言、或显言、或反复言，初无奇辟之思、惊险之句，而西京古诗皆在其下。"此论《古诗十九》作风成就之大概也。初读之，似不能易矣。然细究之，此《十九首》何为而须寓言、显言、反复言耶？何为气味神理均若一人所作耶？何为所言皆在伦常友朋，而不杂山水之趣、游仙之情耶？又何为每首所欲言又止、又不得不言者，多回旋于朋友一伦之间耶？以愚观之，五伦次第，初有夫妇，继有父子，中有兄弟，更有朋友，终有君臣，而朋友一伦与君臣关系綦密，未有朋友不咸而君臣得鱼水相欢者。方周之盛也，伐木以求友声，"虽有兄弟，不如友生"。及其衰也，《谷风》有篇以兴怨，《小雅》"干糇以生愆"，则君臣家国之间，有独恃朋友以资斡旋者矣。《论语》有言："昔者吾友尝从事于斯矣。"《左传》引《诗》："岂不欲往，畏我友朋。"《谷梁传》曰："心志既通，而名誉不闻，友之罪也。名誉既闻，而有司不举，有司之罪也。"《檀弓》曰："何以处我。"又曰："何以赠我。"《孟子》曰："责善，朋友之道也。"古人负笈遐方，游学成名之后，其言论行事、动静出处、攻过责善，一切皆朋友是诹是取。其在野也，同声相应，同气相求；其在朝也，同官为寮，夙夜匪懈，以事一人。寮者，僚也，友也，故同臣一君者，亦曰友臣。盖"友"之一字，为左右手，手左右彼此宜相助，朋友亦不为睽违乖迕。使手不相助，则为偏枯残废之人，友不相顾，应是乱离颠播之时。

考东汉之末，外戚势焰煊赫，国命委于宦官，士子羞与为伍，清心嫉恶之徒不在朝而在野。当时士大夫相与友善，以陶物振俗激浊扬清自任，匹夫抗愤，处士横议，品核公卿，裁量执政。初有范滂、张俭陷于党议。继有郭林宗、贾伟节，并与李元礼、陈仲举、王叔茂更相褒重。朝野连为一气，危言深论，不隐豪强。公卿以下，莫不畏其贬议。李元礼为河南尹，案杀张成之子，而张成以方伎交通宦官，成弟子牢修因上书诬告李元礼养太学游士，交结诸郡，诽讪朝廷，疑乱风俗。于是桓帝震怒，班下郡国，逮捕党人，布告天下，收执李膺等，此党祸之始。《党锢列传》载三君、八俊、八顾、八及、八厨三十五人者为党人之首。诸党人颇以陶物振俗、清君侧之恶自任。其事不成,死废相寻,有囊头关三木者,有伏尸阙下者,有望门投止者,有禁锢终身者,一流废弃至六七百人之多,海内涂炭历二十馀年之久,诸所荼毒不知纪极。迨党祸甫解,而黄巾贼起,汉社遂以屋焉。读史至此,岂有不惊诧朋友一伦系国家兴亡之重至是乎?东汉太学生当时有三万人之多,而郭林宗、贾伟节为之魁。彼等相与,诚所谓君子之朋党也。其在野也,痛善人之不禄,嗟邦国之殄瘁,于此二十馀年之间,目击六七百人之丧,岂无在野之诗,足稍声其哀而足告后人者?试以三万文学之士而仅成此十九首,其遗落禁燔之篇什盖已多矣。此等诗散在民间,虽不能定为一人之作,而可断言其内心所感确无二致。作者实不欲自承其为谁某,以免逮系,遂为千古无名诗篇之总集。宋德祐太学生有《百字令》,亦无名氏也。盖国社危亡,有心者见之,不忍声之于诗,堪谓危苦告哀之辞。

饶学斌等指谓党锢被徙北方蔡邕之徒所作。夷考《后汉书·蔡邕列传》,光和元年七月,诏召邕与杨赐、马日磾、张华、单飏诣金商门,引入崇德殿。使中常侍曹节、王甫就问灾异及消改变故所宜施行。邕悉心以对,言语切直,讥刺三公,内及宠臣,末云:"臣以愚戆,感激忘身,愿寝臣表,无使尽忠之吏受怨奸仇。"章奏,帝览而叹息,因起更衣。曹节于后窃视之,悉宣语左右,事遂漏露。初,邕与司徒刘郃素不相平,叔父卫尉质又与将作大匠阳球有隙,球即中常侍程璜女夫也。璜遂使人飞章言邕、质数以私事请托于郃。郃不听,邕含隐切,志欲相中。于是下邕、质于洛阳狱,劾以仇怨奉公,议害大臣,大不敬,弃市。事奏,中常侍吕强愍邕无罪,请之。帝亦更思邕奏,有诏减死一等,与家属髡钳徙朔方,不得以赦令除。阳球使客追路刺邕,客感其义,皆莫为用。球又赂其部主使加毒害,所赂者反以其情戒邕,故每得免焉。居五原安阳县。九月得赦,宥还本郡。将就还路,五原太守王智饯之。酒酣,智起舞属邕,邕不为报。智者,中常侍王甫弟也，素贵骄，惭于宾客，衔之，密告邕怨于囚放，谤讪朝廷。内宠恶之，邕惧卒不免，乃亡命江海，远迹吴会。往来依太山羊氏，积十二年。中平六年，灵帝崩，董卓为司空，闻邕名高，辟之。初平元年，拜左中郎将，从献帝迁都长安，封高阳县侯。今以邕之行历合之，古诗似可以《行行重行行》《冉冉孤生竹》二首为邕之作，为得其解。盖《行行重行行》中有"胡马依北风，越鸟巢南枝"之句，为邕北徙五原，南奔吴会，自怆之辞。《冉冉孤生竹》下有"结根泰山阿"句，为邕依太山羊氏积十二年之自喻。馀则不能强合矣。

愚窃以为此乃党锢时三万太学生中感喟之什矣。此种推测在先得太学生见国危主昏、奸佞鸱张，曾无实力以赴国难之情。所谓"手无斧柯，奈龟山何"者是也。虽不能戡乱弥难，而内心之悲苦不可以不稍求减泄，此诗之所为作也。周初赖多士以宁文王，汉末有党人而难安刘氏。昔者以友而兴，今者以友而亡，故诗中感念朋友关系，遂不觉垂涕而道之矣。颂其诗，贵知其人，岂有熟讽惊心动魄、一字千金之《古诗十九》，而漫然不能揣知其为人者乎？

《十九首》第一首《行行重行行》 结语云"浮云蔽白日，游子不顾返。思君令人老，岁月忽已晚。弃捐勿复道，努力加餐饭"者，此党人惧祸，甘为游子以去朝，而瞩望其在朝之友臣能有所匡救也。徐孺子告郭林宗曰："大厦将倾，非一木所维。"郭林宗亦自言："昼察人事，夜观天象，天之所废，莫之能兴也。"则不如以高隐，人师自任，使人道不夷于牛马。此东汉所以多节概之士也，去朝时有种种不忍情绪，宜三复诵之。

第二首《青青河畔草》 此贤人引去自责之辞也。"空床难独守"者，妻不蒙夫眷，犹臣不为君录用也。东汉之末，豪杰并起，鸟能择木而栖，臣亦择君而事，作诗者殆为太学生，欲去而自愧名誉。既闻有司不举，有司之罪也。

第三首《青青陵上柏》 侈言洛中冠带相索，极宴娱意，此贵游之友也。自承斗酒相乐，驽马驱驰，此贫贱之友也。贵不顾贱，贱不慕贵，如大鹏斥鷃，抟举飞抢，各自适其适而已，然于国事，皆无所补也。其内心之沉痛为何如耶？

第四首《今日良会宴》 王闿运评曰："齐心高言，欲据要路，党人谋去宦官之辞也。"此言得之。孔子去鲁，望龟山，赋诗曰："我欲望鲁兮，龟山蔽之。手无斧柯，奈龟山何？"盖同心之寮寀欲清君侧之恶而不得之辞也。

第五首《西北有高楼》 结语云："一弹再三叹，慷慨有馀哀。不惜歌者苦，但伤知音稀。愿为双黄鹄，奋翅起高飞。"则求友之难，牙、期所以旷绝也。

第六首《涉江采芙蓉》 结语云："同心而离居，忧伤以终老。"则明言断金之交，离居可伤，犹荆轲待所期之友，同入秦图大事而不果来，无功盖可知矣。

第七首《明月皎夜光》 结语云："不念携手好，弃我如遗迹。"又云："良无磐石固，虚名复何益。"盖友之为义，相助如左右手。循名责实，明友应彼此久要不忘，相辅以仁，奈何彼友厌我贱远，弃我如遗迹。以交道比箕斗之虚名，此太学生怨同门友不相援进之辞也。

第八首《冉冉孤生竹》 以"千里远结婚"喻二人之缔交。盖丈夫生而有四方之志，其所谋者大事，其所急者友生，宜于其人盛壮之时求之。如燕丹谒田光先生，告以燕、秦不两立，而田光自叹其精已消亡，诚所谓"过时而不采，将随秋草萎"者也。

第九首《庭中有奇树》 明言"将以遗所思"，而又憾"路远莫能致"，则苏武别李陵，所谓"我有一樽酒，欲以赠远人。愿子留斟酌，叙此平生亲"，相与为隐语之辞也。

第十首《迢迢牵牛星》 结语云："盈盈一水间，脉脉不得语。"朋友之乐，相视而笑，莫逆于心，而中有间阻之者，致莫能出肺肝以相视也。所谓"不得语"者，《党锢列传》：夏馥避党祸，变形易姓，入林虑山中，为冶家佣。后其弟静遇于市中，已不识，闻其声音乃觉，而拜之。则祸乱之来，骨肉不得相语者多矣。

第十一首《回车驾言迈》 全首以立身扬名为勖，党人激浊扬清，陶物振俗之志也。

第十二首《东城高且长》 “晨风怀苦心”之句，实用《毛诗》“未见君子，忧心钦钦”，断章取义，以喻朋友之相思。“思为双飞燕，衔泥巢君屋”，则张俭望门投止，以性命托之，居停主人之意也。

第十三首《驱车上东门》 第十四首《去者日以疏》 两首同抒死生之感。要以人命危浅，事功难成，互相怵戒，与第十一首“奄忽随物化，荣名以为宝”同意。

第十五首《生年不满百》 唐李石为文宗，曾说此诗云：“‘人生不满百，常怀千岁忧’，会不逢也。昼短夜长，暗时多也。‘何不秉烛游’，劝之照也。臣愿捐躯命，济国家，惟陛下鉴照不惑，则安人强国，其庶几乎。”绅李石说诗之旨，则“生年不满百”者，时乎时乎，不再来也；“常怀千岁忧”者，欲为国家兴利除弊，为子孙无穷之计也；“昼短夜长”，桓、灵暗弱之时；“何不秉烛”，喻衰老旧臣尚宜为击摧豪强之事，为国家启一线光明也；“何能待来兹”，除恶务尽，毋使滋蔓难图也；“愚者爱惜费，但为后世嗤”者，《党锢传》云：“度尚、张邈、王考、刘儒、胡毋班、秦周、蕃向、王章为‘八厨’，言能以财救人者也。”朋友有通财之义，况党人欲成大事者乎？“仙人王子乔，难可与等期”者，“仙人”谓叶令王乔每入朝，辄有双凫飞来，寓远道勤王之师不可恃也。

第十六首《凛凛岁云暮》 四句云“游子寒无衣”，此“游子”即第一首“游子不顾返”之“游子”也，初有江湖之志，继又眷恋魏阙，与《离骚》“忽临睨夫旧乡，仆夫悲予马怀兮，蜷局顾而不行”相同，故此首第五、六两句云：“锦衾遗洛浦，同袍与我违。”锦衾者，喻仕宦在台阁也；洛浦，即东汉京师洛阳也；同袍者，喻昔日同寮鹓鹭行也。此党人之能诗者怀念在阙之友臣，故有“独宿累长夜，梦想见容辉”以下诸句，作离迷惝恍之怀思空想。何大复曰：“夫诗，本性情之发者也。其切而易见者，莫如夫妇之间。是以三百篇首乎《关雎》，六义首乎风，而汉魏作者义关君臣朋友，词必托诸夫妇以宣郁而达情焉。”观此，则此首以夫妇喻朋友，得其解矣。

第十七首《孟冬寒气至》 中有云“愁多知夜长，仰观众星列。三五明月满，四五蟾兔缺”者，纯从宋玉《九辩》“中心怵惕而震荡兮，何所忧之多方。仰明月而太息兮，步列星而极明”摹化而来。盖贫士失职，其志不平，羁旅无友，惆怅自怜，亦悲秋怀友之意。“置书怀袖中，三岁字不灭。一心抱区区，惧君不识察”者，党人相与，初有誓言，置书怀袖，不忘初约，如赵襄子受简子竹简，诵之至熟，问之，则出诸怀袖以献也。

第十八首《客从远方来》 诗旨与十七首略同，惟更缠绵周匝之至。如言“著以长相思，缘以结不解。以胶投漆中，谁能别离此”者，乃党人之密言“我闻有命，不敢以告人”类也。何进偾事，坐处措不密。《易》曰：“君不密则失臣，臣不密则失身。”此云“著”、云“缘”、云“结”者，周匝之极。“以胶投漆”者，党人互喻，固结不解，不受外嫌猜云尔。

第十九首《明月何皎皎》 结语云：“客行虽云乐，不如早旋归。出户独彷徨，愁思当告谁。引领还入房，泪下沾裳衣。”客子念家，党人念国，及其所事不成，心摧泪下，出户入房，徙倚无聊，内心之悲郁极矣。

总观右列《十九首》，皆党人相与谋国之至诚密爱，及其所事不成，其情可掬。周纳伦常之间，委婉亲旧之际，所谓“维号斯言，有伦有脊。哀今之人，胡为虺蜴”者也。沈德潜说诗，乃以寻常离别、死生新故之感释之，谓“不必一人之辞，一时之作”，误矣。呜呼！程婴、杵臼为人家臣，尚知杀身抚孤以报赵，曾谓汉家绵历四百年，称得多士，而曾无能诗之党人，托之心声，以记此政变国亡之惨痛乎？愚为此臆解，虽以王世贞、饶学斌说引其端绪，而详味《十九首》之文学韵味，若有无限吞吐控纵、沉郁低徊、不可告人而又不能不舒泄以出者，因就其章节脉络，寻其内心微茫所在，恍悟此《十九首》纯为党人相与谋国而不成之诡辞也。以此奠定中国五言古诗丕基，岂非文学史中大可讨论之一事哉？

# 全唐诗说[1]

## 叙言

生民之初，其视颠颠，其行填填，不知有诗也。徒歌击壤，童谣康衢，然后有不合乐之诗；舜命典乐之官夔教胄子以诗，然后有合乐之诗。孔子删古诗三千馀篇为三百五篇，四始林立，六义纷披。子夏序之，以为动天地、感鬼神、成孝敬，莫善于诗，然后有教且有学。汉立乐府，李延年弦歌司马相如所为诗，同时苏、李、枚叔又稍稍为赠答感讽之诗，乐府古诗，于焉分立，然后诗有体裁与作者。建安诸子，曹植为干，殚精为诗，然后诗始有家数。江左齐梁间诗，妃青俪白，含宫嚼徵，然后诗始有排偶与声病。迨至李唐三百年中，乐增胡羯，舞翻软健，新乐府舞曲产生最多。四杰之歌行、沈宋之律诗，体裁家数，鱼鳞杂袭，格法病忌，殽然犁然，然后诗中能事尽毕，蔑以加焉。故知诗自谣谚徒歌以进于古近各体灿备之唐诗，有如初民穴居野处，先有橧巢构架，渐进于台榭陂池，踵事增华，殆非一朝一夕之故，而其极盛者，固亦时会使之然也。昔年治诗，问津全唐，闭户骋说，笔墨冗杂。长夏多暇，因纂成《全唐诗说》一文，谬为初学津逮。知言君子进而教之，有厚幸焉。

---

① 编者按：《学衡》1922 年第 12 期发表《唐诗通论》，而手稿本《培风楼文丛》（原题“唐诗通论”，经圈抹后于旁题“全唐诗说”。）在此基础上进行修改，章节中无“结论”一章。后发表于《东方杂志》1947 年第 43 卷第 17 期之《全唐诗说》及《东方杂志》1948 年第 44 卷第 2 期之《全唐诗评》，实为手稿本之前后两部分分开发表之文，内容亦稍有更改。手稿本第六部分“唐诗优绌两方之观察”，与《唐诗通论》第七部分相近，而《东方杂志》所刊此部分则又经作者修改，差异较大。本文以手稿本为底本，以其他三本为校本。

## 一、唐诗拓展之由来

文章视世运隆替、学术趋舍以为消长，唐自太宗以马上得天下后，重用文臣学士，弘文馆开，瀛台彦集，尝有“天下英雄入吾彀中”之言。盖欲提倡文翰，延览才彦，怀柔万方为职志者也。经儒诸臣，尽瘁经解，而杂糅南北，承受之家法不明，名物制度之学远不如汉人。太宗虽欲复兴礼乐，而诸臣难备咨询，故考据之学转变而为词章，亦有然也。王鸣盛曰：“自唐高宗、武后以下，词藻繁兴，经业遂以凋丧。”是其证矣。于时国土乂安，疆埸无警，流离饥馑，道路不闻。士人起毛锥以代干戈，思文章以报家国，祥瑞有庆颂之声，功德有讴歌之义，卢、骆、王、杨，郁为文栋。建安、江左，诗律屡变，而歌行、七言承八代而代兴。及沈佺期、宋之问又加靡丽，回忌声病，约句准篇，著定格律，遂成近体，有如锦绣。五言律诗、七言律诗、五言排律、七言排律实奠定于此时。其五言绝句远绍齐梁沈约、徐陵之《玉台》古绝。七言绝句，唐自为乐府，从古乐府与四杰之篇终乱辞而来。后世董文涣曾有如是推论，亦不可谓绝无此理。则诗体之灿备，可以轶八代而导宋元矣。

尝考唐诗极盛，其故有五：一曰朝廷之崇奖，二曰阀阅之假借，三曰文士之专潜，四曰二氏之倾向，五曰世俗之歆慕。五者错综交会，以至于斯，非偶然也。如言朝廷之崇奖，则世主如太宗、高宗、武后、玄宗、德宗、宪宗、穆宗、文宗、昭宗等，莫不好诗。太宗定考试制度，兼以诗赋取士。自后则悬鹄以待，宠以进士，赐以文宴，同赋柏梁，赉以锦袍，中式之诗人则有自进士、舍人、学士而擢为宰相平章国事者，莫不沐其殊遇，弹冠相庆焉。如言阀阅之假借，唐重藩镇节度使，武臣远在封疆者，可以飞章荐达士流，诗人知其然，麕集麾下，献颂晋篇，藉希濡沫，而文职自宰相下至太守，皆可为援进之人。故贤如孟浩然，赋《洞庭诗》而上张九龄丞相；狂如崔颢，乃袖诗以谒北海太守李邕。虽不必望其嘘拂，然诗人之趋走权门，接近贵游，殆亦不能讳言矣。如言文士之专潜，则唐人在经学废弛之后，咸惟一力治诗，旬锻月炼者有之，二句三年得者有之，自谓口吻生华者有之，饮灰者有之，呕出心肝者有之，撚断吟髭者有之，犯驺者有之，铸铜像事人者有之，掉头行吟而惊樵者有之。天下之大，万物之殷，皆不及吾诗之名贵，痀瘘丈人之承蜩，不是过矣。如言二氏之倾向，则唐时三教同流，二氏不废。二氏相轧，不能偏胜，则往往援文儒以自厚其势。而诗人窃附文儒之末，亦常常假玄虚苦空之言以泽其篇什。李白、施肩吾、顾况、李渤之流，真有得于道家者也。王维、白居易、畅当之流，真有味于禅宗者也。最奇者为二氏之黄冠缁流，且有歆慕诗人之名成禄就而还俗为诗者，则如周贺本一道士，贾岛实曾披剃，反因返俗而成名。故皎然、齐己、贯休、无可诗僧之名，照耀于中、晚之间，则袈裟瓶钵，亦适成为识别云尔。如言民俗之歆荣则以诗者，精神之橐籥，才情之府库，得佳篇则曰"有神助"，讽奇文则曰"共欣赏"。自谢灵运之朝游山水暮传京阙，使非世俗之重诗，岂可得哉！唐人有以诗号"海内文宗""文场元帅""诗天子""五言长城""律诗龟鉴""词人冠冕"者矣。他如"文章四友""吴中四士""大历十才子""芳林十哲""三俊"之徽号，皆由俗士震艳歆慕而起。更如旗亭群妓，能唱高适、王昌龄、王之涣之诗。自丞相以下出使作牧者，如无钱起、郎士元诗饯送，即行色不壮，时论鄙之，亦可觇当时俗尚之所在矣。综此五因，诗篇造述以富。中间世运迍邅，迭经丧乱，则安史之乱、朱泚之乱、刘李之用兵、吴元济之敉平，诗人多有写实之新乐府出现，感伤恺悌，变风、变雅之遗，文章亦生色不少。最后中枢暗弱，藩镇暴强，秉干旄者跋扈于外，御貂珰者专断于内，国已不国，诗人多为酒色荒亡之咏，偷息苟安之辞，而诗运亦随国运同终，则《金荃》《花间》衍其馀波。诗之朝廷实已偏安，有不得不扩为诗馀之势焉，则亦拓展之极致也。今就拓展之实际观之，曹寅所辑之《全唐诗》，作者二千二百馀家，得诗四万八千馀首，日本人河世宁复辑有《唐诗逸》三卷，作者一百二十八家，亦富而备矣。

## 二、唐诗分类法之得失

唐诗以时代区分初、盛、中、晚者，成于明之高棅，创于宋之严羽。或谓陆游。其法以唐世三百年划为四期，自高祖武德元年至玄宗开元初凡一百年为初唐，自玄宗开元元年至代宗大历初凡五十馀年为盛唐，自代宗大历元年至文宗太和九年凡七十馀年为中唐，自文宗开成元年至昭宗天祐三年凡八十馀年为晚唐。高棅之分唐诗也，有《唐诗品汇》行于世，其书流传至广，后世便之。然吾人曾读《全唐诗》者，则亦不能无疑议。夫诗之承递变迁，虽有盛衰痕迹之殊，然仅可谓之大段之不同，而其相衔之界限，实至泯微。苟必强为言曰自某段至某段为初唐，某段至某段又为盛唐、中唐，终嫌牵强攀附，毫无显豁之作风可分也。且如一作家，其人固未谢世，而遽悬割其篇，纳于前期。以一君主本尚御世，而乃分裂其历，歧为两处，断鹤续凫，甚无谓也。即以杜甫而言，大历间实有入湘之作，为其人作品最精熟浑老之境，似当侪之中唐。而钱起其人，固与王维相唱和者也，跻钱起于盛唐耶？降王维于中唐耶？盖初唐占百年之久，似觉其多；中唐占七十馀年，似觉其少；晚唐八十馀年，则亦嫌微多也。钱谦益序《唐诗英华》，力辟此区分之谬。其意谓："以人论世，则有亦初亦盛、亦中亦晚之弊。一人之身，更历二时，将诗以人次既不能，抑人以时降又不可。但今日依之已久，可不必深违之耳。"区分唐诗，更有以人为主者，则如《沧浪诗话》分划綦详。凡具作家面目，能得后人之效则者，皆可即以其人为体，如上官、沈宋、富吴、李杜、王孟、韦柳、韩孟、张王、元白、姚贾、温李，其著者也。然如辛文房《唐才子传》之言，姚合、贾岛相友善，皆工五言律诗，时号为"姚贾体"。实则姚合易作，皆平淡之气；贾岛难吟，有清冽之风，二人诗律本自不同也。俗呼姚贾体，实属瞶瞶。譬如太史公以袁盎、晁错二人合传，正犹张耳、陈馀二人之凶终隙末，相仇相杀，史乘叙之，激成奇趣，耸人视听而已。《汉书》王贡、两龚鲍治郡相类，列为一传，即不似也。文学之类汇，当如《汉书》，不当如

《史记》也。韦应物平淡和雅，专学陶之表廓，绝无独到之处，宋人乃置之王维、孟浩然、柳宗元之间，称为王孟韦柳，甚为不称。韦左司诗，只可与储太祝诗合称储韦耳。更有以诗体分类者，如三言诗，颜真卿等属之；四言诗，李白、萧颖士等属之；五言诗，众彦所用心；六言诗，僧齐已、王建等属之；七言诗，古近所同具；杂言诗，李白、任华、卢同、罗隐、贯休等属之：此以言之短长区分者也。如以体制言之，则五七言乐府、五七言古诗、五七言排律、五七言律绝，及李峤之咏物体、皮陆之杂体、共分联句、离合、反复、回文、叠韵、双声、风人、四声、县名、药名十种。吴体，与杜甫拗体略有不同。与章碣之变体律韵押双韵者。是也。唐诗区分，大概以时代、体制分类为长，他如以官职、如陈拾遗。年号，如大历、长庆。与后人之附加者，如西昆体。皆不可从。

## 三、唐诗风格之区分

诗人握星云花鸟之精，综山川雪露之奇，公私感愤、哀乐往来、悲欢离合、兴衰治乱之事不同，短歌长吟，因以不足。吾人今日之读其诗者，忽如飘扬欲仙，忽如沉回欲绝，忽如御风餐瀣，忽如坠幽堕险，内沃寸心，外畅百骸，求其所至，妙不可传者，亦曰风格之感人而已。风者情也，比兴之谓也；格者骨也，筋节之谓也。筋节之极，则为清劲；比兴之极，则为温厚。此固见于《中兴间气集》之论者，后世论文字有阴柔、阳刚之分者，亦是二物也。论文者谓敷衍伤骨，以比兴多于筋节也；刻画伤气，以筋节多于比兴也，亦是二物也。杜甫自状其沉郁顿挫过于扬、马者，沈郁属于心气，情统于心也；顿挫属于姿态，姿生于骨也，亦莫非是二物也。宋人严羽著《沧浪诗话》，论诗之品有九：曰高，曰古，曰深，曰远，曰长，曰雄浑，曰飘逸，曰悲壮，曰凄婉。又以用工之大概有二：一曰优游不迫，二曰沉着痛快。夫曰雄浑、曰悲壮、曰沉着痛快者，筋节之极也；曰飘逸、曰凄婉、曰优游不迫者，比兴之极也，亦发挥风格之论者也。唐之作家，无虑二千馀人，取其精英，亦不过百数十辈。之百数十辈者，其作品则有飘逸、雄浑、浩瀚、横郁、沉秀、奇警、清拔、精深、悍刻、艳蒨、流丽、奥峭、孤敻之殊，而其大要所归，一天放之妙，一整融之功，一属自然，一隶工力而已。

盖尝论之，唐兴之初，作者多陈、隋旧人，未扫江左馀习。徐、庾宫艳，尚有罽罗，沈、宋仅创律体，未办大事。天生陈伯玉，卓复古风，诗坛根柢，倚以深固，而竟夭其天年，志事不就，非吾徒也。曲江张公，才茂体清，丰裁峻整，而规矩步骤，恨未及驰。及至李、杜，天才学力，两臻绝境。李白以陇西一布衣气高天下，逸满区中，其词电流云放、飙举海跃、绝足奔放，颇难待以羁勒，此自然派之圣而神者也。杜甫天赋奇庞，才调精迈，读书万卷，流离不偶，其胸中则稷、契之事，吐词则悲闵为多，故其传于后世者，豫章虬龙，不足为其奇矫；渴骥怒猊，不足状其横肆，而特耐吟哦，常以惊人为事，此工力派之圣而神者也。盛唐多才，王维、孟浩然、崔颢、王昌龄、储光羲、李颀，羽翼李翰林者也；高适、岑参、贾至、薛据、李邕、王翰，颉颃杜工部者也：皆隐隐合于二派。下此大历十子，卢纶为冠，吉中孚、韩翃、耿沣、钱起、司空曙、苗发、崔峒、夏侯审、李端辅之，风调均胜，格势则稍平弱。刘长卿与十才子中之钱起齐名，人称钱刘，长卿颇不乐，王元美亦谓钱意扬，刘意沉，钱调轻，刘调重，钱实不及刘，则钱毗自然，刘偏工力者也。中唐诗人顾况、韦应物、元稹、李绅、白居易、杨巨源皆自然派之杰；韩愈、孟郊、李贺、卢同、刘义，张工力派之军；柳宗元、刘禹锡、张籍、王建则徘徊二者之间。唐至晚叶，政紊俗乖，诗人转以旬锻月炼自励，故近体为之极工。贾岛、姚合之五言律，李商隐、韩偓之七言律，杜牧之七言绝，皆足为押阵殿后之选。诸人多近工力派。工力派尚有卓特之鲍溶、唐彦谦、司空图三人，则古近体悉工。鲍依韩门，唐师杜甫。司空著《诗品》，盖谷纂绍风雅力争正统者也。工力派之演长，远至马戴、薛能、许浑、赵嘏、周朴、张为、卢延让、陆龟蒙、皮日休、徐凝、方干、李频、曹松、李洞、贯休诸人，而直终唐之祚数为止，可谓盛矣。

夫自然与工力二派，风与格各有所长，随作者才性所近而成，非谓自然者即不必学力，工力者即不必天才也，皆略就偏倚而作成之耳。唐之初、盛，自然者比较居多，殆以当时功业为重，诗道不事竞胜，作者不主创获，故人心所向，声亦如之。至于中、晚，政紊俗舛，士大夫难以正轨策进，将恐无闻于后，不得不赖诗篇一为孤注。其志可悯，其事甚苦，然卒也作家诞生甚众，故不可不谓非工力派鏖战之凯旋也。然而二者之流弊，可共论焉。自然者易流于露率浅俗，故其流之演，至元、白而有“俗轻”之讥，罗隐、杜荀鹤有滥用俗语之嫌。工力者易陷于晦涩枯槁，无兴寄之病，故读同、贺、郊、岛之作者，悉有蜇齿攒眉之患。是均不能无偏长与独短也。

## 四、唐人诗师法渊源之推测

钟记室《诗品》善品诗，往往就作家之成名者推论其源出于某，某是渊源之谓也。杜子美诗云“转益多师是汝师”“佳句法如何”，是师法之谓也。师法贵近，渊源贵远。汉人经学皆承本师，授受分明，而汉儒贾谊、晁错不讳诵述神农、黄帝、颛顼、帝喾遗语，则渊源远矣。唐诗以前有国风，有汉魏，有齐梁，有陈隋，岂不尽为唐人渊源所自哉！宋秦观进论曰：“杜子美之于诗，实积众流之长，适当其时而已。昔苏武、李陵之诗长于高妙，曹植、刘公干之诗长于豪逸，陶潜、阮籍之诗长于冲澹，谢灵运、鲍昭之诗长于峻洁，徐陵、庾信之诗长于藻丽。于是子美穷高妙之格，极豪逸之气，包冲澹之趋，兼峻洁之姿，备藻丽之态，而诸家之作所不及焉。然不集诸家之长，子美亦不能独至于斯也。岂非适当其时故耶！”又孙仅《赠杜工部诗集序》以为：“杜甫之诗，支而为六家：孟郊得其气焰，张籍得其简丽，姚合得其清雅，贾岛得其奇僻，杜牧、薛能得其豪健，陆龟蒙得其赡博，虽得其奇偏，尚轩轩然自号一家。”以是观杜子美因渊源诸家而成大家，孟郊等人复师法杜甫而成名家，是知师法、渊源之不可废矣。杜甫从苏、李、建安诸子来，得曹植为多。李白宗风、骚及建安诸子，而颇与三谢、鲍昭为近。王绩、储光羲、王维、孟浩然、韦应物、柳宗元、白居易则从陶潜、谢灵运来。沈佺期、宋之问从颜延年、沈约来。上官仪、乔知之、崔国辅、权德舆、李群玉、韩偓、吴融从徐陵、庾信来。陈子昂，张九龄从古诗、建安诸子、阮籍来。刘希夷、王昌龄、沈云卿、宋少连皆由江总、薛道衡以接于何逊。张籍、王建、李贺、元稹、白居易为乐府诗，又从古乐府来。韩愈、孟郊、卢同、刘义从古歌谣、琴操、繇辞来。此唐人渊源推测之大概也。至唐贤师学本代者，则刘长卿、韩愈、孟郊、张籍、贾岛、刘禹锡、姚合、李商隐、杜牧、薛能、唐彦谦、鲍溶、司空图、陆龟蒙，师法杜甫者也。顾况、张碧、李群玉、罗隐、杜荀鹤、贯休，师法李白者也。张子容、皮日休，师法孟浩然者也。殷尧藩，师法韦应物者也。钱起、赵嘏、张祜，师法沈佺期、宋之问者也。李绅、李德裕、元稹，师法四杰者也。朱庆馀、陈标、任藩、章孝标、项斯，师法张籍者也。赵牧、刘光远，师法李贺者也。方干，师法徐凝者也。李频，师法姚合者也。李商隐、温庭筠时效法李贺。李洞、曹松、邵谒、喻凫、周贺、无可，则多取于贾岛，晚唐各小名家则多学许浑，陈无己诗所谓"穴俗师许浑"者是也。有唐一代渊源、师法，大概如是。

## 五、唐诗情景理趣之面面观

严羽论诗，极标妙悟，其所取于盛唐者，以不落议论、不涉道理、不事发露指陈，所谓玲珑透彻之悟也。此论出后，张之者尤主神韵之说。夫诗之上乘，专以情景混融、兴寄无迹者当之是也。然严羽固言诗之极致曰"入神"矣。诗而入神，至矣尽矣，蔑以加矣，入神未有不入韵者，惟论诗者况譬为难耳。但如标神悟，将情景理趣一切屏除不谈，则粗者无从得遇，精者何由得见，矧当弃粗而御精乎！唐诗中之李、杜，众人所推无上之主人翁也，则如杜诗"王侯与蝼蚁，同尽随丘墟。愿闻第一义，回向心地初"，非道理乎？"舜举十六相，身尊道何高。秦时用商鞅，法令如牛毛"，非议论乎？李诗如"安能摧眉折腰事权贵，使我不得开心颜"，杜诗如"竹叶于人既无分，菊花从此不须开"，非发露乎？又李如"一夫当关，万夫莫开。所守或匪亲，化为狼与豺"，杜如"炙手可热势绝伦，慎勿近前丞相嗔"，又岂非指陈乎？盛唐诗何渠不有议论道理、发露指陈存于其间乎？要在配合其情事何如而言之耳。

潘彦辅有言曰："唐诗大概主情，故多宽裕和动之音。"斯言是也。初唐四杰才藻缤纷，稍稍以词掩情。至曲江、燕公出，则如"爱礼谁为羊，恋主吾犹马""唯有报恩字，刻意长不灭""津亭拔心草，江路断肠猿"等，始悱恻动人矣。及天宝乱起，杜甫以奔走流离，饱尝艰苦，益以天性之厚，悲闵为怀，故言情之作，尤为杰出。其诗如"二悲"、《悲陈陶》《悲青坂》。"二哀"、《哀江头》《哀王孙》。"三吏"、《石壕吏》《新安吏》《潼关吏》。"三别"、《新婚别》《垂老别》《无家别》。《兵车》《北征》《述怀》《上水书怀》诸篇，皆言情之上选。他如鄜州望月、同谷负薪、羌村生还、骥子春忆、台州怀郑、得弟消息等篇，读之悉令人涕零。近人梁启超罗列其关于君国、生民、兄弟、妻子、朋友诸诗，综而论之，目为"情圣"。噫，洵诗圣之必为情圣也！太白善叙儿女子之情，《白头吟》回环曲折，荡气回肠，他作则以入世之情写出世之事，黄钟毁弃，莫邪未割，虽有烟霞缭绕飘翥天海，终疑其血情亢烈，积愤高嵯峨矣。他如王维《偶然作》及《别弟妹》、韦应物之《伤逝》与《送杨氏女子》、柳过元之《掩役夫张进骸》、元结之《舂陵行》、孟郊之《杏殇》、白居易之《琵琶行》、元稹之《遣悲怀》、张籍之《节妇吟》、韩偓《八月六日作》《伤乱》、李商隐之《哭刘蕡》，杜牧之《赠别》，下至私欢之作，如晁采，勾栏之词，如太原妓、刘采春等，莫不真挚悱恻，读之感动。唐诗之以情胜，有由然矣。

写景诗，有唐一代尤为当行。朱彝尊谓唐作者"多长于赋景"，是也。李杜之才大心细，写物态常能超出现量，如"斫却月中桂，清光应更多""铲却君山好，平铺湘水流"，已为胡仔《苕隐》所盛称矣。他如"山从人面起，云傍马头生""人烟寒橘柚，秋色老梧桐""片石寒青锦，疏杨挂绿丝""四更山吐月，残夜水明楼""暗飞萤自照，水宿鸟相呼""细雨鱼儿出，微风燕子斜""仰蜂粘落蕊，行蚁上枯梨"，莫不妙得物情，细大不捐。盛唐诸公识其大者，诗笔不专在写景。中、晚诸贤，乃颇于此出奇，如“雨中黄叶树，灯下白头人”“晓月过残垒，繁星宿故关”“孤灯寒照雨，湿竹暗浮烟”“远磬秋山里，清猿古木中”“过雨看松色，随[1]山到水源”“猿啼洞庭树，人在木兰舟”“汉口夕阳斜度鸟，洞庭春水远连天”“远天　蛛收残雨，映水鸬鹚近夕阳”“残星几点雁横塞，长笛一声人倚楼”“溪云初起日沉阁，山雨欲来风满楼”“闲阶雨过苔花润，小簟风来薤叶凉”“僧穿小桧才分影，鱼掷高荷渐有声”等，固美不胜收，然仅此一联出奇，并无佳篇，此其所以异于盛唐诸公也。更有写难状之景如在目前者“山童闻语未开门，绕篱野菜飞黄蝶”“鹅儿唼喋栀黄嘴，凤子轻盈腻粉腰”“忆得倡楼人送客，深红衫子影门旷”“两三条电欲为雨，七八个星犹在天”“云间闹铎骠驮去，雪里残骸虎拽来”“臂鹰健卒横氊帽，骑马佳人卷画衫”，皆可见其人之才思者也。而写景最杰出者，唐代惟推李贺昌谷一人。贺命一小奚，背古锦囊出游寻诗，遇有所得，即书小缣纸上投古锦囊中，暮于灯下足成之以为常。其人有鬼才，能作极冷隽、极幽美语，如“三十六宫土花碧”“卫娘发薄不胜梳”“楼台月明燕夜语”“秋坟鬼唱鲍家诗”，与王建之宫闱、元稹之妇人头鬓、张籍之时花美女、温李之金玉龙凤绮罗脂粉，皆异采奇色，绣错锦波。吐辞不同，惟美是归，是亦分路扬镳，城门一轨者也。

严沧浪论诗：“诗有别才，非关学也。诗有别趣，非关理也。”此支离之说也。夫人非静无以致学，非学无以广才，学与才实为一事，非二本也。趣者趋也，为人所趋向也，理犹路也，亦为人所趋向者也，然则趋在理之中矣。孔子与颜回论为邦，而曰：“行夏之时，乘殷之辂，服周之冕，乐则韶舞，放郑声，远佞人。”及闻曾点“风乎舞雩，浴乎沂，咏而归”之言，复叹曰：“吾与点也。”则圣人前理后趣，天趣之洋溢，非不衷于理矣。唐诗作理语者，初唐张九龄、陈子昂集中最多，如“草木有本心，何求美人折”“岂伊地气暖，自有岁寒心”“美服患人指，高名

① 随：底本作“看”，据《全唐诗》改。

逼时恶”，此曲江理语诗也；“骨肉且相薄，他人安得忠”“浮云不足贵，遵养晦时文”，此射洪理语诗也。遵养时晦，富贵于我如浮云，理语亦从经传来，则与谢客镕铸经文入诗相当，不得视为道德论。下此张说之《杂诗》、沈佺期之《被弹》、崔颢之《结定襄狱》、储光羲之《狱中贻友》、元结之《贼退示官吏》、王建之《励学》《求友》、孟郊之《湘弦怨》、贾岛之《辨士》《不欺》、姚合之《街西居》、鲍溶之《秋怀》、邵谒之《自叹》、陆龟蒙之《杂讽》，岂非优入理窟之诗哉？晚唐人刘驾《邻女》诗云：“君嫌邻女丑，取妇他乡县。料嫁与君人，亦为邻所贱。菖蒲花可贵，只为人难见。”理语如此，又何妨耶！趣语者，风趣流宕，而不存严肃之理致者也。老杜诗人推为严肃之宗，然如“瘦妻面复光，痴女头自栉。学母无不为，晓妆随手抹。移时施朱铅，狼籍画眉阔”，此趣语也。“小儿强解事，故索苦李餐”“使君自有妇，莫学野鸳鸯”“片云头上黑，应是雨催诗”“仰面贪看鸟，回头错应人”“眼前无俗物，多病也身轻”“公然抱茅入林去，忍能对面为盗贼”“孔雀未知牛有角，渴饮寒泉逢牴触”，皆趣语趣极。此老胸中自有鱼跃鸢飞之致，非天机清妙寡嗜欲者，不易办也。太白天趣洋溢，歌行中颇多趣句，而《嘲杜甫》《赠汪伦》二绝，皆随手拈来者，口吻宛然如新。中唐白居易以平正而通趣，“上天入地求之遍，两处茫茫皆不见”“座中泣下谁最多，江州司马青衫湿”，所叙皆非事实，诗趣所至，不得不如此写。更如裴度索歌妓，以诗答之曰：“不辞便送西山去，临老无人与唱歌。”终是不肯与，偏说得有趣，人不能怒也。卢同以怪谲而生趣，如《示添丁》云：“数日不食强强行，何忍索我抱看满树花。”《寄男抱孙》云：“一百放一下，打汝九十九。”《自咏》云：“蚊虻当家口，草石是情亲。”《村醉》云：“昨夜村饮归，连倒三四五。摩挲青莓苔，莫嗔惊着汝。”则天趣之极，怪而有理，所谓大人者，不失其赤子之心者也。贾岛一生苦吟，于兹事恐无所解，然如“共君今夜不须睡，未到晓钟犹是春”，亦语淡而趣矣。

## 六、唐诗优绌两方之观察

世间万事万物，决不两大。凡有进于前者，必有滞于后；有优于此者，必有绌于彼。观者见其然，昧者或执着而遽加判焉，此其所以蔽也。灵智硕美之人，昔日草昧混沌之物也。鸟兽同群，榛莽以栖，无割烹、构架、缝纫、乘驾之福，试一征今日，则珍羞罗前，杰阁入云。章身则裘葛绮縠，出门则车水马龙，岂非才智之进步十百千万倍于昔日乎？是诚然也。然而嗜欲焚身、衽席生变、权利杀人、樽俎失色，阽危之事，日层出而不穷。抱出世之想者，乃欲返诸上皇之时，乐夫无怀、葛天之老死而不相往来。如此人者，夫岂丧心病狂者哉？直以物质之幸福日晋，而自然之美运日剥，诚欲为复古之计，但末由实现耳。准是以论诗道，亦何尝不然？唐虞、夏商之歌谣，其原始也。成周、列国之三百篇，其上古也。汉魏六朝，其中古也。唐宋以来，其近古也。三百篇之作，视古歌谣为有章句矣。汉魏六朝，视三百篇为有波澜声采矣。至于有唐，则情韵意理、格律声色，靡不备矣。此其艺术之优进，盖可断言。而诞者乃欲穷高古之格，探真淳之意，仆宋废唐，挤排六朝，倾覆汉魏，而期于出风入雅。其人固古狂之流，其志则复古为事。吾人岂不欲其成功，顾如明之李梦阳辈，乃竟以折膑断脰残废闻于世。噫，其故岂不以复弥远之古，背艺术之进步，不自量其力弱而思曳之反走耶！恶冠裳之炫熿都丽，尽裂毁之，则有伤于寒；厌珍羞之肥醲粘腻，尽屏却之，则有伤于饥，无已。其亦"衣锦尚絅"，临祭而取太羹玄酒乎？故杜甫之为诗也，汉魏乐府存者，虽一首而不敢效拟；王、杨、卢、骆，其人未远，而推为江河万古之长流。彼盖见时代之不可凌越，艺术发展程序之未可背弃，非所重者在此，而所轻者在彼也。有唐一代之诗，艺术实较已往为优，自然之天璞，则亦凿坏，无可讳言者。至其优绌两方之评骘，乃在其本身。所谓三百年之中，二千馀作家以内，同负其责者也。

唐诗之优处为吾人所共见者，词采之富艳而可踪迹，风调之清和而不觳尽，音韵之流美而不蜇涩，格律之整严而不拘挛乎！三河少年，衣服丽都，时花美女，妆点出尘，其词采之归乎！苍松翠柏、朱霞白鹤，俱怡耳目，并留情致，其风调之归乎！松鸣屋上，乐起广庭，沨沨弥大，愔愔如弦，其音韵之归乎！萧何作律，陈汤断狱，良工骋巧，悉范驰驱，其格律之归乎！至如气味深长，神理完惬，则数家之独到，不必论于众工者也。

唐诗之绌处，其类亦有四：一，诗料之通性太甚；二，酬应之篇什太多；三，咏物之庸滥可厌；四，观感之态度一致是也。何言乎诗料之通性太甚也？诗人藉星云花鸟、风雪月露以发兴寄情久矣。如唐人者，仰此以缀篇章者极众，似天地间无此清料，则吾诗可以不作者。不仅此也，如酒债、鹤粮、琴价、棋局，移花、补竹、买松、寻药诸类，则又清料之外，益以雅事。夫诗人之笔端，长有此等事料回旋缠绕于其间，其真性情、真比兴汩没韬隐者何限。所谓以心役物，以物役诗，其结果且清常为累，雅常为庸，又何益乎？中、晚作家如姚合、喻凫、刘得仁、皮日休、陆龟蒙、杜荀鹤等，皆多支取此种清料与雅事者也。何言乎酬应之篇什太多也？杜公以诗中圣手，平生凡一识之朋友，一饭之因缘，必见于诗。此虽其累，然杜公情挚才大，都能力浮诗外，绝去东笼庋架之迹。苟性情才力不及杜公者，其流弊岂可胜言。况唐世以诗干谒之风极盛，一口揄扬，众士刮目；进贤爵官，或在诗名。考唐自贞元以后，藩镇富强，其所辟召，能致通显。一时游客词人，往往挟其所能，或行卷贽通，或上章陈颂，而干旄之吏，不能分别黑白，随意优礼，故剽窃云扰，谄谀泉涌，取办俄顷以为捷，使事饾饤以为工。诗道之坏，酬应坐之。又如钱起、郎士元负盛名于大历间也，自丞相以下出使作牧于外者，如不得钱、郎赠诗送行，士论鄙之。杨敬之《赠项斯》诗："平生不解藏人善，到处逢人说项斯。"则曹邱生之为季布者，亦不能过是矣。酬应之极，更有次韵一途。其法不古，元和以前，未之见也。洎令狐楚、薛能、元稹、白居易集中始有之。皮日休游太湖作诗十馀首，陆龟蒙时未从游，亦和十馀首；陆龟蒙制《渔具诗》十五首，皮日休未见渔具，竟和十五首。则如空谷有声，随响即答。因韵造文，啼笑皆非。如此以诗滥为家常之酬酢品者，乌睹其不穷哉？何言乎咏物之庸滥可厌也？诗至咏物，已落赋景之后。其役心力而难见好甚明。唐人如鹧鸪、孤雁、牡丹之咏，尽有闻名者，然实其人一时之偶作，固非全集之精采。薛能诗笔尚豪，以杜子美客蜀无海棠诗，遂为补作若干，亦徒见其堕咏物刻划之陋习耳。他如李峤，自日、月、星、风至熊、兔、羊、鹿，为咏多至百二十首。上天下地、飞潜动植，莫不滥包。陆龟蒙为《渔具诗》十五首，鸣榔箊沪、网罩罛簃，等于考古，盖几堕入恶道矣，尚何论哉！何言乎观感态度之一致也？唐人最喜为之诗题，如《出塞》《塞上》《塞下曲》《古别离》《长门怨》《长信宫》《铜雀台》《婕妤怨》《明妃怨》《妾薄命》《春闺》《秋闺》等，其命意不过述征战之苦与美人、淑妃、贤嫒之不遇。其观感总在正面，绝少翻案之作。如施肩吾《古别离》之“惟恐征战不还乡，母化为鬼妻为孀”，戎昱《古别离》之“知子远从军，何处无良人”[①]，崔国辅《明妃怨》之“为妾传信斩画师”[②]，李端《长门怨》之“从来闭在长门者，必是宫中第一人”[③]等，皆直拙无馀味，令人殊不欲多读。至如当花对酒、春去秋来、日月迁逝、节物流连，其观感亦过多一致。夫聆新蝉而惕夏，观落叶以悼秋，闻哀雁而念羁旅，对清酒而悲迟暮，诗人于此连情发藻，始欲愁矣。昔人谓“欢娱之词难工，愁苦之音易好”，又如诗句“一著清愁，便不痴肥”，固有然矣。然如唐人之“年年岁岁花相似，岁岁年年人不同”“去年高枝犹压地，今年低枝已憔悴”“有歌有舞须早为，昨日健于今日时”“谁家有酒判一醉，万事从他江水流”“愁人夜永不得眠，瑶井玉绳相向晓”诸类者过多。一人集中，观感过于一致者，则如白居易

---

① 编者按：此诗见《全唐诗》，作者为于渍，作“知子去从军，何处无良人”。

② 编者按：此为崔国辅《王昭君》诗，见《全唐诗》，句作“为妾传书斩画师”。

③ 编者按：此为李端《妾薄命》诗句，见《全唐诗》。

诗，十占七八，皆恐衰老之将至，美及时而行乐。读其一首，正可统概十百首也。近人有谓征战一事，唐诗全部只写其苦，虽杜子美犹然。惟宋之陆务观则反写从军之乐，亦诗人中之杰出者也。其说亦以有唐诗人观感之态度过于一致也。

## 七、唐诗之开宋派

唐诗后之有宋诗，其前贤畏后生之类乎？意境之高耸、理致之深至、风调之清隽、格律之严肃、句法之秀劲、篇幅之精工，非仅抗颜于唐，亦且差过之矣。宋之刘克庄、明之方孝儒，均极主后之有胜于前。盖自艺术上观之，宋诗视唐实由粗而细，由简而密，由肤廓汗漫而鞭辟入里，由狄成涤滥而清深隽上，诚不可不谓之进步也。然亦知宋诗之出于唐诗，而唐人固已授与启迪之钥乎？引绳而绝，其绝必有处；溯河而上，其源乃至昆仑。吾人于此，可恍然悟文章之承递变演，其成也有自来矣。

唐诗之开启宋派者，多为白体、昆体、晚唐体，而最著者为杜甫之诗。杜公之诗，支而为六家，见前孙仅之论。实则奚翅六家，大历之后，无不受其影响。即就近体诗五律一种观之，已可见其梗概。如“吏人桥外少，秋水席边多”，此钱起也；“小市常争米，孤城早闭门”，此刘长卿也；“湛湛长江去，冥冥细雨来”，此韦应物也；“宽心应是酒，遣兴莫过诗”，此白居易也；“雨荒深院菊，霜倒半池莲”，此韩愈也；“开门野鼠走，散帙壁鱼干”，此卢同也；“野花留宝靥，蔓草见罗裙”，此李贺也；“石泉流暗壁，草露滴秋根”，此贾岛也；“圆荷浮小叶，细麦落轻花”，此张籍也；“检书烧烛短，把剑引杯长”，此司空图也；“屏开金孔雀，褥隐绣芙蓉”，此李商隐也；“地坼江帆隐，天清木叶闻”，此周朴也。

杜公既开当代作家，当然复开宋派。故如“病中吾见弟，书到汝为人”“世人皆欲杀，吾意独怜才”“诗应有神助，吾得及春游”“拭泪沾襟血，梳头满面丝”；七言如“落花游丝白日静，鸣鸠乳燕青春深”“一双白鱼不受钓，三寸黄柑犹自青”“承家节操尚不泯，为政风流今在兹”“叶心朱实看时落，阶面青苔先自生”“莫思身外无穷事，且尽生前有限杯”“顾我老非题柱客，知君才是济川功”“幸不折来伤岁暮，若为看去乱乡愁”等，皆生涩瘦硬，宋贤所师，江西派之所自出也。杜甫之外，如王维之“以此为良策，劝君归旧庐”“畅以沙际鹤，兼之云外山”，孟浩然之“兴来林是竹，归卧谷名愚”“照水空自爱，折花将遗谁”“以吾一日长，念汝聚星稀”。

张籍之“开门起无力，遥爱鸡犬行”“此地动归思，逢人方[1]倦游”“春桥欲醉攀花别，野路闲吟触雨行”，王建之“暖手揉双目，看书引四肢”“一向破除愁不尽，百方回避老须来”，李益之“事去千年犹恨速，愁来一日即为长”，姚合之“庄僻难寻路，官闲易出城”“月光久逾明，照得笔墨白”“草色无穷处，虫声少尽时”，贾岛之“步随青山影，坐学白塔骨”“野鼠独偷高树果，前山渐见短禾苗”，刘禹锡之“每行经旧处，却想似前身”“沉舟侧畔千帆过，病树前头万木春”“芳魂虽死人不怕，蔓草逢春花自开”，李商隐之“浮世本来多聚散，红蕖何时亦离披”“求之流辈岂易得，行矣关山方独吟”，卢延让之“两三条电欲为雨，七八个星犹在天”“高僧解语牙无水，老鹤能飞骨有风”，唐彦谦之“万事渐销闲客梦，一年虚白少年头”“天涯已是销魂别，楼上宁无拥鼻吟”，李洞之“河桥吹角冻，岳月卷旗圆”“眉毫别后长应尺，岩木居来定几围”，罗邺之“窗前灯在犬惊吠，溪上月沉人罢舂”“马上多于在家日，尊前堪惜少年时”，罗隐之“洛阳贾谊自无命，少陵杜甫兼有文”“只知事逐眼前去，不觉老从头上来”，许浑之“刘伶台下稻花晚，韩信庙前枫叶秋”“残花几日小斋闭，大笑一声幽抱开”，吴融之“吾道不行归始是，世情如此住应难”“独卧空床好天气，平生闲事到心中”，杜荀鹤之“举世尽从愁里老，谁人肯向死前闲[2]”“闭户十年专笔砚，仰天无语

① 方：底本作“多”，据《唐诗通论》及《全唐诗》改。

② 闲：底本作“休”，据《唐诗通论》及《全唐诗》卷692改。

认梯媒”，置之宋人集中，可乱楮叶。曾治宋诗者，一见当如遇故人也。

## 八、初唐诗评

初唐诗承陈、隋之后，风气渐转，而骨格未完。齐梁秾艳，尚有沾濡，排比之迹，盖未全脱。虽有一二作家卓然树复古之概模，然皆弯弓盘马，衔勒未行，特真气内蕴，蔚为唐诗一代孕育期耳。唐兴之初，作者以旧人而入新朝，佐治理及筦秘要者，颇不乏人。大约均长于制诰、简牍，诗篇之创作甚少。如陈叔达、袁朗、孔绍安、虞世南辈所作极寡，且不具初唐面目。惟太原王绩以酒德自晦，诗篇颇有高朴之致，《古意》六首、《山中叙志》《初春》《过酒家》诸作，尤为真淳；《野望》一首，五律之圭臬；《田家》三首，储太祝之准则也。

武德而后，魏征《述怀》绰有古风。贞观、永徽际，上官仪以两朝文字眷顾之隆，纡辔咏诗，群公望若神仙。其诗尚沿徐、庾宫体，婉媚动人，《画障》之作，其李商隐、李群玉、温庭筠辈所自昉乎？而诗有“八对”，发之寸心，殆亦沈、宋律诗所自用心者也。王、杨、卢、骆，四杰挺生，藻绘缤纷，竞爽一时，妙能行气，遂成流美之词。四杰中昇之第一，宾王第二。盈川赡整之中，尤有豪态。子安高华，略窘边幅，然五律固甚工也。昇之、宾王，富绮酣肆，千言不穷，其五七言互用换韵，如《长安古意》《帝京》《畴昔》《艳情》等，开诗中杂言一体，实可为盛时鼓吹、膏馥百代者也。

久视间，沈佺期、宋之问继起，回忌声病，文加靡丽，人誉之云：“苏、李居前，沈、宋比肩。”盖谓诗坛功烈，比之汉之苏武、李陵，此唐诗自成唐调之大转纽也。沈如“人疑天上坐，鱼似镜中悬”“雁塔风霜古，龙池岁月深”“燕来红壁语，莺向绿窗啼”“皓月掩兰室，光风虚蕙楼”，宋如“风来花自舞，春入鸟能言”“望水知柔性，看山欲断魂”“林暗交枫叶，园香覆橘花”“青林暗换叶，红蕊续开花”等，莫不妃俪精妙，纤秾合度，律诗之成，洵可书矣。

长安、神龙、景龙之间，尚有元万顷、员半千、阎朝隐、苏味道、李峤、崔融、郭震、徐彦伯、崔湜、杜审言、陈子昂、富嘉谟、吴少微、乔知之、刘希夷等，同鸣一时。苏、李、崔、杜，号为“文章四友”，富、吴则号“富吴体”，皆初唐之成家者。而陈子昂最为卓出，雄直宏丽，可与复古，天下号为“海内文宗”。其诗以兴寄为高，一扫四杰、沈宋以来俪偶靡丽之习，不独于初唐中树立概模而已也。李峤《汾阴行》，玄宗叹为真才子，篇末四句结出全篇意旨，又开七绝风神。杜审言雅自矜诞，七言诗篇气象阔大，五言如《妾薄命》《和晋陵陆丞》《早春游望》《过义阳公主山池》，实亦当时五律之至者也。他如郭震之《宝剑篇》、崔湜之《元夜诗》、刘希夷之《白头吟》、乔知之之《绿珠篇》，皆负誉于当时焉。

## 九、盛唐诗评

开元、天宝下至永泰之间，为有唐作者极盛之时。曲江、燕、许，亦初亦盛；而李、杜、二王、孟、李、高、岑、二崔、常、储、元、贾、祖、綦毋等，实钟吕击撞，蔚为盛唐之盛者也。

张九龄诗清而能腴，理而善感，气味深长，浮华尽落。《感遇》《在郡秋怀》《登郡城南楼》《咏史》《秋晚登楼》诸诗，清如冰壶见底，而为人崇奖风雅。尝书王湾“海日生残夜，江春入旧年”一联于郡斋厅事，以为作诗楷式。是知千秋金鉴之外，复著五字阳秋矣。张说诗辞气清壮，人称其谪岳州后尤凄惋得江山之助。其诗如“抱薰心常焦，举旆心常摇”“不作边城将，谁知恩遇深”“唯有报恩字，刻意长不灭”“津亭拔心草，江路断肠猿”“独怜半死心，尚有寒松直”诸语，读之诚然。燕公一生于君臣朋友大义甚笃，殊不少忠爱悃款之旨也。

曲江、燕公，盛唐之先驱，初唐之殿后，盛唐面目，固未甚备也。及杜甫出，则浩荡浑深，处处皆到，始病沈宋之不存兴寄，而讶子昂之未暇旁骛矣。杜甫秉天纵之奇才，极惊人之能事。其五古颇不似射洪、曲江专有冲劲清夷之致，乃更恢宏而广丽之，大则千言，少亦数百。其抉情指事，顿挫拗宕之处，读者莫不得尽其情，虽李白尚不能望其藩篱，馀子更何足论。盖此体自杜公始开唐调，太白犹为摹古，未自开生面者也。七言歌行，王世贞以为诵之使人慷慨激烈、歔欷欲绝者，皆奇拔沉雄之归。良以杜公歌行多以古文笔法为之，故其气骨苍劲，造语横绝，同时除太白外，无敢近之者。王闿运乃以李颀高出杜公，实则东川诗笔能豪而不能深，能雄直而不能　曲，尚在杜公堂庑下也。至如五七言律诗，则又杜公绝技，悲壮雄浑，千古一人，不仅压倒三百年作者。即论其绝句，亦惟一独有之面目，他人则悉多平调，此独戛戛独造，惜其源不从乐府出，以此逊太白一筹。则杜诗者，于体实无所不备，且常主文章之通神论"诗兴不无神""下笔有如神""诗应有神助""文章有神交有道"，实超出一切诗家艺术之上。人以其善叙时事，律切精深，至千言不少衰，号为"诗史"。实则晚唐宣宗、文宗之时，始有"诗史"之目，一则因"急宜相就饮一斗，恰有三百青铜钱"之述酒价，一则因"江头宫殿锁千门"之记宫室。彼时为人主者，欲借诗人成句以兴复土木；为人臣者，欲拈诗人成句以捷给塞问而已，非真尊为"诗史"也。《新唐书》乃掎摭细说，遂尊杜公为"诗史"，而不知"诗史"距"诗圣"尊号甚远。诗惟称圣，温柔敦厚，兴观群怨，始有意义与其价值；若史则纪事、纪言者耳，乌足贵乎！杨万里《江西宗派图序》又尊杜甫为有诗来第一之大诗阀，更可笑矣。

李白天姿绝人，豪气盖世。读其诗者，常觉其欲平揖鲁连，比肩严光，功成不受赏，高尚其事，故为诗不耐拘束，不过藉此欲舒泄胸中奇气而已。人多拟之为"诗仙"，吾尝喻之为"诗侠"。见拙著《彰明谒李翰林祠记》。其诗独具乐府之神味，《蜀道难》《白头吟》《梦游天姥吟》《庐山谣》等篇，凌轹造化，融注髓理，虽杜子美亦不能为也。五古仍学古诗十九首、汉乐府；五律取谢朓神理，写宣城山水，尤肖小谢古诗；七绝则风神俊逸，为唐乐府奠定丕基；惟七律脱洒有馀，沉雄不足，则尚非开硬弓手段耳。然亦不能以此与杜甫为优劣之论也。

王维诗篇精致，得之陶、谢，置于李、杜之间，泰然不愧。五古诸作，自然高妙，七古波澜涌潏，雄秀间出；五律尤右丞绝技，唐调于是集大成；五七言绝句，则"红豆""阳关"，梨园、旗亭，传唱殆遍，摩诘盖得诗道之全者也。孟浩然洗庸削近，超神出凡，气象清远，秀采内映，五言律诗与右丞对垒，号曰"王孟"，唐贤冠冕。王如"月迥藏珠斗，云消出绛河"，何减魏文帝之"丹霞夹明月，华星出云间"；"洒空深巷静，积素广庭间"，何异陶潜之"倾耳无希声，在目皓已洁"；"树色分扬子，潮声满富春"，何殊谢朓之"天际识归舟，云中辨江树"；"大漠孤烟直，长河落日圆"，转胜于庾信之"半城斜出树，长林直枕河"；"泉声咽危石，日色冷青松"，何遽不若谢客之"白云抱幽石，绿筱媚清涟"；"山中一夜雨，树杪百重泉"，似犹突过于沈约之"千仞写乔树，百丈见游鳞"。孟如"微云澹河汉，疏雨滴梧桐"，足比萧懿之"芙蓉露下落，杨柳月中疏"；"气蒸云梦泽，波撼岳阳城"，当胜王融之"日霁沙屿明，风动甘泉竹"；"荷风送香气，竹露滴清响"，远胜谢朓之"露湿寒潭草，月映清淮流"；"木落雁南渡，北风江上寒"，似转优于鲍照之"木落江渡寒，雁还风送秋"。凡此皆融铸八代，自表唐风者也。

王昌龄，王、孟之友，风神俊爽，厕其间亦不愧。如"手携双鲤鱼，目送千里雁""暗觉海风度，萧萧闻雁飞""千里其如何，微风吹兰杜"，绰有神韵，诵之令人肌骨轻缓。李颀五言亦有逸致，但不及其七古集四杰、李、杜诸家之长，神乎其技耳。高适五古颇疏爽，不窘篇幅，七言歌行如《古大梁行》《燕歌行》《春酒行》《邯郸少年行》《还山吟》等，深得乐府遗意，雄出当世；五七律绝，亦复风调遒美，诗才所得亦全，盖大器晚成者也。岑参五言诗笔生健，如"马走碎石中，四蹄皆血流""春景透高戟，江云彗长麾""江云入袈裟，山月吐绳床"，下开孟郊、贾岛。至七言歌行，更挟有边塞之气，颇能以散杂整，以气驭辞，豪而不粗，丽而能壮，盖自成一家者也。崔颢诗饶有古乐府意，如《孟门行》之古拙，《渭城少年》《卢姬篇》之流丽，《江畔老人愁》《邯郸宫人怨》之感慨，《代闺人答轻薄少年》之流美，皆极见长。七律诗《黄鹤楼》一首，太白心折，乃得运古入律之妙，与沈佺期《独不见》先后媲美。古诗化之律诗，如运碑版笔意于行楷之中，固可喜也。崔国辅雅自善于闺帏之作，如《古意》《襄阳曲》《怨诗》《丽人曲》等，皆艳静媚婉，为温、李、冬郎所取法。常建《古意》四首，卓然子昂、子寿之遗。储光羲诗善写田家，形似陶公，若无寄托，五七言绝句亦婉好。元结诗句如古鼎彝，朴重不华，喜为民间疾苦之辞，实古诗人之托讽，杜甫称其可为天地万物吐气者也。贾至诗如《寓言》二首，以思妇之词，为君国之忧，甚合比兴，七律亦佳。祖咏、綦毋潜诗，秀骨珊珊，大历之风，启于是矣。此外如刘昚虚之《阙题》，王之涣之"黄河远上"、丘为之《西山隐者》、郑虔之《闺情》、王湾之《江南意》，皆振采于当时，而他诗不多见，故不备论云。

## 十、中唐诗评

唐诗自大历至太和，论者列为中唐，以为视盛诗为稍衰焉。虽然，宋祁《新唐书》论诗，惟取杜甫、李白、元稹、白居易、刘禹锡五家，五家之中，盛唐占二，中唐占三，则中唐所以为唐诗者，不綦重乎！更如韦、柳之五言，简淡高秀，直摩陶、谢之垒；韩、孟之古诗，沉雄矫拔，俨抗颜于李、杜，岂时代所可范围？次如李贺、卢同之别具炉锤，张籍、王建之绰有新声，贾岛、姚合之奇僻瘦硬，又岂非一时之杰哉？故论中唐之诗，举其荦荦大者言之，则人才之盛，殊不让于盛唐，而下视晚唐之徒有佳句而无完篇者，大有淳漓之判焉。

大历之初，盛唐之诗才未替，十才子之兴鼎盛是时。十才子之目，传者不同。《唐书·文艺传》及元辛文房《唐才子传》列为：卢纶、吉中孚、韩翃、钱起、郎士元、司空曙、苗发、崔峒、耿沣、夏侯审十人。江邻几则以卢纶、吉中孚、皇甫曾、钱起、司空曙、苗发、李益、耿沣、李嘉祐、李端、郎士元十一人当之。严羽则又以冷朝阳其人尚在十才子之中。明王元美以韩翃在当时颇有盛名，十才子中不应有皇甫曾而无韩翃，如有皇甫曾，则皇甫曾、皇甫冉兄弟齐名，不应独列其一。愚以钱起与郎士元齐名，故当时有"前有沈、宋，后有钱、郎"之语，则有钱必当有郎，不当独有钱。此可知才子云者，殆后人推亿之辞，不足为定论也。十才子中，以台阁关系论，当以钱起为第一，盖起于天宝十年登进士，《省试湘灵鼓瑟》中式有名。其诗人谓足继王维，所谓“右丞没后，员外为雄”。盖以张说、苏颋、李峤、苏味道、崔融、杜审言直至王维，悉因诗篇供奉人主，扈从游宴，应制作诗，而钱起复继为文章侍从之臣耳。钱诗虽清雅有名，然才清而薄，十篇之外，便无深致。郎士元诗虽不多，而源于康乐，似尚有可观也。韩翃则以“春城无处不飞花”获知制诰，卢纶则以和德宗诗得附言官。《唐才子传》以纶为大历之冠，又以宪宗复爱其诗篇，求其遗编也。李端之诗，见重卢纶，曾于升平公主夫郭暧驸马席间赋诗，得百缣之赏，折服钱起。就诗论诗，端诗固在起诗上也。李益、李贺，在中唐时可称“二李”。李益登大历四年进士，自负才地，多所凌忽，贞元之末，与李贺齐名，应不在十才子之列。其诗被于伶官，施之图画。每出一篇，教坊乐人以赂求取，唱为供奉，王维、高适传唱之诗，不能过也。皇甫冉自擢礼闱，避地江外，每文章一到朝廷，作者为之变色，颇似康乐之谪永嘉，文章为朝士所重也。其弟曾亦工篇什，人以比晋孟阳、景阳、二张云。

十子之诗所可论列如是，同时不在十子之列者，如李嘉祐胎息六朝风格，于大历清雅中更臻冲秀，如“野渡花争发，春塘水乱流”“朝霞晴作雨，湿气晚生寒”“野棠自发空流水，江燕初归不见人”“芳草伴人还易老，落花随水亦东流”诸诗，如青苔红叶，濯于时雨，自然秀色可爱，此为大历诸子所不能到者。集中又有“水田飞白鹭，夏木啭黄鹂”，视王右丞“漠漠水田飞白鹭，阴阴夏木啭黄鹂”节去四字，愚尝以为言水田则漠漠自见，言夏木则阴阴可知，此盖有意改前人作者。如韦应物诗“春潮带雨晚来急，野渡无人舟自横”，宋寇莱公改作“野水无人渡，孤舟尽日横”，转更夷犹。李嘉祐诗诣如此，真可轶越中唐，出人头地矣。此时又有一刘长卿者，被人强拉与钱起作耦，号曰“钱刘”，钱起不足敌手李端，岂当更望比肩刘长卿乎！王世贞《全唐诗说》云：“钱、刘并称，钱似不及刘。钱意扬，刘意沉；钱调轻，刘调重。

如‘轻寒不入宫中树，佳气常浮仗外峰’，是钱最得意句，然上句秀而过巧，下句宽而不称。刘结语：‘匹马翩翩春草绿，邵陵西去猎平原。’何等风调。‘家散万金酬士死，身留一剑答君恩’，自是壮语，钱不能及也。”

此外，韦应物、顾况与前叙之李嘉祐、刘长卿可合称“中唐四杰”。盖不受大历文风皋牢者。苏州诗意味澄敻，穆然澹远，视王右丞精工不及而弥松秀，视孟襄阳神韵不足而有理致，如“乔木生夏凉，流云吐华月”“微雨霭芳原，春鸠鸣何处”“冥冥花正开，飏飏燕新乳”“归棹洛阳人，残钟广陵树”，唐调之极佳者，大历岂办此乎？逋翁诗专学李翰林，才人大胆，尤于七古歌行中屡见之，如“此是天上老鸦鸣，人间老鸦无此声”“珊瑚几节敌流星，红肌拂拂酒光狞”“美人二八面如花，泣向春风畏花落”“指剥葱，腕削玉，饶盐饶酱五味足”“胡曲汉曲声皆好，弹著曲髓曲肝脑”，可谓奇语独创，在大历中皆豪杰之士矣。

大历以蒙天宝丧乱，诗道同衰，既如上述。迨兴元以后，则叛乱悉平，天下渐还开元之象，文字遂复兴于世，是成为元和、长庆之诗。元和、长庆之间，作者辈出，烂如云锦。其间最沉雄而博大者，则为昌黎韩愈，为之羽翼而张其军者，则如李贺、卢同、孟郊、鲍溶、张籍、王建、贾岛、姚合，其著者也。而当时尚有两大派为异于韩门者，即白居易、元稹、李绅、杨巨源、权德舆、殷尧藩以善长乐府，与柳宗元、刘禹锡、皇甫湜以善长古文而为诗是也。

韩退之学力天才绝人，其诗最有雄直之气，论者谓可直继杜甫，谓之杜、韩。《南山诗》摹杜《北征》，笔力绝横；《秋怀》摹拟选体，《琴操》摹拟《古琴歌》，皆可乱真。至其七言歌行，浩荡汪濊，如流赴海，决荡排击，莫不尽致，则自得之趣为多，而且诗律遒健，视杜诗有过之无不及，如《嗟哉董生行》《山石》《衡岳》《八月十五赠张功曹》《李花》《杏花》《感春》《寒食日出游》《寄卢同》《醉留东野》《石鼓歌》《听颖师弹琴》等，皆名篇也。

李贺长吉，诡秀奇辟，乐府中独开一派。其诗掏擢肾胃，造意务与人不同，琢句务与俗远，单辞片语，千气万力，惟不衷于理，使稍加理致，虽不能奴仆命骚，宋玉、景差不得与之争矣。其诗春气甚少，冷僻不完，《巴童答》之“非君唱乐府，谁识是秋深”，盖自负又自审也。玉川子奇诡生撰，视李长吉尤甚。《月蚀诗》为唐诗中长篇第一，奇创之至，王元美嗤为怪俗，《与马异结交》及竹、石、虾蟆请答，虚诡诞妄，不可端倪，无理之至，直是缴绕文义而已。然如《示添丁》《寄男抱孙》，则王褒《僮约》，为文不是过。《龟》《梳》诸铭，足可使退之阁笔，亦异才也。

孟东野诗甚为昌黎所推服，谓为受才雄骜，比之窅默咸池之音，喻其高古非人间语也。东野诗骨高寒，诗情生峭，措辞如古谣谚，如格言，如谳辞，如蝌斗文，如鸟虫书，如流沙坠简，在我国诗中只可有一，不可有二。集中若“君子芳桂性，春荣冬更繁。小人槿花心，朝在夕不存”“弦贞五条音，松直百尺心。贞弦含古风，直松凌高岑”“白日无定影，秋江无定波。人无百年寿，百年复如何”“良玉烧不热，直竹文不颇”“太行耸巍峨，是天产不平。黄河奔浊浪，是天生不清”“寒者愿为蛾，烧死彼华膏”“冷露滴梦破，峭风梳骨寒。席上印病文，肠中转愁盘”“棘枝风哭酸，桐叶霜颜高。老虫干铁鸣，惊兽孤玉咆”“镜破不改光，兰死不改香”，莫不钩章棘句，很辣怵目，令人读之寡欢。《溪行》《峡哀》《杏殇》三制，尤如鲛人泣珠，寒蟾嗽月，怪鹏鸣巢，凄蛩吊壁，诚不知天地间乃有如此文字也。鲍德源专学老杜，古诗、乐府堪称独步；七律迈朗恢宏，虽韩退之不能为。集中有《上韩愈》《留别孟郊》《怀李正封》诗，固以隶属韩门为宜也。张文昌诗多新警，乐府如“还君明珠双泪垂，恨不相逢未嫁时”，《节妇吟》。“白日在天光在地，君今那得长相弃”，《吴宫怨》。“几时断得城南陌，勿使居人有行役”，《远别离》。“愿为玉銮系华轼，终日有声在君侧”《车遥遥》。等，新声旧曲，莫不切挚。他诗如“青山无限路，白首不归人”“移床动栖鹤，停烛聚飞虫”“长贫唯要健，渐老不禁愁”“家贫常畏客，身老转怜儿”，皆学杜而出以新意者，惜才力稍弱耳。王仲初诗更新绮，比张籍尤少平调，乐府诗与张不能轩轾；至七绝与宫词，尤仲初之绝技，于中唐自成一家者也。贾浪仙诗笔深刻，奇僻独到，然而幽堙沉闷，全无开阖，《哭柏岩和尚》诗“写留行道影，焚却坐禅身”，全从祖咏“苔侵行道席，云湿坐禅衣”学来，有何佳处？“独行潭底影，数息树边身”，本不如杜诗“力稀经树歇，老困拨书眠”之自然近情，何至云“二句三年得，一吟双泪流”乎？人称“郊寒岛瘦”，岛本非郊俦，特五言律诗极精炼瘦崛可喜耳。姚武功以五律勤写武功山水，然姚合诗得之平易，与贾岛得之艰崛者不同。人称“姚贾”，正当分别。总之，姚贾诗清仄之极，篇幅不完，处处表现力尽气竭，难乎其为中唐矣。

元和体以韩昌黎诸公为主，长庆体即以白居易、元稹为主。长庆初，元微之、白乐天极赞杜甫《悲陈陶》《哀江头》《兵车》《丽人》等歌行，率皆即事命篇，无复依傍，得诗人讽刺之义，乃与其友李绅公垂共师杜甫意，赋新乐府如干首。此唐之徒歌专写时事之新乐府所从盛，白乐天、元微之、李公垂三人之力，中唐诗之大可书者也。乐天襟怀和易，心术平正，其诗清空如话，老妪能解，然其过求人解，自是一病，与李贺、卢同、贾岛之一意求奇、求怪、求僻者正自相等。新乐府七十馀首自是佳作，至如《长恨歌》之“汉皇重色思倾国”至“从此君王不早朝”，真是弹词鼓书，每况愈下；“箸箸适我口，匙匙充我肠”“老怜口尚美，病喜鼻闻香”，似真实俗，专以此等过人，亦其结习痼蔽矣。微之诗笔清警，才高于白，而素养不足，《连昌宫词》实较《长恨歌》为优，新乐府篇法亦多变化，但心术一坏，绳以温柔敦厚之教，大不如白。白《咏明妃》云：“君王若问妾颜色，莫道不如宫里时。”元《决绝词》云：“分不两相守，恨不两相思。对面且如此，背面当何知。……已焉哉，织女别黄姑，一年一度始相见，彼此隔河何事无。”两两较之，则可知其优劣所在矣。李绅之《新乐府》今不传，有《古风》二首，雅近元、白。杨巨源有《大堤曲》，权德舆多闺艳之作，殷尧藩学于韦左司，有宫词，皆与元、白之造诣相近，而李公垂尤以歌行号为“短李”也。

柳子厚诗赋骚雅，才高于退之，东坡谓其：“发纤秾于简古，寄至味于澹泊，在陶渊明下，韦苏州上。”亦为定论。柳州意味胜韩十倍，气息则远自《离骚》来也。刘宾客《祭韩昌黎文》，自谓诗文羽翼昌黎。后与白乐天齐名，人称“刘白”，其人能持论，实高于韩，诗则学杜甫，具体而微，要可自成一家。七律句法浑成，如“巴人泪应猿声落，蜀客船从鸟道回”“沉舟侧畔千帆过，病树前头万木春”，皆词气壮丽，甚有开阖，绝句风神颇似王龙标。竹枝词、诗馀、长短句并工。中唐文章得其全者，梦得一人而已。皇甫湜以文为诗，杂言体颇有佳者。

## 十一、晚唐诗评

晚唐诗学，坏于刻画景物、雕镵字句，虽有佳胜之致，而格局未完，真气弥伤矣。宋派由晚唐逗出者最多，近体弥工，而五古绝少篇幅完整之作。七言歌行之焰，亦稍熸焉。晚唐自开成至天祐，占年八十有馀，作家之可数者，无虑四五十人。然最足称者，李商隐、杜牧、温庭筠、司空图、李群玉、韩偓、唐彦谦、卢延让、方干、罗隐、皮日休、陆龟蒙十二家；次则张祜、赵嘏、朱庆馀、李频、吴融、郑谷、许浑、李洞、曹松、罗邺、聂夷中、周朴、薛能、薛逢、邵谒、杜荀鹤、贯休、齐已十八家；再次则马戴、刘沧、周贺、喻凫、刘得仁、喻坦之、张乔、张蠙、秦韬玉、曹唐、刘驾、章孝标、陈标、唐求、崔涯、任蕃、陈陶十七人而已。

义山学杜，近取昌谷，远引《玉台》，艳词奇思，风骨棱棱，晚唐中一大家也。七律诗最工，特缘情绮靡，用事隐晦，《蜂》《蝶》《泪》《肠》《喜雪》及少数艳体诗，不免来宋初杨、刘之挦撦耳。牧之宏放隽朗，大约得杜之劲、韩之拗，温、李同时之薰陶，为力亦大；七言绝句之擅场，中唐以来，未易敌也。

飞卿悲壮精致，往往有之，方义山实不足，开词派则有馀矣。司空表圣幽秀沉着，得力苦吟；五律最工，七律则多开宋派。李群玉风神如王、谢子弟，比兴筋节，两具有之，近体皆工。韩偓美才冶思，根柢忠贞，七律欲驾义山而上之，情文双茂，晚唐中杰出大家也。唐彦谦专力学杜，浣花嫡派，惟亦长于律绝，古体则难比耳。卢延让思深吟苦，诙诡跌宕，晚唐中不拘绳墨者；能写人心中事，摹难状之景，亦奇作也。方干新隽瘦直，诗能行气，擅长律句，亦开宋派。罗隐始驰骋议论，纵情讥刺，古木荒祠，无得免焉。然其才气独步江东，亦诗中一偏霸已。皮日休标揭孟亭，诗不伫兴，学人之诗，多摭故实，稍杂纤冗。陆龟蒙诗才赡博，意趣并高，矫创吴体，大驱软媚之风，惟喜咏物，好次韵，兴寄略逊耳。张祜短章乐府，迥绝于人，绝句新秀，五律尤葆唐调。赵嘏"倚楼"一联得名，豪而露率。朱庆馀得张籍诗法，小诗风韵最佳。李频学于姚合，转欲胜之。郑谷、许浑，王元美讥为"恹恹有就下泉意"，许较有思力，固当超出。李洞学贾岛而更僻涩，曹松亦同师而较疏醒。罗邺新秀而伤仄，罗虬《比红儿诗》有传奇说部气，皆当出昭谏下。周朴季锻月炼，格老骨苍，惜短歌微吟，不能长也。薛能颇有豪致。聂夷中善写农民疾苦，诗如谣谚。杜荀鹤善以俗语为诗，惜其格弱。贯休歌行颇学青莲，稍杂俚调，有唐一代释子诗，当推第一。刘得仁诗，千首如一首，卷初如卷终，贻讥于人，自是晚唐通病，则不足一一论列者矣。

# 七言绝句诗通论[①]

## 导言三则

魏叔子论文，主唐虞至于两汉，文章与世运递降，魏晋以迄近代，文章不与世运递降。以为三代之文，不如唐虞，秦汉之文，不如三代，盖日降而无升也。韩愈、李翱诸人，崛起八代之后；欧、苏诸人，崛起六代之后。李忠定之《奏议》，卓然高出于陆宣公；王文成之文章，非许衡、虞集诸人所可望，盖虽有降而复有升也。予谓诗道亦然。《离骚》之怨抑自贤，不及《国风》之温厚和平矣！两汉之浑朴平实，亦非《离骚》悱恻芬芳之可拟议，此诗道视世运为递降之说也。六朝之绮丽浮华，而李、杜以高逸雄浑矫之；五代之淫哇堆砌，而欧、梅以疏散清空矫之，皆远胜于前代，此诗道降而复升之说也。然究其所以升降之故，则文质得其中者常升，文质偏胜者恒降，文质并亏者最为卑下。《国风》文质彬彬，上也；《离骚》有《国风》之文而无其质，故稍逊也；两汉质不能过《离骚》，而文亦莫及，故又逊也；六朝质漓，徒有虚文，所以不及唐之文而能质也；五代文质并耗，所以不及宋之质而能文也。此历代诗文质迭尚与诗运进退之实际情形也。惟七言绝句一体，反复咏叹之致，通于《国风》，掩抑哀怨之趣，符于《离骚》，远绍乐府，近启民歌，文质任尚，而异曲同工，咸臻厥美，则光景常新，本无升降之

① 编者按：本文最早发表于《中国文学会集刊》1933 年第 1 期，题作《七言绝句榷论》；继又发表于《学术世界》1936 年第 1 卷第 8－11 期，题作《七言绝句通论》；后又发表于《文史杂志》1941 年第 1 卷第 11 期，即《七言绝句诗通论》。《中国文学会集刊》所刊内容较后二者，除“（一）小引”“（十一）结论”及个别举例不同外，其馀内容大体相近。《学术世界》与《文史杂志》所刊内容基本相同，相较而言，以后者为优。本文以《文史杂志》为底本，校以《中国文学会集刊》《学术世界》。

诗体也。

诗有“风人之诗”焉、“诗家之诗”焉。风人之诗者：兴象融怡，俯仰之间，自然流露之谓也；诗家之诗者：组炼精深，语不惊人，不肯罢休之谓也。《毛诗》三百，乐府、古诗，风人之诗也；建安诸子，沈、宋、岑、杜，诗家之诗也。诗中之体制亦然，“歌”“谣”“曲”“谚”者，风人之诗也；“篇”“引”“律”“排”者，诗家之诗也。七绝虽隶属律诗，七绝又名小律诗。为近体之一种，然其神远绍《国风》，其体直接歌行，能以今情通古意，常散行而不骈拘，字句有一定，而兴象至无穷，可谓诗体之特有，虽不为《国风》《离骚》、乐府、古诗，而常常似《国风》《离骚》、乐府、古诗，其神同揆也！故于近体中，独可视为风人之诗，非如七律之属对精切、思力深邃之徒为诗家诗也。李白，千古风人之巨擘也！杜甫，千古诗家之宗匠也！故李好赋七绝，而杜好赋七律。杜之律，李不能为；李之绝，杜亦不能为也。诗运有升降，升降在得才与不得才，开、宝之七律，得杜之才以兴；开、宝之后，才之钟毓殆不及前，故杜律雄浑精深，独绝千古。晚唐李商隐略得其句调，北宋黄庭坚获师其拗体，金源元好问、李汾中州杰出之后，杜律之气焰，殆全熄矣！顾一按七绝之局势，则大不然。李太白之后，复得李益、韩翃、刘禹锡、白居易、王建、张祜、徐凝、唐彦谦、杜牧、韩偓、王安石、苏轼、秦观、杨万里、陆游、姜夔、吴惟信、张良臣、刘昂、范梈、揭傒斯、杨维桢、倪瓒、傅若金、高启、袁凯、李东阳、徐祯卿、汤显祖、徐渭、谢榛、王世贞、吴伟业、屈大均、王士祯、厉鹗、吴骞、吴嵩梁、龚自珍、黄遵宪等以持之弗坠，诸人虽成就略有差异，然皆可无大惭于太白，不愧为风人之诗也。故七绝者，风人之诗，诗人无时而不生，无地而不钟。则七绝者，虽视为永无成亏、长存于天地之诗体，亦无不可矣！

诗有“贵族之诗”“平民之诗”之别。贵族之诗，所谓雅诗也；平民之诗，所谓风诗也。郑樵云：“出于朝廷士大夫，其言纯厚典则，其体抑扬顿挫，非复小夫贱隶妇人女子能道者，故曰‘雅’；出于风土，大概小夫贱隶妇人女子之言，其意虽远，其言浅近重复，故谓之‘风’。”朱熹云:“雅者,燕享朝会公卿大夫之作;风者,闾巷风土男女情思之词。”两两对立,则知所谓“贵族之诗”者,有韵之政论,具深赜之理智,而以教人为职志也;所谓“平民之诗”者,男女之情诗,与夫饥者歌其食,劳者歌其事之务以情绪感人者也。《小雅·正月》《巷伯》,周大夫及寺人孟子所作,并以刺政治之得失,而其言曰:“维号斯言,有伦有脊。”“寺人孟子,作为此诗;凡百君子,敬而听之!”则几于教诲矣!《邶风·凯风》,孝子自责以感母心之诗,惟曰:“母氏圣善,我无令人!”“有子七人,莫慰母心!”《旄丘》,黎臣劝君勿望救于卫之词,而曰:“何其处也?必有与也!何其久也?必有以也!”何其言之婉而善感人耶?至《豳风·东山》一诗,传为周公所制,其设想征夫之劳、征妇之思,与夫风雨之侵陵、饥渴之困顿,殆不愧为《三百篇》中第一首风诗,盖真能通乎男女饥渴劳苦之情者。下此《十九首》、汉魏乐府、阮、陶诸公之诗,往往得风人之意,李、杜大家,有时得,有时不得。及宋之苏、黄诸公,学博才广,议论宏恣,于是所作诗,不务感人而务胜人,外揭“诗教”之名,而内去“温柔敦厚”之旨甚远,此其失,颇见于五七言各体,幸赖尚有七言绝句一体,流连景物,抒写情致,足延风诗之一脉;否则诗道之亡,扫地以尽矣!“此生定向江湖老,默数淮中十往来”,“惆怅西栏一株雪,人生看得几清明”,“遗民几度垂垂老,游女长歌缓缓归”,“端正楼空春昼永,小桃犹学淡燕支”,庶几怨而不怒,哀而不伤,乐而不淫,丽而能则,与其他诸体之矜才炫学叫嚣使气者,不可同年语也。七言绝句合于风人之意者,唐宋以来甚多,则如王翰之“不知湖上菱歌女,几个春舟在若耶”,即“春日迟迟,采蘩祁祁”意也。白居易之“红颜未老恩先断,斜倚熏笼坐到明”,即“及尔偕老,老使我怨”意也。柳宗元之“春风无限潇湘意,欲采蘋花不自由”,即“嗟我怀人,置彼周行”意也。朱庆馀之“含情欲说宫中事,鹦鹉前头不敢言”,即“我闻有命,不敢以告人”意也。杜秋娘之“有花堪折直须折,莫待无花空折技”,即“汝有钟鼓,勿鼓勿考。宛其死矣,他人是保”意也。李商隐之“水精如意玉连环,下蔡城危莫破颜。红绽樱桃含白雪,断肠声里唱《阳关》”,即“齿如瓠犀,巧笑倩兮”意也。王安石之“细数落花因坐久,缓寻芳草得归迟”,直有《二南》兴象,视李昉之“一院有花春昼永,八方无事诏书稀”,尤如羚羊挂角,无迹可求,则以彼为七律之一联,本之雅;此为七绝之对结语,根于风也。

## 一、七绝之正名

绝句之名,诗家论之不一。有云:“二句一联,四句一绝[①],四句之诗,即谓绝句。”此吴乔之说也。有云:“绝句者,一句一绝,起于‘春水满四泽,夏云多奇峰。秋月扬明辉,冬岭秀孤松’之《四时咏》。”此杨慎之说也。有云:“绝句者,截句也,或前对,或后对,或前后皆对,或前后皆不对,总是截律之四句。”此范椁之说也。三家之说,杨说合自为之证,甚可成立;吴说加以疏凿,亦令人足信;惟范说沿袭宋人之误,曾无思考,贻害七绝诗体甚大,今分论以明之。

杨慎之说,合其自为之证甚可成立者。杨云:“七绝始于《四时咏》。”其自为之证曰:“杜诗‘两个黄鹂鸣翠柳’实祖之。王维诗:‘柳条拂地不忍折,松柏捎云从更长。藤花欲暗藏猱子,柏叶初齐养麝香。’宋六一翁亦有一首云:‘夜凉吹笛千山月,路暗迷人百种花。棋罢不知人换世,酒阑无奈客思家。’皆此体也。”愚按杨氏一句一绝之旨,即一句一意,各自为主句之谓也,故每句意义与上下句毫不相涉,即偶有重复,亦不为病。如王维诗“松柏捎云从更长”“柏叶初齐养麝香”,两言柏;六一翁诗“路暗迷人百种花”“棋罢不知人换世”,两言人,均无害其为一句一绝也。以此衡宋人黄庶父子、后山、简斋七绝诗,多有合者。

吴乔之说,不甚明白,四句一绝者,句绝意不绝,如无名氏《古绝句》见于《玉台新咏》者,其一云:“藁砧今何在,山上复有山。何当大刀头,破镜飞上天。”其二云:“日暮秋云阴,江水清且深。何用通音

---

① 绝:底本作“联”,据《学术世界》改。

信，莲花玳瑁簪。”其三云：“菟丝从长风，根茎无断绝。无情尚不离，有情安可别?”其四云：“南山一桂树，上有双鸳鸯。千年长交颈，欢庆不相忘。”四诗除第一首作谬语望夫还归外，馀皆玲珑透澈，四句一意，所谓句绝意不绝也。至两句一联之联，《玉台新咏》除所录二人联吟之诗体外，确有联句诗一种。诗为梁武帝所作，辞云：“倾城非人美，十载难重逢。虽怀轩中意，愧无鬓发容。”但不见与绝句有何别。惟王夫之《姜斋诗话》云：“五言绝句有平铺两联者，亦阴铿、何逊古诗之支裔；七言绝句有对偶如‘故乡今夜思千里，霜鬓明朝又一年’，亦流动不羁。”吴乔二句一联之说或系指此，则董文涣《声调谱图说》所谓之律绝句也。绝句合四句而成，盖以诗必和声，独句不能为联，独联不能为韵，故必以四句为准也。

范梈之说，何言为害七绝诗体甚大者？范氏认绝句成立在律诗之后，故有截前截后、截首尾、截颔腹之喻，不知五言绝句自五言古诗来，七言绝句自七言歌行及乐府民歌来。绝诗本在律诗之先，律诗当从绝诗扩充而成，何有绝诗截取律诗之理？自有此说，人乃敢以半律讥杜工部绝句，后世斗方名士，且自满于“七律诗人”，岂知七绝诗在盛唐时，王昌龄赖之拥“诗天子”之尊号，开圻万里，南面称孤哉？故七绝不欲正名而已，如欲正名，必自绝句之不为截句始。

## 二、七绝之缘起及其成立之推测

七绝之缘起，有主自乐府七言歌行蜕变而来者，此高棅、王夫之、吴乔等所倡说者也。愚以民歌（或曰歌谣），亦其始型之一，谨附诸公之后而详论之。

高棅《唐诗品汇》云：“《挟瑟歌》《乌栖曲》《怨歌行》为绝句之祖。”《挟瑟歌》魏收所作，其辞云：

> 春风宛转入曲房，兼送小苑百花香。白马金鞍去未返，红妆玉箸下成行。

《乌栖曲》梁简文帝作，其辞云：

芙蓉作船丝作　，北斗横天月将落。采莲渡头碍黄河，郎今欲渡畏风波。

织成屏风金屈膝，朱唇玉面灯前出。相看气息望君怜，谁能含羞不自前？

《怨歌行》为五绝之祖，今不录。

上诗三首，皆南北朝时乐府，为绝诗托始之作。逮及唐代，奄有海内，声乐灿备，乐府小诗，因以极盛。于时武后僭位，曾幸洛阳男子，喜其壮硕，改元如意。及洛阳男子淫瘵至死，武后乃为诗悼之，播于乐府，名曰《如意娘》，其辞云：

看朱成碧思纷纷，憔悴支离为忆君。不信比来长下泪，开箱验取石榴裙。

此诗声调匀美，情意可掬，盖七言绝句已由乐府蜕变完成矣。

主由七言歌行蜕变为七绝者，王夫之有“七言绝句自歌行来”一语，继起阐明者吴乔是也。乔之言曰：“七绝与七古可相收放，如骆宾王《帝京篇》、李峤《汾阴行》、王泠然《河边枯柳》，本意在末四句，前文乃铺叙耳，只取末四句便成七绝。”愚按《帝京篇》末四句乃改用五言作结，吴乔一时误举也，宜举《畴昔篇》之末四句：

……舜泽尧曦方有极，谗言巧佞傥无穷。谁能跼蹐依三辅？会就商山访四翁。

至《汾阴行》之末四句：

……山川满目泪沾衣，富贵荣华能几时？不见只今汾水上，惟有年年秋雁飞。

在七言歌行二章，本意皆在末四句，诚如吴乔所论，惟一篇之警策亦有不在末四句者，如骆丞《帝京》《畴昔》二篇皆然，惟李峤结句如大海回波，洸洋纵恣，足当一首最浑逸之古绝句而无愧尔！

董文涣论七绝，谓六朝歌谣往往有之，惜无例以为发明。愚思《水经注》有《巴东渔歌》，虽二章章二句，然神情紧接，恰似一首转韵古绝：

巴东三峡巫峡长，猿啼三声泪沾裳！
巴东三峡猿鸣悲，猿鸣三声泪沾衣！

《渔歌》之外，请举《棹歌》二首以示其蜕变之迹焉。宋人《杨诚斋集》云："晚发丹阳馆，五更至丹阳县，舟人与牵夫终夕有声，盖吟讴啸谑以相其劳者，其辞亦略可辨。"有云：

张哥哥，李哥哥，大家着力一齐拖！
一休休，二休休，月子弯弯照几州？

及至明代，此种《棹歌》已变成一首古绝句，见王世贞《艺苑卮言》中《吴中棹歌》条：

月子弯弯照九州，几家欢乐几家愁？几人夫妇同罗帐，几人飘流在他州？

现代民俗学者于此《棹歌》极为重视，吾友钟敬文见告，此歌据最近采集者报告，第四句已谐协如普通绝诗矣。

月子弯弯照九州，几家欢乐几家愁？几人夫妇同罗帐，几个飘零在外头？

就此三方面观察，七言绝句确有因乐府、七言歌行、民歌而产生之事实，惟不能断定受何方面影响为多，更指出何者为第一首七绝诗耳。更有宜知者，唐人以七绝诗为其乐府，自必先有其乐而后以绝诗合之，七绝有乐，乃符声教，宫闱所诵，旗亭所唱，自是悦耳荡心，蔚成七绝极盛之幸运。杨慎《升庵诗话》云：唐世乐府多取当时名人之诗唱之，杜甫《赠花卿》诗在乐府为入破第二叠；王维“秦川一半夕阳开”在乐府名《相府莲》，讹为《想夫怜》；王昌龄“秦时明月汉时关”为《盖罗缝》；王之涣“黄河远上白云间”为《梁州歌》。其馀有诗而无名氏者甚多，此体诗在唐代之权威可想见矣。

## 三、七绝体裁之分析

七绝体裁就其大别析之，凡得三体，即古绝句体、律绝句体、拗绝句体。就其性质风格论之，共得十五体，即古绝句体、律绝句体、拗绝句体、折腰体、一句一绝体、四句皆对体、仄韵体、孤雁出群体、竹枝体、杨柳枝体、人名体、地名体、回文体、论诗体，怀人体是也。

古绝句体　四句皆韵者如沈约《秋日白纻曲》云：“白露欲凝草色黄，金瑄玉柱响洞房，双心一影俱回翔，吐情寄君君莫忘。”二句转韵者：梁简文帝《乌栖曲》已见前。二韵而与七古平仄相同者，王昌龄《送狄宗亨》云“秋在水清山莫蝉，洛阳树色鸣皋烟。送君归去愁不尽，又惜空度凉风天”是也。

律绝句体　唐人绝句之拘声病者，一名小律诗，一名二韵律诗，即普通习见之七绝诗也。例如李白《春夜洛阳闻笛》：“谁家玉笛暗飞声，散入东风满洛城。此夜曲中闻《折柳》，何人不起故园情？”

拗绝句体　杜甫七言绝句所独具，有单拗、双拗、拗黏、拗对之不同，不得谓为失黏也。例如绝句《漫兴》：“熟知茅斋绝低小，江上燕子故来频。衔泥点污琴书内，更接飞虫打着人。”

折腰体　谓中失黏而意不断者，例如王维《送元二使安西》：“渭城朝雨浥轻尘，客舍青青柳色新。劝君更尽一杯酒，西出阳关无故人。”第三句平仄与第二句不接，谓之失黏。

一句一绝体　每句各自成句，谓句绝处意亦终，非普通绝句语绝意不绝也，例如王维诗：“柳条拂地不忍折，松柏捎云从更长。藤花欲暗藏猱子，柏叶初齐养麝香。”

四句皆对体　四句对仗宛如七律中之颔腹联，但律诗之联不相连属，此则一意贯串，不可隔断，如韦应物《登楼寄王卿》诗：“踏阁攀林恨不同，楚云沧海思无穷。数家砧杵秋山下，一郡荆榛寒雨中。”

仄韵体　五言绝句用韵不拘平仄，七言则以平韵为正，然仄韵亦非不可用也，如柳宗元《夏昼偶作》“南州溽暑醉如酒，隐几熟眠开北牖。日午独觉无馀声，山童隔竹敲茶臼”是也。

孤雁出群体　首句出韵，如孤雁之出群，见谢榛《四溟诗话》；亦名借韵体，见钱大昕《十驾斋养新录》。此式本不足法，无如宋人为之于前，明人袭之于后，亦不可不知也。苏轼《六月二十七日望湖楼醉书》：“黑云翻墨未遮山，白雨跳珠乱入船。卷地风来忽吹散，望湖楼下水如天。”首句山韵出韵（此体亦名孤雁入群，见赵翼《陔馀丛考》）。

竹枝体　竹枝本出巴、渝。唐贞元中，刘梦得在沅、湘，以其地俚歌鄙陋，乃作新词九章，教里中儿歌之。其词稍以文语缘诸俚俗，若太加文藻，则非本色。此种虽始自唐人，而实本齐、梁《江南弄》《折杨柳》诸曲来，盖乐府之苗裔，不得以寻常绝句目之。其格非古非律，半杂歌谣，平仄之法，在拗、古、律三者之间，不得全用古体，若天籁所至，则又不尽拘拘也。例如刘禹锡《竹枝》（十首之第七）：“瞿唐嘈嘈十二滩，此中道路古来难。长恨人心不如水，等闲平地起波澜。”

杨柳枝体　《杨柳枝》在《乐府诗集》中为汉铙歌鼓吹曲，本作《折杨柳》，至隋时始为宫词。张祜诗“莫折宫中杨柳枝，当时曾向笛中吹”是也。白居易《永丰坊园中垂柳》诗：“一树春风千里枝，嫩于金色软于丝。永丰西角荒园里，尽日无人属阿谁？”白公此诗，声情儇妙，且有托喻，效者纷起，遂为洛下新声，非复隋宫旧谱矣。

人名体　四句皆有人名，宋人多有此作。《东坡集续集》中有《次韵致远》绝句云：“长笑右军称草圣，不如东野以诗鸣。乐天自欲吟淮月，怀祖无劳听角声。”即此种。

地名体　四句中用地名四五，首推太白《峨嵋山月歌》，诗云：“峨嵋山月半轮秋，影入平羌江水流。夜发青溪向三峡，思君不见下渝州。”五用地名，自成一格，足见诗人炉锤之妙。

回文体　晋苏伯玉妻作《盘中诗》，前秦窦滔妻作《璇玑图》，回文诗体始备一格。七绝诗之回文而美者，秦观《淮海集》有五首，如“红窗小泣低声怨，永夕春风斗帐空。中酒落花飞絮乱，晓莺啼破梦忽忽”，亦小有致也。

论诗体　杜甫《戏作六绝句》，如“王杨卢骆当时体，轻薄为文哂未休。汝曹身与名俱没，不废江河万古流”，“庾信文章老更成，凌云健笔力纵横。傍人嗤点流传赋，不觉前贤畏后生”等，皆论诗体也。元遗山《论诗绝句五十首》本此。

怀人体　杜甫《解闷绝句》中“沈范早知何水部”，“孟子论文更不疑”，“复忆襄阳孟浩然”，“不见高人王右丞”四首，皆怀人体也。后世诗人岁暮怀人，多至数十百首者本此。

## 四、七绝诗盛行之由来[①]

七绝诗成立于初唐，四杰集中，尚不多覯。盛、中之间，名家锋出。晚唐他作，萎薾无足道者，独七言绝句脍炙人口，其妙至欲陵跨盛唐。鄱阳洪迈选称万首，虽五言并录，而七绝独多。宋人如王荆公

---

① 由来：底本作“来由”，《中国文学会集刊》与《学术世界》均作“由来”，据之改。

专力唐人甚久，婉[1]丽精深，纡徐妍妙，真欲方驾唐人。而杨诚斋稍晚出，乃由半山以参唐人，所作亦多而工。其他大家如东坡、山谷、淮海、宛丘、后山、简斋、石湖、剑南之属，莫不留心此制，裒然成集。使有容斋其人，又不知选帙浩繁至何状？金元以胡族入主中国，其他诗文谦让未遑，而七绝仍有不可废者。有明七绝，特号复兴，北地、信阳，既好唐音；于鳞、凤洲，并标王、李（王昌龄、李白之绝句盛行明代，于鳞、凤洲颇有张揭之功）；弘正、嘉隆间之骨力气韵，可谓盛矣。逊清先得王渔洋、田古欢师弟张皇幽渺，神韵一标，七绝之唯美是臻；继如厉樊榭之澹靖、吴兰雪之藻绮、龚定庵之瑰异、江弢叔之洒落、黄公度之新警，并为七绝之馀霞散彩。核而言之，七言绝句自唐至今，固未尝疲苶颓敝如《国风》、四言、汉魏五字之甚也。考其常盛之故，似有数因，表而出之，以待扬搉。

（一）用韵极少　七绝仅二韵，而字数较五绝略多，易于回旋，因其用韵少，故“口占”“即席”之诗多为兹体之独擅，不似律诗用至四韵，反有“辘轳格”“进退格”为之补救也（律诗共为八句，如押冬、东二韵，二韵东，二韵冬，前后分押者，谓之辘轳格；一韵东，一韵冬，间隔通押者，谓之进退格）。

（二）入题不迂回　白乐天《长恨歌》发端四语曰：“汉皇重色思倾国，御宇多年求不得。杨家有女初长成，养在深闺人未识。”迂回道出，似听鼓词弹词，令人失笑。若徐凝《汉宫曲》七绝则不然，入题只“水色帘前流玉霜，赵家飞燕侍昭阳”二语，已觉显豁大方，不必饰称汉皇，琐琐作“养在深闺”之语矣。此并非白诗劣而徐诗工，实体裁之不得不然也。张良臣《春词》之“后主搴香复倚春，潘嫱梳洗最轻盈”，亦最明艳动人。

（三）不必运典　运用典实以明旨趣，古诗律诗中实有此需，惟七绝诗重在素描，不宜用典。试思昔人佳句，如“撩乱边愁听不尽，高

---

[1] 婉：底本作“宛”，《中国文学会集刊》与《学术世界》均作“婉”，据之改。

高秋月照长城”，“曾在天台山上见，石桥南畔第三株”，何曾有一毫故实耶？

（四）不必对仗　绝句本以不对仗为正，细读王江宁、李翰林集自当知之。然偶有对仗者，如“故乡今夜思千里，霜鬓明朝又一年”，“一朝琴里悲黄鹤，何日山头望白云”，“黄河九曲冰先合，紫塞三春不见花”等，流动不羁，亦决非质实平铺之律句对仗可比也。

（五）不忌俗语　七绝清空如话，故宜多用当时语，如“曲江水满花千树，有底忙时不肯来”，“久拚两鬓如霜雪，遮莫邻鸡下五更”，“有底”“遮莫”，皆不忌俗语也。

（六）可抓住现在　诗中之表示现在性以七绝为最，不但能表明现在，且兼能抓住现在也。如李白之“桃花潭水深千尺，不及汪伦送我情”，汪伦为其面前人也。又如白乐天之“谁知九月初三夜，露似真珠月似弓”，九月初三夜，所以书季节时日昏夜之景状，终不同于“皇帝二载秋，闰八月初吉。杜子将北征，苍茫问家室”之平实若史语也。

（七）写情甚深刻　他体诗不免堆砌敷衍之语，致妨写情。七绝则清空一气，绝无衬饰，如武后之“不信比来长下泪，开箱验取石榴裙”，岑参之“陇山鹦鹉能言语，为报家人数寄书”，孟郊之“愁人惟有夜灯见，一纸乡书泪滴穿”，李觏之“若见江鱼须痛哭，腹中曾有屈原坟”，皆表情深刻，数见不鲜者也。

（八）易于传诵　七言绝句仅二十八字，而语近情遥，神味渊永，令人含咏不能自已。宫掖所诵、边将所进、旗亭所唱、梨园子弟所歌，咸在兹体，岂不以其有便于传诵乎？历代诗之最佳者多为无名氏之诗人所作，而无名氏之诗又必为七言绝句无疑。“近寒食雨草萋萋”“吴江轻浪古悠悠”“无定河边暮笛声”“花落长川草色青”诸首，皆唐无名氏之名七绝，至于常山旅邸、沙溪驿壁、新蔡道中、姑苏台上，则又到处流传，笔难殚述者也。

## 五、历代七绝诗之风格

太史公曰:“《诗》记山川溪谷禽兽草木牝牡雌雄,故长于风。”风诗者,固闾巷风土男女情思之作也。七绝,风诗之苗裔也,此其故于读各地民歌谣谚自知之。盖二者杼轴相同,咸以善言其私感人为上乜。初唐绝句推武后《如意娘》为最先(见前引)。武后以天下共主之尊而悼一无名之洛阳男子,岂非好独言其私乎?一日万机,生杀之权在己,而顾为“憔悴支离”“泪下溅裙”之言,岂非善感而不自觉乎?同时宋之问创律诗,其七绝亦善言情,《伤姬人》《曹娘》之作颇极悱恻芬芳之致,初唐之作风如是,殆以男女情思见长,顾合于风诗之轨格者欤?盛唐李、王二家平分七绝坛坫。李善游览,王工宫闱。(胡应麟曰:“王宫词、乐府,李不能为;李览胜、纪行,王不能作。”)太白诗思飘逸俊爽,擅长写景。夫一月也,而曰“夜悬明镜”;一长江也,则曰“天际流出”;喻白帝城之高,则曰“彩云间”;譬孤帆之远,则曰“日边来”,此诗人胸襟之阔大,写自然界景象不但恰符其器量,且常能超过也。此七绝成就写景功效之始。王少伯一意言情,言春闺之情,则曰“忽见陌头杨柳色,悔教夫婿觅封侯”;言流人之情,则曰“岭色千重万重雨,断肠收与泪痕深”;言失宠之情,则曰:“玉颜不及寒鸦色,犹带昭阳日影来”;言远戍之情,则曰“撩乱边愁听不尽,高高秋月照长城”。幽情苦恨,襞积重重,掩抑哀怨,意在言外,可谓言情之极则矣。中唐作风,步趋李、王,略有相似。刘禹锡善写景,《金陵五咏》《愚溪三绝》为此时代表之作。李益善言情,宫怨则有“似将海水添宫漏,共滴长门一夜长”;征戍则有“不知何处吹芦管,一夜征人尽望乡”;行旅则有“闻道风光满扬子,天晴共上望乡楼”;自述则有“从此无心爱良夜,任他明月下西楼”,沉着蒨郁,亦言情之上选矣。晚唐李商隐七绝善用事(如“嫦娥应悔偷灵药,碧海青天夜夜心”,“肠断吴王宫外水,浊泥犹得葬西施”之类),杜牧七绝善敷藻(如“日暮东风怨啼鸟,落花犹似坠楼人”,“草色连云人去住,水纹如縠燕差池”之类),陆龟蒙七绝善咏物(如“无情有恨何人见,月晓风清欲堕时”,咏白莲;“而今莫共金钱斗,买却春风是此花”,咏石竹花之类),罗隐七绝善讥刺(《唐才子传》云:“罗隐诗以讥刺为主,虽荒祠、木偶,莫能免者。”如咏《董仲舒》云:“偶然留得阴阳术,闭却南门又北门。”咏《蜂》云:“采得百花成蜜后,为谁辛苦为谁甜。”),则于言情写景之外,复极用事咏物讥刺之能事,七绝诗法之备,风格之繁,宜莫过于此时也。宋初寇准深于骚旨,虽位至台辅,而诗好作凄怨之调,其七绝颇得乐府之神(如“日落汀洲一望时,柔情不断如春水”,“蜀魄不来春寂寞,楚魂吟夜月朦胧”,是也);欧阳修七绝诗境细美,惟以其细,颇类倚声,诗词之界限不甚明晰(如“私书归梦杳难分”,“屋头初日杏花繁”,“共喜钗头燕已来”,“自有新妆试落梅”等句,皆工细类词)。北宋大家七绝不必尽工,东坡舒旷宽博,善于生趣,然十首之外便无深味;山谷瑰丽新隽,颇有风味,但师杜甫拗绝处终伤蹇涩;后山七绝对仗处太多,似非本色;淮海词长于诗,“有情芍药含春泪,无力蔷薇卧晓枝”,宛然花间妙语矣。求其具当行本色,惟有苏栾城、张宛丘二家。栾城意旨冥茫,宛然骚语,确出长公之上。宛丘则师法香山,如“莫谓无情即无语,春风传意水传愁”,“请君试采中塘藕,苦道心空却有丝”,直逼唐音。南渡后,石湖之精致,剑南之感慨,诚斋之清空,白石之疏秀,可称七绝四大家。他如道学派之朱考亭、江湖派之刘后村、遗民派之郑所南,七绝皆足以自见,洵乎兹体各如其人之性分,无施而不可矣。金源七绝,刘昂最为杰出(刘氏《王官谷》诗结句云“斜日落花人去尽,淡烟楼阁数声钟”,真唐人神韵也)。元好问信是大家,元人七绝新秀绮丽,有过于宋,虞集、范梈、萨都剌、杨维桢足称金元四大家。虞作苍浑(如“松雪落崖回晚棹,海风吹月见秋豪”,“忆踏春泥看柳色,驼裘冰帽度冰河”之类),萨句空灵(如“今日归来如昨梦,自锄明月种梅花”,“满江梅雨风吹散,无数青山渡水来”之类)。范诗沉劲(如“不分小桃红似火,为人儿女照秋千”,“客里青灯如骨肉,独能相待向黄昏”之类),杨则纯师乐府,一片神行,不可端倪,盖其音节拗折之美得之杜甫七绝，在元末可谓杜绝复兴之时矣。他如题画诗，亦占此时代重要之位置，作者如王恽、揭傒斯、欧阳玄、黄溍、柳贯、陈旅、贡师泰、乃贤、陈樵、吴莱、吴师道、陈高、郑元祐、倪瓒、仇远、宋褧、李孝先、成廷珪、吴镇、黄公望、丁复、王冕、姚文奂、郯韶、贡悦、黄镇成、张雨、王逢、吴志淳、柯九思、偰哲笃、吕诚、李冶、蒋堂、赵世延、郑谧、赵岩、黄介翁、辜中、宗本先、张纬、赵镇、郑元、陈安，略数之已得四十馀家。窃意元代题画诗盛行七绝之故，一以元画松秀，与七绝之风神逸宕者合则两美；二以画幅空白处决不甚多，多题则损画局。七绝不过二十八字，旁行斜上，恰补泉石馀罅。后世诗人不解画理，以七律或古诗题名画者，真可笑也。明代诗学趋向模拟一途，各体诗几如优孟衣冠，千篇一律，独七绝摹唐，确有所得。台阁诸公，黄茅白苇，弥望皆是，固无足论。道学派七绝，除陈献章白沙，萧疏夷宕，一人可爱外，馀真所谓打油击壤，筋斗样子也。至前七子之时，庆阳空同子李梦阳气格高浑，信阳大复山人何景明风神秀朗，俨如两雄。吴县迪功徐桢卿以深俊明丽之笔起而犄之，遂成鼎足之势。至后七子之时，七绝之研讨尤成风尚。历城李沧溟攀龙操唐代七绝选政，评第唐人诗，以王龙标"秦时明月汉时关"为压卷之作；太仓王弇州世贞著《艺苑卮言》，亦多专论唐人七绝之作。而李作劲拔，王作高华，手眼亦略相当。不过李、王名未盛时，称诗选格，多取定于临清谢四溟榛。及后李、王与之交不终，反相诟病，此盖蹈文人相轻之习。谢之《竹枝》，跌宕昭彰，确非李、王所能及也。在前七子间，则有高启、袁凯之导夫先路；在后七子间，又有徐渭、汤显祖为之殿军，明代七绝之盛，可谓超金迈元矣。晚明公安袁宏道标清新之旨，所作多自性灵中流出，固未有失；乃竟陵钟惺、谭元春矫以深幽孤峭，转使诗道日益贫瘠。友夏七绝固以六朝自矜许者也，而《夏夜古意》云："明月皎皎照罗帏，罗花一一影香肌。郎来谀妾肌生花，取衣覆肌花在衣。"貌似腴艳，中实枯槁有僧态；题曰古意，实则凡近淫媟，至不可言。七绝本不害男女情思之词，若此亦远非风人之旨矣！他如孙蕡、林章、郑继之、徐熥、王彦泓、陈恭尹、屈大均之俦，或扇吴中之艳风，或耀岭南之奇采，或开闽越之生面，惜不能一一详论之也。清代开国诗伯，首推吴、王。梅村七绝靡丽圆匀，是其所长，然所少者，清空之气、生新之致耳；渔洋重张沧浪之说，标主神韵，七绝风调轩举，字面极美，然有似于吸风饮露、餐沆瀣者，不可暂止息于人间矣，亦其弊也。尤侗、汤传楹，才子也；沈德潜，学究也；袁枚、赵翼，倡优也，皆不足餍人者。综核清初、清中可选之才，惟龚鼎孳、沙张白、吴之振、田雯、钱载、吴雯、厉鹗、蒋士铨、杨垕、黄景仁、吴嵩梁、龚自珍、吴骞诸家而已。晚清则有郑珍、江湜、金和、黄遵宪、王闿运、李慈铭、袁昶、易佩绅诸家，或探贤之骊，或摩宋人之垒，或主商量旧体，或拟作成新格，诚七绝云蒸雾扰之际，亦由清代政治学术与前明不同，而复受瀛海棣通之影响，其变态固非一二语所可尽也。

## 六、七绝诗品示例

昔钟仲伟、司空表圣并著《诗品》，见重艺林。一则辨别源流，以人为纲；一则陟降品格，以诗为衡。各有所发，互相经纬。惟记室以陶潜源出应璩，不免强作解事；表圣语必深秀，亦嫌文义游衍。今仿表圣之意，定七绝诗品为十二目，每目以一字悬规，示以二例，略作诠释于例后焉。

第一品　神

黄河远上白云间，一片孤城万仞山。
羌笛何须怨杨柳，春光不渡玉门关。王之涣《凉州词》。

朝辞白帝彩云间，千里江陵一日还。
两岸猿声啼不住，轻舟已过万重山。李白《下江陵》。

## 第二品　气

昨夜秋风入汉关，朔云边月满西山。
更催飞将追骄虏，莫遣沙场匹马还。严武《军城早秋》。

荆山已去华山来，日照潼关四扇开。
刺史莫辞迎候远，相公亲破蔡州回。韩愈《次潼关先寄张十二阁老》。

## 第三品　韵

杨柳青青杏发花，年光误客转思家。
不知湖上菱歌女，几个春舟在若耶？王翰《春日思归》。

翠羽明珰尚俨然，湖云祠树碧于烟。
行人系缆月初上，门外野风开白莲。王士祯《再过露筋祠》。

## 第四品　情

西向轮台万里馀，也知乡信日应疏。
陇山鹦鹉能言语，为报家人数寄书。岑参《赴北庭①度陇思家》。

近寒食雨草萋萋，著麦苗风柳映堤。
等是有家归未得，杜鹃休向耳边啼。无名氏《杂诗》。

---

① 庭：底本与《中国文学会集刊》《学术世界》均作“定”，据《岑参集校注》改。

## 第五品 意

清时有味是无能，闲爱孤云静爱僧。
欲把一麾江海去，乐游原上望昭陵。杜牧《将赴吴兴登乐游原》。

珠箔轻明拂玉墀，披香新殿斗腰支。
不须看尽鱼龙舞，终遣君王怒偃师。李商隐《宫妓》。

## 第六品 味

翠岭香台出半天，万家烟树满晴川。
诸僧近住不相识，坐听微钟忆往年。韦应物《登宝意上方》。

宿雨初收草木浓，群鸦飞散下堂钟。
长廊无事僧归院，尽日门前独看松。李涉《题开圣寺》。

## 第七品 趣

寂寂东坡一病翁，白头萧散满霜风。
儿童误喜朱颜在，一笑那知是酒红。苏轼《儋耳四绝句》之一。

记得诗狂欲发时，鄱阳湖里月明知。
无人为觅桓伊笛，自卷秋芦片叶吹。崔鹏《鄱阳诗》。

## 第八品 理

千里长河初冻时，玉珂瑶佩响参差。
浮生恰似冰底水，日夜东流人不知。杜牧《汴河阻冻》。

尘土无因狎隐沦，青山一望每伤神。
可能前岭空乔木，应有怀才抱器人。唐彦谦《楼上偶题》。

## 第九品 致

冰结东溪冻未漪，风凌枯木怒犹威。
不知春力来多少，便有青蝇负暖飞。党怀英《立春》。

晌午鸦鸦响踏车，那边丛薄有人家。
老农歇热藤阴下，一树冬青落细花。方夔《田家》。

## 第十品 力

馀生欲老海南村，帝遣巫阳招我魂。
杳杳天低鹘没处，青山一发是中原。苏轼《澄迈驿通潮阁》。

昔逢李白清溪上，醉着宫花紫绮袍。
松雪落崖回晓棹，海风吹月见秋豪。虞集《题李氏青溪精舍》。

## 第十一品 声

墙根新洌寒泉眼，风廊一股来泠泠。
灯花夜半知我喜，恰似旧山穿石声。黄庶《新泉》。

我爱东湖旧广文，更过水口觅将军。
醉归尝骑广文马，不怕打鼓噤黄昏。杨维桢《漫兴》之一。

## 第十二品　色

玉楼倾倒粉墙空，重叠青山绕故宫。
武帝去来罗袖尽，野花黄蝶领春风。王建《过绮岫宫》。

花飞蝶骇不愁人，水殿云廊别置春。
晓日靓妆千骑女，白樱桃下紫纶巾。陆龟蒙《邺宫词》。

上十二目：神、气、韵、情、意、味、趣、理、致、力、声、色是也。绝句之神王者，飞动无匹，一往浩然。虽不言气韵，而气韵自在其中矣。范德机曰："绝句先得后两句，当以神气为主。"黄子云曰："七言绝句字无多，意纵佳，而读之易索，当从三百篇中化出，便有韵味。"王世贞曰："七言绝句，盛唐主气，气完而意不尽。"沈德潜曰："七言绝句，沧溟、凤洲主气，阮亭主神。"综合诸家之说，悉以"神""气""韵"为七绝至境，有如华岳三峰，各见精耸，未易优劣也。"气"者无迹，"力"者有迹；"韵"者无尽，"情"者有尽；故升"气""韵"为第二品、第三品，而降"情"为第四品，"力"为第十品也。王世贞曰："七言绝句，盛唐主气，气完而意不尽工；中、晚主意，意工而气不甚完。""意"之于"气"，不可企及如是。又其不及"情"者，"情"为自然流露，"意"则有待精思，是以略逊一筹也。然终高于第八品之"理"者，"理"平实而"意"超越也。"味""趣"二者似无甚差别，不知"味"如深潭游鳞，耐人观玩；"趣"如急流小棹，一驶无馀也。"致"者一丘一壑，聊供啸卧，非奇山异水，大可流连之比，是以退居第九也。第十一、第十二"声""色"何以殿后者，文字从声辞证入，本有此说，惟疾徐抗坠，纯是天机；清浊洪纤，莫非自然。"方行诘屈崎岖路，又听钩辀格磔声"，双声叠韵，对比极工，反觉非大雅所取。七绝自杜甫创为拗体格后，声调以拗为黏，以险为平，亦自有其美，不过不免有意为之，故抑居第十一品也。"色"则涂泽堆衬，与绝句之缥缈空灵者不合。七绝中如洗褪不尽，即有滞隔之虞。本品所举之例，诗亦不恶，但王建之《过绮岫宫》“玉楼”“粉墙”“青山”“罗袖”“野花”“黄蝶”，陆龟蒙之《邺宫词》“花飞”“蝶骇”“水殿”“云廊”“晓日”“靓妆”“白樱桃”“紫纶巾”，排衬满眼，实彩泽藻绘之过，试与第一品较而观之，便知其优劣不可以道理计矣。

## 七、七绝作品分类

七言绝句，缔造于唐，施及近代，迄未衰替。群玉辉映，众葩灿丽，品类之富，更仆难尽，析而论之，约得十六，即宫闱、边塞、闺怨、四时、览胜、怀古、羁旅、赠送、咏史、咏物、游仙、奁艳、题画、宫词、本事、随感是也。宫闱与宫词有别，宫闱所写为失意之贵妇人，宫词所叙乃帝王妃嫔生活之一片段。闺怨与奁艳有别，闺怨对象为征戍之夫婿，仍是淑俪之情；奁艳对象为赠芍之士女，不无嫪恋之思。怀古则主观之见为多，咏史则客观之解是重，此其两两不同之处也。宫闱、边塞、闺怨，唐绝最多，晚唐人喜为咏物，宋、元人多作咏史，元、明颇有题画之作，其馀则各代所同也。兹分疏如后，并选各代名绝以示体例：

（一）宫闱　惠心妍质，玉貌绛唇，在昔宫闱掖庭之间，有得宠忧移失宠愁集者矣。范晔有言：“爱升则天下不足容其高，欢坠故九服无所逃其命。”斯诚帝王威赫之犹尊，亦诗人咏叹恻隐之所出也。陈后长门，班姬秋扇，每为此类绝句所祖。

**长门怨　李白**

桂殿长愁不记春，黄金四壁起秋尘。
夜悬明镜秋天上，独照长门宫里人。

**长信秋词　王昌龄**

奉帚平明金殿开，且将团扇共徘徊。
玉颜不及寒鸦色，犹带昭阳日影来。

（二）边塞　《诗》云："自伯之东，首如飞蓬。"又云："洒扫穹室，我征聿至。"壮士荷戈远出，闺人膏沐弗施，及其凯歌返旆，喜也何如？边塞之作，设想大漠云昏、红闺风暖之际，宜其哀感顽艳，一唱三叹矣。

**从军行　王昌龄**

烽火城西百尺楼，黄昏独坐海风秋。
更吹羌笛关山月，无那金闺万里愁。

**陇西行　陈陶**

誓扫匈奴不顾身，五千貂锦丧胡尘。
可怜无定河边骨，犹是春闺梦里人。

（三）闺怨　隐微　曲，朦胧缥缈，其来无端，其去无际者，殆女子之情绪乎？方其新妆独坐，惆怅情深，远陌初穷，风流约误，则有妒春色之空来，恨狂夫之不返者矣。语云"春女多[1]怨"，闺帏之作，宜古今所独富也。

**春女怨　薛维翰**

白玉堂前一树梅，今朝忽见数花开。
儿家门巷寻常闭，春色因何入得来？

**闺怨　贾似道**

燕子楼边柳色新，画眉人去镜生尘。
年来[2]羞结空床梦，闲拨琵琶过一春。

---

① 多：底本无，据《中国文学会集刊》补。

② 年来：底本作"来年"，据《中国文学会集刊》《学术世界》《全宋诗》改。按：《全宋诗》题作《杨柳》。

（四）四时　春禽秋雁，新花落叶，耳聆目遇，自成欣戚。说夫逸少修暮春之禊，陶公爱重九之名，四时佳兴，人所同揆，不有篇章，曷记岁月乎？

**春兴　武元衡**

杨柳阴阴细雨晴，残花落尽见流莺。
春风一夜吹乡梦，梦逐春风到洛城。

**立秋　刘翰**

乳鸦啼散玉屏空，一枕新凉一扇风。
睡起秋风无觅处，满街梧叶月明中。

（五）览胜　孔子北游农山，兴言于致思，南临赵河，叹美于未济。圣姿天纵，犹借资于山水，况我辈乎？孟襄阳诗："江山留胜迹，我辈复登临。"此览胜之名所以立也。

**望天门山　李白**

天门中断楚江开，碧水东流向北回。
两岸青山相对出，孤帆一片日边来。

**初过汉江　无名氏**

襄阳好向岘亭看，人物萧条值岁阑。
为报习家多置酒，夜来风雪过江寒。

（六）怀古　齐景登牛山而流涕，晏婴讥其不仁，盖私游观之乐，而无思古之情也。元裕之诗云："山川常为昔人雄。"其所得不已多乎？

**石头城　刘禹锡**

山围故国周遭在，潮打空城寂寞回。
淮水东边旧时月，夜深还过女墙来。

**题四皓庙　白居易**

卧逃秦乱起安刘，舒卷如云得自由。
若有精灵应笑我，不成一事谪江州。

（七）羁旅　人生即有四方之志，岂鹿豕而常聚者哉？然而玉笛飞声，凄清此夜；风灯煮梦，愁寂如年。人生情味，最为难忘，绝句写之，始助怀想矣。

**再[①]宿武关　李涉**

远别秦城万里游，乱山高下入商州。
关门不锁寒溪水，一夜潺湲送客愁。

**题水心寺壁　王操**

分飞南渡春风晚，却返家林旧业[②]空。
无限离情似杨柳，万条垂向楚江东。

（八）赠送　临别赠言，远见《檀弓》，送人有序，滥觞《韩集》。七绝诗之赠送，则立言无定，以美为主。

① 再：底本与《中国文学会集刊》《学术世界》均无，据《全唐诗》补。
② 业：底本作“叶”，《中国文学会集刊》与《学术世界》均作“业”，据之改。

**送孟浩然之广陵　李白**

故人西辞黄鹤楼，烟花三月下扬州。
孤帆远影碧空尽，惟见长江天际流。

**赠黄鲁直　徐积**

不见故人弥有情，一见故人心眼明。
忘却问君船住处，夜来清梦绕西城。

（九）咏史　左思弄翰，早著《咏史》，妙取陈迹，敷陈己抱。七绝咏史之中，则杜樊川以喜谈兵而咏《赤壁》，王荆公以主新法而赋《孟子》，皆借人酒杯，浇胸块磊者也。

**赤壁　杜牧**

折戟沉沙铁未销[1]，自将磨洗认前朝。
东风不与周郎便，铜雀春深锁二乔。

**孟子　王安石**

沉魄浮魂不可招，遗编一读想风标。
何妨举世嫌迂阔，故有斯人慰寂寥。

（十）咏物　晚唐人好为咏物诗，小题斡运，颇见巧思，至其佳者，且近神韵，不止形似也。

**白莲　陆龟蒙**

素花多蒙别艳欺，此花真合在瑶池。
无情有恨何人见，月晓风清欲堕时。

---

① 销：底本与《中国文学会集刊》《学术世界》均作“消”，据《樊川诗集注》改。

### 雁 欧阳修

来时沙碛已冰霜，飞过江南木叶黄。
水阔天低云暗澹，朔风吹起自成行。

（十一）游仙　游仙诗所以滓秽尘网，锱铢缨绂，餐霞倒景，饵玉玄都。《文选》有郭璞、何劭之作，是其旨矣。唐绝以高骈、曹唐最为轩翥。

### 步虚词 高骈

清溪道士人不识，上天下地鹤一只。
洞门深锁碧窗寒，滴露研朱点周易。

### 小游仙 曹唐

青苑红堂压瑞云，月明闲宴九阳君。
不知昨夜谁先醉，书破明霞八幅裙。

（十二）奁艳　奁艳谓香奁体艳诗也。晚唐韩偓有《香奁集》，其诗多绮罗脂粉之语，后世趋风者纷纷而起，遂成艳体。明王彦泓有《疑雨》《疑云》二集，清孙原湘有《天真阁诗》，皆其苗裔。

### 半睡 韩偓

眉山黯澹向残灯，一半云鬟坠枕棱。
四体着人娇欲泣，自家揉损砑缭绫。

### 即夕口占 王彦泓

梦回酒渴破漳柑，十月霜轻尚带酸。
生受玉人绵样手，为郎频熨指尖寒。

（十三）题画　宋、元画学精进，题画之诗，渐成一格。而七言绝句，不浅不深，缥缈松蒨，尤与名画相宜，岂所谓合则两美，相得益彰者欤？

**金陵图　韦庄**

江雨霏霏江草齐，六朝如梦鸟空啼。
无情最是台城柳，依旧烟笼十里堤。

**题石屏巫山图　郭钰**

一片屏开十二峰，阳台去路有无中。
午窗香雾笼寒玉，犹似行云到楚宫。

（十四）宫词

自《汉武内传》《飞燕外传》《杂事秘辛》诸说部行世后，词人始以揣摩宫庭乐事为题材，此宫词所以兴起也。杜工部云："宫中行乐秘，那许外人知？"方巨山云："只道春风庭院秘，外间已作画图看。"二义相反，而实相成，盖宫庭嬉乐之事，容有一二传于内监之口，诗人辄从事张皇，所言不仅温室树也，而能无罪戾者，言之隐约，人主得恕之耳。此唐王建《宫词》百首之所以犹存也。若明洪武间，高启以"小犬隔花空吠影，夜深宫禁有谁来"二语致遭腰斩，张尚礼以"梦中正得君王宠，却被黄鹂叫一声"二句下蚕室死，则竟批人主逆鳞矣。诗语疏密之间，祸福如是，可胜慨哉？

**宫词　王建**

红蛮捍拨帖胸前，移坐当头近御筵。
用力独弹金殿响，凤凰飞出四条弦。

**邺宫词 陆龟蒙**

花飞蝶骇不愁人，水殿云廊别置春。
晓日靓装千骑女，白樱桃下紫纶巾。

（十五）本事 唐人绝句，艳冶风流，多有本事。孟棨所集，荡心悦目。清徐釚又有《续本事诗》，采录尤广。七绝四句仅二十八字，使有本事不明，即不知其句之妙，然亦有诗句读之浑然而不觉其有本事者，不可强执前说也。兹录孟棨《本事诗》、计敏夫《唐诗纪事》各一则如下：

**戎昱《移家别湖上亭》诗本事 孟棨**

韩晋公镇浙西，戎昱为部内刺史。郡有酒妓善歌，色亦媚妙，昱情属甚厚。浙西乐将闻其能，白晋公召置籍中。昱不敢留，饯于湖上，为歌词以赠之，且曰："至彼令歌，必首唱是词。"既至，韩为开筵，自持杯命歌送之，遂唱戎词。曲既终，韩问曰："戎使君于汝寄情邪？"妓悚然起立曰："然。"言随泪下。韩令更衣待命，席上为之忧危。韩召乐将责曰："戎使君名士，留情郡妓，何故不知而召置之，成余之过。"乃笞之。命与妓百缣，即时归之。其词云："好去春风湖上亭，柳条藤蔓系离情。黄莺久住浑相识，欲别频啼四五声。"

**杜牧《叹花》诗本事 计敏夫**

杜牧佐宣城幕，游湖州，刺史崔君张水戏，使州人毕观，令牧间行阅奇丽，得垂髫者十馀岁。后十四年，牧刺湖州，其人已嫁生子矣。乃怅而为诗曰："自是寻春去较迟，不须惆怅怨芳时。狂风落尽深红色，绿叶成阴子满枝。"

（十六）随感 感兴之诗，须景物心情融会而成，七绝虽短章，而感慨可大可小，挥洒自如，最擅胜场，非长诗排比铺陈之得比也。

**狂题 司空图**

草堂旧隐犹抬我，烟阁英才不见君。
惆怅故山归未得，酒狂叫断暮天云。

**偶题 王安石**

穰侯老擅[1]关中事，长恐诸侯客子来。
我亦暮年专一壑，每逢车马便惊猜。

## 八、七绝之作法

杨诚斋诗云："不分唐人与半山，无端横乱对诗坛。半山便遣能参透，犹有唐人是一关。"此诚斋自叙其学七言绝句之苦诣也。半山参透，尚曰未能，况缥缈空灵之唐人七绝，本无定法者乎？七绝作法，宋人犹少道及，至元、明、清间，始多扬扢商榷之说，然皆破碎不全，绝无系统。兹就前人已言者，参以拙解，勉举篇法、句法、字法、对法、借喻法、藏咏法六者，以为初学者告。

（一）篇法　诸家论篇法者，杨载曰："绝句之法，要婉曲回环，删芜就简，句绝而意不绝，多以第三句为主，而第四句发之。有实接，有虚接，承接之间，开与合相关，反与正相依，顺与逆相应，一呼一吸，宫商自谐。大抵起承二句固难，然不过平直叙起为佳，从容承之为是。至如宛转变化，工夫全在第三句。若于此转变得好，则第四句如顺流之舟矣。"陈绎曾曰："绝句体如古乐府，须浑然有大篇气象。"左舜齐曰："一句一意，意绝而气贯，此绝句之法。一句一意，不工亦下也。两句一意，工亦上也。以工为主，勿以句论。"吴乔曰："唐人七言绝句，大抵由于起承转合之法，惟李、杜不然，亦如古风，浩然长往，不可捉摸。"又曰："七绝与七古可相收放，如骆宾王《帝京篇》（按，为《畴昔篇》）、李

---

① 擅：底本作"檀"，《中国文学会集刊》《学术世界》均作"擅"，据之改。

峤《汾阴行》、王泠然《河边枯柳》本意在末四句，前文乃铺叙耳。只取末四句，便成七绝，七绝之起承转合，衍其意，可作七古，七古亦可收作七绝。”王世懋曰：“绝句之源出于乐府，贵有风人之致，其声可歌，其趣在有意无意之间，使人莫可捉着。晚唐快心露骨，便非本色。议论高处，逗宋诗之径；声调卑处，开大石之门。”沈德潜曰：“七言绝句以语近情遥，含吐不露为主。”凡此六家要旨，在剀示七绝宜婉曲回环，句绝而意连贯。其趣在有意无意之间，忌快心露骨，且太著议论也。愚按七绝篇法，最要为有大篇气象，而大篇气象者，平取之不易得，宜翻腾转折，如霜隼之击空，狂鲸之撇海，始为得之。盛唐七绝，以太白、龙标、王之涣三家最为杰出，如太白《送孟浩然之广陵》云：“故人西辞黄鹤楼，烟花三月下扬州。”则东西千馀里，收在两句中，不待浩然之踪迹到广陵，而太白之神已先至之。此所谓乘飙御风不以疾，句所未到气先吞也。更云：“孤帆远影碧空尽，惟见长江天际流。”则笔法之斡运，直从地面说到天上，志纬六合，气满两间矣。此种境界，惟独为胸襟阔异之伟大诗人所摄取。太白之前，未尝有法；太白之后，人尽得师矣。更如“夜悬明镜秋天上，独照长门宫里人”，从上说到下。“峨眉山月半轮秋，影入平羌江水流”“天回北斗挂西楼”“落月低轩窥烛尽”，亦从上说到下。“向余东指海云生”，从近说到远。“孤帆一片日边来”，从远说到近。“宫女如花满春殿，只今惟有鹧鸪飞”，从数千年前说到眼前。太白七绝，神锋开合，飞动无匹，其谋篇之不可端倪者，类如是也。王龙标之“昨夜云生拜初月，万年甘露水晶盘”“却恨含情掩秋扇，空悬明月待君王”“更吹羌笛关山月，无那金闺万里愁”“撩乱边愁听不尽，高高秋月照长城”“但使龙城飞将在，不教胡马度阴山”“楼头小妇鸣筝坐，遥见飞尘入建章”等，皆言在此而意在彼，开阖飞动，亦是太白流亚。王之涣之“黄河远上白云间，一片孤城万仞山”二语，尤太白诗中之神品，惜其只此一首耳。王龙标七绝句势稍紧，较之太白飞行绝迹者，自逊一筹。然由陌头柳色联想至夫婿觅封侯，由失意玉颜联想至寒鸦日影之来自昭阳，其致思犹甚远也。至如温飞卿之“寂寞游人寒食后，夜来风雨送梨花”，司空表圣之“五更惆怅回孤枕，犹有残灯照落花”，句非不佳，然“寒食”也，“风雨”也，“梨花”也，神不出一日之外，思不去小苑之中；“五更”也，“孤枕”也，“残灯”也，“落花”也，仍是目击可知，随手可拾，神不远，思不开也。最下如秦少游之“有情芍药含春泪，无力蔷薇卧晓枝”，细琐凝滞，思囿户庭，盖过耽佳句，而不解篇法故也。

（二）句法 七绝四句，第一句名起句，第二句名承句，第三句名垫句，第四句名结句，兹分类示例如下，初学可取法焉。

起句分顺起、逆起、对起，例如下：

顺起例

寒雨连江夜入吴，平明送客楚山孤。（王昌龄《芙蓉楼送辛渐》。寒雨蒙蒙，楚山不见也。）

逆起例

潇湘何事等闲回，水碧沙明两岸苔。（钱起《归雁》。首句逆起，犹言潇湘水碧沙明，两岸多苔，汝雁何事，等闲飞回耶？）

对起例

回乐峰前沙似雪，受降城外月如霜。（李益《夜上受降城》。两句对起，但非律诗之一联。）

承句分顺承、紧承、反承，例如下：

顺承例

故人西辞黄鹤楼，烟花三月下扬州。（李白《送孟浩然之广陵》。第二句指所往之地也。）

紧承例

秋夜沉沉此送君，阴虫切切不堪闻。（皇甫冉《送魏十六》。“秋夜沉沉”“阴虫切切”，两句意相似。次句紧承首句[①]。）

反承例

杨柳青青杏发花，年光误客转思家。（王翰《春日思归》。杨柳青，杏花发，不喜年光之到临，反讶其误我。第二句反承。）

垫句分虚垫、实垫、翻垫，例如下：
虚垫例

谁能更向青门外，秋草茫茫觅故侯。（刘长卿《家园瓜熟》之第三、四句，三句虚垫。）

实垫例

碛里征人三十万，一时回首月中看。（李益《从军北征》。三十万征人，一时回首。）

翻垫例

莫怪山前深复浅，清淮一日两回潮。（刘方平《送别》。“深复浅”字样，以翻出潮之来去。）

---

① 按：此句舛误，据《学术世界》改。

结句分平结、宕结、带结，例如下：

平结例

仍对墙南满山树，野花撩乱月胧明。（元稹《嘉陵驿》。第四句平实结住。）

宕结例

今夜月明人尽望，不知秋思落谁家？（王建《十五夜望月》。第四句推开结住。）

带结例

人今已厌南中苦，鸿雁那从北地来？（王勃《九日登高》。第四句与第三句连带生发。）

（三）字法　七绝字法，诗流所不甚论。大家李、杜一首绝句，即如一篇古风，浩然长往，不可捉摸，安得执着论其字法？然七绝只二十八字，设有一字未稳，瑕疵立可发见，岂可忽视而不之究耶？今试以王昌龄、陈陶二诗论之，即可见字法关系之大。"闺中少妇不曾愁，春日凝妆上翠楼。忽见陌头杨柳色，悔教夫婿觅封侯"，此王昌龄《闺怨》绝句也。二十八字中，有一字为之主而斡运全诗者，"凝"字是也。妆如曰凝，则调脂弄粉，对镜试衣，种种举动，皆不言而喻，既可顶承上句之"不曾愁"，亦可引出第四句之忽然而悔。此诗如无"凝"字，即脉络不能贯输，全诗精采尽失。欲觅与"凝"字同意之一字以代之，亦不可得。穷于一字，诗之高境也。"誓扫匈奴不顾身，五千貂锦[1]丧

① 锦：底本作"绵"，《中国文学会集刊》与《学术世界》均作"锦"，据之改。

胡尘。可怜无定河边骨，犹是深闺梦里人”，此陈陶《陇西行》绝句也。此诗后二句脍炙千古，可谓绝唱。惜前二句筋骨毕露，令人憎厌，王艺贞《艺苑卮言》引为深恨。愚谓论句法固有病，而字法不讲，尤为此诗之大病。“丧”字不美，且骂题矣。如改为“弃”字，则稍为婉曲，然终非最佳之字面也。由此二诗，可知七绝字法之要，兹要叙单入字法、呼应字法二例如下：

单入字法例

石路泉流两寺分，寻常钟磬隔山闻。
山僧半在中峰住，共占清猿与白云。（“占”字为单入字法，有此乃见山僧之净逸。）

寂寂[1]花时闭院门，美人相并立琼轩。
含情欲说宫中事，鹦鹉前头不敢言。（“含”字为单入字法，有此乃见美人并立时终无一言也。）

呼应字法例

孤舟微月对枫林，分付鸣筝与客心。
岭色千重万重雨，断肠收与泪痕深。（第二句之“分付”字与第四句之“收”字互相呼应。）

莫道秋江离别难，舟船明日是长安。
吴姬缓舞留君醉，随意丹枫白露寒。（第三句之“缓”字与第四句之“随意”字相为呼应。）

---

① 寂：底本作“寞”，《中国文学会集刊》与《学术世界》均作“寂”，据之改。

（四）对法　范德机《木天禁语》中有扇对、间对、四句二联三种对法。世俗又以两句虽对而可连贯成一句者，谓之流水对；第一句与第三句遥对，第二句与四句遥对者，谓之偷春对。今就七绝诗对法中数见不鲜者，分列古对、律对、扇对、借对、半对五法如下。七绝本不尚对，而犹列举者，聊备一格云尔。

古对　古对者，似对不对，初唐标格，不能认为律诗之半也。例如：

九月九日望乡台，他席他乡送客杯。
人今已厌南中苦，鸿雁那从北地来？（首、二平仄失黏，三、四格式参差，此古绝句对法也。）

律对　律对者，四句两联，一如七律中之颔腹联。杜甫创此，晚唐许浑亦喜效之。

两个黄鹂鸣翠柳，一行白鹭上青天。
窗含西岭千秋雪，门泊东吴万里船。（三、四对仗雄浑，律对高作。）

扇对　一与二对，三与四对，但不得视为律对。杜甫创此，宋黄庭坚亦喜为之。例如：

郑公彩绘随长夜，曹霸丹青已白头。
天下何曾有山水？人间不解重骅骝。（第三句解释第一句，第四句照应第二句。）

借对　对仗之句，用字音而不拘其实物实事者，谓之借对。如：

从师学道鱼千里，盖世成功黍一炊。
日日倚门人不见，看尽林乌反哺儿。（借“黍”字为“鼠”字也。）

半对　半对半不对，每在发端两句，例如王维之《九月九日忆山东兄弟》、苏轼之《过泗州喜见张嘉父》是也。

独在异乡为异客，每逢佳节倍思亲。
遥知兄弟登高处，遍插茱萸少一人。（“独在异乡”与“每逢佳节”为半对。）

眉间冰玉照淮明，笔下波澜老欲平。
直得全生如许妙，不知形谍已多名[1]。（“眉间冰玉”与“笔下波澜”为半对。）

（五）借喻法　七绝诗婉曲微茫，最忌直说，故借喻之法尚焉。范德机曰：“借本题说他事，如咏妇人者必借花为喻。”咏妇人者必借花为比，范氏此说，本非笃论。如宋之问《伤曹娘》诗云：“前溪妙舞今应尽，子夜新歌遂不传。无复绮罗娇白日，直将珠玉闭黄泉。”则又以绮罗、珠玉比妇人矣。兹曲就范氏之说示例如下，并为例以广之：

咏妇人借花为喻例

繁华事散逐香尘，流水无情草自春。
日暮东风怨啼鸟，落花犹似坠楼人。（杜牧《金谷园》。以落花比绿珠。）

---

① 名：底本与《学术世界》均作“明”，据《苏轼诗集合注》改。

咏花借妇人为喻例

曾愁香结破颜迟，今见妖红委地时。
若是有情争不哭，夜来风雨葬西施。（韩偓《哭花》。以西施比落花。）

咏得官职以学仙为喻例

炼汞烧铅四十年，至今犹在药炉前。
不知子晋缘何事，只学吹箫便得仙。（高骈《闻河中王铎加都统》。以王铎之无功加官职，如子晋之吹箫得仙。）

咏处士横议以山泉为喻例

初疑夜雨忽朝晴，乃是山泉终夜鸣。
流到前溪无一语，在山做得许多声。（杨万里《宿灵鹫禅寺》。处士出山，则无所表见，抵得一篇《阳城论》也。）

（六）藏咏法　范德机云："杜甫《江南逢李龟年》诗为藏咏法。诗云：'岐王宅里寻常见，崔九堂前几度闻。正是江南好风景，落花时节又逢君。'立言蕴藉，风韵甚美，而天宝之乱离、龟年之身世，皆隐隐寓寄其中，此藏咏法之妙也。"七绝诗忌直说，故用借喻一法；又忌明说，故又用藏咏一法也。七绝诗藏咏而美者，如唐人柳宗元、朱庆馀二首：

**酬曹侍御　柳宗元**

破额山前碧玉流，骚人遥驻木兰舟。
春风无限潇湘意，欲采苹花不自由。（宗元谪后，久望朝士援手，故有上许孟容、萧俛书。此诗亦与同意。骚人谓曹侍御，苹花自喻，望其采之，即望其援手也。通篇含蓄蕴藉，言外之意可掬。）

**近试上张水部　朱庆馀**

洞房昨夜停红烛，待晓堂前拜舅姑。

妆罢低声问夫婿，画眉深浅入时无。（庆馀遇水部郎中张籍知音，索其新旧篇什二十六章，置之怀袖而推赞之，遂登科。此诗其本事，亦喜于藏咏者也。）

## 九、七绝之解法

七言绝句缥缈空灵，见仁见智，随人自得，本无一定解法也。然无定之中，有较优胜者焉。孟子曰："固哉高叟之为诗也！"汉人语云："莫说诗，匡鼎来！"则解诗说诗，亦古人所尚也。七绝诗有不必深解者，有宜深解者，有解后方佳者，有不解为佳者，凡此欣赏文艺者不可不知也。兹为四例以说明之如下：

（一）不必深解者　刘禹锡《乌衣巷》诗："朱雀桥边野草花，乌衣巷口夕阳斜。旧时王谢堂前燕，飞入寻常百姓家。"无名氏《岘拥说诗》解之曰："'旧时王谢堂前燕，飞入寻常百姓家'，若作燕子他去，便呆。盖燕子仍入此堂，王、谢零落，已化作寻常百姓矣。如此则感慨无穷，用笔极曲。"愚谓此诗不必作如是深解也。岘拥矜为创获，过也。夫王、谢式微，化作寻常百姓，固有然矣。然既化为寻常百姓，又何仍可拥有昔日之第宅以待燕子来耶？杜诗云"王侯第宅多新主"，张籍诗云"汾阳旧宅今为寺"，盛衰荣落，事之不免，宅之易主，必然之理也。王、谢子弟有困极而乞为奴者矣。不爱其父母遗体，又何爱其祖宗遗业耶？则旧时王谢堂前燕，飞入其他寻常百姓家，正自感慨无穷，何必固执燕子仍入此堂乎？此岘拥自炫其智之过也。更如杜牧

《赤壁》诗云:"折戟沉沙铁未销[1],自将磨洗认前朝。东风不与周郎便,铜雀春深锁二乔。"《许彦周诗话》解之曰:"作诗者于其社稷存亡生灵涂炭乃都不问,只恐捉了二乔,措大真不知好恶!"游潜驳之曰:"孙氏于赤壁之战,若非乘风力纵火取捷,则国破家亡,将被曹公夺二乔而置之于铜雀台矣。诗意盖谓其君臣虽妻子不能保也。"愚谓游潜驳之之说是也。七绝诗不必深为之解类是。

(二)宜深解者　贾岛《渡桑乾诗》云:"客舍并州已十霜,归心日夜忆咸阳。无端更渡桑乾水,却望并州是故乡。"王世懋解曰:"谢枋得注此云:'旅寓十年,交游欢爱,与故乡无异,一旦别去,岂能无情?渡桑乾而望并州,反以为故乡也。'读之不觉大笑。余谓此岛自思乡作耳,何曾与并州有情?其意恨久客[2]并州,远隔故乡,今非惟不能归,反北渡桑乾还望并州又是故乡矣。并州且不得住,何况得归咸阳?此岛意也。谢注有分毫相似耶?"愚谓此绝作如此解,得勘入一层法。宋李觏《诗》云:"已被碧山相掩映,碧山更被暮云遮。"李觏此诗与贾岛同一杼轴,李之碧山,相当于贾之并州,暮云则相当于桑乾矣。贾、李思致皆极深,宜作勘进一层解也。更如许浑《客下有卜居不遂薄游汧陇者因赠》诗云:"海燕西飞白日斜,天门遥望五侯家。楼台深锁无人到,落尽春风第一花。"胡应麟解之曰:"谢枋得此注云:'五侯虽有第宅,而不得安享,亦犹逆旅无家者。'此语一出,许诗风味索然,夫以逆旅无家之客,望五侯第宅深锁落花之内,一段寂寥情况,更不忍言。罗隐《下第》诗:'帘卷残阳鸣鸟鹊,花飞何处好楼台。'意正此同,而许作全不道破,尤为超妙。晋人云:'非惟善作者不可得,善解者亦不可得。'信哉!"愚谓胡应麟驳谢注亦是,不过所引罗隐诗未甚切合,何不引范椁[3]《思家》诗云"不分桃花红似火,为人儿女照

① 销:底本与《中国文学会集刊》《学术世界》均作"消",据《樊川诗集注》改。

② 客:底本作"容",《中国文学会集刊》《学术世界》均作"客",据改。

③ 椁:底本为"梈",误。

秋千”乎？

（三）解后方佳者　王昌龄《采莲词》云：“荷叶罗裙一色裁，芙蓉花脸两边开。棹入横塘看不见，闻歌始觉有人来。”贡有初解曰：“诗意谓叶与裙同色，花与脸同色，故杆入花间不能辨。及闻歌声，方知有人来也。用意之妙，读者皆草草看过了。”王昌龄《青楼曲》云：“白马金鞍从武皇，旌旗十万猎长杨。楼头少妇鸣筝坐，遥见飞尘入建章。”王夫之解曰：“想知少妇遥望之情，以自矜得意，此善于取影者也。‘春日迟迟，卉木萋萋；仓庚喈喈，采蘩祁祁；执讯获丑，薄言还归；赫赫南仲，猃狁子夷’。其妙正在此，训诂家不能领悟，谓妇方采蘩而见归师，旨趣索然矣。盖征人归矣，度其妇方采蘩而闻归师之凯旋，故迟迟之日、萋萋之草、鸟鸣之和，皆为助喜，而南仲之功震于闺阁。室家之欣幸，遥想其然，而征人之意得可知矣。乃以此而称南仲，又影中取影，曲尽人情之极至者也。”

（四）不解为佳者　唐人七绝，兴象玲珑，强作解人，反生轇轕。如太白《泛洞庭》诗云“洞庭西望楚江分，水尽南北不见云。日落长沙秋色远，不知何处吊湘君”，龙标《芙蓉楼送辛渐》云“寒雨连江夜入吴，平明送客楚山孤。洛阳亲友如相问，一片冰心在玉壶”，李嘉祐《题虔上人壁》云“诗思禅心共竹闲，任他流水向人间。手持如意高窗里，斜日沿江千万山”，张继《枫桥夜泊》云“月落乌啼霜满天，江枫渔火对愁眠。姑苏城外寒山寺，夜半钟声到客船”，柳宗元《酬曹侍御》云“破额山前碧玉流，骚人遥驻木兰舟。春风无限潇湘意，欲采苹花不自由”，刘禹锡《石头城》云“山围故国周遭在，潮打空城寂寞回。淮水东边旧时月，夜深还过女墙来”等，皆超妙为绝句上乘，所谓羚羊挂角，无迹可求，不着一字，尽得风流者也。昧者不察，强作分晓，则太白不信有湘君为“反离骚”；少伯之“一片冰心”，岂得人为热中之流？李嘉祐为沿江千万山，强生两目；张继为寒山寺半夜钟声特赋两耳；柳宗元为潇湘采苹客；刘禹锡为南京钦天监，岂不大可笑哉？

# 乐府诗通论[①]

## 一、起源之推测

钧天九奏，作自上世。葛天八阙，创于皇古。其辞传疑，其声难于揣想。《咸池》《六英》，虽或奏于唐虞，其意玄远，其音窅默，乐家犹难于论列。至舜时而有乐官，乐官为夔。舜命之典乐，教胄子，曰："诗言志，歌永言，声依永，律和声。"夫诗言志，而言志者不必诗也。故不入乐之诗，几与散文同律，以其只有心声而已。必曰"永言"，则吟咏必延长其音；曰"依永"，则不得不有韵；曰"和声"，则谐其宫商，顺其喉吻，然后诗之能事毕而夔之执任完矣。"乐府"二字，本官名也。舜命夔典乐，为中国政府有乐官之始，亦为诗与乐合之始。后世可弦歌之诗悉名乐府诗。唐之七言绝句、宋之词、元之曲，皆名乐府，则其支派流裔也。

## 二、产生之由来

政俗由质朴而趋浮侈，文学由简括而趋繁靡。美上皇而诮末代，仅为士夫之空谈，未有能变玉食锦衣为餐橡带索、驱丽句新声为击壤康衢者。乐府之产生，正由政局变于上，民俗变于下，诗人、乐人遇合造作而成者也。郊祀、燕射，朝廷士大夫之乐章，以声为主，以辞为辅，其变不甚剧。赵、代、秦、楚之讴，地方之乐章，以辞为主，以声为辅，其变极剧。至后世所谓新乐府，则由诗中之变风、变雅，变于其所不得不变，初不限于声辞，殆惟生于情事。虽曰"徒歌"，然得乐府之

---

① 编者按：《东方杂志》1945年第41卷第22期刊发表《乐府诗研究谈》，与手稿本《培风楼文丛》之《乐府诗通论》大体相近，而手稿本第五部分内容为《乐府诗研究谈》所无。今以手稿本为底本，校以《乐府诗研究谈》。

意，不可屏于乐府之外也。其故请详论之。

《汉书·礼乐志》云："武帝定郊祀之礼，乃立乐府，采诗夜诵，有赵、代、秦、楚之讴。"又云："汉郊庙诗歌，内有掖庭材人，外有上林乐府，皆以郑声施于朝廷，故哀帝时罢之。然百姓渐渍日久，湛沔自若。"又《佞幸传》云："李延年善歌，为新变声。上欲造乐，令司马相如作诗颂，延年则辄承意弦歌所造诗为之新声曲。女弟李夫人产昌邑，由是贵为协律都尉。"合观《汉书》所载乐府有关诸则，则知乐府之名，实立于武帝定郊祀礼之时，乐官则为佞臣李延年。乐府既立，采诗夜诵。"夜"之一字，声转则为"绎"、为"译"、为"怿"。殆采得之诗，经润色改定谓之绎；用雅言代方言谓之译（如《越人歌》之类）；和其声理、稳顺声势谓之怿。又汉武帝好大喜功，溺于声色，畜文臣如狗监、马监，立乐府比倡优、北里。延年承意弦歌，求得帝悦怿而已。故当时之乐府，决非远绍虞舜之典乐，宗周时之大司乐，不过欲纵心耳之娱，可以卑之毋甚高论者也。观于河间献王之献雅乐，天子仅下太乐官常存肄之，岁时以备数，然不常御，则知汉之乐府者，周之郑声也，非雅乐也。此刘勰《文心雕龙》所谓"延年以曼声协律，朱、马以骚体制歌。《桂华》杂曲，丽而不经；《赤雁》群篇，靡而非典。河间荐雅而罕御，汲黯致讥于《天马》"者，诚慨乎其言之矣。

考《史记·孔子世家》，三百五篇，孔子皆弦歌之，以求合《韶》《武》、雅、颂之音。河间献王所献雅乐，虽不明言篇名，足见三百五篇中大小二雅之乐谱，犹有存者。惜武帝专务新声，不知常御，故不传于后世耳。三百篇传于后世而可歌诵者，惟《鹿鸣》《伐檀》等十二篇。章先生曰："近人以《鹿鸣》《伐檀》等一谱一字无抑扬高下之音，疑为唐人所作。然一字一声，不但《诗经》为然，宋诗亦然，姜夔、张炎之谱可证也。"章先生推究雅郑之殊异，又为之言曰："一字之谱多声，始于元曲，古人未必如此。郑声之'郑'，读如'郑重'之'郑'，因目一字多声为郑声，而以一字一声为雅乐。"其言甚创而极碻，三百篇中无郑声，孔子删诗所放也。乐府诗、宋词、元曲，则殆愈先愈雅，愈后愈郑矣！今列举以明之。

郭茂倩《乐府诗集·西门行》本辞云："出西门，步念之。今日不作乐，当待何时？逮为乐，逮为乐，当及时。何能坐愁怫郁，当复待来兹。酿美酒，炙肥牛，请呼心所欢，可用解忧愁。人生不满百，常怀千岁忧。昼短苦夜长，何不秉烛游？游行去去如云除，弊车羸马为自储。"诗中无连字，且少叠句，结二语尤极质朴沉闷。及晋时将此定为乐章，即有增损改定，故《西门行》乐府辞云："出西门，步念之。今日不作乐，当待何时？夫为乐，为乐当及时。何能坐愁怫郁，当复待来兹。饮醇酒，炙肥牛，请呼心所欢，可用解愁忧。人生不满百，常怀千岁忧。昼短而夜长，何不秉烛游？自非仙人王子乔，计会寿命难与期！自非仙人王子乔，计会寿命难与期！人寿非金石，年命安可期？贪财爱惜费，但为后世嗤。"读之觉声调美茂，语句清丽，而回环顾盼、反复咏叹之处，尤在三四五七各言之错综，兼有两句之叠用。此盖诗人与乐人合作之产物，在文学中极为进步。至论雅郑，则本辞仅八十四字，乐府辞多至百一十六字。其音调嫖姚超忽，当难免急促有郑声矣。至如宋词，初袭五代花间为小令，工者欧、晏。及柳永屯田氏出，始创为慢词。"慢词"者，依小令之腔板，增益字句，扩为中调之谓。如柳氏《鹤冲天》一词，共有两阙。两阙相较，上半阙句法字数悉同，下半阙一为四十五字，一为四十一字，足见下半阙一加衬字，一不加衬字，真可谓慢词中之慢词矣！更论元曲，尤可任意加衬字。如邓玉宾《正宫·叨叨令》二首，一为六十字，一为五十字，而元曲甘为郑声。章先生之言，信而有征矣。

诗有国风、雅、颂三体，国风无楚风，《离骚》远绍之，得国风、小雅之意。《史记·屈原传》所谓"国风好色而不淫，小雅怨诽而不乱"，若《离骚》者，可谓兼之者也。后世钟嵘《诗品》，于诗立为三系：风一系，雅一系，骚一系，而黜颂。此就文学中之成分析之，固当升骚而黜颂也。商周之颂，艰崛朴重，殆难句读，有其声而辞不能动人，非《离骚》掩抑纡回、情深文丽之可比也。乐府之郊庙歌辞，多从颂诗来。汉

《郊祀歌》十九首中,《练时日》似骚体,《青阳》《朱明》《西颢》《玄冥》四首似《豳风》,惟《泰元》似颂,其馀则有似而不全似者。《日出入》一首又似铙歌,与十八首者殊绝,足见乐府诗为风、雅、颂、骚四体而后铸旧为新之一种诗体,然得国风为独多。如酿芳烈之酒,其中虽有郁金香、酴醿、玫瑰、木瓜之属,而黍秫自是其主要原素也。文学作品,后者常撷取前者之长以为己长。杜子美不取曹、刘、阮、陶、颜、谢、庾、鲍之长,亦不能集其大成。乐府诗生于风、雅、颂、骚之后,正有类于此也。

政俗由侈靡而败乱,史不绝书。因侈靡而生浮夸之心,因败乱而启愁郁之情,此亦人事之常律。诗人于此,感触尤为锐敏,而乐府诗人视其他体诗人更甚。盖如五言诗人,尚有山水田园之趣,琴书闲适之怀,不必有纵恣之描写,指斥之感讽也。汉以来乐府诗,如《天马》《赤雁》《灵芝》《名都》《美女》《白马》《陌上桑》《董娇饶》《鸡鸣》《相逢行》《玉树后庭花》《泛龙舟》《舞媚娘》之属,皆有纵恣之描写,生于浮夸之意。故叙一女子之饰,而曰"一鬟五百万,两鬟千万馀";叙一家室之富,而曰"黄金为君门,白玉为君堂";叙一丈夫之装,而曰"腰中鹿卢剑,可直千万馀";叙一驺从之盛,而曰"从人四五百,郁郁登郡门";叙一宫室之美,而曰"璧月夜夜满,琼树朝朝新";叙一苑囿之大,而曰"花娇迎杂树,龙喜出平池",此皆务极其煊赫秾至,乐府诗中备有之声色者也。反是如《薤露》《蒿里》《苦寒行》《却东西门行》《东门行》《西门行》《吁嗟篇》《箜篌行》《怨歌行》《放歌行》《饮马长城窟行》《驾出北郭门行》《伤歌行》《孤儿行》《妇病行》《悲歌》《悲哉行》《妾薄命》,或悯死丧,或怆行旅,或困交谪,或悲失爱,或叙孤寡之无告,或述丧乱之稠叠,总由国家败乱不知生人之乐而起。乐府诗此类至多,所谓"愁苦之音易好"也。更如杜甫丁天宝之乱,所作新乐府,"二悲""二哀""三吏""三别"、《兵车行》《洗兵[①]马》诸名篇,直接变风变雅,

---

① 兵:底本作"名",据《杜诗详注》改。

哀烈若燕歌、楚些，乐府诗家，不得不拥彗而迎矣！元稹、白居易亦以新乐府扬徽中唐，人尊才子，解索老妪，非无故也。

## 三、体制之分类

乐府诗体上包风、雅、颂、骚，下赅歌、行、律、绝，于诸体无不备有。胡应麟曰："世以乐府为诗之一体。余历考汉魏六朝唐人诗，有三言、四言、五言、六言、七言、杂言、近体、排律、绝句，乐府皆备有之。《练时日》《雷震震》等篇，三言也；《箜篌行》《善哉行》等篇，四言也；《鸡鸣》《陇西》等篇，五言也；《乌生》《雁门》等篇，杂言也；《妾薄命》等篇，六言也；《燕歌行》等篇，七言也；《紫骝》《枯鱼》等篇，五言绝也，皆汉魏作也。《挟瑟歌》等篇，七言绝也；《折杨柳》《梅花落》等篇，五言律也，皆齐梁人作也。虞世南《从军行》、耿沣《出塞曲》，五言排律也；沈佺期"卢家少妇"、王摩诘"居延城外"，七言律也，皆唐人作也。五言长篇，则《孔雀东南飞》；七言长篇，则《木兰歌》。是乐府于诸体，无不备有也。"

郭茂倩辑《乐府诗集》百卷，上采尧舜时歌谣，下迄于唐，自箸目录，分乐府诗为十二大类，即郊庙歌辞、燕射歌辞、鼓吹曲辞、横吹曲辞、相和歌辞、清商曲辞、舞曲歌辞、琴曲歌辞、杂曲歌辞、近代曲辞、杂歌谣辞、新乐府辞是也。郊庙歌辞者，始于汉之《郊祀歌》十九章。五郊互奏之，其目有夕牲、迎神、登歌等曲，历代沿用其乐，略改其乐章而已。宋齐以后，又加裸地、迎牲、饮福。唐则夕牲、裸地，不用乐。下逮五代，制作之事，更所未暇，朝廷宗庙典章文物，但按故常以为程式云。燕射歌辞者，汉之曲辞已亡，今有晋之四厢乐歌。晋武帝使傅玄、荀勖、张华造有正旦行礼、王公上寿酒、食举歌诗，盖飨燕食举之乐歌也。鼓吹曲辞者，又名短箫铙歌，始于汉《铙歌十八曲》，盖军乐也。横吹曲辞者，其始亦谓之鼓吹，马上奏之，始于汉《横吹曲十曲》，亦军中之乐歌也。相和歌辞者，因丝竹金石相和而歌而得名。《唐·乐志》曰："平调、清调、瑟调皆周房中之遗声，汉世谓之三调。又有楚调，汉房中乐也，与前三调总谓之相和调。”郭氏细分其目为相和六引、相和曲、吟叹曲、四弦曲、平调曲、清调曲、瑟调曲、琴调曲、楚调曲九种，皆房中乐也。始于汉世街陌讴谣、《江南可采莲》《乌生十五子》《白头吟》之属，歌辞之多门，未有盛于此者。又相和之理，一同吴声、西曲，前有和，后有送，盖诸调曲有艳、有趋、有乱辞，艳在曲之前，趋与乱在曲之后故也。清商曲辞者，其辞皆古调，及魏三祖所作。自晋播迁，其音分散入南。王僧虔曾论之曰：“今之清商，实由铜雀。魏氏三祖，风流可怀。京洛相高，江左弥重。”今其目有吴声歌曲、西曲歌、江南弄三种。吴声歌于江南，今江浙等地；西曲歌于楚，今湘鄂等地；江南弄由梁武帝改西曲而成，正今金陵等地。统观清商诸曲，缠绵哀婉，艳丽清新，既含宫体，又属民歌。子夜、读曲，男女悦慕之词；玉树后庭，人主荒淫之意，可谓情歌，亦可谓亡国之音矣。舞曲歌辞者，自汉以后，乐舞浸盛，故有雅舞，有杂舞。雅舞，用之郊庙朝飨；杂舞，用之宴会，有文舞，有武舞，有软舞，有健舞。唐自开元以来极盛，《诗》戒屡舞，乱用是长。今虽不见其舞姿，读其舞辞，亦可增人凭吊之感。琴曲歌辞者，鼓之用琴，其曲有畅，有操，有引，有弄。古琴曲有五曲、九引、十二操，而《鹿鸣》《伐檀》之雅乐亦在其中，视相和清商之徒为郑声，亦有间矣。然今多不传，传者其辞。韩退之事事复古，所为《琴操》极可诵，而胡应麟尚讥其《文王操》得其意不得其词，下此更不足论矣！杂曲歌辞者，诗体中之行、引、歌、谣、吟、咏、怨、叹八流，皆合诗人六义之意，本有可协声律、播金石者。然历代文人才士作者之所用心，岂必尽能弦歌？盖以叙离别悲伤之怀，言征战行役之苦，因意命题，学古叙事而已。今古辞可考者，若《伤歌行》《生别离》《长相思》、“枣下何纂纂”之类是也。不见古辞而自我作古者，则若《出自蓟北门》《结客少年场》《秦王卷衣》《半渡溪》《空城雀》《齐讴》《吴趋》之类是也。后世文人叠有述造，则几与新乐府辞相近。近代曲辞者，亦杂曲歌辞也，以其于隋唐之世，故曰近代曲辞。开元、天宝间，其著录者十四调、二百二十二曲。《杨柳枝》《竹枝》，顾为此曲中之脍炙人口者，则与今世山歌相近云。杂歌谣辞者，里谚乡谣、街谈巷议、政治褒贬、人物臧否，咸见于此。茂倩所辑，不分真伪，厕居其中，则与沈德潜《古诗源》中之《古逸》相当者也。新乐府辞者，其辞实乐府，得乐府之意，具乐府之事，而未被于金石弦管者。盖有其辞无其声，则不得不以新乐府名之也。汉武帝初立乐府，以李延年为协律都尉，采诗夜诵，有赵、代、秦、楚之讴，亦有司马相如诸人所造之诗歌，延年辄承意弦歌，为之新声。所谓“承意”者，非必承武帝之意，当必先明作者之意，由徒歌而被之弦管，使无声而为有声也。当时所采之诗甚多，岂尽被之弦管？汉诗中恐亦有名乐府而不能奏者在也。则新乐府，不其亦可以附于乐府诗之后乎？元稹亟取杜甫《悲陈陶》《哀江头》《兵车》《丽人》等歌行，率皆即事名篇，无复依傍，得诗人讽刺之义，乃与白居易共师杜甫意，赋新乐府如干首。今元氏、白氏《长庆集》皆各有新乐府七八十首，并可传之作也。后世诗人赋时事诗，讥朝廷得失，纪民生疾苦，处蓬筚之间，备輶轩之采，其庶几无愧乎。新乐府因事命题，与世休戚相关，指斥之情原于忠厚之意，发展正未有艾。选诗者知人论世，尤当搜辑编为长篇者也。

乐府诸体分类具如上述，有有声有辞者，若郊庙、铙歌、相和、横吹等曲是也；有因歌而造声者，若清商、吴声诸曲是也；有徒歌而不被之金石弦管者，若杂歌谣辞、新乐府等是也；“徒歌”一曰“徒诗”，盖徒为诗而终不合乐者。谣者，《说文》作 ，谓肉言也，即喉舌发声，永言有韵而已。郭茂倩宋人，当时辑乐府诗，所录之诗，不能被之弦管者，十中殆有八九，所可歌者，《忆江南》《小秦王》《杨柳枝》《浪淘沙》等曲，亦为诗，亦为词，当为人所共喻耳。如是则乐府诗不几同匏瓜之系、虚车之饰，有其名无其实乎？即宋词、元曲，今日可歌者，间亦不过数首，则《乐府诗集》一书，比之辑逸汇编，郭茂倩可以无作矣！然乐府诗上接风、雅、颂、骚，下开唐诗、宋词、元曲，在文学史中，实占重要地位。且清商曲中之儿女情歌，近代曲中之《杨柳枝》《竹枝》《棹歌》，并为现代民歌、山歌所渊源，则此二体，亦可以由附庸代兴，蔚为大国。郊庙、鼓吹诸曲虽声辞俱亡，亦不足惜也。

## 四、作法之研究

乐府诗胎息风骚，浃洽人情：藻思不厌其华艳，以其真至，故不觉其繁缛；声律务协于谐畅，以其自然，故不见于拘挛；常用事而不为事用，善谋篇而泯绝痕迹，真韵文中之纯文学也。兹以管窥所及，叙述乐府诗作法七目如下。七目者：一主情、二善比、三尚藻、四贵婉、五驭事、六选声、七定篇。

立文之道，其理有三：一曰形文，五色是也；二曰声文，五音是也；三曰情文，五性是也。在昔诗人什篇，为情而造文；辞人赋颂，为文而造情；乐府诗人者，为情颠倒，尤用情之最甚者。或有过于情，而不至不及于情也。梁元帝《金楼子·立言》篇亦云："吟咏风谣，流连哀思者谓之文。"甚矣乐府诗之为文，真流连哀思，往而不返者也。《铙歌·有所思》云："闻君有他心，拉杂摧烧之，当风扬其灰。从今以往，勿复相思。"此决绝之情愤也。魏武《短歌行》云："越陌度阡，枉用相存。契阔谈宴，心念旧恩。"此契阔之情切也。甄后《塘上行》云："念君常苦悲，夜夜不能寐。莫以豪贤故，弃捐素所爱。莫以鱼肉贱，弃捐葱与薤。莫以麻枲贱，弃捐菅与蒯。"此临诀之情惨也。古辞《东门行》云："今时清廉，难犯教言，君复自爱莫为非。"此骨肉诿诿之情至也。傅玄《饮马长城窟行》云："倾耳怀音响，转目泪双堕。生存无会期，要君黄泉下。"此生离之情，甚于死别也。古辞《妇病行》述将死之妇属其夫以所生儿云："累君两三孤子，莫我儿饥且寒。有过慎莫笪笞，行当折摇。"此天亲之情，雌禽之哀鸣也。古辞《艳歌何尝行》叙雄鹄不能衔负病雌以远去，云："吾欲衔汝去，口噤不能开。吾欲负汝去，毛羽何摧颓。"此伉俪之至情，杜甫"熟知是死别，且复伤其寒"所自出也。戚夫人《苦春歌》云："子为王，母为虏。终日舂薄暮，常与死为伍。相离三千里，当谁使告汝。"此母子之情，当其苦厄时可以告哀也。韩愈《琴操·别鹤操》云："更无相逢日，且可绕树相随飞。"此语从《李陵答苏武诗》“长当从此别，且复立斯须。欲因晨风发，送子以贱躯”语化来，无可奈何，情深可涕。足知乐府诗自有其作法，而西汉五言诗人与乐府诗人同其机杼也。晋、宋、齐、梁之间，用情几欲伤性害理，如《欢闻变歌》云：“没命成灰土，终不罢相怜。”《前溪歌》云：“宁断娇儿乳，不断郎殷勤。”《华山畿》云：“上床解腰绳，自经屏风里。”《读曲歌》云：“梳头入黄泉，分作两死计。”则纵恣其情，忘生欲死，亦非文德所许，苏东坡诗所谓“譬如黄河鱼，出膏以自煮”，盖情戕其性者也。惟乐府诗人亦有不善用其情，与此径庭相反者。元稹《决绝词》云：“分不两相守，恨不两相思。对面且如此，背面当何知。”又云：“织女别黄姑，一年一度会相见，彼此隔河何事无。”则猜忌刻薄，宛如儇薄子语气，大非诗人“宁通不来，微我有咎”忠厚之旨，此词虽不作可也。戎昱《古别离》云：“知子去从军，何处无良人。”则峭直浅薄，无情之极，几不成语矣。王介甫自负其《明妃曲》，而曰：“汉恩自浅胡自深，人生乐在相知心。”恐此等心术，直是有累其相业，亦太无情矣。何不为白乐天“君王若问妾颜色，莫道不如宫里时”，尚为缱绻无穷乎？盖介甫歌行诗人，乐天乐府诗人。介甫一生之失败，在于执拗不通人情，诗虽小道，可以观人矣。

乐府从国风来，未有不善比兴而可为乐府诗者。然朱子传诗，本有不取义之“兴”，而“比”则未有不取义者。盖“兴”如当今之儿歌，说东指西，羌无理致，胡天胡帝，莫知所衷。“比”则如当今之民歌、情歌，爱恋之情，藉物譬而涌出，两两絜比，有始有卒者也。昔刘舍人《文心雕龙》著《比兴》篇，诠释比义曰：“何谓为比，盖写物以附意，飏言以切事者也。比之为义，取类不常，或喻于声，或方于貌，或拟于心，或譬于事。”今就其义例，一说乐府之善比、声比者，乐府诗中用之最广。如《子夜歌》“理丝入残机，何悟不成匹”，以“匹”音喻“匹配”之匹；又“桐树生门前，出入见梧子”，以“梧子”喻“吾子”；又“处处种芙蓉，婉转得莲子”，以“莲子”喻“怜子”。《读曲歌》“三更书石阙，忆子夜啼碑”，以“碑”喻“悲”。于谦《吴侬曲》“浮麦磨来难见麵”，以“麵”

喻“面”。《粤西民歌》“天旱蜘蛛结夜网，想晴只在暗中丝”，以“晴”喻“情”，“丝”喻“思”。此皆以声音为譬况者也。貌比者，乐府诗中尤显然可睹。如薛道衡《昔昔盐》云“恒敛千金笑，长垂双玉啼”，以“千金”状笑之矜贵，以“双玉”状箸之悬垂；范静妻沈氏《映水曲》云“轻鬓学浮云，双蛾拟初月”，其喻自见；古辞《悲歌》云“心思不能言，肠中车轮转”，以人本有回肠，状淤郁难通之情如画；李白《白头吟》云“兔丝固无情，随风任颠倒。谁使女萝枝，而来强萦抱？两草犹一心，人心不如草”，以司马相如将别聘茂陵女为有异心，曾不如兔丝、女萝抱紧之亲固也。太白他作如《长相思》之“昔日横波目，今成流泪泉”，《妾薄命》之“昔日芙蓉花，今成断肠草”，比拟均恰到好处。若杜子美“兔丝附蓬麻，引蔓故不长。嫁女与征夫，不如弃路傍”，则比拟太激切，乐府神韵不无减损矣。心比者，两物相比，虽不相当，而一比附辄见意，人人首肯者也。如《读曲歌》云：“暂出白门前，杨柳可藏乌。欢作沉水香，侬作博山炉。”此双头之比拟，人多忽之。杨柳如女子，乌如所欢，博山炉焚海南沉香，芳香暖热之意如掬，但首二句决非兴语，亦比辞也。郭元振《春江行》云：“竹叶坏水[1]色，郎亦坏人心。”女心之妒怨基于所欢之可爱，故曰“郎亦坏人心”。水本如颇黎之无色，如浸竹叶，则为青绿，故相比絜成理矣。他如孟郊《游子吟》云：“谁言寸草心，报得三春晖。”慈母恩深，如春阳之煦草，游子飘转，侍奉且缺，寸草之心，将永无以报春阳，是可悕也。比拟极奇创，而犁然有当于人心，故心比之辞，用之精赅，足省却千言万语矣。事比者，用物态来烘托人事，用史实来反映现在。如魏武帝赋《短歌行》时，孙、刘未翦，大战将届，不知功业何时成就，故云：“月明星稀，乌鹊南飞。绕树三匝，何枝可依？”自比乌鹊，三绕而未能安也。又欲牢笼天下英俊，使其辅己成帝业，故以周公自比，而云：“山不厌高，水不厌深。周公吐哺，天下归心。”浑浩之中，时露霸气，两比之中，帷灯匣剑，隐隐可见。后世

① 水：底本作“春”，据《全唐诗》改。

如李泌七言诗云："天地生吾有意吾，安能不富又不贵，空作昂藏一丈夫。"则浅露不足道，以其不知用比辞故也。

国风好色而不淫，《离骚》耀艳深华，莫不藻采高翔，垂辉千春。乐府诗多自风、骚来，宜其富艳酣绮，弃朴陋而崇美矣。昭明太子序《文选》，《序》标沉思翰藻之说。刘舍人《文心》立《情采》之篇，盖沉思未有不深于情，情深未有不酣于藻采者。《鸡鸣》云："黄金为君门，碧玉为轩堂[①]。上有双樽酒，作使邯郸倡……鸳鸯七十二，罗列自成行。"《相逢行》亦云："黄金为君门，白玉为君堂。堂上置樽酒，作使邯郸倡。中庭生桂树，华灯何煌煌。……鸳鸯七十二，罗列自成行。"同为汉之名乐府，何其敷藻之相似耶？则知藻采者乐府诗所尚作者摛文偶然相同，决非相袭剿说者也。《羽林郎》云："长裾连理带，广袖合欢襦。头上蓝田玉，耳后大秦珠。两鬟何窈窕，一世良所无。一鬟五百万，两鬟千万馀。"《焦仲卿妻》云："妾有绣腰襦，葳蕤自生光。红罗复斗帐，四角垂香囊。箱笼七十二，绿碧青丝绳。"又云："着我绣夹裙，事事四五通。足下蹑丝履，头上玳瑁光。腰若流纨素，耳着明月珰。指如削葱根，口如含朱丹。纤纤作细步，精妙世无双。"曹植《美女篇》云："攘袖见素手，皓腕约金环。头上金雀钗，腰佩翠琅玕。明珠交玉体，珊瑚间木难。"铺陈富丽，精艳动人，写一美女之妆饰，夸侈皆同，然后美女之倩盼侧倚、仪态万方，呼之欲出矣。返观曹植《杂诗》中之佳人，仅曰："南国有佳人，容华若桃李。朝游江北岸，夕宿潇湘沚。"杜甫五言诗中之《佳人》，仅曰："摘花不插鬓，采柏动盈掬。天寒翠袖薄，日暮倚修竹。"并无奇藻艳采以相周旋，则知乐府诗人奋笔摛写之所尚目矣。

西汉诗可分两派：一派清劲，李陵创之；一派温婉，苏武创之。乐府诗似亦可以此区分之，而温婉更为当行本色。魏武《短歌行》雄健极矣，而结语云："山不厌高，海不厌深。周公吐哺，天下归心。"辞太

---

① 轩堂：底本两字间多一"窗"字。

沉着而调失流转，实非乐府诗之绝作。乐府诗贵婉，“婉”字从女，宛声，声兼义者也。是以三百篇首乎《关雎》，六义首乎风，义关君臣朋友，词必托诸夫妇，以宣郁而达情焉，其旨远矣。汉乐府诗人知此者，如《冉冉孤生竹》云：“千里远结婚，悠悠隔山陂。思君令人老，轩车来何迟。”人臣之欲得君而事，何其郁陶于心乎？及其所遇将不谐，仍不作绝望之词，乃云：“伤彼蕙兰花，含英扬光辉。过时而不采，将随秋草萎。君亮执高节，贱妾亦何为。”又何其温婉于辞乎？《东门行》云：“拔剑出门去，儿女牵衣啼。他家但愿富贵，贱妾与君共铺糜。”温厚之意如掬。及知其夫不可留，又重晓之话言曰：“今时清廉，难犯教言，君复自爱莫为非。”谆诿之至，深爱缠绵，亦温婉之上选矣。唐人杜审言《妾薄命》云：“宠移新爱夺，泪落故情留。”二语温婉，庶可以怨者，如大舜不得于父母而为怨慕云尔，非真有仇怨之意。至李端《妾薄命》则云：“对镜不梳头，倚窗空落泪。新人莫恃新，秋至会无春。从来闭在长门者，必是宫中第一人。”则悻然现于面，訑訑然绝于人矣，此盖不知而作者也。

诗中不废用事，惟用事太多，则不得清新相接。乐府诗不但善用事，且善驭事。驭事者，事随我驭，可前可后，可左可右，可作子虚，可当乌有，惟吾意之所骋而已。如古辞《善哉行》云：“自惜袖短，纳手知寒。惭无灵辄，以报赵宣。”盖自恨不如翳桑之饿人，以报其御君獒之狂噬，譬之袖短，辄不能纳手其中也。此等驭事，何等活脱，比之唐人“惟有报恩字，刻意长不灭”者，蕴藉多矣。魏武《秋胡行》忽言三老公，忽言昆仑真人。曹植《灵芝》篇，忽言虞舜，忽言丁兰、董永，变化不测。而子建之意，尤为深婉含讽。盖灵芝于地瑞者不奇，而人之大孝不为其君父、长吏所知者为可惜也。驭事如此，贤于《求自试》《通亲》二表矣。唐人元稹乐府善驭事，《将进酒》咏《韩非子》[1]主母令婢

---

[1] 编者按：元稹所作《将进酒》所引故事自《战国策·燕策一》，作者误记为《韩非子》。

子进主父药酒事，《出门行》叙兄弟二人出门，一登山采璞，一入海盗龙颔下珠。兄献璞遭再刖，弟尚龙女得充行雨神，因致富饶。一朝龙悟，弟遭磔死。而兄璞由楚望气者而得剖，果为连城之璧、传国之瑞，名以不朽。用卞和献璞事，参以神话，颇类小说家言，然自是乐府本色。故知乐府诗赖驭事也。

声律之学，至永明而大畅。前乎永明之诗，声调未臻其美，惟乐府选声，已见于汉时之《董娇娆》，如“花花自相对，叶叶自相当”，自、相重言，对、当双声；又“秋时自零落，春月复芬芳”，零落双声，芬芳又双声；末句“归来酌美酒，挟瑟上高堂”，归来叠韵，挟瑟声近。汉时声母之说未起，声近得通转也。此诗婀娜其姿，音节嘹哓，诚选声之助也。汉乐府又有助语，如“妃呼豨”“收中吾”，亦声音之理。“收中吾”虽不可知，“妃呼豨”三字，则全为轻唇音也。《陇西行》中叠字、叠韵最多：“历历种白榆”“凤凰鸣啾啾”“盈盈府中趋”，叠字也；“好妇出迎客，颜色正敷愉”“坐客毡氍毹”“酒上正华疏”，四句中四叠韵。好妇、敷愉、氍毹、华疏八字中，“好”古音如“朽”，与“妇”同在今韵二十五有；“华”古音读“敷”，与“疏”同在今韵六鱼，故均为叠韵也。《西门行》，乐府辞改《西门行》本辞“可用解忧愁”为“可用解愁忧”，盖“愁”浊“忧”清。上句为“炙肥牛”，下句为“何不秉烛游”，“牛”“游”均为清，以清叶清故也。后世如吴迈远《飞来双白鹄》云“连翩弄光景，交颈游青云”，“连翩”“青云”叠韵。《欢闻变歌》云“没命成灰土，终不罢相怜”，《前溪歌》云“宁断娇儿乳，不断郎殷勤”，“没命”“不罢”“宁断”“断郎”皆各为双声，宜其要眇动人矣。

乐府篇法极为错综夭矫。《铙歌》中起讫，更为奇创，如“战城南，死郭北，野死不葬乌可食。为我谓乌，且为客豪，野死谅不葬，腐肉安能去子逃”，语最矫健，笔笔皆逆挽而出。如谓乌啄野死者之腐肉，则平沓无馀味。结语云“子良臣，良臣诚可思。朝行出攻，暮不夜归”，反映前语，如常山之蛇，首尾照应。盖良将出征，不旋踵而死于战场，马革不里，乌啄何伤，嘉叹之极，与前悲壮之辞合成一种奇创之篇法也。乐府初立，李延年取司马相如诗赋承意弦歌，创为新变之声，故乐府贵铺张敷陈，以其有赋体也。魏武帝《步出东西门行》云“日月之行，若出其中。星汉灿烂，若出其里”，此以表里为赋也。曹植《吁嗟篇》云“东西经七陌，南北越九阡”，《木兰辞》云“东市买骏马，西市习鞍鞯。南市买辔头，北市买长鞭”，繁钦《定情》诗中四段云“与我期何所？乃在东山隅……乃在南山阳……乃在西山侧……乃在北山岑”，鲍照《行路难》云“泻水置平地，各自东西南北流”，元稹《决绝词》[①]云“那能朝开暮飞去，一任东西南北吹”，沈佺期《独不见》云“白狼河北音书断，丹凤[②]城南秋夜长”，李白《上云乐》云“西海栽若木，东溟植扶桑”，《江南古辞》云“鱼戏莲叶东，鱼戏莲叶西，鱼戏莲叶南，鱼戏莲叶北”，此以东西南北为赋也。《东门行》云“上有仓浪之天，下有黄口小儿”，李白《静夜思》云“举头望明月，低头思故乡”，此以上下为赋也。乐府诗自有此赋体，乃其影响其篇法，如《江南古辞》，乃至以东南西北为结。盖东南西北者，平面之赋法；上下表里者，文体之赋法。吾人一咏李白“举头望明月，低头思故乡”二语，即觉有无限低徊，而其篇法，即以此二语完成之。故知乐府诗之篇法，自与普通诗之篇法不同也。他如“浮云西北驰”“孔雀东南飞”“上有长相忆，下有加餐食”“生当复来归，死当长相思”“存为久离别，没为长不归”“汉水逢游女，湘川值两妃”“我前鬼长啸，我后狨又啼”，皆乐府诗中或效乐府诗者所习见，可悟其句法如此者，非偶然也。胡应麟曰：“郊祀、铙歌诸作，凡结语率以延龄亦称为言，盖主祝颂君上荫庇神休，体故当尔。后人或以为汉人套语，非也。”愚按乐府诗每章或结语，如“幸甚至哉，歌以咏志”“善哉殊复善，弦歌乐情”“欲今皇帝陛下三千万岁”“延年寿千秋”“今日乐相乐”“丈人且安坐”“调丝殊未央”等，皆举食献乐，

① 决绝词：底本原为“决绝句词”，多“句”字。

② 丹凤：手稿本作“凤凰”，《乐府诗研究谈》与《全唐诗》均作“丹凤”，据之校改。

歌以侑酒祝颂之体。因有此体,乃至影响其篇法。乐家又尝翦裂昔人诗章,杂糅五七言诗,以求合乐而歌。如唐乐府有五言绝句、七言绝句配合而成者甚多,此亦其他诗体谋篇所断断未有者也。

## 五、历代乐府诗人述略

乐府诗兴于汉武帝时,述乐府诗人自汉始。《郊祀歌》十九章传为司马相如等作,而《青阳》《朱明》四章,史题邹子乐名。汉乐府诗妇人有作者,唐山夫人作《安世房中歌》十二首,卓文君作《白头吟》一首,班婕妤作《怨歌行》一首,三人而已。蔡琰《悲愤诗》为五言叙事长篇,非乐诗。《胡笳十八拍》虽为乐府体,而为刘商伪造,非琰作,无疑也。《西京杂记》本亦伪书,谓戚夫人善歌《出塞》《入塞》《望归》之曲。今《乐府诗集》有戚夫人一首,殆亦伪作。戚夫人能楚舞善歌,不必能摛词也。汉乐府有名自以辛延年《羽林郎[①]》、宋子侯《董娇饶》、左延年《秦女休行》第一。他虽有善者,则不知其名氏。《焦仲卿妻》为汉乐府第一长诗,亦古今第一长诗,传为曹植所作,殆写汉献帝末叶时事,此时魏文帝未受禅也。建安七子中陈琳、阮禹能为乐府,蔡邕在汉末亦为学府中之依依者。

魏世乐府诗极盛,三祖风流,为此体诗开一新纪元。三祖者,魏武帝曹操、魏文帝曹丕、魏明帝曹叡也。魏武帝雄健沉厉,四言为多。魏文帝明丽深华,五言最美。魏明帝清腴婉秀,四言、七言并存,深厚不及二祖。以乐府当行本色论,自以曹子植为合作也。曹植子建奄有三祖之长,夷然不屑居魏世。其所为乐府诗,五言诗各居卷数之半,是乐府诗人集大成者,亦五言诗家之冠冕也。魏武、魏文、魏明、曹植、甄皇后就乐府诗史中目之,可谓三主一臣一妇人。而为之羽翼者,则王粲、繁钦矣。

---

① 郎:底本作“年”,据文意酌改。

晋世乐章悉袭魏氏。石崇识曲，绿珠善舞[1]，颇有所作。最著名者，当推傅玄。傅氏于《郊祀歌》《艳歌行》《秦女休行》《豫章行》《苦想篇》《饮马长城窟行》《明月行》，或摹或创，均不失为作者。综晋之乐府诗人，只有一陆机可与之抗手。陆作清绮繁富，为五言诗人则不足，为乐府诗人则恰当也。

南北朝间则颜延年、王融、庾肩吾、庾信、徐摛、徐陵、沈约、何逊、刘绘、吴筠、柳恽、鲍照、范云、谢朓、张正见、卢思道、王褒、刘孝威、吴迈远、刘孝绰、徐彦伯、傅縡、陆琼、谢芳恣、王金珠、范静妻沈氏等辈出。南朝以沈约、何逊、鲍照、谢朓四家为著，北朝以庾信、卢思道为显，此皆文人之在民间者也。至主万机、乐偏安之帝王，则以梁武帝、简文帝、梁元帝父子为著。其乐府仿佛魏之三祖，而昭明太子则与陈思相当。文学中之后先[2]辉映者，莫过于此。陈后主、江总君臣荒淫，宴狎无度。后主有《三妇艳》《舞媚娘》《玉树后庭花》，江总有《宛转歌》《梅花落》《杂曲》，并极姚冶，新声忘国，亦异于乐府本意祝颂延年者矣。

隋祚短促，炀帝荒淫不减陈后主，父妃遭其蒸乱，母后愤欲屠肠。原为普六茹，夷狄之种，而于中华文学反有所长。今读其《白纻歌》《泛龙舟》《喜春游歌》等辞，俨然《玉树后庭》之遗。文臣薛[3]道衡者言一首，以"空梁落燕泥"一句遭忌致死，乐府诗人足见已为当时所重矣。

唐兴，王、杨、卢、骆既创歌行，复擅乐府，自此乐府诗七言为多。何景明尝论之曰："四子者，虽工富丽，去古远甚，其音节往往可歌。子美之诗，博涉世故，而出于夫妇者常少，致广《雅》《颂》，而风人之义或缺，此其调反在四子之下欤?"大复此论，抑杜扬四杰太甚。然平心

① 绿珠善舞：底本作"绿玑善舜"，据文意酌改。

② 先：底本作"光"，据文意酌改。

③ 薛：底本作"辞"，据文意酌改。

论之，四杰音节可歌，合于风人之义恒多，即此已足为乐府诗树一新帜[①]。杜子美以"江河万古"尊之，殆以此乎？唐代乐府诗人沈佺期、李白、王维、高适、岑参、崔颢、王昌龄、崔国辅、白居易、元稹、刘禹锡、张祜、李贺、孟郊、卢同、张籍、王建、鲍溶、李商隐、杜牧、温庭筠、陆龟蒙、皮日休均为名家。李白、王昌龄、白居易、元稹、刘禹锡成就最大。杜甫虽人比之周公制作，而乐府才思笔调并稍逊，何大复讥其沉着，而[②]调失流转。胡应麟议其"嫁女与征夫，不如弃路傍"为音节太亮，只得开唐派，似不为无见。李白诗，十九首妇人，自国风出，因其天才[③]飘逸，不欲为近体所缚，故与乐府诗体相近，又能撷庾信、鲍照、谢朓[④]诸家之长，隽美清新，益为斯体大加拓展，无怪贺监读其《蜀道难》《乌夜啼》诸乐府诗，尊为"谪仙人"也。王昌龄七言绝句多为乐人所采，制为唐乐府。旗亭与诸名士风雪赌酒，女伶唱其诗独多。白居易诗，老妪能解。元稹《连昌宫词》出，宫中呼为"元才子"。刘禹锡倡为《竹枝》，民歌、情歌由斯产生。皆有唐一代乐府诗人可书者也。

五代忽忽，和凝、韦庄、孙光宪，以诗人而兼词家，实逢唐宋两代乐府交替之运会。

北宋黄庭坚稍为《竹枝》，江西气格重，不为本色。南宋杨万里《江湖集》最有《竹枝》《山歌》之描写，陆放翁亟称之。

元代自以杨维桢铁崖集《竹枝》之大成，为乐府诗人之巨擘。

明代乐府纯在复古摹拟，"弘正四杰"为之代表。王世贞稍事新乐府。明末魏学洢效《孔雀东南飞》为《长水怨》一首，差足自存。明代儿女情歌以七绝写作者甚为表表，宋濂之纯谨而为《越歌》，于谦之忠烈而喁喁作《吴侬曲》，足征乐府诗迄未衰薾也。

---

① 帜：底本作"织"，据文意酌改。

② 而：底本作"两"，据文意酌改。

③ 才：底本作"下"，据文意酌改。

④ 朓：底本作"眺"。

清代新乐府诗产生最繁，苦难更仆。同光间乐府诗人当以黄遵宪公度当之。公度所作所译《山歌》，几欲脍炙人口。

清末民国初，如王闿运之《圆明园词》、樊征祥之《前后彩云曲》，并为斯体之依者。杨圻云史入民国不仕，但为诸侯宾客、军帅幕府。其人才气纵横，肝胆豁露，一生服膺唐诗，所为《檀青引》《大刀王五歌》实有初唐四杰之声态，信可传也。民国七、八年间，新文学崭然露头角，刘后半侬亦一健者，顾所为学，徒苦摹拟，《孤儿行》声口毕肖，善状学徒之哀苦。足见乐府诗题材自在现代社会中，文学无新旧畛域，乐府诗更无古今异同所可引为符验者也。现代乐府诗产生当为新乐府是赖。然山歌、民歌是其姻娅云礽，必有展拓之趋势。北京大学闻有《民歌丛刊》，未之见。今人顾颉刚《古史辨》之疑古，即以民歌《银柳丝》为其发端，可见不龟手之药用之得宜，可以霸国。钟敬文君曩与浙大同事于民歌之搜辑，颇为用力。八年抗战，不知材料有无遗失。愚行箧中旧有杨凤苞《湖州竹枝词》、毛西恒《苗疆记事诗》，违难奔徙[1]，不知所在。文献之不足征，诚可虑念。今于叙述现代乐府诗史之馀，不禁感慨系之矣。

---

① 徙：底本作“徒”，据文意酌改。

# 读杜札记[①]

诸家论杜诗者，仇沧柱缉附《杜诗详注》后凡数十百条，富矣备矣。予不揣陋昧，曩年为《学衡》杂志撰《无尽藏斋诗话》亦成读杜数十则，未尽印布于世，今以课馀约成二十条，颜曰"读杜札记"，庶与学杜诸子商榷，交获其益，若杜公之本传、世系、年谱、史迹，则有仇书在，非本文所欲及也。壬申立冬日，南昌邵祖平识。

一、颂其诗，必先知其人。欲读杜诗，必先明杜甫，此开宗明义第一事也。《旧唐书·文苑传》谓："甫性褊躁，无器度。"《新唐书》谓："甫放旷不自检，好论天下大事，高而不切。数尝寇乱，挺节无所污。为歌诗伤时浇弱，情不忘君，人怜其忠云。"而赴肃宗行在所上疏救[②]房琯，二《传》皆表而出之，可想见事君交友二端，实杜公一生之大节矣！愚读《杜集》，觉杜公为人尚有二端可与《本传》相表里者，一曰：情真。"情真"者，诚爱充盈，遇物固著，忽悲忽喜，不知为累。故于其君，则曰"虽乏谏诤姿，恐君有遗失""喜心翻倒极，呜咽泪沾巾"也；于其民，则曰"穷年忧黎元，叹息肠内热""朱门酒肉臭，路有冻死骨"也；于其国，则曰"今朝汉社稷，新数中兴年""不愁巴道路，恐湿汉旌旗"也；于其友，则曰"水深波浪阔，无使蛟龙得""飘零迷哭处，天地是榛芜"也；于其弟，则曰"烽火新酣战，啼垂旧血痕""犹有泪成河，经天复东注"也；于其妻，则曰"何时倚虚幌，双照泪痕干""谁家挑锦字，烛灭

---

① 编者按：《杜诗研究谈》发表于《国立浙江大学校刊》1932 年第 113－117 期，除第一段外，分十九部分，均有标目。《读杜札记》发表于《学艺杂志》1933 年第十二卷第二号，首段云："壬申立冬日，南昌邵祖平识。"壬申，即 1932 年。由此可知，《读杜札记》实际上是在《杜诗研究谈》基础上的修改稿，去掉了标目，修正了个别语词，且多增一部分内容，并于次年发表于《学艺杂志》。本文以《读杜札记》为底本，校以《杜诗研究谈》。

② 疏救：底本作"救疏"，据《杜诗研究谈》改。

翠眉颦”也；于其子，则曰“汝啼吾手战，吾笑汝身长”“忆渠愁只睡，炙背俯晴轩”也。甚而曹田父泥饮，指挥无礼，而尚曰“久客惜人情，如何拒邻叟”；遇高适、李白之初丧而即曰“临餐吐更食，常恐违抚孤”，则一往情深，几类痴痫发矣。此一端也。二曰：气豪。“气豪”者，天姿英迈，不屑软贴，睨傲狎荡，遇事便发。故《壮游》之念高、李，则曰“饮酣视八极，俗物都茫茫”；《三韵三首》之自概，则曰“君看磊落士，不肯易其身”“荡荡万斛船，影若扬白虹”；《赤霄行》之解嘲，则曰：“孔雀未知牛有角，渴饮寒泉逢牴触。赤宵玄圃须往来，翠羽金花不辞辱。”此其二也。

二、老杜之诗，人之推服至极者，如秦少游以为孔子集大成，郑尚明以为周公制作，黄鲁直以为诗中之史，罗景纶以为诗中之经，杨诚斋以为诗中之圣，王元美以为诗中之神，各衷[①]一是，犹未若老杜自云之可信也。杜诗除“吾人诗家秀”“诗接谢宣城”“诗名惟我共”“诗是我家事”“语不惊人死不休”诸自负语外，他如“毫发无遗憾，波澜独老成”，即自喻其成就之到也；“精微穿溟涬，飞动摧霹雳”，即自誉其思力之至也；“倒悬瑶池影，屈注沧江流”，即自绳其气势之厚也；“律比昆仑竹，音知燥湿弦”，即自譬其格律之细也。舍“成就”“思力”“气势”“格律”之外，尤有一必具之物，此必具之物维何？“神来”是也。故复补以数语曰“诗兴不无神”“下笔如有神”“诗应有神助”“诗成觉有神”。呜呼！疱丁之解枝乃遇，木鸡之斗胜必全，九方皋相马于牝牡骊黄之外，婴婉子戏虎于拆莛坐沙之馀，诗而至于神来，岂独惊风雨、泣鬼神、走雷霆、舞蛟鼍而已哉[②]！

三、友人北流陈柱撰《十万卷楼说诗文丛》，以三百篇以后至于唐，诗体不出于风、雅、颂三类，而以杜甫入于雅，予窃以为疑焉。杜诗初看本似雅，及加虚心讽咏，则觉雅者其外，风者其内，即今虽为雅

---

① 衷：底本作“哀”，据《杜诗研究谈》改。

② 自“疱丁”至“而已哉”，与第16页用字略有不同，可互参。

诗，亦不能少风诗之描写也。如《北征》前幅叙朝野多故，雅矣；后幅叙至尊蒙尘，亦雅矣；惟在中幅，则必叙“海图拆波涛，旧绣多曲折。天吴及紫凤，颠倒在裋褐。瘦妻面复光，痴女头自栉。学母无不为，晓妆随手抹。移时施朱铅，狼藉画眉阔”诸语，以膏泽之，足见风、雅之相须，如跫跫 ①虚之不可或离矣。又杜集古诗多脱胎于汉魏乐府，《魏将军歌》仿自《丁都护歌》，《暇日小园散病将种秋菜督勤耕牛兼书触目》中之叙“双鹤”仿自《飞鹄行》，“西川有杜鹃，东川无杜鹃，涪万无杜鹃，云安有杜鹃”之仿自“鱼戏莲叶东，鱼戏莲叶西，鱼戏莲叶南，鱼戏莲叶北”。《草堂诗》中之“旧犬喜我归，低徊入衣裾。邻里喜我归，沽酒携胡卢。大官喜我来，遣骑问所须。城郭喜我来，宾客隘村墟”之仿自《木兰辞》。《陪王侍御晚登东山携酒泛江》诗中之“清江白日落欲尽，复携美人登彩舟。笛声愤怨哀中流，妙舞逶迤夜未休”之仿自《秋风辞》，皆可目验。而“罗襦不复施，对君洗红妆”，即风诗之“岂无膏沐，谁适为容”也，至《同谷七歌》之翕忽悲凄，则尤糅合三百首、《九歌》《四愁》《十八拍》之音节于一手，尽目为雅，可乎？

四、唐人重《文选》，杜诗中之“续儿诵文选”“熟精文选理”，不仅一言之也。今绎其学《选》诗者如次：《历下亭》云“修竹不受暑，交流空涌波”，似刘公干；《历下古城员外新亭》云“圆荷相自昔，遗堞感至今”，似大谢；《夏日李公见访》云“墙头过浊醪，展席俯长流”，似陶公；《园官送菜》云“志士采紫芝，放歌避戎轩”，似鲍明远。其他如“浊醪有妙理，庶用慰沉浮”“清晖回群鸥，暝色带远客”，并可陶、谢集，而《同谷七歌》脱胎于张衡《四愁》，《八哀》祖述于沈约《怀旧》，亦不稍爽。

五、《读杜诗话》，自宋人《 溪》《岁寒堂》以来甚多，惟皆包论大体，鲜及纤细。旧读《李崆峒集》中有一则云：“叠景者意必二，阔大者半必细，此最律诗三昧。如‘浮云连海岱，平野入青徐。孤嶂秦碑在，

---

① ：底本作“驱”，据文意改。

荒城鲁殿馀’,前景寓目,后景感怀也;‘诏从三殿去,碑到百蛮开。野馆浓花发,春帆细雨来’,前半阔大,后半工细也。”又《朱竹垞集》中,《寄查德尹书》称:富平李天生云:“少陵自诩‘晚节渐[①]于诗律细’,盖谓近体一三五七句用仄字,上去入三声必隔别用之,莫有叠出之意。”竹垞因检诵杜诗,各七律中惟八首与天生所言不符。后以宋元旧雕本暨《文苑英华》证之,则天生所云八诗,无一犯者。循此说以勘五言,虽长律百韵诸本字义之界,可审择而正之,莫不皆然。”余于温杜诗时,秉二李之发明,验之亦悉相合,因并记之于此。

六、杜诗声律,不唯于近体中具之。《容斋随笔》载张文潜暮年常喜哦《玉华宫》五言古诗,至三日不绝口,何大圭请问其故,曰:“此章乃风雅鼓吹,未易为子言。”盖好其音响节奏至深也。予于杜之五古,亦最喜《大云寺赞公房四首》之第三首,其诗云:“灯影照无睡,心清闻妙香。夜深殿突兀,风动金琅珰。天黑闭春院,地清栖暗芳。玉绳回断绝,铁凤森翱翔。梵放时出寺,钟残仍殷床。明朝在沃野,苦见尘沙黄。”每一诵之,觉其清幽激越,如闻九溪十八涧之泉声活活,又疑环佩璆然之声,此殆不易以言说喻。然亦有可说明者:此诗凡双句第三字悉用平声,因所押[②]为平声韵也。昔人谓七言古诗押平声韵者,凡双句第五字必宜用平声字,押仄声韵者,凡双句第五字必宜用[③]仄声字,此诗中关捩子,五言亦应同也。由此以考《玉华宫》诗,仅“坏道哀湍泻”“谁是长年者”两句之“哀”字、“长”字不合耳。

七、杜诗七古中最工丽而善写[④]喜情者,当推《洗兵马》第一,而其音节亦极谐美,如“已喜皇威清海岱,常思仙仗过崆峒。三年笛里关山月,万国兵前草木风。……东走无复忆鲈鱼,南飞觉有安巢

---

① 渐:《杜诗研究谈》与《读杜札记》均作“斩”,据《杜诗详注》改。

② 押:底本作“狎”,《杜诗研究谈》作“押”,据改。

③ 用:底本无,据《杜诗研究谈》补。

④ 写:底本作“焉”,《杜诗研究谈》作“写”,据改。

刍。……鹤驾通宵凤辇备，鸡鸣问寝龙楼晓”等，皆有丝竹之音，嘹喨悦耳；此外七古如《同谷七歌》，飒沓飘忽，悲凄哀诉，音节几疑神化；《哀王孙》《哀江头》者悲而肃，《晚晴》诗音颓而放，《角鹰》诗音峭而急。读者熟讽，自得其妙。又七律诗中之拗体[①]者，吾极爱《白帝城最高楼》一首，“城尖径仄旌旆愁”，起时音调极蹙；“独立缥缈之飞楼”，音调乃一纵；“峡拆云霾龙虎卧，江清日抱鼋鼍游”，如万斛奔涛，半天惊瀑，破空如至；“扶桑西枝对断石，弱水东影随长流”，亦见滔滔汩汩之致；“杖藜叹世者谁子”，又一收；“泣血迸空回白头”，结住。音节奇恣，令人不可捉摸，惟有叹此老伎俩之狡狯而已！

八、老杜七言歌行，气骨苍老，横绝百代，其雄悍处不可及，其拙厚处亦不可及也。近人谓：“《醉时歌》如‘但觉高歌有鬼神，焉知饿死填沟壑’，已酣肆极矣，犹益以‘相如逸才亲涤器，子云识字终投阁’，此古人之拙处，今人不肯学者也。”此语甚善。然杜诗似此者甚多，如《骢马行》之“卿家旧赐公取之，天厩真龙此其亚”，以他人至此，已可换韵，而必益[②]曰：“昼洗须腾泾渭深，朝趋可刷幽并夜。”又如《奉先刘少府新画山水障歌》之“元气淋漓障犹湿，真宰上诉天应泣”，亦酣肆极矣，而必益曰：“野亭春还杂花远，渔翁暝踏孤舟立。”不可不辨也！不宁惟是，老杜七言歌行换韵者，于换韵紧前一联，惯用对语，以厚其势，如前均对仗无论矣。他如《渼陂行》之“船舷暝戛云际寺，水面月出蓝田关”，《洗兵马》之“三年笛里关山月，万国兵前草木风”，《阌乡姜七少府设鲙戏赠长歌》之“落砧何曾白纸湿，放箸未觉金盘空”，《戏为双松图歌》之“白摧朽[③]骨龙虎死，黑入太阴雷雨垂”，《古柏行》之“扶持自是神明力，正直原因造化功”，《寄裴施州》之“霜雪回光避锦袖，龙蛇动箧蟠银钩”，《追酬故高蜀州人日见寄》之“潇湘水国

---

① 体：《读杜札记》与《杜诗研究谈》均作“休”，据意酌改。

② 益：底本无，据《杜诗研究谈》补。

③ 朽：底本作“杇”，据《杜诗研究谈》改。

傍鼋鼍，鄠杜然天尖雕鹗”等，皆对仗极工，一篇之警策，于此可见古人之用力处，自与今人不同。宋人学老杜七古者，固不乏人，只学得声势流转、峭拔廉悍而已，于此处似尚未窥见。

九、胡应麟有言：“王、杨之繁富，陈、杜之孤高，沈、宋之精工，储、孟之闲旷，高、岑之浑厚，王、李之风华，昌龄之神秀，常建之幽玄，云卿之古苍，任华之拙朴，皆所专也。兼之者，杜甫也。”此语甚是，但惜无诗例证明。愚今更剔取杜诗中足掩盖诸家者，疏列如后，蛇足之画，所不嫌也。《赠王郎》云“豫章翻风白日动，鲸鱼跋浪沧溟开”，此同李白乐府诗语；《前出塞》云“径危抱寒石，振落层冰间”，此可同岑参塞上诸作；《白水崔少府十九翁高斋》云“危阶根青冥，层冰生淅沥。上有无心云，下有欲落石”，此可同孟郊诸苦寒诗；《法镜寺》云“洄洄山根水，冉冉松上雨”，此可同韦应物写景诸作；《听杨氏歌》云“老夫悲暮年，壮士泪如水”，此可同李颀“忽作羌笛同塞声，使我三军泪如雨”；《戏为双松图歌》云“白摧朽骨龙虎死，黑入太阴雷雨垂”，此可比李贺；《铁堂峡》云“径摩穹苍蟠，石与厚地裂。修纤无垠竹，嵌空太始雪”，此大似贾岛。又《上后园山脚》云“龟蒙不可见，况乃怀故乡”，即贾岛“无端又渡桑干水，欲望并州是故乡”之所祖也；《乐游园歌》云“此身饮罢无归处，独立苍茫自咏诗”，即韩愈“平明出门暮归舍，酩酊马上知为谁”之所自出也；《悲秋》云“愁窥高鸟过，老逐众人行”，即刘长卿“老至居人下，春归在客先”之所自来也；《题郑县亭子》云“巢边野雀欺群燕，花底山蜂远趁人”，即刘禹锡“阶蚁相逢如偶语，园蜂速去恐违程”所自昉也。其他如“相携行豆田，秋花霭飞飞”，闲[①]宕似储光羲；“细雨荷锄立，江猿吟翠屏”，神秀似王维；“子实不得吃，货市送王畿”“贵人岂不仁，视汝如莠蒿”，凄苦开聂夷中一派；《白丝行》及《风雨看舟前落花戏为新句》之启温、李，《昼梦》《晓发公安》《崔氏草堂》，诸拗体律诗之导皮、陆。盖无往而不可以寻绎也。

① 闲：底本作“间”，据《杜诗研究谈》改。

十、杜诗开宋派，亦有可寻绎者。《戏简郑广文》云“广文到官舍，系马堂阶下。醉即骑马归，颇遭官长骂”，宋人如山谷诗，即每挹此风趣；《万丈潭》云“孤云到来深，飞鸟不在外”，后山亦每喜此句法；《通泉驿南去通泉县十五里山水作》云“冬温蚊蚋集，人远凫鸭乱”，张宛丘、晁具茨韶秀处学此；《水阁朝霁》云“两槛卧花丛，风床展书卷”，范石湖平丽处似之；《岳阳楼》云“戎马关山北，凭轩涕泗流”，剑南感愤国事诸作，大抵类此；《送辛员外》云“细草留连侵坐软，残花怅望近人[①]开”，半山“细数落花因坐久，缓寻芳草得归迟”取此而更为工致。惟句中之“因”字、“得”字，终是宋人语，不及杜公气象之挥融无迹，是亦唐宋之判也。

十一、杜诗绝似《史记》，读者当具一副眼目对观之。《北征》《奉先》诸诗似高祖、项羽《本纪》，《八哀》《诸将》诗似《萧曹世家》《淮阴黥布列传》，《丽人行》《哀江头》诸诗似《外戚世家》，《马》《鹰》《义鹘》诸诗似《刺客列传》及《游侠列传》，《堕马赠友》诸俳体诗似《滑稽列传》，《去矣行》《上水遣怀》诸诗似《太史公自序》，其他尚多相类，不能一一比合。且老杜之好奇，尤与史公相似，故如诗中所见，“雕鹗鼋鼍”也，“骅骝騄駬”也，“骢袅乘黄”也，“苍兕角鹰”也，“骐骥凤鳞”也，“赤霄玄圃”也，“死树鬼妾”也，“呀鹘白凫”也，“蛰龙蝮蛇”也，“悲风穷阴”也，“萧瑟飒爽”也，“时危惨澹”也，莫不喜用之以遂其好奇，亦如史公好述“白昼杀人”“刎首谢客”“悲歌慷慨”“箕踞骂坐”诸事，此虽仅就其纤小处推言，然杜公一生之好奇，固无所而不遇之也。

十二、杜诗七律泼辣悲壮，字字威棱逼人，考其谋篇之法，惟在得势。“结句好不如起句好”，昔人论之綦详，而愚以为一篇之重心尤在颔联，颔联得势，则后半幅不患无腾坡走阪之致矣。兹不厌琐碎，分疏诸名篇颔联于此。《有客》云：“岂有文章惊海内，漫劳车马驻江

---

① 人：底本作“入”，据《杜诗研究谈》及《杜诗详注》改。

干。”《野望》云：“海内风尘诸弟[①]隔，天涯涕泪一身遥。”《严公仲夏枉驾草堂》云：“非关使者征求急，自识将军礼教宽。”《秋尽》云：“篱边老却[②]陶潜菊，江上徒逢袁绍杯。”《野望》云：“山连越嶲蟠三蜀，水散巴渝下五溪。”《涪[③]城县香积寺官阁》云：“含风翠壁孤云细，背日丹枫万木稠。”《登楼》云：“锦江春色来天地，玉垒浮云变古今。”《宿府》云：“永夜角声悲自语，中天月色好谁看。”《十二月一日》云：“一声何处送书雁，百丈谁家上濑船。”《寄常征君》云：“楚妃堂上色殊众，海鹤阶前鸣向人。”《白帝城最高楼》云：“峡坼云霾龙虎卧，江清日抱鼋鼍游。”《返照》云：“返照入江翻石壁，归云拥树失山村。”《秋兴》云：“江间波浪兼天涌，塞上风云接地阴。”《咏怀古迹》云“三峡楼台淹日月，五溪衣服共云山”，“一去紫台连朔漠，独留青冢向黄昏”，“三分割据纡筹策，万古云霄一羽毛”。《阁夜》云：“五更鼓角声悲壮，三峡星河影动摇。”《愁》云：“盘涡鹭浴底心性，独树花发自分明。”《即事》云：“雷声忽送千峰雨，花气浑为百和香。”《登高》云：“无边落木萧萧下，不尽长江滚滚来。”《暮归》云：“客子入门月皎皎，谁家捣练风凄凄。”皆各律颔联，而一篇之警策也。

十三、杨仲弘《诗法家数》云：“绝句之法，要婉曲回环，删芜就简，句绝而意不绝，多以第三句为主，而第四句发之。”若以此说绳少陵绝句，则其所作，几全无主句，乃对列之二联而已。“两个黄鹂鸣翠柳，一行白鹭上青天”与“窗含西岭千秋雪，门泊东吴万里船”究有何关涉？思之令人失笑。此杜公于绝句本无所解之证（本胡应麟语），无怪人以半律讥之也。然则集中果无绝句可诵乎？曰：吾于五绝得《归雁》一首，七绝得《赠花卿》一首焉。“肠断江城雁，高高正北飞”“此曲只应天上有，人间能得几回闻”，神味不在王龙标、李青莲下，亦

① 弟：底本作“第”，据《杜诗研究谈》改。

② 老却：底本作“习郤”，据《杜诗研究谈》改。

③ 涪：底本作“陪”，据《杜诗研究谈》改。

合杨仲弘之矩矱也。

十四、少陵五七言古诗，气骨苍老，格局峻整，夫人而知之矣。而各篇起结必争，皆有奇采起句，如《天育骠骑歌》《慈恩寺塔》《奉先刘少府新画山水障歌》《简薛华醉歌》《病后过王倚饮赠歌》《短歌行》《王兵马使二角鹰》等篇，捉笔直写，奇横无匹，他种用比兴起者亦多，但为诸家之所常有。结句如《奉[①]赠韦左丞丈》《北征》《洗兵马》《忆昔》诸巨篇，足握全篇之奇，固不必论；他篇悉用一种开拓法，而常喜用一“何”字，如“四邻耒耜出，何必吾家操”（《大雨》），“人生无家别，何以为蒸藜”（《无家别》），“自古有羁旅，我何苦哀[②]伤”（《成都府》），“西极柱欲倾，如何正穹昊”（《送长孙九侍御》），“园人非古候，种此何草草”（《园人送瓜》），“有子贤与愚，何其挂怀抱”（《遣兴》），“深哀正为此，群盗何淹留”（《凤皇台》），“三叹酒食旁，何由似平昔”（《崔少府高斋》），“若道巫山女粗丑，何为有此昭君村”（《负薪行》），“若道士无英俊才，何得山有屈原宅”（《最能行》），“既称绝世无，天子何不唤取守成都”（《戏作花[③]卿歌》），“青丝络头为君老，何由却出横门道”（《骢马行》），“铁锁高垂不可攀，致身福地何萧爽”（《玄都坛》）等，都是，馀不暇书。宋之问之“不愁明月尽，自有夜珠来”，王维之“回看射雕处，千里暮云平”，司空图之“味外味”，姜夔之“有馀不尽”，何足比此老之后路宽宏耶[④]？

十五、古诗“荣名以为宝”，老杜反之曰“荣名忽中人，世乱如虮虱”；曹子建诗“俯身散马蹄”，老杜因之曰“归马散霜蹄”；阴铿诗“莺随入户树，花逐下山风”，老杜即之曰“月明垂叶露，云逐下山风”；何逊诗“薄云岩际宿，初月波中上”，老杜继之曰“薄云岩际宿，孤月浪中

---

① 奉：底本作“章”，据《杜诗研究谈》改。

② 哀：底本作“衷”，据《杜诗研究谈》改。

③ 花：底本作“观”，据《杜诗研究谈》改。

④ 耶：底本作“闻”，据《杜诗研究谈》改。

翻”，谢灵运诗“怀新道转迥，寻异景不延”，老杜改之曰“怀新目似击，接要心已领”；宋之问诗“水一曲兮肠一曲，山一重兮愁一重”，老杜约之曰“一重一掩吾肺腑”；骆宾王诗“诸葛才雄已号龙，公孙跃马轻称帝”，老杜综之曰“卧龙跃马终黄土”。其间虽有工拙不同，而一经点化，便是杜公自己之诗。

十六、刘劭《人物志・英雄篇》云：“夫草之精秀者为英，兽之特群者为雄。故人之文武英异，取名于此。是故聪明秀出谓之英，胆力过人谓之雄，此其大体之别也。”愚谓英属于阴，雄属于阳。人之足为英雄，乃其阴阳分之美得充类而至其极尔。世间万事，无不可以阴阳之说赅之。诗中之有气势，此最阳分之美，情韵则最阴分之美也。古今来诗人众矣，然未有及杜子美者，以工致者少悲壮，排奡者寡妥帖，未如杜诗阴阳之美之毕具而极胜也。子美有“马”“鹰”“画松”诸诗，后有“风雨”“落花”之什，有《观公孙大娘弟子舞剑器浑脱行》，后有“黄四娘家花满蹊”之作，有“子章髑髅”“王郎莫哀”之词，复有“牙樯锦缆”“香雾云鬟”之句，莫不阴阳并美，配置惬当。即就其《北征》一篇观之，浑雄壮阔极矣。而“学母无不为，晓妆随手抹。移时施朱铅，狼藉画眉阔”诸句，则又细熨妥帖，香泽动人矣。一篇之中，阴阳美之配置尚如是，况与他篇相互乎？此杜诗之所以独绝也。

十七、杜诗奇莫奇于“荡胸生层云，决眦入归鸟”，豪莫豪于“豫章翻风白日动，鲸鱼跋浪沧溟开”，壮莫壮于“元气淋漓障犹湿，真[1]宰上诉天应泣”，险莫险于“白摧朽骨龙虎死，黑入太阴雷雨垂”，浑莫浑于“雷声忽送千峰雨，花气浑如百和香”，精莫精于“竹批双耳峻，风入四蹄轻”，警莫警于“骅骝开道路，鹰隼出风尘”，英莫英于“长翮如刀剑，人寰可超越”，专莫专于“应手看捶钩，清心听鸣镝”，淡莫淡于“涧水空山道，柴门老树村”，逸莫逸于“翡翠鸣衣桁，蜻蜓立钓丝”，老莫老于“百年地僻柴门迥，五月江深草阁寒”，熟莫熟于“老妻画纸为

① 真：底本作“看”，据《杜诗研究谈》改。

棋局，稚子敲针作钓钩”，雅莫雅于“金钟大镛在东序，冰壶玉衡悬清秋”，瘦莫瘦于“地坼江帆隐，天清木叶闻”，僻莫僻于“鸟惊出死树，龙怒拔老湫”，喻莫喻于“勋业频看镜，行藏独倚楼”，括莫括于“江山有巴蜀，栋宇自齐梁”，真莫真于“仰面贪看鸟，回头错应人”，理莫理于“灯影照无睡，心清闻妙香”，古莫古于“淘米少汲水，汲多井水浑”，深莫深于“所向无空阔，真堪托死生”，秀莫秀于“钩帘宿鹭起，丸药流莺啭”，绮莫绮于“香雾云鬟湿，清辉玉臂寒”，华莫华于“退朝花底散，归院柳边迷”，韵莫韵于“晚凉看洗马，森木乱鸣蝉”，绘莫绘于“猿挂时相学，鸥行炯自如”，炼莫炼于“两章比秋月，一字对华星”，巧莫巧于“爱酒晋山简，能诗何水曹”，谲莫谲于“林热鸟开口，江浑鱼掉头”，诞莫诞于“日月笼中鸟，乾坤水上萍”，寒莫寒于“书乱谁能帙，杯干可自添”，直莫直于“舟楫因人动，形骸用杖扶”，拙莫拙于“敢为故林主，黎庶犹未康”，粗莫粗于“开襟似内第，执热露白头”，俚莫俚于“雷霆劈长松，骨大却生筋[①]”，皆峰极之境也。

十八、古今诗人学杜甫者多矣，而卓然可自成一家者，李义山、黄山谷、元遗山三人而已。李学杜得其深，黄学杜得其奇，元学杜得其大（元遗山《论诗》云：“少陵自有连城璧，争奈微之识碔砆。”），皆若似杜而非杜，非杜而似杜，既不甘为古人臣仆，亦不忘其初祖，此真善学杜甫者也。他如张籍之古淡、姚合之清[②]切、贾岛之僻涩，嗛嗛之德，不足有也。宋人后山、简斋与山谷并学杜，号为“三宗”，实则后山学杜失之隘（后山句如“飞萤元失照”“寒花只自香”，等于硬黄拓[③]帖矣），简斋学杜失之晦（简斋诗典实太多，佛乘道藏，尤贪用），非山谷之比也。陆放翁受诗法于曾茶山，曾茶山，亦学杜者也，其诗局宇不敞，绌于才气。至放翁则声势壮弈，才思烂漫，不仅青蓝寒冰，突过乃

① 筋：底本作“箸”，据《杜诗研究谈》改。

② 清：底本作“海”，据《杜诗研究谈》改。

③ 拓：底本作“禢”，据《杜诗研究谈》改。

师，且遥与浣花异代相视如两雄。盖陆放翁得杜之心气，虽貌不为杜，然视彼终日矻矻师杜者，其成[①]就不可同日语矣。

十九、学杜者，得其雄浑固难，得其简丽亦不易；得其拙厚固难，得其新秀亦不易。而世俗之学杜者，往往于其悲天悯人、忧叹内热者求之，而不知杜老逸情野趣，深自媚悦者，固亦有在。一年三百六十日，开口而笑者，应非绝无，奈何独专摹其忧愁悲涕之语乎？杜老即穷苦不遇，然落笔中书堂，献《三大礼赋》，文采上动人主；登床叱严武"挺之乃有此儿"，睨傲见容疆[②]寄。其一种酣视八极，自比稷、契之气，宁草野贱夫所敢望乎？读《奉先》《咏怀》诸诗，苍莽郁结，想见其为人。及其濡笔作《游何将军山林》《十五》诗，又复赤舄几几，雍容闲豫，退食自公，纡徐委蛇。其一种名贵气象，非盛时人物莫办，而近世学杜如吴陋轩者，则寒窘逼仄，满纸酸鼻，盖不仅有草野气，亦更兼酸餡气，岂境遇之不同耶？抑胸襟学问为之耶？则学杜之事固难言矣。

二十、杜公初有用世之志，许身稷、契，兴忧黎元，是其本色，然自《三大礼赋》一动人主之后，即遇乱离，遭播徙，辛苦拜左拾遗，而终以救房琯之故，不蒙肃宗省录。自是即无阶进之望，前后依严武得表为节度参谋检校工部员外郎。武卒欲往依高适，适又亡，公于是始为飘泊之人而竟客死于耒阳矣。考公诗篇，有可悲感者"白头趋幕府，深觉负平生""满目悲生事，因人作远游""厚禄故人书断绝，恒饥稚子色凄凉""虚名但蒙寒温问，泛爱不救沟壑辱""独鹤不知何事舞，饥乌似欲向人啼""北归冲雨雪，谁悯敝貂裘"，皆兴悲于不可不悲之地，岂得已哉！《传》曰："心志既通，而名誉不闻，友之罪也；名誉既闻，有司不举，有司之罪也；有司举之，王者不用，王者之过也。"杜公名誉闻矣，有司举矣，而卒穷饿以客死，肃、代二主，真少恩哉！予读杜集，重惜诗圣之遇，因赘附其感于此。

---

① 成：底本无，据《杜诗研究谈》补。

② 疆：底本作"彊"，据《杜诗研究谈》改。

# 杜甫诗法十讲[①]

三十年秋，都讲中央大学师范学院国文系，课程有专家诗一门。先开杜诗班，与同学诸子共为钞杜、读杜、以杜解杜诸讨究，用力可谓勤矣。更剌取杜诗笺、注、评、话各家之长，断以己意，补苴发皇，勒为审体裁、明兴寄[②]、探义蕴、究声律、参事实、讨警策、辨沿依、寻派衍、较同异、论善学十端，颜曰《杜甫诗法十讲》，以为学者考览含泳之助。所以称"诗法"者，一仍秉之杜诗。杜诗"法自儒家有""佳句法如何"，皆标揭诗法。而自儒家得有之法，远系温柔敦厚之诗教；佳句如何之法，实关兴象工力之诗诣，杜甫已悉发其微矣。是讲取材未宏，凭臆多谬，解蔽通戾，是所望于读者。

## 一、审体裁

《诗经》立诗教之本，楚骚为词赋之祖，垂为体裁，不待溯论。至后世所谓之古今诗，依时期之演变，显可示为三体。三体者何？即汉魏体、唐体、宋体是也。唐体为诗中之脊干，其承受首脑之汉魏体，必当先为辨识焉。汉魏诗有二类，不为乐府，即为古诗。乐府三言、四言、五言、七言、杂言不一律。古诗实只五言古诗一种，严羽所谓创之李陵者也。汉魏乐府，篇制极繁，句法有极错综者，亦有极整齐类五言古诗者，而当时之五言古诗，长者不过十韵，常使人以意逆志，初不

---

① 编者按：本文发表于《文史杂志》1945 年第 5 卷第 1、2 期。《东方杂志》1945 年第 41 卷第 1 期《杜诗精义》及手稿本《培风楼文丛》之《杜诗精义》与是文有六部分内容大体相近。另，手稿本《杜甫诗法十讲》(上下册)与《文史杂志》勘验，内容基本一致，个别字词互有错误，亦有两本同误处。相较而言，手稿本《杜甫诗法十讲》为优，故作为底本，校以《文史杂志》《杜诗精义》。

② 兴寄：底本作"寄兴"，据《文史杂志》改。

以叙事详尽为工。南北朝诗、乐府，承汉之旧，南以玉台体、宫体、清商、吴声见长；北以古歌谣、横吹歌辞振采。沈约之研极声病，渐开律诗矩矱，阴铿、何逊、庾信、徐陵之诗，并善俪对，非复李陵五言古诗单行尚气者可比。唐初王勃、杨炯、卢照邻、骆宾王，并擅韵文，号为“四杰”，始变柏梁汉体而为换韵七言古诗，铺陈秾丽，声长字纵。陈子昂、张九龄则稍衍长五言古诗，颇工兴寄。武后朝，沈佺期、宋之问研炼精切，稳顺声势，创为律诗，虽以五言律、七言律为目，然五言排律、七言排律、五言绝句、七言绝句，皆可谓之律诗。观王荆公选唐百家诗后，自定其集，别古诗、律诗为二，可信也。

杜甫为审言之孙，生睿宗末叶，承其家学渊源，诗体[①]灿备之后，无须别创新体以骋其才情，然不创之中，有矫变者焉，有恢廓者焉。则如五言古诗，穷极笔力，扩张境界，不觉自十韵展为五十韵之《自京赴奉先咏怀》，又展为七十韵之《北征》巨制，盖前古所未有也。五言排律，更务铺陈终始，排比声韵，大或千言，次犹数百，故《秋日夔府书怀》，则已展至一百韵矣。七言古诗歌行之体，气格苍老，雄跨百代，其句法如：

吾闻天子之马走千里，今之画图无乃是。（《天育骠骑歌》）

文章有神交有道，端复得之名誉早。（《苏端薛复筵简薛华醉歌》）

姜侯设鲙当严冬，昨日今日皆天风。（《姜七少府设鲙戏赠长歌》）

政化错迕失大体，坐看倾危受厚恩。（《石笋行》）

开元以来数八分，潮也奄有二子成三人。（《李潮八分小篆歌》）

---

① 体：底本作“学”，据《文史杂志》改。

皆以古文笔法出之，大矫初唐绮靡纤巧之习。五言律诗，则有扇对格，如：

得罪台州去，时危弃硕儒。移官蓬阁后，谷贵没潜夫。(《哭台州郑司户苏少监》)

四句一气格，如：

群盗哀王粲，中年召贾生。登楼初有作，前席竟为荣。(《春日江村》第五首)

八句一气格，如：

乱后谁归得，他乡胜故乡。直[①]为心厄苦，久念汝存亡。汝书犹在壁，汝妾已辞房。旧犬知愁恨，垂头傍我床。(《得舍弟消息》)

七言律诗，则变体尤多。有自第三句起失黏落平仄格，如：

摇落深知宋玉悲，风流儒雅亦吾师。怅望千秋一洒泪，萧条异代不同时。江山故国空文藻，云雨荒台岂梦思。最是楚宫俱泯灭，舟人指点到今疑。(《咏怀古迹》之一)

有自第五句起失黏落平仄之折腰体，如：

竹里行厨洗玉盘，花边立马簇金鞍。非关使者征求急，自识

---

① 直：底本与《文史杂志》均作“真”，据《杜诗详注》改。

将军礼数宽。百年地僻柴门迥，五月江深草阁寒。看弄渔舟移白日，老农何有罄交欢。（《严公仲夏枉驾草堂兼携酒馔》）

有颈联、腹联均失黏落平仄格，如：

碧山学士焚银鱼，白马却走身岩居。古人已用三冬足，年少今开万卷馀。晴云满户团倾盖，秋水浮阶溜决渠。富贵必从勤苦得，男儿须读五车书。（《柏学士茅屋》）

有第五句起不黏，第七句后复不黏之落平仄格，如：

苦忆荆州醉司马，谪官尊酒定常开。九江日落醒何处，一柱观头眠几回？可怜怀抱向人尽，欲问平安无使来。故凭锦水将双泪，好过瞿塘滟滪堆。（《所思》）

有拗体，如：

城尖径仄旌旆愁，独立缥缈之飞楼。峡坼云霾龙虎卧，江清日抱鼋鼍游。扶桑西枝对断石，弱水东影随长流。杖藜叹世者谁子，泣血迸空回白头。（《白帝城最高楼》）

有吴体，如：

江草日日唤愁生，巫峡泠泠[①]非世情。盘涡鹭浴底心性，独树花发自分明。十年戎马暗万国，异域宾客老孤城。渭水秦山得见否，人今疲病虎纵横。（《愁》。晚唐陆龟蒙专学此体）

---

① 泠泠：底本作“冷冷”，据《文史杂志》及《杜诗详注》改。

七言绝句有律体之绝句格，如：

两个黄鹂鸣翠柳，一行白鹭上青天。窗含西岭千秋雪，门泊东吴万里船。（《绝句》）

有拗体之绝句格，如：

江上被花恼不彻，无处告诉只颠狂。走觅南邻爱酒伴，经旬出饮独空床。（《江畔独步寻花》）

有第三句呼应第一句，第四句呼应第二句之口号格，如：

郑公粉绘随长夜，曹霸丹青已白头。天下何曾有山水，人间不解重骅骝。（《存殁口号》。宋人黄庭坚有学此体之诗，如“闭门觅句陈无已”是。）

乐府方面，不袭旧制，大创有唐之新乐府，如《三吏》《三别》《哀江头》《哀王孙》《兵车行》《洗兵马》皆是也。更有七言三章章五句之学《诗经》格，如：

曲江萧条秋气高，菱荷枯折随风涛，游子空嗟垂二毛。白石素沙亦相荡，哀鸿独叫求其曹。（《曲江三章章五句》之一）

《桃竹杖引》之学骚体格，如：

……噫！风尘澒洞兮，豺虎咬人。忽失双杖兮，吾将曷从？（《桃竹杖引赠章留后》）

《杜鹃》诗之学乐府诗江南曲格，如：

西川有杜鹃，东川无杜鹃。涪万无杜鹃，云安有杜鹃。……(《杜鹃》诗)

写琐事纪风土之俳谐体，如：

元年建巳月，郎有焦校书。自夸足膂力，能骑生马驹。一朝被马踏，唇裂板齿无。壮心不肯已，欲得东擒胡。(《戏赠友二首》之一)

异俗可吁怪，斯人难并居。家家养乌鬼，顿顿食黄鱼。旧识能为态，新知已暗疏。治生且耕凿，只有不关渠。(《戏作俳谐体遣闷二首》之一)

皆杜公炉锤自具，方寸独运之新体变体诗。究杜诗者，不得不首先审认清楚者也。

## 二、明兴寄

杜甫诗，《新唐书》推为诗史，止知其善陈时事耳。陈事者，铺叙始末，意存褒贬，而自得之趣较少。杜诗长处，究不在是。近人如宋芸子，不察斯旨，所著《三唐诗品》“杜甫条”，讥其“沉厉有馀，蕴藉不足”，则几疑其体多直赋，兴寄毫无矣。是岂足与论杜诗哉？杜诗有全篇兴象融怡、寄托深微者，五古如《佳人》《幽人》《凤凰台》《杜鹃》《病柏》《病橘》《枯柟》《牵牛织女》《园官送菜》《槐叶冷淘》《种莴苣》《同诸公登慈恩寺塔》《奉同郭给事汤东灵湫作》，七古如《白丝行》《朱凤行》《白凫行》《海棕行》《杜鹃行》《桃竹杖引赠章留后》《寄韩谏议》《瘦马行》《题李尊师松树障子歌》《冬狩行》皆然。夫同一咏美人也，不曰：“邀人傅脂粉，不自著罗衣。君宠益骄态，君怜无是非。”而曰：

“摘花不插发，采柏动盈掬。天寒翠袖薄，日暮倚修竹。”其为工兴寄不工兴寄乎？“天寒翠袖薄，日暮倚修竹”，始可想象绝代之美人，若“邀人傅脂粉，不自著罗衣”，则一庸俗之女子而已。盖美人虽有侍婢环绕以助妆梳，惟脂粉之匀傅，浓淡浅深之致、得心应手之妙，决不能委之他人。如摩诘所咏，妍皮中里痴骨者耳，尚不足以副直赋之巧，宁可同日而语兴寄乎？老杜他作，如《杜鹃》以刺蜀中逆节之臣，曾禽鸟之不若，《病柏》以寄国社之感，《枯柟》《牵牛织女》以自寓难进之意，《园官送菜》以兴小人妒害君子，《登慈恩寺塔》以托骊山汤泉之讽，《白丝行》忍羁旅而惧弃捐，贤于秋风、团扇之咏，《白凫行》比岁暮而犯波涛，原于“泛泛水中”之意，具见陈沆《诗比兴笺》所论。更如《桃竹杖引》从赠章留后生出比兴，《松树障子歌》从《李尊师》生出感慨，其妙远不测之趣，殆难端倪。初学遇此先须相题真切，继当掩卷静思，则兴寄悠然可得而明矣。

次当论老杜之近体诗。如同一花鸟也，“美花多映竹，好鸟不归山”（《奉陪郑驸马韦曲》第二首），则动宕流走；“稍知花改岸，始验鸟随舟”（《陪王使君晦日泛江就黄家亭子》第一首），则曲折夷犹；“感时花溅泪，恨别鸟惊心”（《春望》），则沉着悲凉。以所处之境一异，兴寄即各有不同也。更如“岸花飞送客，樯燕语留人”（《发[1]潭州》），据宋人《苕溪渔隐》所论，以为老杜晚谪湖南，地主之情未为浓至，曾不如岸花之解送客，樯燕之识依人为可感，其兴寄又一变焉。岂肯如石曼卿咏红梅，必曰“认桃无绿叶，辨杏有青枝”之徒为贴切哉？

老杜诗兴寄见于近体者，“东阁官梅动诗兴，还如何逊在扬州”，此以思古人而托咏也；“东归万里堪乘兴，须向山阴上小舟”，此以思远方而托咏也。其时间、空间悉见超脱，兴象玲珑极矣。更如《咏怀古迹》第一首：“支离东北风尘际，漂泊西南天地间。三峡楼台淹日月，五溪衣服共云山。羯胡事主终无赖，词客哀时且未还。庾信平生

---

① 发：底本与《文史杂志》均作“登”，据《杜诗详注》改。

最萧瑟，暮年诗赋动江关。”人以为咏庾信宅也，实则句句自咏，玩之自知。《第五弟丰独在江左近三四载寂无消息觅使寄此二首》，其第一首云：“乱后嗟吾在，羁栖见汝难。草黄骐骥病，沙晚鹡鸰寒。楚设关城险，吴吞水府宽。十年朝夕泪，衣袖不曾干。”人以为全首思弟也，实则下半首暗指当时吴楚守将拥兵恃险，行旅里足，伐叛连三朝，万方多难，宜有此阻隔之叹。诗人之辞婉而沉痛，则“十年朝夕泪，衣袖不曾干”者，亦忧国之热情耳，岂独思弟而云然乎？《琴台》诗之“酒肆人间世，琴台日暮云”，人以为咏司马相如、卓文君也，实则又自咏也。杜诗有“走觅南邻爱酒伴“之句，自注：“斛斯融吾酒徒。”又有“莫厌伤多酒入唇”之句，则客寄成都时，以酒自放可知，而酒肆为老杜之人间世矣。草堂在成都西门外，地近琴台，观其《野老》诗云“片云何意傍琴台”，可参知“琴台日暮云”者，乃杜甫自喻如日暮之云，常傍琴台，奚必合相如、文君？至结句云“归凤求凰意，寥寥不可闻”，尤极沉痛。盖夫妇之义，通于君臣。长卿悦文君之色，以琴心挑之，好之至患消渴，惟时主之于贤臣，未闻有求之皇皇者，洵乎“吾未见好德如好色者矣”，故致叹于“寥寥不可闻”也。此杜公之微旨也。他如《览物》诗之“巫峡忽如瞻华岳，蜀江犹似见黄河”，《一百五日夜》之“斫却月中桂，清光应更多”诸诗，兴寄卓远，大欲挥斥八极，精神独与天地相往来，孰谓老杜只工直赋，绝少比兴之体耶？

更有讽刺诗，主文而谲谏，言之者无罪，闻之者足以戒。杜公生值乱世，目睹专阃军帅，跋扈枭张，尸位文职，宴安失仪。故颇致其讥议，导以正道。如《严公厅宴同咏蜀道画图》云：“日临公馆静，画列地图雄。剑阁星桥北，松州雪岭东。华夷山不断，吴蜀水相通。兴与烟霞会，清樽幸不空。”忠国护友之情，悉寄于“华夷山不断，吴蜀水相通”十字中。盖西蜀地形天下之险，所守匪亲，化为狼豺，为节度是邦者，严疆自保，不奉朝命者多矣。严武之跋扈，见于唐史，则“山不断”者，北向朝廷，勿蹈败亡覆辙也。“水相通”者，蜀吴所产，本可因水道而互通，如一旦叛变军兴，江路即当阻梗，杜诗所谓“蜀麻久不来，吴盐阻荆门”者是也。两句同一意，所以申言之者，熟陈利害，导彼忠贞翊主而已。又如《宴戎州杨使君东楼》云：“胜绝惊身老，情忘发兴奇。座从歌妓密，乐任主人为。重碧拈春酒，轻红擘荔枝。楼高欲愁思，横笛未休吹。”人多以普通应酬诗观之，殊不知以诗为应酬，非杜甫诗法也。《数陪李梓州泛江有女乐在诸舫戏为艳曲二首赠李》第二首结语云：“使君自有妇，莫学野鸳鸯。”虽为艳曲，犹能讽之以归贞正。此诗“楼高欲愁思，横笛未休吹”，则讽且至于斥矣。古诗《西北有高楼》，长安在戎州之西北，而云“欲愁思”，则因伐叛相寻，代宗之时，尚难赐大酺也。横笛即横吹，盖汉时军乐之总名，而云“未休吹”，则朝廷尚在用兵，杨使君不轸念时艰，而顾“座从歌妓密，乐任主人为”乎？其意盖亦责之耳。而杨使君不觉寄兴深微，非武人所能领会也。

## 三、探义蕴

杜甫自状其诗，尝曰“诗兴不无神”“诗应有神助”“下笔如有神”，此诗道之极诣，离去畦町踪迹，猝不可求。然神即理也，理亦义蕴也。今为人说诗而侈谈神理，不但穷于形况，亦恐解人难索，故不如竟就诗中之涵义与作者之蕴负推阐之为易明也。东坡诗云：“赋诗必此诗，定知非诗人。”又云：“老杜诗外，大有事在。”足知诗者，决不当于诗中求之，矧杜甫卓绝人伦，读破万卷者乎？杜公出入二氏之学，多用吾儒之法，以儒家哲理，建立民胞物与、痌瘝在抱之兼善思想；以二氏破除妄执[①]，齐同得丧，不汲汲于富贵，不戚戚于贫贱，其素日蕴积者深也。惟遭逢丧乱，嫉恶之情弥烈，悲苦之绪独多，所谓严肃的文学，盖因时代环境以产生，非徒重形似之文学，揣摩风气，稳顺声势所可同日语也。《偶题》诗云“法自儒家有”，《宿凿石浦》云“斯文忧患馀，圣哲垂彖系”，《过津口》云“恻隐仁者心”，《柴门》云“贫贱固其常”，《写怀》云“用心霜雪间，不必条蔓绿。非关故安排，曾是顺幽

① 之：底本与《文史杂志》“执”后衍一“之”字，据《杜诗精义》酌删。

独”,《牵牛织女》云“义无弃礼法,恩始夫妇恭”,《述古》云“舜举十六相,身尊道何高。秦时用商鞅,法令如牛毛”,又云“贤人识定分,进退分其宜”,《示从孙济》云“勿受外猜嫌,同姓古所敦”,此儒家之哲理也。《谒文公上方》云“王侯与蝼蚁,同尽随丘墟。愿闻第一义,回向心地初”,《宿赞公房》云“灯影照无睡,心清闻妙香”,《写怀》云“放怀八极外,俯仰俱萧瑟。终然契真如,得匪金仙术”,又曰“达士如弦直,小人似钩曲。曲直吾不知,负暄候樵牧”,盖已深得印度哲学之髓,法执我执,皆已尽忘矣。《遣兴》云“漆有用而割,膏以明自煎。兰摧白露下,桂折秋风前”,又云“送者各有死,不须羡其强。君看束练去,亦得归山冈”,《写怀》云“无贵贱不悲,无富贫亦足。万古一骸骨,邻家递歌哭”,又云“古者三皇前,满腹志愿毕。胡为有结绳,陷[1]此胶与漆。祸首燧人氏,厉阶董狐笔。君看灯烛张,转使飞蛾密”,《早行》云“前王作网罟,设法害生成”,《咏怀》云“万古一死生,胡为足名数”,《独酌》云“本无轩冕意,不是傲当时”,则老庄绝学无忧,为道日损,与不益生而达生之情也。杜公取精用宏,出入二氏之学,多用吾儒之法,铸成其思想与义理,此非严羽“诗有别才非关学,诗有别趣非关理”之见所可窥得。盖积学富理之后,诗自有神,神完而义蕴自足矣。

然则杜公之诗只能糅合儒释道三家思想为之义蕴乎?曰:“亦非也。”杜公于三家思想之外,又有一种不夷不惠、非周非孔、亦儒亦侠之诗人思想,超然独存于天地之间。此种思想,或可谓之精神,慈祥恺悌,通于人物,洒落飞腾,绝无凝滞。杜甫如是,陶潜亦如是,阮籍亦如是。旷代相望,令人神王。此外则李白、孟浩然、白居易、苏轼、陆游诸人,亦偶有其独到之思想与精神,而阮、陶、杜三公,得之独多。此未易为俗人言也。试诵杜诗“诗卷长留天地间,钓竿欲拂珊瑚树”“未试囊中餐玉法,明朝且入蓝田山”,岂能以儒道二家概之乎?“四邻有耒耜,何必吾家操”“或红如丹砂,或黑如点漆。雨露之所濡,甘

① 陷:底本作“隔”,据《杜诗精义》手稿本及《杜诗详注》改。

苦齐结实”“人虎相半居，相伤终相存”“鸡虫得失无了时，注目寒江倚山阁”，又岂能以道释二家概之乎？惟杜公早岁自比稷、契，颇欲致君尧舜之上，中岁迫于丧乱，晚年厌于宾客。壮情消损，跌宕纵恣之致乃更遒上，如“罢官亦由人，何事拘形役”“谁能更拘束，烂醉是生涯”“百年浑得醉，一月不梳头”“失学从儿懒，长贫任妇愁”“仰面贪看鸟，回头错应人”“近识峨眉叟，知余懒是真”“有子贤与愚，何其挂怀抱”“岈坑瞥眼过，飞橹本无蒂。得失瞬息间，致远宜恐泥”“我生无根蒂，配尔亦茫茫。有情且赋诗，事迹可两忘”，则七纵八横，头头是道。诗家哲学实已成就，技而进于道、通于神矣，讵东坡“晚觉文章真小技”所可薄之哉？

## 四、究声律

自沈约四声八病之说兴，诗之声律始为后人所重。杜公自谓“晚节渐于诗律细”，其精稳惬律处盖常得力于改诗，故曰“赋诗新句稳，不觉自长吟”，又曰“新诗改罢自长吟”，盖长吟者吟与己听，协和唇吻，摄入聪觉，声律之美自然尽臻，非尽谓诗意与字面而已也。公有句云：“七龄思即壮，开口咏凤凰。”其才思迥异时流久矣，而必俟晚年金声玉振，集诗中大成者，诗律精细一事而已。

诗律有二义：一为诗篇中每句自有之音律及句与句相关之音律，即四声匀配，宫商相应，读之铿锵适耳者是也；一为诗篇中独具之格律，即节奏弇侈，声调亢抑，洽极双声叠韵、清浊阴阳之理，而归于自然者是也。前者之音理易于明悉，古诗、近体，均可依谱循索；后者之音理不易窥测，历代成家开派之诗人，创作声调，莫有相同，而皆各尽其妙。则如李陵之得于清劲，苏武之得于宽和，阮籍之得于吞吐，左思之得于宏壮，陶潜之得于单行，谢灵运之得于偶对，李白之得于俊快，孟浩然之得于悠缓，殆难一一详陈。杜诗格律大致得力于沉郁顿挫四字，却有不能一律尽赅之处。总之，此理微眇，留待学杜者虚心讽咏，口耳自证可也。

音律之理，古诗与近体各有不同。讨论古诗之平仄者，始于王渔洋之《古诗平仄论》，赵秋谷勒为《声调谱》一书。讨论近体诗单句句尾仄声匀配须拘三声者，始于李天生，朱竹垞《曝书亭集》述为专文。讨论近体句眼，七言诗第五字要响，五言诗第三字要响者，始于宋人潘大临，而大畅于清人赵汸。讨论近体诗单双上下句洽极双声叠韵之理者，始于清人周春之《杜诗双声叠韵谱》。兹分别表其梗概如下：

渔洋《古诗平仄论》以七古为主，七言古之平仄，若平韵到底者，未尝杂以律句，其要在第五字必平，双句尤必拘。韩昌黎、苏东坡七古皆学杜者，平韵到底之双句，第五六七字三平相连，所谓三平切脚也。渔洋引韩诗《衡岳》为验，未引杜诗，兹为补之如次[①]。

## 朱凤行

君不见潇湘之山衡山高，山巅朱凤声嗷嗷。侧身长顾[②]求其群，翅垂口噤心甚劳。下愍百鸟在罗网，黄雀最小犹能逃。愿分竹实及蝼蚁，尽使鸱枭相怒号。（有“·”者必拘平声）

若换韵者，已非近体，用律句亦无妨。大约首尾腰腹须铢两匀称为正，渔洋举杜诗《高都护骢马行》为验：

## 高都护骢马行

安西都护胡青骢，声价欻然来向东。此马临阵久无敌，与人一心成大功。功成惠养随所致，飘飘远自流沙至。雄姿未受伏枥恩，猛气犹思战场利。腕促蹄高如踣铁，交河几蹴层冰裂。五

① 之如次：底本无，据《文史杂志》补。

② 顾：底本与《文史杂志》均作“愿”，据《杜诗详注》改。

花散作云满身,万里方看汗流血。长安壮儿不敢骑,走过掣电倾城知。青丝络头为君老,何由却出横门道。(有连点者则为律句,大约从篇首顺算至第六句为律句,从篇末逆算至第六句亦为律句,所谓首尾匀称也。)

七言古诗仄韵到底者,渔洋未尝讨论。今就杜诗《虎牙行》一篇观之。大约上下句之第五字,以用仄声字为多,然不能订为定谱也。

## 虎牙行

秋风欻吸吹南国,天地惨惨无颜色。洞庭扬波江汉回[①],虎牙铜柱皆倾侧。巫峡阴岑朔漠气,峰峦窈窕溪谷黑。杜鹃不来猿狖寒,山鬼幽阴[②]雪霜逼。楚老长嗟忆炎瘴,三尺角弓两斛力。壁立石城横塞起,金错旌竿满云直。渔阳突骑猎青丘,犬戎锁甲闻丹极。八荒十年防盗贼,征戍诛求寡妻哭,远客中宵泪沾臆。(有"·"处为仄声)

若五言古诗,渔洋初无详说。秋谷作《谱》,杜诗只有二篇,而云"杜诗五古,首首皆谱",殊堪一笑,兹录其圈识平仄之一首如下:

## 望南岳

南岳配朱鸟,秩礼自百王。欻吸[③]领地灵,澒洞半炎方。邦家用祀典,在德非馨香。巡守何寂寥,有虞今则亡。洎吾隘世

① 回:底本与《文史杂志》均作"迴",据《杜诗详注》改。

② 阴:底本与《文史杂志》均作"忧",据《杜诗详注》改。

③ 吸:底本与《文史杂志》均作"噏",据《杜诗详注》改。

网，行迈越潇湘。渴日绝壁出，漾舟清光旁。祝融五峰尊，峰峰次低昂。紫盖独不朝，争长嶫相望。恭惟魏夫人，群仙夹翱翔。有时五峰气，散风如飞霜。牵迫限修途，未暇杖崇冈。归来觊命驾，沐浴休玉堂。三叹问府主，曷以赞我皇。牲璧忍衰俗，神其思降祥。（有“·”处用平声，有“、”处用仄声。）

谨按秋谷此《谱》，本无定例，无定例之极，则谓杜诗五古首首皆谱矣。今姑举《宿赞公房》《玉华宫》二诗为平韵到底及仄韵到底之型式，不过于无定之中，略寻有定而已。

### 大云寺赞公房四首之第三首

灯影照无睡，心清闻妙香。夜深殿突兀，风动金锒铛。天黑闭春院，地清栖暗芳。玉绳回断绝，铁凤森翱翔。梵放时出寺，钟残仍殷床。明朝在沃野，苦见尘沙黄。（有“·”处须用平声）

### 玉华宫

溪回松风长，苍鼠窜古瓦。不知何王殿，遗构绝壁下。阴房鬼火青，坏道哀湍泻。万籁真笙竽，秋色正萧洒。美人为黄土，况乃粉黛假。当时侍金舆，故物独石马。忧来藉草坐，浩歌泪盈把。冉冉征途间，谁是长年者。（有“、”处须用仄声）

五律诗，秋谷选《月夜》《春宿左省》《送远》三首，皆有拗句，而《送远》尤甚。兹录《春望》一首《送远》一首，略示正常与拗体之例如下：

### 春望

国破山河在，城春草木深。感时花溅泪，恨别鸟惊心。烽火连三月，家书抵万金。白头搔更短，浑欲不胜簪。（有“·”处平声字，有“、”处仄声字，与各家正同。）

### 送远

带甲满天地，胡为君远行！亲朋尽一哭，鞍马去孤城。草木岁月晚，关河霜雪清。别离已昨日，因见古人情。（满字拗，胡字救；岁字拗，霜字救；秋谷原注：“木、月二字入声妙。”）

七律诗，秋谷独示杜甫半拗、纯拗二体，今以《登高》《暮归》二首，略示正常与拗体之例如下：

### 登高

风急天高猿啸哀，渚清沙白鸟飞回。无边落木萧萧下，不尽长江滚滚来。万里悲秋常作客，百年多病独登台。艰难苦恨繁霜鬓，潦倒新停浊酒杯。（正常七律，与诸家同。）

### 暮归

霜黄碧梧白鹤栖，阙城上击柝复乌啼。客子入门月皎皎，谁家捣练风凄凄。南渡桂水阙舟楫，北归秦川多鼓鼙。年过半百不称意，明朝看云还杖藜。（有“·”者平声拗，有“、”者仄声拗。）

关于杜甫律诗，更有所谓孤仄之忌者，亦渊源于渔洋平仄论，贵州杨覃生君之师程少珊先生云：“凡作律诗，最忌孤仄。何谓孤仄？即五律‘平平仄仄平’之第一字，七律‘仄仄平平仄仄平’之第三字也。此字非绝对用平不可。若不用平，则音调即哑，此可为知者道也。试取《杜工部集》律诗细读，曾有一句犯孤仄者否？”程先生所说最当，不过七律诗之上句，用三仄声字相连者，杜诗尚有。惟下句用三仄声字相连而为‘仄仄平平仄仄平’之声律者，杜诗中则断断无有，惟《九日》诗“抱病起登江上台”中“抱病起”三仄连用，但此句起字拗，登字救转，亦不得谓为犯孤仄之忌也。至五律“平平仄仄平”之句中第一字，必用平声，更无通融馀地，殊为可信。盖不但杜甫如是，诸家亦莫不如是也。

杜诗五绝声律关系甚小，七绝则杜公自创一种拗体，自抒其郁勃不平之气，错落排奡，最为特殊，不容他人仿效。惟元人杨铁崖喜学之耳。秋谷无以列《谱》，今亦略之。

李天生独窥杜诗之秘，于全集中五律、七律诗，每单句无韵处，发现其仄声字悉上去入匀配，决无重复遣用。朱竹垞亦细翻杜集，一如天生之言。惟有数首因板本不同，略有出入而已。兹随引杜律以验天生之言，即五排中如《行次昭陵》一首，亦三声匀配，天生所未尝举也。

### 倦夜

竹凉侵卧内(去)，野月满庭隅(韵)。重露成涓滴(入)，稀星乍有无(韵)。暗飞萤自照(去)，水宿鸟相呼(韵)。万事干戈里(上)，空悲清夜徂(韵)。

### 登楼

花近高楼伤客心(韵)，万方多难此登临(韵)。锦江春色来天地(去)，玉垒浮云变古今(韵)。北极朝廷终不改(上)，西山寇盗莫相侵(韵)。可怜后主还祠庙(去)，日暮聊为梁甫吟(韵)。

### 行次昭陵

旧俗疲庸主(上)，群雄问独夫(韵)。谶归龙凤质(入)，威定虎狼都(韵)。天属尊尧典(上)，神功协禹谟(韵)。风云随绝足

(入),日月继高衢(韵)。文物多师古(上),朝廷半老儒(韵)。直词宁戮辱(入),贤路不崎岖(韵)。往者灾犹降(去),苍生喘未苏(韵)。指挥安率土(上),荡涤抚洪炉(韵)。壮士悲陵邑(入),幽人拜鼎湖(韵)。玉衣晨自举(上),石马汗常趋(韵)。松柏瞻虚殿(去),尘沙入暝途(韵)。寂寥开国日(入),流恨满山隅(韵)。

讨论杜律句眼之声律,始于宋人潘大临,方回虚谷继之有作,最后清人赵汸专究杜诗五言律,发现各诗对仗之句中,从第一字至第五字,皆有句眼之存在。遇句眼所在,声调无不响亮,此诗道中意兼声、声兼意之妙境也。潘大临之言曰:“七言诗第五字要响,如‘返照入江翻石壁,归云拥树失山村’,翻字、失字是响字也;五言诗第三字要响,如‘圆荷浮小叶,细麦落轻花’,浮字、落字是响字也。盖响者,致力处也。方回《瀛奎律髓》卷四十三‘迁谪类’杜甫五言律诗‘红入桃花嫩,青归柳叶新’以入字、归字为眼;‘冻泉依细石,晴雪落长松’,以依字、落字为眼;‘榉柳枝枝弱,枇杷树树香’,以弱字、香字为眼。又卷二十五‘拗字类’《巳上人茅斋》云:‘枕簟入林僻,茶瓜留客迟。江莲摇白羽,天棘蔓青丝。’原批云:‘入字当平而仄,留字当仄而平;又入字、留字,乃诗句之眼,与摇字、蔓字同。’”此皆声、意同致力处也。赵汸专究五律,标举句眼,勒有专书。其有进于潘大临者。潘只言五言诗第三字是句眼,声律要响,而赵则言凡对仗之句,每字皆可为句眼,不必第三字也。其例略如下:

醉把青荷叶,狂遣白接䍦。(第一字是响字,即句眼。)
竹批双耳峻,风入四蹄轻。(第二字是响字,即句眼。)
崩石欹山树,清涟曳水衣。(第三字是响字,即句眼。)
塞门风落木,客舍雨连山。(第四字是响字,即句眼。)
两行秦树直,万点蜀山青。(第五字是响字,即句眼。)

清乾嘉间周春著《杜诗双声叠韵谱》，体例甚繁，兹节为五例如下：

（一）双声叠韵正格（双声以“·”为识，叠韵以“、”为识）

牢落乾坤大，周流道术空。
卑枝低结子，接叶暗巢莺。
流连戏蝶时时舞，自在娇莺恰恰啼。
棋局动随幽涧竹，袈裟忆上泛湖船。

（二）双声同音通用格

桑麻深雨露，燕雀半生成。
凫鹥散乱棹讴发，丝管啁啾空翠来。

（三）双声广通格

陶唐歌遗民，后汉更列帝。
德尊一代常轗轲，名垂万古知何用。

（四）双声叠韵对变格

晚闻多妙教，卒践塞前愆。
怅望千秋一洒泪，萧条异代不同时。

（五）散句双声叠韵格

满目悲生事，因人作远游。
为人性僻耽佳句，语不惊人死不休。

## 五、参事实

《新唐书·杜甫传》云："甫又善陈时事，律切精深，至千言不少衰，世号'诗史'。"夫诗之观得失，镜治乱，辨邪正，寓褒贬者，一本人伦，非后世风云月露、徒事浮华者可望。故《诗》曰："维号斯言，有伦有脊。"亦与《孟子》"圣人，人伦之至也"之言同义。而《孟子》又尝曰："《诗》亡而后《春秋》作。"盖诗与史，一而二，二而一者矣。诗既称史，固当不离时事，顾诗之铺陈艺事，究不全同于史。"狐裘皇皇，出言有章"，讥而类赞；"其新孔嘉，其旧如之何"，严而不恶；"我闻有命，不敢以告人"，隐而能彰。诗人具炉锤铸冶之妙，读者兴华衮斧钺之感，此《新唐书》所以称杜甫"善陈时事"者也。事实者，时事也，参事实者，当于当事中求之。

杜公时事诗第一长篇，共推《北征》。纪一代之事，足与《国风》《雅》《颂》相为表里，久成定论。观其濡染挥洒，细大不捐，波澜老成，毫发无憾矣！"拜辞诣阙下，怵惕久未出。虽乏谏诤姿，恐君有遗失"，涕泪受拾遗之拜，怀大臣事君之心，不敢谓圣朝无阙事也。"靡靡逾阡陌，人烟渺萧瑟。所遇多被伤，呻吟多流血"，干戈惨戚，苏养为难，流人未集，伤者且死也。"移时施朱铅，狼藉画眉阔"，隐喻文恬武嬉，忘君父之大仇，图旦夕之苟安也。"送兵五千人，驱马一万匹。此辈少为贵，四方服勇决。所用皆鹰腾，破敌过箭疾。圣心颇虚伫，时议气欲夺"，借兵回纥，以暴除暴，非我族类，其心必异，讽天子以虚伫，张时议之激昂也。"忆昨狼狈初，事与古先别。奸臣竟菹醢，同恶随荡析。不闻殷周衰，中自诛褒妲"，为尊者讳，事君以礼，不谓赐妃子之死出六军之请也。魏泰道辅尝拈出此数语，以与刘禹锡之"官军诛佞幸，天子舍妖姬"，白居易之"六军不发无奈何，宛转蛾眉马前死"相较，乃堪嗤彼造语蠢拙且失事君之礼矣。又观《哀江头》叙明皇携贵妃曲江行幸事，不斥言太真，而但言"辇前才人"，微而显，婉而严，配至尊者，不得曰"娇侍夜""醉和春"，以为亵渎。文人贵有通识，立言一当，气机斯宕，故此诗倜傥权奇，有骏蹄下注千丈坡之势也。

近人有誉陆放翁诗善写从军之乐，而短杜少陵专绘从军之苦者，不知何所见而云然？彼《兵车行》者，据钱牧斋笺云："天宝十载，鲜于仲通讨南诏丧师，杨国忠掩其败状，反以捷闻。更大募两京及河南、北丁壮击南诏，人莫肯应。国忠遣御史分道捕人，连枷送军所，人人愁怨。"杜公著从军之苦者，为杨国忠、鲜于仲通言之也。至如《前出塞》《后出塞》之作，据朱鹤龄注云："天宝末，哥舒翰贪功于吐蕃，安禄山构祸于契丹。于是征调半天下，人民愁苦。"《前出塞》著从军之苦，为哥舒翰言之；《后出塞》著从军之苦，为安禄山言之也。杜公疾恶如仇，重肃纪纲，于王者之师从无沮之之理，故于《新安吏》云"况乃王师顺，抚养甚分明。送行勿泣血，仆射如父兄"，于《送樊二十三侍御赴汉中判官》云"威弧不能弦，自尔无宁岁"，于《送长孙九侍御赴武威判官》云"去秋群胡反，不得无电扫"，于《送从弟亚赴河西判官》云"南风作秋声，杀气薄炎炽。盛夏鹰隼击，时危异人至"，又云"孤峰石戴驿，快马金缠辔。黄羊饫不膻，芦酒多还醉"，于《奉送郭中丞兼太仆卿充陇右节度使》云"几时回节钺，戮力扫欃枪"，于《送杨六判官使西蕃》云"垂泪方投笔，伤时即据鞍"，于《送灵州李判官》云"近贺中兴主，神兵动朔方"，于《观安西兵过赴关中待命》云"奇兵不在众，万里救中原。谈笑无河北，心肝奉至尊"，于《壮游》诗云"禹功亦命子，涿鹿亲戎行。翠华拥吴岳，螭虎啖豺狼"，于《渔阳》云"系书请问燕耆旧，今日何须十万兵"，皆富止戈为武、我武维扬之意，读之令人心气奋发，何亚《车攻》《小戎》，岂肯专咏征战之苦耶？

杜诗命意，有因用事旨趣而极深远者，《容斋三笔·杜诗命意》则云："'能画毛延寿，投壶郭舍人。每蒙天一笑，复似物皆春。政化平如水，皇恩断若神。时时用抵戏，亦未杂风尘。'第三联意味颇与前语不相联贯，读者或以为疑。按杜之旨，本谓技艺倡优，不应蒙人主顾盼赏接，然使政化如水、皇恩若神，为治大要既无所损，则时时用此辈，亦无害也。又如'乱后碧井废，时清瑶殿深。铜瓶未失水，百丈有哀音。侧想美人意，应悲寒甃沉。蛟龙半缺落，犹得折黄金。'盖见故宫井内汲者得铜瓶而作也。"《容斋随笔[1]》论诗[2]处甚多，此则尤可贵，足见佳篇必须先领悟事实也。

杜公久客蜀中，屡依蜀将，生事可悲，安危尤可虑，故既云："乱离多醉尉，愁杀李将军。"又云："常恐性坦率，失身为杯酒。"其忧生之嗟深矣。其所依之蜀将，前为严武，后为章彝，两人恃才跋扈，怙权侈放，臣节皆不甚纯。杜公虽与有知遇之感，但每以正道纠之，使竭忠贞。读杜诗至此，允宜详其事实，得其义蕴。《奉酬严公寄题野亭之作》云"奉引滥骑沙苑马，幽栖真钓锦江鱼"，自责其滥，以讽严之僭也。《奉和严中丞西城晚眺》云"辞第输高义，观图忆古人"，则勉以图画麒麟阁，处勋名如霍子孟、苏子卿也。《严公厅宴同咏蜀道图》云"华夷山不断，吴蜀水相通"，则弦外之音，意谓使之不断而常通者，职在严公也。《奉送严公入朝》云"公若登台辅，临危莫爱身"，则忠爱之至，严公当不至视为不入耳之言也。又有《观打鱼》一诗云"日暮蛟龙改窟穴，山根鳣鲔随云雷。干戈格斗尚未已，凤凰麒麟安在哉"，寓意显然，殆蜀将中如章彝、崔旰、杨子琳、花惊定者，大有其人。蛟龙改窟穴于日暮，伐叛连三朝，其主上蒙尘之谓乎？鳣鲔随云雷而上山，岂未读《王命论》之武夫，又有袭狐鸣篝火之故智者乎？惜笺注杜诗者，未引史实以证明之耳。至杜公久依之章留后彝，尤拳拳为之《惜诵》，则如《春日梓州登楼》云"江水流城郭，春风入鼓鼙"，因章彝为梓州刺史也。《郪城西原送李判官兄武判官弟赴成都府》云"远水非无浪，他山自有春"，言之吞吐，犹"挂帆远色外，惊浪满吴楚"也。《棕拂子》云"不堪代白羽，有足除苍蝇"，杜公自比，足为人扫除犯上之小丑，而未敢与闻特起异军之指挥也。参观《送元二适江左》云"晋室丹阳尹，公孙白帝城。经过自爱惜，取次莫论兵"，其旨益明。《遣忧》诗

① 笔：底本无，据《文史杂志》补。

② 诗：底本无，据《文史杂志》补。

又云“纷纷[1]乘白马，攘攘着黄巾”，盖草泽间窃据者比比也。《冬狩行》亦为章留后作，有“春搜冬狩侯得用，使君五马一马骢。草中狐兔尽何益，天子不在咸阳宫”，则章彝时以梓州刺史兼侍御史留后东川，拥兵狩猎，杜公讥用天子之礼，又不率兵向阙为敌忾勤王之举也。《山寺》云“以兹抚士卒，孰曰非周才。穷子失净处，高人忧祸胎”，则现身说法，不患前佛之莓苔满身，而忧川中之萧墙祸起矣。至《桃竹杖引赠章》，明诏章曰“杖兮杖兮，尔之生也甚正直！慎勿见水踊跃学变化为龙，使我不得尔之扶持，灭迹于君山江上之青峰”，则尤显豁，近于教诲之矣。

杜诗如《自平》《可叹》等诗，包涵事实，非注不明。即如《病柏》《病橘》《枯棕》《枯柟》四诗，皆指当时事，叶石林云“《病柏》当为明皇作，与《杜鹃行》同意。《枯棕》状民力之残困，其篇中自言矣。《枯柟》云‘犹含栋梁具，无复霄汉志’，当为房次律之徒作。惟《病橘》始言‘惜哉结实小，酸涩如棠梨’，末以比荔支劳民，疑若指近幸之不得志者。自汉魏以来诗人用意深远，不失古风，惟此公为然，不但语之工也。”

杜公更有《覆舟》二诗，讽刺玄、肃二朝好神仙丹药之失。其一云：“巫峡盘涡晓，黔阳贡物秋。丹砂同陨石，翠羽共沉舟。羁使空斜影，龙居闷积流。篙工幸不溺，俄顷[2]逐轻鸥。”其二云：“竹宫时望拜，桂馆或求仙。姹女凌波日，神光照夜年。徒闻斩蛟剑，无复爨犀船。使者随秋色，迢迢独上天。”盖玄宗好神仙烧炼之术，黔州贡丹矽等物，经巫峡而覆舟。肃宗之季，从事斋房时，尚沿其习，公故假以为讽。“羁使空斜影”，谓己沉没也；“龙居闷积流”，言龙宫独得贡物也。竹宫、桂馆，望丹药而不至，故曰“时望拜”“或求仙”也；真汞[3]本隐于

① 纷：底本与《文史杂志》均作“乘”，据《杜诗精义》、《杜诗详注》改。

② 顷：底本与《文史杂志》均作“轻”，据《杜诗详注》改。

③ 真汞：底本作“升仙”，据《文史杂志》《杜诗精义》改。

丹砂中，今同没于水，故曰“姹女凌波日，神光照夜年”也；升仙虚诞，不值一笑，故曰“使者随秋色，迢迢独上天”也。此诗诙诡绝人，使非史实斡注，必不能读。尝阅王明清《挥麈后录》，载元符末徽宗无嗣，惑于茅山道士刘混康之言，谓京城东北隅地协堪舆形势，少为加高，当有多男之祥。由是土木工兴，花石纲运徙太湖石于宫中经营之，号为“艮岳”。当时希恩文臣如李质、曹组，且作《艮岳百咏》诗以献，祐陵大悦，赐李质号为“锦体谪仙”，曹组随侍宸驾，其诗皆软媚巽佞，不堪寓目，独叹国将倾覆，竟无诗史献讥，乃竟为逢恶之辞也。

## 六、讨警策

陆机《文赋》云“立片言以居要，乃一篇之警策”，盖以文喻马也。驭文之道，一篇之中，片言扼要，如控纵之韁组在手，即无泛驾之虞。片言者，如山之起伏，自然有一主峰突现，文势至张满之际，自然有一扼要之语涌出，亦非可预为安排者也。诗中警策之处，吾人要当细心参究。如纡徐为妍者，则精壮飞动为之警策；冲和春容者，则沉郁顿挫为之警策。又如一篇多绚烂之词，则平淡见理之语，反称警策。杜诗《丽人行》铺叙衣饰之美、饮馔之富、鞍马之盛，浓至极矣。而丽人之丽，只“态浓意远淑且真，肌理细腻骨肉匀”十四字而已。《伤春》诗“莺入新年语，花开满故枝。天青风卷幔，草碧水通池”，铺叙亦绚烂，而伤春之旨，只“不是无兄弟，其如有别离”十字而已。知此意者，乃可读《诗经》“衣锦尚絅”一语，李白“自从建安来，绮丽不足珍”二句矣。衣锦尚絅，愈见锦之雅艳。若浑身锦簇，不但俗艳，且令观者目眩，锦又何足贵乎？建安以来，月露之形，风云之状，千篇一律，竞为浮华，幽古之色，殆概阙如。太白诗格之成就，厥在“清水出芙蓉，天然去雕饰”一喻，故于齐、梁诗，斥其“绮丽不足珍”，使其后世子孙，真有所谓“锦体谪仙”者出而言诗，太白当大笑彼非其族类矣。

杜子美诗从何讨其警策乎？《诗眼》云：“杜诗佳处，皆从工拙相半而来。夫诗句皆拙，固当无取，使其皆工，则峭急无古气，如李贺之流是也。如《望岳》诗云‘齐鲁青未了’,《洞庭》诗云‘吴楚东南坼,乾坤日夜浮’,语既高妙有力,而言东岳与洞庭之大者,无过于此。《望岳》第二句如此,故先云‘岱宗复何如’;《洞庭》诗先如此,故后云‘亲朋无一字,老病有孤舟’。使《洞庭》诗无前二句,而皆如后两句,语虽健,终不工;《望岳》诗无第二句,而云‘岱宗复何如’,虽曰乱道可也。”此种说诗法极精,句句皆拙,谓之笨钝,固不成诗;使句句皆工,雕绘满眼,亦伤元气。杜诗自然高妙而且入神,他家比之,断断不能及也。

杜诗警策处,举不胜举。大约精壮飞动、沉郁顿挫二者,集中最多。兹略就五、七古中剌取若干句,以伸吾说。“七星在北户,河汉声西流”“声吹鬼神下,势阅人代速”“冰雪净聪明,雷霆走精锐”“长翮如刀剑,人寰可超越”“孤云到来深,飞鸟不在外”“虬髯似太宗,色映塞外春”“雄姿未受伏枥恩,猛气犹思战场利”“词源倒流三峡水,笔阵独扫千人军”“短衣匹马随李广,看射猛虎终残年”“昼洗须腾泾渭深,朝趋可刷幽并夜”“豫章翻风白日动,鲸鱼跋浪沧溟开”,此属之精壮飞动者也。“意钟老柏青,义动修蛇蛰”“鸟惊出死树,龙怒拔老湫”“每愁悔吝作,如觉天地窄”“吾将罪真宰,意欲铲叠嶂”“哀猿透却坠,死鹿力所穷”“不及父祖茔,累累冢相当”“万古一骸骨,邻家递歌哭”“但觉高歌有鬼神,焉知饿死填沟壑”“元气淋漓障犹湿,真宰上诉天应泣”“黄蒿古城云不开,白狐跳梁黄狐立”“白摧朽骨龙虎死,黑入太阴雷雨垂”,此属之沉郁顿挫者也。近体诗亦当以此法推之。

宋人诗话论杜者极多,张戒《岁寒堂诗话》外,要以吴沆《环溪诗话》为佳。环溪之言曰:“杜诗意远,故举上句,即人不能知下句。又有险语,出入意外。如‘白摧朽骨龙虎死’,人犹能道,至‘黑入太阴雷雨垂’,则人不能道矣,为险处在一‘垂’字,无人能下。如‘峡拆云埋龙虎卧’,人犹能道,至‘江清日抱鼋鼍游’,则人不能道矣,为险处在一‘抱’字,无人能下。如‘江海阔无津’,人犹能道,‘豫章深出地’,则人不能道,为一‘出’字难下。如‘高浪蹴天浮’,人犹能道,‘大声吹地转’,则人不能道矣,为一‘吹’字难下。如‘竹光团野色’,人犹能道,至‘舍影漾江流’，人不能道矣，为一‘漾’字难下。如‘月涌大江流’，人犹能道，至‘星垂平野阔’，则人不能道矣，为一‘垂’字难下。如‘暗水流花径’，人犹能道，至‘春星带草堂’，则人不能道矣，为一‘带’字难下。凡如此等字，虽使古今诗人极力思之，终不能到。如于‘星’上加一‘垂’字、一‘春’字，于水上加一‘暗’字，初若生面，然《易》言：‘天垂象，见吉凶。’《书》言：‘日中星鸟，以殷仲春。’则‘星’字上本有‘垂’‘春’字。渊明《归去来辞》‘泉涓涓而始流’，春水‘水’字，本有暗字意，但用意深，来处远，人初读不能便觉耳。”

## 七、辨沿依

秦少游进论曰：“杜子美之于诗，实积众流之长，适当其时而已。昔苏武、李陵之诗长于高妙，曹植、刘公干之诗长于豪逸，陶潜、阮籍之诗长于冲澹，谢灵运之诗长于峻洁，徐陵、庾信之诗长于藻丽。于是子美穷高妙之格，极豪逸之气，包冲澹之趣，兼峻洁之姿，备藻丽之态，而诸家之作所不及焉。然不积诸家之长，子美亦不能独至于斯也，岂非适当其时故耶？”少游此论，灼见杜诗之集大成，适为积众流之长，最为通识。盖积众流之长者，犹言沿依也。至如方回虚谷《瀛奎律髓》沈佺期诗评云：“学古诗必本苏武、李陵，学律诗必本陈子昂、杜审言、宋之问、沈佺期。此数人者，老杜诗所自出也。”其见则稍僻矣。

吴沆《环溪诗话》云：“杜甫诗中有风有雅，如《新婚别》《垂老别》《无家别》，皆风也；如《剑门》《石笋》《石犀》《古柏行》《遭田父泥饮》，皆蜀国之风也；如《壮游》一篇，该齐、赵、吴、越，则四国之风也；如《剑器行》《花卿歌》《骢马行》，各指一事，则风之小者也；如《八哀诗》咏八公，则当代名臣，《杜鹃行》则托讽于君，《丽人行》有关于风之大者也。如《新安吏》《潼关吏》《兵车行》《石壕[1]吏》《悲陈陶》、前后《出塞》，则

① 壕：底本与《文史杂志》均作“濠”，据《杜诗详注》改。

雅之小者也；如《北征》《忆昔二首》《冬狩行》《哀王孙》，则雅之大者也。如《赠左相二十韵》《赠鲜于京兆》《赠特进汝阳王》各二十韵，以至《入奏行》《春陵行》《裴施州》《丹青引》，则颂之小者也；如《谒玄元皇帝庙》《行次昭陵》《重经昭陵》，以至《洗兵马》，则颂之大者也。”环溪此论，与山谷称杜诗表里风雅颂者相同，溯源探本，以杜诗分列风雅颂之中，深得古人意。愚谓风雅颂外，犹有骚之一体。《虎牙行》之“巫峡阴岑朔漠气，峰峦窈窕溪谷黑”“杜鹃不来猿狖寒，山鬼幽阴[①]雪霜逼”，《九歌・山鬼》之遗意也；“虎之饥，下巉岩。蛟之横，出清泚。早归来，黄土污人眼易眯”，宋玉《招魂》之遗也；“此时骊龙亦吐珠，冯夷击鼓群龙趋。湘妃汉女出歌舞，金支翠旗光有无”，《九歌・湘君（湘夫人）》之遗意也；“凉风萧萧吹汝急，恐汝后时难独立。堂上书生空白头，临风三嗅馨香泣”，《九章・橘颂》之遗意也；“深山大泽龙蛇远，春寒野阴风景暮。蓬莱织女回云车，指点虚无是征路”，《九章・涉江》之遗意也。他如“天寒翠袖薄，日暮倚修竹”之句，亦当与湘累之茕洁相亚并。

诗骚以外，次当更求汉魏乐府六朝诸家之诗，以见杜诗之沿依。如杜诗《无家别》，似从古诗《十五从军征》一首脱胎而成，分见如次：

> ……贱子因阵败，归来寻旧蹊。但对狐与狸，竖毛怒我啼。四邻何所有，一二老寡妻。……人生无家别，何以为蒸黎。（杜诗《无家别》）
>
> 十五从军征，八十始得归。道逢乡里人：家中有阿谁？‘遥望是君家，松柏冢累累。兔从狗窦入，雉从梁上飞。中庭生旅谷，井上生旅葵。’烹谷持作饭，采葵持作羹。羹饭一时熟，不知贻阿谁？出门东向望，泪落沾我衣。（古诗）

---

① 阴：底本与《文史杂志》均作“忧”，据《杜诗译注》改。

又如《述怀》诗、《北征》诗、《羌村》诗，颇似皆从蔡琰《悲愤诗》来：

……柴门虽得去，未忍即开口。寄书问三川，不知家在否？……自寄一封书，今已十月后。反畏消息来，寸心亦何有？……（杜诗《述怀》）

……有客从[①]外来，闻之常欢喜。迎问其消息，辄复非乡里。……（蔡琰《悲愤》）

……生还对童稚，似欲忘饥渴。问事竞挽须，谁能即嗔喝。……（杜甫《北征》）

……儿前抱我颈，问母欲何之。……（蔡琰《悲愤》）

……娇儿不离膝，畏我却复去。……（杜甫《羌村》）

……儿前抱我颈，问母欲何之。……（蔡琰《悲愤》）

……邻人满墙头，感叹亦歔欷。夜阑更秉烛，相对如梦寐。……（杜甫《羌村》）

……观者皆歔欷，行路亦呜咽。……（蔡琰《悲愤》）

又如《彭衙行》《石龛》，皆似从魏武帝《苦寒行》来：

……一旬半雷雨，泥泞相牵攀。既无御雨备，径滑衣又寒。有时经契阔，竟日数里间。野果充糇粮，卑枝成屋椽。……（杜甫《彭衙行》）

……树木何萧瑟！北风声正悲。……水深桥梁绝，中路正徘徊。迷惑失故路[②]，薄暮无宿栖。行行日已远，人马同时饥。……（魏武帝《苦寒行》）

熊罴咆我东，虎豹号我西。我后鬼长啸，我前狨又啼。……

① 从：底本与《文史杂志》均作“自”，据《先秦汉魏晋南北朝诗》改。

② 路：底本与《文史杂志》均作“道”，据《先秦汉魏晋南北朝诗》改。

(杜甫《石龛》)

……熊罴对我蹲,虎豹夹路啼。……(魏武帝《苦寒行》)

又如《赠卫八处士》诗,似从曹植《箜篌引》来:

……主称会面难,一举累十觞。十觞亦不醉,感子故意长。……(杜甫《赠卫八处士》)

……主称千金寿,客奉万年酬。……(曹植《箜篌引》)

又如《后出塞》,似从王粲《从军》诗来:

朝进东门营,暮上河阳桥。落日照大旗,马鸣风萧萧……(杜甫《后出塞》)

朝发邺都桥,暮济白马津。逍遥河堤上,左右望我军。……(王粲《从军》)

又如《垂老别》,似从王粲《七哀》诗来:

……老妻卧路啼,岁暮衣裳单。孰知是死别,且复伤其寒。此去必不归,还闻劝加餐。(杜甫《垂老别》)

……路有饥妇人,抱子弃草间。顾闻号泣声,挥泪独不还。未知身死处,何能两相完?……(王粲《七哀》)

又如《石壕吏》,似从汉桓帝时民间《刺巴郡守诗》来:

暮投石壕村,有吏夜捉人。老翁逾墙走,老妇出门看。吏呼一何怒,妇啼一何苦。……(杜甫《石壕吏》)

狗吠何喧喧,有吏来在门。披衣出门应,府记欲得钱。语穷

乞请[1]期，吏[2]怒反见尤。……(《刺巴郡守诗》)

又如《示从孙济》诗，似从古诗中来：

……淘米少汲水，汲多井水浑。刈葵莫放手，放手伤葵根。……(杜甫《示从孙济》)

……采葵莫伤根，伤根葵不生；结交莫羞贫，羞贫交不成。……(古诗)

又如《丽人行》，似从陆机《日出东南隅行》来：

……态浓意远淑且真，肌理细腻骨肉匀。绣罗衣裳照暮春，蹙金孔雀银麒麟。……(杜甫《丽人行》)

……美目扬玉泽，蛾眉象翠翰。鲜肤一何润，秀色若可餐。窈窕多容仪，婉媚巧笑言。暮春春服成，粲粲绮与纨。金雀垂藻翘，琼佩结瑶璠[3]。……(陆机《日出东南隅行》)

又如《上水遣怀》，似从陶潜《拟古》诗来：

……但遇新少年，少逢旧亲友。低颜下色地，故人知善诱。后生血气豪，举动见老丑。……(杜甫《上水遣怀》)

……出门万里行，中道逢嘉友。未言心先醉，不在接杯酒。兰枯柳亦衰，遂令此言负。多谢诸少年，相知不忠厚。意气倾人命，离隔复何有？……(陶潜《拟古》)

---

① 请：底本与《文史杂志》均作“诸”，据《先秦汉魏晋南北朝诗》改。
② 吏：底本与《文史杂志》均作“更”，据《先秦汉魏晋南北朝诗》改。
③ 璠：底本与《文史杂志》均作“珰”，据《陆机集》改。

又如《有怀台州郑司户》诗，颇似鲍照《代东武吟》中语：

……昔如水上鸥，今如罝中兔。……（杜甫《有怀台州郑司户》）

……昔如鞲上鹰，今似槛中猿。……（鲍照《代东武吟》）

又如《雨》诗，似从谢朓《观朝雨》诗来：

峡云行清晓，烟雾相徘徊。风吹苍江树，雨洒绝壁来。……高鸟湿不下，居人门未开。楚宫久已灭，幽佩为谁哀。……冥冥翠龙驾，多自巫山台。（杜甫《雨》）

朔风吹夜雨，萧条江上来。既洒百年观，复集九成台。空蒙如薄雾，散漫似轻埃。平明振衣坐，重门犹未开。……（谢朓《观朝雨》）

又如《宿江边阁》诗，有二句几全用何逊《入西塞示南府同僚》诗句：

……薄云岩际宿，孤月浪中翻。……（杜甫《宿江边阁》）

……薄云岩际出，初月波中上。……（何逊《入西塞示南府同僚》）

又如杜诗五律中句眼，有从阴铿五古诗中来者：

……犬迎曾宿客，鸦护落巢儿。……（杜甫《重过何氏园》）

……花娇迎杂树，龙喜出平池。……（杜甫《宿昔》）

……莺随入户树，花逐下山风。……（阴铿《官苑》诗）

合观上引各家诗，足知杜诗渊源有自，波澜不二矣。

## 八、寻派衍

杜诗之开派论，初见于孙仅《赠杜工部诗集序》，其言曰："公之诗支而为六家：孟郊得其气焰，张籍得其简丽，姚合得其清雅，贾岛得其奇僻，杜牧、薛能得其豪健，陆龟蒙得其赡博。皆出公之奇偏尔，尚轩轩然自号一家，赫世烜俗，后人师拟不暇，矧合之乎？"孙仅此论，于杜诗支流，许有六家，谓皆不得杜甫之全，尚轩轩然自号一家者也。惟晚唐诗家学杜者，尚有李商隐其人，孙仅略而未言，今为补叙。义山摹杜，气貌逼真，集中有《杜工部蜀中离席》七律一首，置之杜集中，可乱楮叶。宋初杨大年、钱惟演等，专学义山，传有《西昆酬唱集》，号为"西昆体"，然则西昆亦杜诗之支裔流派矣。宋元祐间，江西诗派兴，所谓江西派者，见于吕居仁《江西诗社宗派图》。居仁作图，推黄庭坚为宗派之祖，列陈师道以下二十五人，谓皆嗣山谷诗法者。方回虚谷著《瀛奎律髓》，因倡一祖三宗之说：一祖者，杜甫也；三宗者，黄庭坚、陈师道、陈与义也。盖江西确由杜学而来，山谷得杜之高妙，后山得杜之精炼，简斋得杜之宏放。惟得失可得而言者，山谷七言歌行坚苍新劲，独步北宋；拗体七律尤得杜甫嵚崎历落之致；七绝得杜髓，尤饶纵恣之趣；后山五古、五律朴重深腴，突过山谷，惟七古及拗体七律则略逊；简斋只有七律一种，大开大阖，宏放踔体，视山谷、后山远不及也。盖杜诗如长江大河，澄之不清，挠之不浊，一变而为郊、岛，则如寒潭止水，清澈而无洪浪；再变而为义山、西昆，则如清涟縠纹，绮美而少实用；三变而为江西，则如盘涡急湍，能者操舟，仅无倾覆而已。此非杜派支流之必当如是腐化，他亦学者人才为之主耳。

杜诗才大思精，赡到老成，无所不备，无所不包。古体难于析陈，兹就近体中五律、七律观之，即可得其博综诸家所在，亦可绎寻其派衍矣。五律诗如"夕阳薰细草，红色映疏帘"，此李商隐也；"吏人桥外少，秋水席边多"，此钱起也；"小市常争米，孤城早闭门"，此刘长卿也；“湛湛长江去，冥冥细雨来”，此韦应物也；“宽心应是酒，遣兴莫过诗”，此白居易也；“雨荒深院菊，霜倒半池莲”，此韩愈也；“开门野鼠走，散帙壁鱼干”，此卢同也；“野花留宝靥，蔓草见罗裙”，此李贺也；“石泉流暗壁，草露滴秋根”，此贾岛也；“圆荷浮小叶，细麦落轻花”，此张籍也；“检书烧烛短，把剑引杯长”，此司空图也；“屏开金孔雀，褥隐绣芙蓉”，此温庭筠也；“地坼江帆隐，天清木叶闻”，此周朴也。七律如“花径不曾缘客扫，蓬门今始为君开”，此白居易也；“红豆啄馀鹦鹉粒，碧梧栖老凤凰枝”，此李商隐也；“竹叶于人既无分，菊花从此不须开”，此杜牧也；“古庙松杉巢水鹤，岁时伏腊走村翁”，此罗隐也；“石出倒听枫叶下，橹摇背指菊花开”，此周朴也；“细草流连侵坐软，残花怅望近人开”，此韩偓也；“楚妃堂上色殊众，海鹤阶前鸣向人”，此方干也；“山连越嶲蟠三蜀，水散巴渝下五溪”，此刘禹锡也；“黄牛峡静滩声转，白马江寒树影稀”，此刘长卿也；“鱼吹细浪摇歌扇，燕蹴飞花落舞宴”，此许浑也；“酒债寻常行处有，人生七十古来稀”，此罗隐也；“盘涡鹭浴底[①]心性，独树花发自分明”，此陆龟蒙吴体也；“落花游丝白日静，鸣鸠乳燕青春深”，此黄庭坚江西体也；“时危兵甲黄尘里，日短江湖白发前”，此陈师道也；“扶桑西枝对断石，弱水东影随长流”，此陈与义也。

## 九、较同异

沿依者，古人在我之前，不得不有师尚因承之迹。派衍者，我在后人之前，不知不觉而垂厥轨范。此时代于我有先后关系，犹佛乘所谓之过去、未来世也。同异者，我与我同时之人，时代相同，作风迥异，其思想行迹、工力兴象，亦或有彼此之悬殊，此种关系犹佛乘所谓之现在也。杜甫同时诸公交游最久，诗格不同而可相提较量者究不在多数，则李白、王维、孟浩然、高适、岑参五君其著者也。五君与杜

---

① 底：底本与《文史杂志》均作“低”，据《杜诗详注》改。

公之交谊不暇论，兹仅表其诗格不同者如下：

太白与杜公有相同处者：太白抗心希古，志在述作，以垂辉千春自任；杜公气劘屈、贾，目短曹、刘，以垂名万年自居，其一同也。两公俱怀壮志，欲扶社稷，杜以稷、契自任，李以太公望、管仲、诸葛亮自比；好谈兵，《唐书》并称其高而不切，其二同也。两公胸次宏阔，洒落不群，一则酒酣视八极，俗物茫茫，一则黄河落天走东海，抒怀万里，俱欲突破天网，思出宇宙，其三同也。景云以来，四杰以绮藻才思相映发，其诗体所趋在七言歌行一种，开阖动荡，虽有特长，然齐梁之习染未尽涤除也；李、杜二公挺起开元间，七言歌行一以古文笔法出之，格势高老，雄跨百代，其四同也。

太白与杜公有相异处者：太白诗从《国风》《离骚》、汉魏乐府、鲍、谢诸风人出，多得于风人之旨；子美诗从二《雅》、苏武、李陵、十九首、曹氏父子、陶渊明诸人出，多合于诗家之轨。李云"借问此何日，春风语流莺"，杜云"为人性僻耽佳句，语不惊人死不休"，足见其趣致之不同。故李之《蜀道难》《乌夜啼》《白头吟》，杜决不能为；而杜之《北征》《哀江头》、奉先道中述怀、《夔府述怀》，李亦决不能为也。其一异也。太白旷代仙才，人中奇逸，作诗不耐拘束，豪而见率；于诗理尝有"五言不及四言，七言又其靡也"之论。故于极讲对仗、细研声病之七言律诗，作之极少，且不擅长。五言律亦只有逸气推行之妙，如"牛渚西江夜"，殆如一首五言古诗。惟五绝、七绝，本自乐府诗来，太白为之，飞行绝迹，殆极合其纵恣之性。返观子美则受才雄博，侈情铺陈，精言律理；于诗体除五、七言绝句自开一派不为当行外，他体殆无不雄浑，无不精绝，而五言之排体、七言之律诗，尤超轶绝伦，非太白所可望也。其二异也。太白才长于学，为人颇近战国之纵横家，又稍有道家神仙黄白之意，故其诗随处可见乘云翔凤、飘风骤雨之致；谈笑却秦、指麾楚汉，是其心志所在，故于安史犯阙之际，不思勤王，不奔行在，反欲是逆王以取功名，殆有琴瑟不调甚者得为更张之意。此其学未沉着、识未稳定之弊，不及杜公之麻鞋万里，远趋行在，嫉恶如仇，事主尽年之可敬也。盖杜好义心切,法自儒家得来,诗之修养远过太白。即杜公《述古》数章,沉博绝丽处,辄欲驾太白《古风五十首》而上之。非杜才优于李也,杜公识力深邃,寓感重大,非如太白忽说辩士、忽说剑客、忽说神仙、忽说妇人之惝恍无定,不知其宗旨所在也。其三异也。杜公诗格所得者古重高老,拙大雄深;太白诗格所得者,飘逸高旷,清新秀伟。太白不生于唐,则与鲍明远、谢玄晖诸人当并驱于六朝间;子美不生于唐,则有唐诗格无以产生。王维、高适、岑参诸人,不能肩负盛唐制作之重任也。此处可于诗之一义观之:《杜工部诗集》,不但为唐玄、肃、代三朝之诗史,亦且为杜公一生之起居生活史,故古乐府直无暇仿作,神仙家亦无意向慕,丧乱中涕泪盈襟,宾客间崎岖万状,其穷年颙望,惟在夫洗兵马、忧黎元而已。反观《李翰林集》,于安史之乱几无述写,而其己身之被胁从永王璘长流夜郎之大事,亦仅有"半夜水军来,浔阳满旌旃。空名适自误,迫胁上楼船。从赐五百金,弃之若浮烟。辞官不受赏,翻谪夜郎天"数语耳。其四异也。

摩诘与杜公诗格悬殊,同少异多。殷璠曰:"维诗词秀雅调,意新理惬。在泉成珠,着壁成绘。一字一句,皆出常境。"大概摩诘诗学陶而得其自在,法鲍、谢而得其腴秀。以故五言妙绝时人,律诗尤工兴象,珠玉在前,卓树盛唐极轨,虽杜公沉着悲凉,有弗逮者矣。然其所短者:遁于佛氏,揭无生之旨,忘痌瘝之抱,恣意泉石,怡情花竹。其诗与时代绝无关涉,令人疑其非天宝离乱间人。杜公所谓"不见高人王右丞"者,洵乎其痛痒为无关民瘼之人矣。其诗无巨制大篇,表艳色而咏西施,饰降将而赋李陵。何不独留《夷门》一歌,叙老翁临风刎颈谢公子,尚为意义深远乎?《华岳》诗才力孱薄,不足望杜公《木皮岭》之藩篱,宁足与《东岳》《南岳》二诗相絜论耶?又摩诘赠答诗,多应酬语,如《座上走笔赠薛据慕容损》云"更待风景好,与君藉萋萋",《赠李颀》云"悲哉世上人,甘此膻腥食",《春夜竹亭赠钱少府归蓝田》云"羡君明发去,采蕨轻轩冕",《送綦毋潜落第还乡》云"吾谋适不用,勿谓知音稀”，已开大历钱、郎泛应之习。杜公则真气内充，肝胆如倾，如《赠苏大侍御访江浦赋八韵纪异》有云：“今晨清镜中，胜食斋房芝。余发喜却变，白间生黑丝。”此是何等惊喜肫厚语，受之者宁不感极涕零？摩诘则从未具此肺腑矣。

孟襄阳在盛唐中诗人修养首屈一指，骨貌淑清，风神散朗，太白所谓“红颜弃轩冕，白首卧松云”者，真足状其一生高尚。比之摩诘既已入仕于当时，纷难无所解，遇羯胡之主，尚欲隐忍以全躯者，本源自不同矣。襄阳诗伫兴而作，与杜公之“老去诗篇浑漫与”者正同。而襄阳诗造意极苦，篇什既成，洗削凡近，超然独妙，与杜公之意匠惨淡经营者复同。然一则气象清远，一则局势雄浑者，受才各有不同，其用心之精苦则一也。杜公见怀浩然诗云“赋诗何必多，往往凌鲍谢”，又云“清诗句句尽堪传”，此中人语，惟相知者能服膺如是也。

高达夫五十始勤力于诗，气干高骞，亦工兴象。虽无李、杜之大才，实兼具李、杜之体而微耳。常侍最工七言歌行，如《燕歌行》《邯郸少年行》《还山吟》皆音节票姚，横行蹴踏，杜公《哀江头》《哀王孙》之亚也。《画马篇》云“荷君剪拂与君用，一日千里如旋风”，杜公《高都护骢马行》“青丝络头为君老，何由却出横门道”之次也。《陪窦侍御灵云南亭宴》诗云“新秋归远树，残雨拥轻雷。檐外长天尽，尊前独鸟来”，杜公《雨》诗“风吹苍江树，雨洒绝壁来。高鸟湿不下，居人门未开”之流也。至《人日寄杜二拾遗》云“柳条弄色不忍见，梅花满枝空断肠”，全首浏漓顿挫，有如水精如意玉连环，真不可及，杜公和作虽才力富健，然如“潇湘水国傍鼋鼍，鄠杜秋天失雕鹗”之句，尚嫌故作威棱，意存皱襞，非自然之高作，此可为知者道也。

岑嘉州诗善状突兀飞动之情，又有幽并边塞之气以副之，故所作多生辣异常。若使无杜公生并世，则鹰隼凌霄、兰苕翡翠，尽当啁啾失色矣。嘉州《登慈恩寺塔》云“塔势如涌出，孤高耸天宫。登临出世界，磴道盘虚空”，起势已足与杜作相抗；而“秋色从西来，苍然满关中。五陵北原上，万古清蒙蒙”，如与杜句“秦山忽破碎，泾渭不可求。

俯视但一气，焉能辨皇州”者并驱中原，未知鹿死谁手也。写雷雨而曰“雷声傍太白，雨在八九峰”，与杜之“却碾空山过，深蟠绝壁来”何殊？写风沙而曰“平沙莽莽黄入天”，似较杜之“江涛簸岸黄沙走”者尤胜。写石而曰“一川碎石大如斗，随风满地石乱走”，似较杜之“溪西五里石，奋怒向我落”者，尤为惊绝。咏将军而曰“台上霜风凌草木，军中杀气傍旌旗”，视杜之“指挥能事回天地，训练强兵动鬼神”者，似尤省力。然而岑诗之不如杜者，亦坐失时代意义。《苕溪渔隐丛话》载“老杜补遗”云：“肃宗至德初，子美为拾遗，岑参为补阙。或问二人孰贤？余曰：‘子美贤。’或曰：‘何以知之？’曰：‘以诗知之。’子美之诗曰‘避人焚谏草，骑马欲鸡栖’，又曰‘明朝有封事，数问夜如何’，参之诗‘圣朝无阙事，自觉谏书稀’。至德初安史之乱方剧，上皇在蜀，朝野骚然，果无阙事时耶？”读此可明杜之贤于岑夫子，兼可得其杰出五君上之故也。

## 十、论善学

杜诗残膏剩馥沾溉百代，学者敝精殚神，心摹手追，孜孜矻矻者亦众矣。然如东坡句云：“天下几人学杜甫，谁得其皮与其骨？”则学之不善者袭其皮毛，遗其神髓，转未能优于不学也。仇沧柱云：“杜诗句法，后人用之而工拙不同。如‘锁石藤梢元自落，倚天松骨见来枯’，摹仿之者有云‘眉毛覆眼见来青’，全涉俚俗，雅韵何存？”徐文弼云：“杜诗云‘明年此会知谁健，醉把茱萸仔细看’，刘俊翻用之曰‘不用茱萸仔细看，管取明年都强健’，此亦不免鄙俗也。又杜诗云‘回首凤翔县，旌旗晚明灭。夜深经战场，寒月照白骨’，晚唐人则曰‘抽旗乱插死人堆’，此又鄙俗中堕入恶道者。”王元美曰：“诗有点金成铁者，少陵有句云‘昨夜月同行’，陈无已则云‘殷勤有月与同归’；少陵云‘暗飞萤自照’，陈则云‘飞萤元失照’；少陵云‘文章千古事’，陈则云‘文章平日事’；少陵云‘乾坤一腐儒’，陈则云‘乾坤着腐儒’；少陵云‘寒花只暂香’，陈则云‘寒花只自香’。一览可见，窃取何为？此皆不善学杜诗之过。”元美斯论，稍伤于刻。后山卓然有成，好杜诗至深，偶有一二句沿用杜诗，不自觉察，非有意窃取也。然由是可知杜诗才大思精，效之者不善，点金辄成铁，逾淮且为枳矣。

武库剑戟不能无利钝，杜子美诗“留滞才难尽，艰危气益增”，固然矣。然晚年入湘之后，五律诗特臻其妙，方虚谷极推崇之，而他体未能称是。《风雨看舟前落花戏为新句》《岳麓道林二寺行》，一为新体，一为七排，要当分别观之。至七古长篇，气焰逼人者，不过《追酬高蜀州人日见寄》一首而已。《衡山》《衡州》《耒阳》诸五古诗，颓倚弛缓，虽曰老境实然，未为精绝也。统观《杜工部全集》，学之无病者，十得七八；学之不善徒增疵颣者，亦十得一二。杜公不论作何诗，寓感营思，悉见重大沉深，笔力非透至十三分不止。以此作轻蒨小诗，求其远如小谢，近似右丞，实不易得；王少伯、李太白之七言绝句，更无论矣。杜诗更有以沉闷为痛快，不通为通者，初学不易领略，效之只见腿重生晦，无有是处。且其运用典实，亦嫌有自蹈窠臼处。月诗十九说蟾兔姮娥，兄弟诗十九说鹡鸰，丧乱诗十九说豺虎、干戈、寡妻、群盗，究是一小小疵病，亦如太白诗中喜用笛中梅花落故事一般，不足学也。太白诗豪而见率，故杜子美献“重与细论文”之讥；子美诗朴而近俚，故欧阳修不喜其“老夫清晨梳白头”“垢腻脚不袜”之句；王士祯直讥之为“村夫子”，不为无因，而至使初学杜诗，专摹其“皇帝二载秋，闰八月初吉”“岱宗夫何如”“昔闻洞庭水，今上岳阳楼”“丈人骏马名胡骝”“东郊瘦马使我伤”“恰有三百青铜钱”“小儿成老翁”“君不见益州城西门”“秋卵方漫吃”“无食无儿一妇人”“啾啾唧唧为何人”等句，而无惊才劲气、丽思翰藻以副之，则徒见其粗拙可笑耳。吾侪终身学杜，尚虞日力不给，岂敢妄为蚍蜉撼树之谈，自绝于诗圣，兹为喻说师学舍短起见，姑表十则如后。吹毛求疵，洗垢索瘢，或能见宥于知我者乎？

1. 吁嗟光禄英雄弭。（《荆南兵马使太常卿赵公大食刀歌》）

《杜诗镜铨》杨伦注云：“‘英雄弭’，言其雄略足以弭乱。”窃谓弭兵见于《左氏传》。独言弭，何知为弭乱乎？“弭”字盖趁韵，犹谢灵运“又哂子云阁”之强押“阁”字。

2. “堂前扑枣任西邻，无食无儿一妇人。不为困穷宁有此，只缘恐惧转相亲。即防远客虽多事，使插疏篱却甚真。已诉征求贫到骨，正思戎马泪盈巾。”（《又呈吴郎》）

《读杜心解》浦起龙曰：“公自居此堂，熟知邻妇之苦，听其窃枣以活。吴郎之来，闻其将插篱护圃，故作此以止之。”窃谓杜公此诗沉闷拘拙，真所谓“张茂先我所不解”也。杜公即知此堂邻妇之苦，何不乞吴郎周之？郈成分宅，上也；鲁肃指囷，中也；听其窃枣，所谓成人之恶，策斯下矣。万一邻妇有夫如王子阳者，即有被出之危矣。杜公小仁煦煦，岂不偾事乎？总之此极不名通，五、六二句，尤晦涩难解。

3. “吾兄吾兄巢许伦，一生喜怒常任真。日斜枕肘寝已熟，啾啾唧唧为何人？”（《狂歌行赠四兄》）

邵子湘云：“真率别是一种，开中、晚多少法门。”窃谓“啾啾唧唧”，状四兄之鼾声也。但“日斜枕肘寝已熟”一语，应自“曲肱而枕之，乐亦在其中矣”生出。但曲肱谓曲己之肱，枕肘既无曲字，则将枕谁人之肘耶？

4. “凫鹤终高去，熊罴觉自肥。”（《晚晴》）

鹤能高飞，凫能深没，物性各有不同，何可混言为高去乎？“熊罴觉自肥”句承上句“峡雨落馀飞”而来，大雨中诸小兽皆逃藏，熊罴无食，何得反云肥乎？李贺“食蛙则瘦，食熊则肥”，人食熊则肥身，今言熊罴觉自肥，晦拙不可解。

5. “客愁那听此，故人傍人低。”（《子规》）

二语各家无注之者，窃谓子规形能傍人，所谓燕雀小鸟依人类也。声何能傍人？设作“低颜下色地”之“低”，则人闻子规啼，自觉低徊欲绝耳。

6. “蛟龙亦狼狈，况是鳖与鱼。”（《溪涨》）

溪谓成都万里桥浣花溪也。余客成都三年，观溪涨屡矣。深时不过六七尺，人可揭涉，何得言此中有蛟龙且狼狈乎？夫“风雨时时龙一吟”者，羌无实指，“日暮蛟龙改窟穴”者，以之形容竭泽而渔耳。惟浣花溪只有虾蛭，即鱼鳖亦甚少，杜公贪用蛟龙字面，实是肤廓一病。

7. “入村樵径引，尝果栗皱开。”（《村径》）

栗皱谓栗蓬也，二语太僻窄，类贾岛、姚合矣。

8. “乞为寒水玉，愿作冷秋菰。”（《热》）

比拟流于纤巧，杜荀鹤、罗隐，则尚优为之也。

9. 《徐卿二子歌》通体[①]谀词，稍涉俗滑。

10. “佳人拾翠春相问，仙侣同舟晚更移。”（《秋兴》）

仙侣同舟，指李膺、郭泰事；“晚更移”，则为蛇足。

---

① 体：《文史杂志》作“首”。

# 杜诗精义[①]

王伯厚有言曰："德非日新，不足以言盛；义非入神，不足以言精。"杜甫之诗为后人宗仰诵习者久矣，杜牧赞之曰："天外凤凰谁得髓，人间空解续鸾胶。"苏轼赞之曰："天下几人学杜甫，谁得其皮与其骨。"夫曰髓曰骨者，其状杜诗之精义，可谓至矣。然不如杜甫自状其诗之为愈也，杜诗云"诗兴不无神"，又云"诗成若有神"，又云"诗应有神助"，又云"文章有神交有道"，其言神者屡矣。盖神者，义之精也。诗之入神者，故大或千言，次犹数百，铺陈终始者，不为多；《曲江三章》章五句之独写胸臆者，不为少；不效四言，不仿[②]《离骚》，不用乐府旧题，不为创；《风雨咏舟前落花》偶然似王、杨、卢、骆之初唐体者，不为袭。研炼精切、稳顺声势者，不碍为古诗；杈枒灏烂、高声硬语者，不碍为绝句。神无长短，无多寡，无内外，无古今，无厚薄，无方圆，其来也不知其所从来，汪洋混浩，千汇万状，随形写貌，遇事沥心，排天斡地，倒江竭海，出入元气，与无始游。杜甫岂徒千古之诗人冠冕而已哉？使其用世，则可为禹、稷、伊、吕，依圣则可为颜、闵、游、夏，嬉放则可为漆园傲吏，怫郁则可为湘累孤臣，其术其道，虽吾不知，其神则固相似也。至言文学，六经则以理为文，诸史则以事为文，庄子则以意为文，（诸子则以术为文，相如、子云则以形似为文，六朝齐梁则以声色为文）[③]，昌黎韩愈则以气为文，而襄阳杜甫乃以神为

---

① 编者按：本文最早发表于《东方杂志》1945 年第 41 卷第 1 号，分"述抱负""明兴寄""探义蕴""究声律""参事实""讨警策"六部分。本文以手稿本《培风楼文丛》为底本，以《东方杂志》校补。《文史杂志》1945 年第 5 卷第 1、2 期所发表之《杜甫诗法十讲》与是文所录六部分内容大体相近，并据之校补。

② 仿：底本作"放"，据《东方杂志》改。

③ 此三句底本无，据《东方杂志》补。

文，文体虽不同，子美之所得，固无愧于古人，且有突过于古人者，沉郁顿挫，自谓过之，非妄语也。

杜诗之精义，后世固有知之者。严羽仪卿论诗曰："诗之品有九，曰高，曰古，曰深，曰远，曰长，曰雄浑，曰飘逸，曰悲壮，曰凄婉。其大致有二：曰优游不迫，曰沉着痛快。诗之极致有一，曰入神，至矣，尽矣，蔑以加矣。惟李、杜得之，他人得之盖寡也。"仪卿知之，而言之不详，且以李白对举，易惹起文学史中之李杜优劣论，吾不取也。今秋都讲国立四川大学，有专家诗一课，专讲杜诗，因刺取各家笺杜之长，断以己意，补苴发皇，勒为述抱负、明兴寄、探义蕴、究声律、参事实、讨警策六目，而颜其篇曰《杜诗精义》。说者或得其粗，是望国内学人诗家之赐为纠弹而已。

## 一、述抱负

《唐书·文艺传》载杜甫旷放不检，好论天下大事，高而不切，尝从李白及高适过汴州，醉酣登吹台，慷慨怀古，人莫测也。夫高而不测，不知的指何事，然正可以见杜公抱负之不凡，俗人所不能测也。观公奉先道中述怀云："杜陵有布衣，老大意转拙。许身一何愚，窃比稷与契。"又《奉赠韦左丞丈》云："致君尧舜上，再使风俗淳。"《同元使君舂陵行》云："致君唐虞际，淳朴忆大庭。"《可叹》诗云："用为羲和天为成，用平水土地为厚。……死为星辰终不灭，致君尧舜焉肯朽？"一再以到君尧舜为志抱。稷、契、羲和、句龙，皆致君尧舜者也，而未尝言及伊、吕，岂以伊尹割烹要汤、吕望鼓刀遇文王为不足尚乎？陶潜未知有汉，何论魏晋，杜甫自许稷、契，未知伊吕，此正是千古第一流大诗人抱负绝人处。高而不切，又何足为其讥病哉。然杜公实有此抱负，故其诗如云："舜举十六相，身尊道何高。秦时用商鞅，法令如牛毛。"又如云："四邻有耒耜，何必吾家操。"又如云："莫取金汤固，长令宇宙新。不过行俭德，盗贼本王臣。"又如云："圣人筐篚恩，本欲邦国活。臣如忽至理，君岂弃此物。……朱门酒肉臭，路有冻死骨。"又如云："公若致台辅，临危莫爱身。”皆实有古大臣气象，非仅口吻声态之毕肖也。唐代文人为相者多矣，杜公设为相，虽不能过姚崇、宋璟、张九龄，庸讵不能如房琯、韦见素乎？及为肃宗所不甚省录，所如不偶，一生痌瘝在抱，隐郁不平之气，每常见于诗中，则如“安得广厦千万间，大庇天下寒士皆欢颜，风雨不动安如山”之不怨屋破，“苦心岂免容蝼蚁，香叶终经宿鸾凤。志士幽人莫怨嗟，古来材大难为用”之自比古柏，“孔雀未知牛有角，渴饮寒泉逢抵触。赤霄玄圃须往来，翠尾金花不辞辱”之自比孔雀，“自非风动天，莫置大水中”之自比万斛船，“寂寥开国日，流恨满城隅”之远思太宗，一如杜牧之“欲把一麾江海去，乐游原上望昭陵”，言不及仕太宗朝也。至如“岂无济时策，终竟畏网罟”“致君时已晚，怀古意空存”，言虽稍露，然怨而不怒，得诗人忠爱缠绵之致。杜子美“诗外大有事在”，其抱负之宏壮，一一见诸沉博广丽之篇中，岂后世斗花草、吟风月之诗人所可同日语哉？夫人不可无抱负，使无抱负，则作官不过为钱多势耀，妻妾媚我，所识穷乏得我而已。生则行尸走肉，死则草木同腐。猗顿之富，许史之贵，然忽然如蟭螟之过于前，此有识者所共叹恨者也。诗人而无抱负，则优伶扮剧，骨董商鬻古玩者耳。此宋明以来诗匠产生之由来，安足与论杜诗之精义哉？

## 二、明兴寄

杜甫诗，《新唐书》推为诗史，止知其善陈时事耳。陈时事者，铺叙始末，意存褒贬，而自得之趣较少。杜诗长处，究不在是。近人如宋芸子，不察斯旨，所著《三唐诗品》“杜甫条”，讥其“沉厉有馀，蕴藉不足”，则几疑其体多直赋，兴寄毫无矣。是岂足与论杜甫哉？杜诗有全篇兴象融怡、寄托深微者，五古如《佳人》《幽人》《凤凰台》《杜鹃》《病柏》《病橘》《枯柟》《牵牛织女》《园官送菜》《槐叶冷淘》《种莴苣》《同诸公登慈恩寺塔》《奉同郭给事汤东灵湫作》，七古如《白丝行》《朱凤行》《白凫行》《石笋行》《石犀行》《海棕行》《杜鹃行》《桃竹杖引赠章留后》《寄韩谏议》《瘦马行》《题李尊师松树障子歌》《冬狩行》亦然。夫同一咏美人也，不曰："邀人傅脂粉，不自著罗衣。君宠益娇态，君怜无是非。"而曰："摘花不插发，采柏动盈掬。天寒翠袖薄，日暮倚修竹。"始可想象绝代之美人。若"邀人傅脂粉，不自著罗衣"，则一庸俗之女子而已。盖美人虽有侍婢环绕以助妆梳，惟脂粉之匀傅，浓淡浅深之致、得心应手之妙，决不能委之他人。如摩诘所咏，妍皮中里痴骨者耳，尚不足以副直赋之巧，宁可同日而语兴寄乎？老杜他作，如《杜鹃》以刺蜀中逆节之臣，曾禽鸟之不若，《病柏》以寄国社之感，《枯柟》以兴庙堂之非材，《牵牛织女》以自寓难进之意，《园官送菜》以兴小人妒害君子，《登慈恩寺塔》以托骊山汤泉之讽，《白丝行》忍羁旅而惧弃捐，贤于秋风、团扇之咏，《白凫行》比岁暮而犯波涛，原于"泛泛水中"之意。更如《桃竹杖引》从赠章留后生出比兴，《松树障子歌》从《李尊师》生出感慨，其妙远不测之趣，殆难端倪。掩卷静思，则兴寄悠然可得而明矣。

次当论老杜之近体诗。如同一花鸟也，"美花多映竹，好鸟不归山"，则动宕流走；"稍知花改岸，始验鸟随舟"，则曲折夷犹；"感时花溅泪，恨别鸟惊心"，则沉着悲凉。以所处之境一异，兴寄即各有不同也。更如"岸花飞送客，樯燕语留人"，据宋人《苕溪渔隐》所论，以为老杜晚适湖南，地主之情未为肫厚，曾不如岸花之解送客、樯燕之识依人为可感，其兴寄又一变焉。岂肯如石曼卿咏《红梅》，必曰："认桃无绿叶，辨杏有青枝"之徒为贴切哉？近体中有如"东阁官梅动诗兴，还如何逊在扬州"，此以思古而托咏也；"东归万里堪乘兴，须向山阴上小舟"，此以思远方而托咏也。其时间、空间悉见超脱，兴象玲珑。更如《咏怀古迹》第一首："支离东北风尘际，漂泊西南天地间。三峡楼台淹日月，五溪衣服共云山。羯胡事主终无赖，词客哀时且未还。庾信平生最萧瑟，暮年诗赋动江关。"人以为咏庾信宅也，实则句句自咏，玩之自知。《第五弟丰独在江左近三四载寂无消息觅使寄此二首》，其第一首云："乱后嗟吾在，羁栖见汝难。草黄骐骥病，沙晚鹡鸰寒。楚设关城险，吴吞水府宽。十年朝夕泪，衣袖不曾干。"人以为全首思弟也，实则下半首暗指当时吴楚守将拥兵恃险，行旅里足，伐叛连三朝，万方多难，宜有此阻隔之叹。诗人之辞婉而沉痛，则“十年朝夕泪，衣袖不曾干”者，亦忧国之热情耳，岂独思弟而云然哉！《琴台》诗之“酒肆人间世，琴台日暮云”，人以为咏司马相如、卓文君也，实则又自写照。集中有“走觅南邻爱酒伴”之句，自注：“斛斯融吾酒徒。”又有“莫厌伤多酒入唇”之句，则客寄成都时，以酒自放可知，而酒肆为老杜之人间世矣。草堂在成都西门外，地近琴台，观其《野老》诗云“片云何意傍琴台”，可参知“琴台日暮云”，乃杜甫自喻如日暮之云，常傍琴台，奚必尽合相如、文君？至结句云“归凤求凰意，寥寥不可闻”，尤极沉痛。盖夫妇之义，通于君臣。长卿悦文君之色，以琴心挑之，好之至患消渴，惟时主之于贤臣，未闻有求之皇皇者，洵乎“吾未见好德如色者矣”，故致叹于“寥寥不可闻”也。此杜公之微旨也。他如《览物》诗之“巫峡忽如瞻华岳，蜀江犹似见黄河”，《一百五日夜》之“斫却月中桂，清光应更多”，一以南京兴起西京，见玄宗銮舆出奔之人事大变；一以肃宗听张良娣之言，外戚宦官钩连预国事，恨不得清君侧也。孰谓老杜只工直赋，绝少比兴耶？

更有讽刺诗，主文而谲谏，言之者无罪，闻之者足以戒。杜公生值乱世，目睹专阃军帅，跋扈鸱张，尸位文职，宴安失仪，故颇致其讥议，导以正道，如《严公厅宴同咏蜀道画图》云：“日临公馆静，画列地图雄。剑阁星桥北，松州雪岭东。华夷山不断，吴蜀水相通。兴与烟霞会，清樽幸不空。”忠国护友之情，悉寄于“华夷山不断，吴蜀水相通”十字中。盖西蜀地形天下险，所守匪亲，化为狼豺，为节度是邦者，岩疆自保，不奉朝命者多矣。严武之跋扈，见于唐史，则“山不断”者，北向朝廷，犹《剑门》诗所谓“石角皆北向”也。“水相通”者，吴蜀所产，本可因水道而互通，如一旦叛变军兴，江路即当阻梗，他诗所谓“蜀麻久不来，吴盐阻荆门”者是也。两句同一意，所以申言之者，熟陈利害，导彼忠贞翊主而已。此兴寄幽微之诗，若直赋《剑门》诗，则直云“意欲铲叠障”矣。更如《宴戎州杨使君东楼》云：“胜地惊身老，情忘发兴奇。座从歌妓密，乐任主人为。重碧拈春酒，轻红擘荔支。

楼高欲愁思，横笛未休吹。”（人多以普通应酬诗视之，误矣。“楼高欲愁思，横笛未休吹”）[①]则讽且至于斥焉。古诗《西北有高楼》，长安有戎州之西北，而云“欲愁思”，则因伐叛相寻，代宗之时，尚难赐大酺也。横笛即横吹，汉时军乐之称，而云“未休吹”者，则朝廷尚在用兵。杨使君不挺身效驰驱，翦平叛逆，顾反用军乐羼于妓乐之中，恬安为主人乎？此亦寄兴深微，令人不觉之作。若《冬狩行》，则明言“草中狐兔尽何益，天子不在咸阳宫。朝廷岂无幽王祸，得不哀痛尘再蒙”矣。

## 三、探义蕴

杜甫自状其诗，尝曰“诗兴不无神”“诗应有神助”“下笔如有神”，此诗道之极诣，离去畦町踪迹，猝不可求。然神即理也，理亦义蕴也。今为人说诗而侈谈神理，不但穷于形况，亦恐解人难索，故不如竟就诗中之涵义与作者之蕴负推阐之为易明也。东坡诗云：“赋诗必此诗，定知非诗人。”又云：“老杜诗外，大有事在。”足知诗者，决不当于诗中求之，矧杜甫卓绝人伦，读破万卷者乎？杜公出入二氏之学，多用吾儒之法，以儒家之哲理，建立民胞物与、痌瘝在抱之兼善思想；以二氏破除妄执，齐同得丧，不汲汲于富贵，不戚戚于贫贱，其素日蕴积者深也。惟遭逢乱世，嫉恶之情弥烈，悲苦之绪独多，所谓严肃的文学，盖因时代环境以产生，非徒重形似之文学，描摩风气，稳顺声势所可同日而语也。《偶题》诗云“法自儒家有”，《宿凿石浦》云“斯文忧患深，圣哲垂彖系”，《过津口》云“恻隐仁者心”，《柴门》云“贫贱固其常”，《写怀》云“用心霜雪间，不必条蔓绿。非关故安排，曾是顺幽独”，《牵牛织女》云“义无弃礼法，恩始夫妇恭”，《述古》云“舜举十六相，身尊道何高。秦时用商鞅，法令如牛毛”，又云“贤人识定分，进退分其宜”，《示从孙济》云“勿受外嫌猜，同姓古所敦”，此儒家之哲理也。《谒文公上方》云“王侯与蝼蚁，同尽随丘墟。愿闻第一义，回向

---

① 此四句底本无，据《东方杂志》补。

心地初”,《宿赞公房》云“灯影照无睡,心清闻妙香”,《写怀》云“放怀八卦外,俯仰俱萧瑟。终然契真如,得匪金仙术”,又云“达士如弦直,小人似钩曲。曲直吾不知,负暄候樵牧”,盖已深得印度哲学之髓,法执我执,皆已尽忘矣。《遣兴》云“漆有用而割,膏以明自煎。兰摧白露下,桂折秋风前”,又云“送者各有死,不须羡其强。君看束练去,亦得归山冈”,《写怀》云“无贵贱不悲,无富贫亦足。万古一骸骨,邻家递歌哭”,又云“古者三皇前,满腹志愿毕。胡为有结绳,陷此胶与漆。祸首燧人氏,厉阶董狐笔。君看灯烛张,转使飞蛾密”,《早行》云“前王作网罟,设法害生成”,《咏怀》云:“万古一死生,胡为足名数”,《独酌》云“本无轩冕意,不是傲当时”,则老庄绝学无忧,为道日损,与不益生而达生之情也。杜公取精用宏,出入二氏之学,多用吾儒之法,铸成其思想与义理。此非严仪卿“诗有别才非关学,诗有别趣非关理”之见所可窥得。盖积学富理之后,诗自有神,神完而义蕴自足矣。

然则杜公之诗只能糅合二氏、吾儒思想为之义蕴乎?曰:“亦非也。”杜公于三家思想之外,又有一种不夷不惠、非周非孔、亦儒亦侠之诗人思想,超然独存于天地之间。此种思想,或可谓之精神,慈祥恺悌,通于人物,洒落飞腾,绝无凝滞。杜甫如是,陶潜亦如是,阮籍亦如是。旷代相望,令人神往。此外则李白、王维、孟浩然、白居易、苏轼、陆游诸人,亦偶有其独到之思想与精神,而阮、陶、杜三公,得之独多。此未易为俗人言也。试诵杜诗“诗卷长留天地间,钓竿欲拂珊瑚树”,乃以诗卷参天地而三之,岂能以儒、释、道三家概之乎?“丈夫垂名动万年,记忆细故非高贤”,所垂何名,名何侈称为“万年”?何故为细,“记忆细故”何以不得为高贤?语亦非二氏、儒家所能详解而自当于人意焉。盖杜公早岁自比稷、契,颇欲致君尧舜之上,中岁迫于丧乱,晚年厌于宾客。壮情消损,跌宕纵恣之态乃更遒上,如“罢官亦由人,何事拘形役”“谁能更拘束,烂醉是生涯”“百年浑得醉,一月不梳头”“失学从儿懒,长贫任妇愁”“仰面贪看鸟,回头错认人”“近识峨眉叟,知余懒是真”“有子贤与愚,何其挂怀抱”“呀坑瞥眼过,飞橹本无蒂。得失瞬息间，致远宜恐泥”“我生无根蒂，配尔亦茫茫。有情且赋诗，事迹可两忘”，则七纵八横，头头是道。诗人哲学实已成就，技而进于道矣，讵可执东坡“晚觉文章真小技”之句以薄诗之哲学哉？

## 四、究声律

自沈约四声八病之说兴，诗之声律始为后人所重。杜公自谓“晚节渐于诗律细”，其精稳惬律处盖常得力于改诗，故曰“赋诗新句稳，不觉自长吟”，又曰“新诗改罢自长吟”，盖长吟者吟与己听，协如唇吻，摄入聪觉，声律之美自然尽臻，非尽谓诗意与字面而已。公有句云：“七龄思即壮，开口咏凤凰。”其才思迥绝于人固矣，而必俟晚年金声玉振，集诗中之大成者，诗律精细一事而已。

诗律有二义：一为诗篇中每句自有之音律及句与句相关之音律，即四声匀配，宫商相应，读之铿锵适耳者是也；一为诗篇中独具之格律，即节奏弇[①]侈，声调亢抑，洽极双声叠韵、清浊阴阳之理，而归于自然者是也。前者之音理易于明悉，古诗、近体均可依谱循索；后者之音理不易窥测，历代成家开派之诗人，创作声调，莫有相同，而皆各尽其妙。则如李陵之得于清壮，苏武之得于宽和，阮籍之得于吞吐，左思之得于宏爽，陶潜之得于冲和，谢灵运之得于生新，李白之得于俊快，孟浩然之得于悠远，殆难一一详陈。杜诗声调大致得力于悲壮沉浑四字，却有不能一律尽赅其能事者。总之，此理微眇，留待学杜诗者虚心讽咏，口耳自证可也。

音律之理，古诗与近体不同。讨论古诗之平仄者，始于王渔洋之《古诗平仄论》，赵秋谷勒为《声调谱》一书，董文涣最后增为《声调三谱》。讨论近体诗单句句尾仄声匀配须三声轮换者，始于李天生，朱竹垞《曝书亭集》述为专文。讨论近体句眼，七言诗第五字要响，五言诗第三字要响者，始于宋人潘大临，而大畅于清人赵汸。讨论近体诗单

---

① 弇：底本与《东方杂志》作“翕”，据手稿本《杜甫诗法十讲》《文史杂志》改。

双上下句洽极双声叠韵之理者，始于清人周春之《杜诗双声叠韵谱》。

渔洋《古诗平仄论》以七古为主，七言古之平仄，若平韵一韵到底者，未尝杂以律句，其要在第五字必平，双句尤必拘。韩昌黎、苏东坡七古皆学杜者，平韵到底之双句，第五六七字三平相连，所谓三平切[①]脚者也。杜诗如《朱凤行》，即其例证。若换韵者，用律句亦无妨，盖创之于初唐四杰，大约首尾腰腹须铢两匀称为正。杜诗如《高都护骢马行》，即其例证。七言古诗仄韵到底者，渔洋未尝讨论。今就杜诗《虎牙行》一篇观之。大约上下句之第五字，以用仄声字为正，然出句第五字究以用平声为多耳。至五言古诗，渔洋初无详说。秋谷作《谱》，杜诗五古声调标准只列二篇，而云"杜诗五古，首首皆谱"，殊堪一笑。所举《望南岳》诗，几不能定为正谱，故以为杜诗五古每一首皆自成谱也。愚意无定例之中，五古平韵到底者，可举《同诸公登慈恩寺塔》一首为谱。每逢双句第五字，以用平声字为正。此诗十二韵，仅"泾渭不可求""焉能辨皇州""各有稻粱谋"三双句第五字用仄声字耳。五古仄韵到底者，可举《玉华宫》作型范。每逢双句第五字以用仄声字为正。此诗八韵，仅"坏道哀湍泻""谁是长年者"二双句第五字用平声字耳。至《大云寺赞公房四首》中之第三首，悉用平声，以其似五言排体，姑不阑入。

五律诗，秋谷选《月夜》《春宿左省》《送远》三首为例，皆有拗句。而《送远》一首"草木岁月晚"五字悉仄，奇险之极。不谙音理者，最不可效颦学步。七律诗，秋谷独示半拗、全拗二体，无甚发明。愚意拗体七律，颔联、腹联之声调最宜有拗有救，未尝不可列为定谱。如《暮归》拗体中四句云："客子入门月皎皎，谁家捣练风凄凄。南渡桂水阙舟楫，北归秦川多鼓鼙[②]。"可认"客"字为拗，"谁"字为救，"月"字为拗，"风"字为救；"南渡"为拗，"北归"为救，"桂"字为拗，"秦"字为救；

---

① 切：底本与《东方杂志》作"砌"，据手稿本《杜甫诗法十讲》《文史杂志》改。

② 鼙：底本错为"鞞"。

"阙"字为拗,"多"字为救,此正可姑定为谱者。若《登白帝城最高楼》一拗体,奇创险急冠集中,则不当强作解事妄为定谱矣。

律诗更有所谓孤仄之忌者,近人程少珊云:"凡作律诗,最忌孤仄。何谓孤仄?即五律'平平仄仄平'之第一字,七律'仄仄平平仄仄平'之第三字也。此字非绝对用平不可。若不用平,则音调即哑,此可为知者道也。试取《杜工部集》律诗细读,曾有一句犯孤仄者否?"愚按五律"平平仄仄平"之第一字,稍作诗者,不至犯孤仄;惟七律"仄仄平平仄仄平"之第三字,则晚唐作家尚不免犯孤仄。杜诗有"抱病起登江上台"与"一柱观头眠几回"二句犯孤仄。然起字或为趋字之讹,一柱观是道观名,无法避仄声。杜诗声律讲求极细,此二句偶犯孤仄,必有其不得已处也。

杜诗五绝声律关系甚小,七绝则子美自创一种拗体,崒嵂不平,错落排奡,最为特殊,不容他人仿效,惟元人杨铁崖善为之,秋谷未曾列《谱》,今亦不论。

杜诗近体诗单句句尾仄声匀配不犯重复者,此关中李天生独窥杜律之秘。全集中五、七律诗,每单句无韵处,发现其仄声字悉三声轮用,如上去入,如入上去,如上去上,如入去入,如入去上,如去入上,如去入去,如上入上,如去上去,如上入去,如去上入,如入上入者,共有十二式。愚尝覆按之不误,惟数首因版本不同,略有出入而已。愚又尝于五言排体中觅出《行次昭陵》一首,三声匀配,于杜律之博大精深,尤为叹服。此李天生所未尝举也。

讨论杜律句眼之声律,始于宋人潘大临,方回虚谷继之有作,最后清人赵汸专讲杜诗五言律,发现各诗对仗之句中,从第一字至第五字,皆有句眼之存在。遇句眼所在,声调无不响亮,此诗道中意兼声、声兼意之妙造也。潘大临之言曰:"七言诗第五字要响,如'返照入江翻石壁,归云拥树失山村',翻字、失字是响字也;五言诗第三字要响,如'圆荷浮小叶,细麦落轻花',浮字、落字是响字也。盖响者,致力处也。方回《瀛奎律髓》卷四十三'迁谪类',杜甫五言律诗'红入桃花嫩,青归柳叶新’，以入字、归字为眼；‘冻泉依细石，晴雪落长松’，以依字、落字为眼；‘榉柳枝枝弱，枇杷树树香’，以弱字、香字为眼。又卷二十五‘拗字类’《巳上人茅斋》云：‘枕簟入林僻，茶瓜留客迟。江莲摇白羽，天棘蔓青丝。’原批云：‘入字当平而仄，留字当仄而平；又入字、留字，乃诗句之眼，与摇字、蔓字同’。”此皆声、意同致力处也。赵汸专究五律，标举句眼，勒为专书，其有进于潘大临者。潘只言五言诗第三字为句眼，声律要响，而赵则言凡对仗之句，每字皆可为句眼，不必第三字也。

杜诗中运用双声叠韵字，增益声调之美，虽出有意，而自然合于天籁。清乾嘉间周春著《杜诗双声叠韵谱》，体例甚繁，兹节为五例如下：

（一）双声叠韵正格

牢落乾坤大，周流道术空。（“牢落”双声，“周流”叠韵。）

卑枝低结子，接叶暗巢莺。（“卑枝”“接叶”均叠韵。）

流连戏蝶时时舞，自在娇莺恰恰啼。（“流连”“自在”均双声。）

棋局动随幽涧竹，袈裟忆[1]上泛湖船。（“棋局”双声，“袈裟”叠韵。）

（二）双训同音通用格

桑麻深雨露，燕雀半生成。（“生成”双声同音。）

凫鹥散乱棹讴发，丝管啁啾空翠来。（“散乱”“啁啾”双声同音。）

（三）双声广通格

陶唐歌遗民，后汉更列帝。（“陶唐”“后汉”“列帝”皆双声。）

---

① 忆：底本与《东方杂志》均作“同”，据《杜诗详注》改。

德尊一代常　轲,名垂万古知何用。(“　轲”“何用”皆双声。)

(四) 双声叠韵对变格

晚闻多妙教,卒践塞前愆。(“晚闻”“卒践”双声,“妙教”“前愆”叠韵。)

怅望千秋一洒泪,萧条异代不同时。(“怅望”“萧条”“异代”叠韵,“千秋”双声。)

(五) 散句双声叠韵格

满目悲生事,因人作远游。(“满目[1]”双声,“因人”叠韵。)

为人性僻耽佳句,语不惊人死不休。(“佳句”双声,“惊人”叠韵。)

此其大略也。唐人字音本有异读,如“十”读为“司”,“作”读为“做”,“怪”读为“乖”,周春之双声叠韵,用今人读法,抑用唐人读法,则又不尽可知者也。

## 五、参事实

泰西文学有所谓史诗者,以叙述事之本末为职志,纯重客观,不取主观,以视吾华文学,所未有也。吾华最早之诗类史诗者,尝推“小雅”《正月》《十月之交》二诗。二诗皆作周幽王时。《正月》第八章有云“赫赫宗周,褒姒灭之”,贬辞严正类史笔。《十月之交》第四章曰“皇父卿士,番维司徒。家伯冢宰,仲允膳夫。棸子内史,蹶维趋马。楀维师氏,艳妻煽方处”,叙述同恶之姓名甚多,且及其守职,诗而真

① 满目:底本与《东方杂志》“目”后衍一“悲”字,据文意酌删。

似于史矣，然二诗其他之各章即不然。可见中华之诗，无所谓纯粹之史诗也。杜甫“善陈时事，律切精深，至千言不少衰，世号‘诗史’”（此《新唐书》之言也。实则杜甫之号为“诗史”）[①]非起于天宝间，而追奖在唐文宗之时。文宗问左右开、宝时长安酒价，左右以杜甫诗“急宜相就饮一斗，恰有三百青铜钱”为对，文宗叹为“诗史”。又读杜甫《哀江头》诗“江头宫殿锁千门，细柳新蒲为谁绿”之句，因感开元盛事，复于曲江修复宫殿，嬉水尝花。夫杜甫之号为“诗史”者，只此二事，《新唐书》何得即谓彼同世之人号彼为“诗史”乎？顾杜甫所作之诗如《北征》云“桓桓陈将军，杖越奋忠烈”，《塞芦子》云“思明割怀卫，秀岩西未已”，《丽人行》云“炙手可热势绝伦，慎莫近前丞相嗔”，《哀王孙》云“腰下宝玦青珊瑚，可怜王孙泣路隅”，《自京赴奉先县咏怀》云“况闻内金盘，尽在卫霍室。中堂有神仙，烟雾蒙玉质。暖客貂鼠裘，悲管逐清瑟。劝客驼蹄羹，香橙压金橘。朱门酒肉臭，路有冻死骨”诸诗，确有诗史意味，但有主观之判断与文学之组织而已。故今日尊杜甫者，正当尊其为诗圣，不当尊其为诗史。然诗中叙述之时事，所谓诗中之本事也，可以事实目之。

杜公时事诗第一长篇，共推《北征》。纪一代之事，足与《国风》《雅》《颂》相为表里，久成定论。观其濡染挥洒，细大不捐，波澜独老成，毫发无遗恨矣！大篇贵有组织，有穿插，时事要在情景配合，始非史而为韵文也。“拜辞诣阙下，怵惕久未出。虽乏诤谏姿，恐君有遗失……东胡反未已，臣甫愤所切”诸语，为一篇骨干，得大臣事君之礼。“靡靡逾阡陌，人烟渺萧瑟。所遇多被伤，呻吟更流血”，干戈惨戚，苏养为难，流人未集，伤者且死。然后叙及归蓬荜，观儿女向己问事挽须，小女学母施朱画眉之状，则文情纵恣，顺跌而出，不觉破涕为笑矣。“送兵五千[②]人，驱马一万匹。此辈少为贵，四方服勇决。所

---

① 此二句底本无，据《东方杂志》补。

② 千：底本与《东方杂志》均作“十”，据《杜诗详注》改。

用皆鹰腾，破敌过箭疾。圣心颇虚伫，时议气犹夺”，借兵回纥，以暴易暴，非我族类，其心必异，讽天子以虚伫，张时议之激昂也。“忆昨狼狈初，事与古先别。奸臣竟菹醢，同恶随荡析。不闻夏殷衰，中自诛褒妲”，为尊者讳，事君以礼，不谓赐妃子之死出六军之请也。马嵬坡之变，刘禹锡咏之云“官军诛佞幸，天子舍妖姬”，白居易咏之云“六军不发无奈何，宛转蛾眉马前死”，自以为写实无虚诞语，而不知造意庸沓且失事君之礼，此纯粹历史纪事诗所以不得目为文学也。又观杜诗《哀江头》叙明皇携贵妃行幸曲江事，不斥言太真，而但言“辇前才人”已足，不必明言“娇侍夜”“醉和春”，始为配至尊者。文人贵有通识，立言贵在雅洁，《北征》《哀江头》谋篇惬当，群言络赴，若骏马之注坡，水之归壑，真咏事绝作也。

近人有誉陆放翁诗善写从军之乐，而短杜少陵专绘从军之苦者，不知何所见而云然？彼《兵车行》者，据钱牧斋笺云：“天宝十载，鲜于仲通讨南诏丧师，杨国忠掩其败状，反以捷闻。更大募两京及河南、北丁壮击南诏，人莫肯应。国忠遣御史分道捕人，连枷送军所，人人愁怨。”杜公著从军之苦者，为杨国忠徼边功以维相位、鲜于仲通师出无名发也。以其事在天宝间，后人乃与天宝十四年后安史乱起并为一谈，以为老杜只有厌战思想，岂非目睫之论乎！至于《前出塞》《后出塞》之作，据朱鹤龄注云：“天宝末，哥舒翰贪功于吐蕃，安禄山构祸于契丹。于是征调半天下，人民愁苦。”《前出塞》著从军之苦，为哥舒翰言之；《后出塞》又著从军之苦，又为安禄山言之也。杜公疾恶如仇，重肃纪纲，于王者之师从无沮之之理，故于《新安吏》云“况乃王师顺，抚养甚分明。送行勿泣血，仆射如父兄”，于《送樊二十三侍御赴汉中判官》云“威弧不能弦，自尔无宁岁”，于《送长孙九侍御赴武威判官》云“去秋群胡反，不得无电扫”，于《送从弟亚赴河西判官》云“南风作秋声，杀气薄炎炽。盛夏鹰隼击，时危异人至”，又云“孤峰石戴驿，快马金缠辔。黄羊饫不膻，芦酒多还醉”，于《奉送郭中丞兼太仆卿充陇右节度使》云“几时回节钺，戮力扫欃枪”，于《送杨六判官使西蕃》

云“垂泪方投笔，伤时即据鞍”，于《送灵州李判官》云“近贺中兴主，神兵动朔方”，于《观安西兵过赴关中待命》云“奇兵不在众，万马救中原。谈笑无河北，心肝奉至尊”，杜《壮游》诗云“禹功亦命子，涿鹿亲戎行。翠华拥吴岳，螭虎啖豺狼”，于《渔阳》云“系书请问燕耆旧，今日何须十万兵”，皆富止戈为武、我武维扬之意，读之令人心气愤发，何亚《车攻》《小戎》，岂肯专咏征战之苦耶？

杜诗命意，有因用事旨趣而极深远者。《容斋三笔・杜诗命意》则云：“‘能画毛延寿，投壶郭舍人。每蒙天一笑，复似物皆春。政化平如水，皇恩断若神。时时用抵戏，亦未杂风尘。’第三联意味颇与前语不相联贯，读者或以为疑。按杜之旨，本谓技艺倡优，不应蒙人主顾盼赏接，然使政化如水、皇恩若神，为治大要既无所损，则时时用此辈，亦无害也。又如‘乱后碧井废，时清瑶殿深。铜瓶未失水，百丈有哀音。侧想美人意，应悲寒甃沉。蛟龙半缺落，犹得折黄金。’此篇盖见故宫井内汲者得铜瓶而作也。”《容斋随笔》论杜诗处甚多，此则尤可贵，足见佳篇必须先领悟事实也。

杜公久客蜀中，屡依蜀将，生事可悲，安危尤可虑，故既云：“乱离多醉尉，愁杀李将军。”又云：“常恐性坦率，失身为杯酒。”忧生之嗟，可谓深矣。其所依之蜀将，前为严武，后为章彝，两人恃才跋扈，怙权骄放，臣节皆不纯。杜公与之虽有知遇之感，但每以正道纠之，使效忠贞，此宾主人事关系，亦不可不详也。《奉酬严公寄题野亭之作》云“奉引滥骑沙苑马，幽栖真钓锦江鱼”，自责其滥，以讽严之僭也。《奉和严中丞西城晚眺》云“辞第输高义，观图忆古人”，则勉以图画麒麟阁，匈奴未灭无以家为也。《严公厅宴同咏蜀道地图》云“华夷山不断，吴蜀水相通”，则弦外之音，意谓使之不断而常通者，其在将军乎？《奉送严公入朝》云“公若登台辅，临危莫爱身”，则忠悬之至，君子爱人以德之言也。又有《观打鱼》一诗云“日暮蛟龙改窟穴，山根鳣鲔随云雷。干戈格斗尚未已，凤凰麒麟安在哉”，寓意显然，殆蜀将中如章彝、崔旰、杨子琳、花惊定者，大有其人。蛟龙改窟穴于日暮，伐叛连三朝，凤凰麒麟，岂有至者？鳣鲔随云雷而上山，岂未读《王命论》之武夫，又有袭狐鸣篝火之故智者乎？至杜公久依章留后彝，尤拳拳为之《惜诵》，则于《春日梓州登楼》云“江水流城郭，春风入鼓鼙”，因章彝为梓州刺史也。《郪城西原送李判官兄武判官弟赴成都府》云“远山非无浪，他山自有春”，言之吞吐，犹“挂帆远色外，惊浪满吴楚”也。《棕拂子》云“不堪代白羽，有足除苍蝇”，杜公自比，足为人扫除犯上之小丑，而未敢与闻特起异军之指挥也。参观《送元二适江左》云“晋室丹阳尹，公孙白帝城。经过自爱惜，取次莫论兵”，其旨益明。《遣忧》诗又云“纷纷乘白马，扰扰着黄巾”，盖草泽间窃发者比比也。《冬狩行》亦为章留后作，有“春搜冬狩侯得同，使君五马一马骢。草中狐兔尽何益，天子不在咸阳宫”，则章彝时以梓州刺史兼侍御史留后东州，拥兵狩猎，杜公讥其僭天子，又不率兵向阙为勤王之举也。《山寺》云“以兹抚士卒，孰曰非周才。穷子失净处，高人忧祸胎”，则现身说法，不患前佛之莓苔满身，而忧川中之萧墙祸起矣。至《桃竹杖引赠章》，明诏之曰“杖兮杖兮，尔之生也甚正直！慎勿见水踊跃学变化为龙，使我不得尔之扶持，灭迹于君山江上之青峰”，则尤显豁，犹之《诗》云“我闻有命，不敢以告人”也。

杜诗如《自平》《可叹》等诗，包涵事实，非注不明。即如《病柏》《病橘》《枯棕》《枯柟》四诗，皆指当时事，叶石林云：“《病柏》当为明皇作，与《杜鹃行》同意。《枯棕》状民力之残困，其篇中自言矣。《枯柟》云‘犹令栋梁具，无复云霄志’，当为房次律之徒作。惟《病橘》始言‘惜哉结实小，酸涩如棠梨’，末以比荔支劳民，疑若指近幸之不得志者。自汉魏以来，诗人用意深远，不失古风，惟此为然，不但语之工也。”

## 六、讨警策

陆机《文赋》云“立片言以居要，乃一篇之警策”，盖以文喻马也。驭马之道，如控纵之韁组在手，即无泛驾之虞；驭文之道，片言扼要，自无泛乱无归之病。片言者，如山之起伏，自然有一主峰突现，文势至张满之际，自然有一扼要之语涌出，亦非可预为安排者也。诗中警策之处，吾人当细心参究。如纡徐为妍者，则精壮飞动为之警策；冲和春容者，则沉郁顿挫为之警策。又如一篇多绚烂之词，则平淡见理之语，反称警策。杜诗《丽人行》铺叙衣饰之美、饮馔之富、鞍马之盛，浓至极矣。而丽人之丽，只以"态浓意远淑且真，肌理细腻骨肉匀"十四字表之而已。《伤春》诗"莺入新年语，花开满故枝。天青风卷幔，草碧水通池"，明蒨极矣，而伤春之语，只是"不以无兄弟，其如有别离"十字表之而已。知此意者，乃可悟《诗经》"衣锦尚絅"一语，李白"自从建安来，绮丽不足珍"二语，已道破矣。衣锦尚絅，愈见锦之雅艳。若浑身锦簇，不但俗艳，且令观者目眩，锦又何足贵乎？因忆宋人王明清《挥麈后录》载元符末，徽宗于宫中叠太湖石为艮岳，当时希恩文臣李质等作《艮岳百咏》诗以献，锦句联翩，软媚无骨。祐陵大悦，赐李质号为"锦体谪仙"。幽古之色，诗用阙如，不仅绮丽而已。使李质真为太白后裔，太白必当大笑非其族类矣。

杜子美诗从何讨其警策乎？《诗眼》云："杜诗佳处，皆从工拙相半而来。夫诗句皆拙，固当无取，使其皆工，则甜熟无古气，峭急无雅态，必有一患之者矣。如《望岳》诗云'齐鲁青未了'，《洞庭》诗云'吴楚东南坼，乾坤日夜浮'，语既高妙有力，而言东岳与洞庭之大者，无过于此。《望岳》第二句如此，故先云'岱宗夫何如'；《洞庭》诗三四句如此，故五六句云'亲朋无一字，老病有孤舟'。使《洞庭》诗无前二句，而皆如后二句，语虽健，终不工；《望岳》诗无第二句，而云'岱宗夫何如'，虽曰乱道可也。"盖句句皆拙，谓之笨钝，固不成诗；句句皆工，雕绘满眼，亦伤元气。此警策，语与谋篇大大有关系处。不知谋篇而贪警策，所谓碎金屑玉，虽为珍而不贵，七宝楼台，拆下来不成片段也。

杜诗警策处，举不胜举。大约精壮飞动、沉郁顿挫二者，集中最多。兹略就五、七古中刺取若干句，以伸吾说。"七星在北户，河汉声西流""声吹鬼神下，势阅人代速""冰雪净聪明，雷霆走精锐""长翮如刀剑，人寰可超越""孤云倒来深，飞鸟不在外""虬须似太宗，色映塞外春”“雄姿未受伏枥恩，猛气犹思战场利”“词源倒流三峡水，笔阵独扫千人军”“短衣匹马随李广，看射猛虎终残年”“昼洗须腾泾渭深，朝趋可刷幽并夜”“豫章翻风白日动，鲸鱼跋浪沧溟开”，此属之精壮飞动者也。“意钟老柏青，义动修蛇蛰”“鸟惊出死树，龙怒拔老湫”“每愁悔吝作，如觉天地窄”“吾将罪真宰，意欲铲叠嶂”“哀猿透却坠，死鹿力所穷”“不及父祖茔，累累冢相当”“万古一骸骨，邻家递歌哭”“但觉高歌有鬼神，焉知饿死填沟壑”“元气淋漓帐犹湿，真宰上诉天应泣”“黄蒿古城云不开，白狐跳梁黄狐立”“白摧朽骨龙虎死，黑入太阴雷雨垂”，此属之沉郁顿挫者也。近体诗亦当以此法推之。

宋人诗话论杜者极多，张戒《岁寒堂》外，要以吴沆《环溪诗话》为佳。环溪之言曰：“杜诗意远，故举上句，即人不能知下句。又有险语，出人意外。如‘白摧朽骨龙虎死’，人犹能道，至‘黑入太阴雷雨垂’，则人不能道矣，为险处在‘垂’字，无人能下。如‘峡拆云埋龙虎卧’，人犹能道，至‘江清日抱鼋[①]鼍游’，则人不能道矣，为险处在一‘抱’字，无人能下。如‘江海阔无津’，人犹能道，‘豫章深出地’，则人不能道，为一‘出’字难下。如‘高浪蹴天浮’，人犹能道，‘大声吹地转’，则人不能道矣，为一‘吹’字难下。如‘竹光团野色’，人犹能道，‘舍影漾江流’，人不能道矣，为一‘漾’字难下。如‘月涌大江流’，人犹能道，至‘星垂平野阔’，则人不能道矣，为一‘垂’字难下。如‘暗水流花径’，人犹能道，至‘春星带草堂’，则人不能道矣，为一‘带’字难下。凡如此等字，虽使古今诗人极力思之，终不能到。如于‘星’上加一‘垂’字、一‘春’字，于‘水’上加一‘暗’字，初若生面，然《易》言：‘天垂象，见吉凶。’《书》言：‘日中星鸟，以殷仲春。’则‘星’字上本有‘垂’‘春’字。渊明《归去来辞》‘泉涓涓而始流’，春水‘水’字，本有暗字意，但用意深，来处远，人初读不能便觉耳。”

---

① 鼋：底本作“龟”，据《杜诗详注》改。

# 韩偓诗旨表微[①]

晚唐诗人韩偓，《唐书》列传纪其行履甚详，未尝述其以诗篇显名也。自《唐才子传》谓其工诗词，多侧艳轻巧之作，有《香奁集》行世，而后世论诗者遂目其诗为“香艳体”，上与温庭筠、李商隐联席，下开王彦泓、孙原湘、陈文述诸浮艳诗派，岂复考《唐书》？偓自有传，其人志行忠纯，翊赞孱帝，曾与阉宦强阀久抗不屈哉？即就诗论诗，《香奁集》本有和凝所作，托名韩偓一说，不具论，然汲古阁所刊《韩内翰别集》尚赫然在《唐六名家集》中。其寄兴之深微，措辞之婉愤，流连哀思，幽忧隽华，有唐三百载，除盛唐李、杜、王、孟诸公外，鲜能凌驾其上，而七言律诗一体，自贬濮州后，避地湖南福州，造述尤富，实天下之奇作，与其诬为香艳诗，毋宁谥为丧乱诗之得其真也。昔屈原被放，始赋《离骚》，为词章浮夸艳逸之宗，其徒宋玉《招魂》《九辨》，续其师绪，莫不耀艳深华，光采动人。尝原“艳”之一字，以声音之理释之，即“引”之一字是也。引有二义：援引古义，以通今意，忠爱缠绵，不能暂止，此《离骚》所谓“女嬃之婵媛”也。此一义也。奇辞丽句，瑰瑰不恒，惊才绝艳，见之令人牵引不已，此《九歌》所谓“满堂兮美人，忽独与余兮目成”也。此二义也。艳既具此二义，故凡忠臣烈士之诗词，罔有不艳，而其艳决非浮艳、俗艳之艳，内心哀思，托之美人香草，冀以献其缠绵忠爱而已。温庭筠之艳，失之轻；李商隐之艳，失之晦；王彦泓、孙原湘、陈文述之艳，则俗滥淫哇，不足道者也。藉令《香奁集》为偓之所创，亦当以屈子之美人香草求之，始不失为忠厚之道。况偓实为侍郎学士，为昭宗之近臣，与昭宗共其荣辱惨戚，一生大节见于诗外者乎？屈子仕宦，只至左徒，怀王初信任，而后见疏。得君不专，迥非

① 编者按：是文原载于《东方杂志》1945年第41卷第8期，手稿本与之颇有差异。今以手稿本为底本，校以《东方杂志》。

偓与昭宗之可比。屈子《离骚》诸赋，得刘安、司马迁之表彰，虽有争光日月一喻，然班固踵史迁之后，即讥其露才扬己；颜之推北学之醇正者，又议其显暴君过；司马光撰《资治通鉴》，至不书其名。而偓则一再让相不拜，与崔胤定策诛刘季述，屡侮韩全诲、朱全忠、韦贻范之属，几遭不则，《唐书》自有列传。人生实难，盖棺尚有不能论定者，则韩偓得吾说而表之，其亦有可与屈原异代相提而论者乎？屈子厄于群小，自贤而微怼君；韩偓厄于阉竖强阀，自忿而长思君，似亦略贤于屈子。所不及于屈子而终逊之者，窜逐之后，复召还官，而不敢入朝，稍惜其死。文学幽忧隽华，居三唐之末，处五季之始，不能与《离骚》争光于日月之间，盖创者易为妍，因者难为奇，非文学之内涵，或有不逮也。

《新唐书·艺文志》载偓诗一卷，《香奁集》一卷。毛晋汲古阁中先刻其《玉山樵人集》，内附《香奁集》，继又得吴匏庵丛书，抄《韩内翰别集》一卷，补遗诗五首，皆天复元年辛酉入内庭后诗也。自辛酉迄甲戌凡十有四年，往往借自述入直扈从、贬斥复除，互叙朝廷播迁、奸雄篡弑，始末历然如镜，可补史传之缺。即其自题《香奁集》一绝句云："抄撮小诗藏卷里，依稀旧事上眉头。自吟自唱无人会，肠断蓬山第一流。"绎而察之，则《香奁集》或亦偓作，殆亦窜逐之后，不能忘情国事，故托诸此体，庶以免祸患乎？然丁卯，朱温篡唐之元年，赋《感事》诗三十四韵，以后所作，不书梁年号，只记甲子。《八月六日作》四律中，如"左牵犬马诚难测，右袒簪缨最负恩""御衣空惜侍中血，国玺几危皇后身""显负旧恩归乱主，难教新国用轻刑""袁安坠睫寻忧汉，贾谊濡毫但过秦"，皆有所痛斥，诗旨显然。又如他作中之"正当困辱殊轻死，已过艰危却恋生""猛虎十年摇尾立，苍鹰一旦醒心飞""谋身拙为安蛇足，报国危曾捋虎须""故国几年犹战斗，异乡终日见旌旗""季重旧游多丧逝，子山新赋极悲哀""关中忽见屯边卒，塞外翻闻有汉村""路远渐忧知己少，时危又与赏心违""关河见月空垂泪，风雨看花欲白头"等句，丧乱之忧楚备见，想见腐尹塞朝，贤人遁逐，　牙日长，虎尾难履之状，不知又何以《香奁集》为耶？岂真自吟自唱，无人会君国之关系，有非托之女子妇人之遐思，即不能自已者乎？

何大复曰："夫诗本性情之发者也。其切而易见者，莫如夫妇之间，是以三百篇首乎《关雎》，六义首乎风，而汉魏作者，义关君臣朋友，词必托诸夫妇，以宣郁而达情焉，其旨远矣。"景明为明"前七子"之巨子，论诗正复有当。然《学记》不云"不学博依，不能安诗"乎？博依者，广譬喻也。譬喻虽万端，要以近取诸身者为精约，则夫妇者五伦之始，其又不尤切近而易见意乎？《诗经》十五国风托喻夫妇者十之七八，苏、李赠答，托之鸳鸯，《古诗十九首》中托言杞梁妻、燕赵佳人、荡子妇、河汉女以兴喻者四，设为"与君为新昏，兔丝附女萝""良人惟古欢，枉驾惠前绥""文采双鸳鸯，裁为合欢被"之辞者三，此正博依之首而诗教温柔敦厚所自出也。屈子《离骚》在十五国风之后，十九古诗之前，依诗取兴，引类譬喻，故善鸟香草以配忠贞，恶禽臭物以比谗佞，灵修美人以媲于君，虙妃佚女以譬贤臣，虬龙鸾凤以托君子，飘风云霓以为小人，则博依之至。宜其惊采绝艳，大张楚声，足补十五国风诗矣。魏晋之下一变而为子夜、读曲，再变而为《玉台新咏》，三变而为晚唐奁艳，四变而为花间倚声，五变而为北曲、南昆。香奁体不知创者为韩偓，为和凝？然其体渊源《玉台》，启递《花间》，托诸闺帏，侈言脂粉。其辞虽远愧《离骚》之竟体芳洁，而哀感嫪恋之意，读者亦略有取焉。韩偓诗云"光阴负我难相遇，情绪牵人不自由"，此忠爱之陈情也。"光阴负我"云者，即"年岁之不我与""恐美人之迟暮"也；"情绪牵人"云者，即"宁溘死以流亡兮""不忍此心之常愁"也，词曲中如"衣带渐宽终不悔，为伊消得人憔悴""似这般挂肚牵肠，倒不如义断恩绝"，皆忠爱忳挚之至，亦其类也。偓诗又云"那知本未眠，背面偷垂泪"，即灵均"怨灵修之浩荡兮，终不察乎民心"，怨慕悱恻之至言也。偓诗又云"分明窗下闻裁剪，敲遍阑干唤不应"者，又灵均"曰黄昏以为期，羌中道而改路"意也。考《新唐书·偓传》，昭宗疾宦人骄横，欲尽去之。偓画策称旨，帝前膝曰："此一事终始属卿。"其后宰相韦贻范党附宦官，以母丧而欲不去位。宦侍逼偓草麻，偓坚拒。既而帝畏贻范外援李茂贞，卒诏贻范还相。此诗殆伤初有密议，后见夺于权臣而不克践履前言乎？偓绝句又云“此意别人应未觉，不胜情绪两风流”，即《九歌》中“悲莫悲兮生别离，乐莫乐兮新相知”意也。考《偓传》，李茂贞以兵围行在，帝行武德殿前，因至尚食局，会偓独在，宫人招偓。偓至，再拜哭曰：“愿陛下还宫，无为人知。”帝赐以面豆而去。及偓贬濮州司马，帝执其手流涕曰：“我左右无人矣。”足见得昭宗之眷顾最深。此诗宜有此感矣。偓《闺怨》曰“初拆秋千人寂寞，后园青草任他长”，即《谷风》诗“毋逝我梁，毋发我笱。我躬不阅，遑恤我后”之意，忠爱之极，反为决绝之词，终知其心不能忘也。若元稹之《决绝辞》“已焉哉，织女别黄姑，一年一度会相见，彼此隔河何事无”，则荡而不贞矣。若王安石之《明妃曲》“汉恩自浅胡自深，人生贵在相知心”，则怨而怒矣。吾以征知韩偓之真为诗人，得温柔敦厚之教，可与言兴、观、群、怨者也。至其《别锦儿》一首云“临去莫论交颈意，清歌休著断肠词”，纤艳极矣，然其诗旨却极忠厚。尝读《晋书·郗超传》，超父愔至爱超，超临死，谓其仆曰：“如老父悲恸不止者，可为呈一箧，以杀其悲。”超死，愔果至恸，其仆因如嘱呈一箧，愔发视，则与桓温画策之阴谋密计也，愔恨云[①]：“此子死晚矣。”遂不悲。偓之《绝锦儿》情事虽不类此，然杀其娈爱之意正同乐天之遣杨枝，少游之嫁朝华，不过是也。如以淫词薄之，则吾又得一说焉。《花间集》欧阳炯《浣溪沙》下半阕曰：“兰麝细香闻喘息，绮罗纤缕见肌肤，此时还恨薄情无。”况夔笙评之曰：“自有艳词以来，殆莫艳于此矣。”王半塘评之曰：“奚啻艳而已，直是大且重。苟无花间词笔，孰敢为斯语者？”夫喘息之于交颈，殆有甚焉，而半塘老人以为大且重，岂非服其大胆敢作正面描写乎？正面描写，正是放笔为直干手段，下等词人作“云雨巫山”“闭月羞花”“沉鱼落雁”诸代名词者，正见其忸怩丑态，小家气不大方，韩偓诗人当不如是也。

---

① 云：“云”后衍一“云”字，据《晋书·郗超传》文意酌删。

# 培风楼诗自序一[1]

余幼多疾病，志学之年，不获以群籍自策，日惟取唐宋以来诗人之作讽咏而已。诵之期年，精神启沃，体中转佳。中间志气之抗坠、性情之通滞，几前后相径庭。每自惊喜而叹曰："夫诗之所以为诗者，效盖至是乎！"年二十，始稍稍出里闬，理行役；寻阳出入路所由，而匡庐在焉。匡庐，天下之雄秀处也。其崖峦所磅礴，云物之郁滃，长松飞瀑，朝夕异态。尝攀临不能有所发，然致思所得，固已私之箧中矣。自是历岁有作，篇什稍夥。游学金陵，吟咏尤密。

窃维诗者，穷达所交倚，哀乐之节文，若裘葛之于冬夏，俾人以不至大苦者也。极寒、酷热，人鲜不病，然而御裘葛者，虽病，或加轻矣。极贵至贱、穷哀过乐，生死旦暮之所环伺，其危殆至不可口谕，使真知诗者遇之，吾知其或免矣。且人之生也，游不能侣鹿豕，居不能友木石，以感焉，以触焉，能无戚戚于中，惘惘于外乎？戚戚者无以声之，惘惘者无以状之，此天之僇人，人类之大苦也，乌足贵之？

纠察往昔，温厚若三百，蕴藉若汉魏，奇放若太白，雄骜若东野，昌黎之莽苍，次山之朴拙，玉溪之工丽，圣俞之平婉，山谷、后山之精严，香山、放翁之爽垲：其受才虽不同，其于声其穷达哀乐之情则一也。知其意者，旦暮遇之。故一人之词，众贤皆备而不为泰，众贤同去而不为约；不知其意，虽日摹其体，夕肖其声，无益也。鲁男子曰："我将以我之不可，学柳下惠之可。"庄子曰："今予动吾天机，而不知其所以然。"斯二语尽之矣。

余受性梼昧，游惰成习，至于心知古人之意，自顾不后人。年已

---

① 编者按：本文发表于《国立浙江大学工学院月刊》1929年第15期，后又表发表于《学衡》1931年第74期。本文以手稿本《培风楼文丛》为底本，校以《国立浙江大学工学院月刊》《学衡》。

三十，未有寸成，而忽遘先君子之丧，万绪悲凉，生人之苦，未有逾是。旧日所嗜唐宋诸家诗，举莫予解。而三十以前所为诗四百馀首，随予南北行者，仅七八年。尽刊之则多疵累，弃去之又良不忍。遂取而痛删之，得二百十馀首，都为一集。嗟乎，余方富于春秋，固当广究群学，通世变，以蕲益人益己，而免于弃物。志绪总总，日不暇给，又何为而有刻诗之举？其亦存志念之起伏，备行役之踪迹。因而防世荣俗贱、穷哀过乐之或至，而求幸免乎？则余亦不能自知矣。诗稿写定后，抵书陈散原先生求序。不十日而序来，感其言微有不类余者，因自叙其学诗原委于此，且以质散原云尔。

民国十八年己巳八月邵祖平自识于杭州国立浙江大学。

# 培风楼诗自序二[①]

论诗于变风、变雅之后，陶渊明、杜子美其嗣响矣。阮嗣宗、刘越石、谢康乐、陈子昂始各以其神理气骨、才情风格陵跨一时，然犹古之诗也。至中唐以韵味胜，晚唐以组炼胜，宋人以意趣胜，诗始极其变态。时至元祐，诗之流派已尽，勉力拓之，仅得一元遗山而止。元遗山以后可谓无诗，此诗视时代为隆污之说也。顾诗之所以为诗者，系乎人心。人心之邈忽远阔，至不一律也。追怪物出宇宙，超泰山，析毫芒，高翥远游，退藏于密，岂可尽量？则如屈原之《离骚》、孔明之《梁甫吟》、元次山之《水乐家》、康节之《击壤》，心声沛布，似诗非诗，又岂可随时代为升降乎？核而论之，太白之七言歌行、王孟之五律、东野之五古、昌黎之《琴操》、玉川之杂言、乐天之今乐府、鲁望之吴体诗，东坡之议论诗、文山之《指南录》、皋羽之《晞发吟》，林林总总，将为异中之同，又复为同中之异，似天壤间不可无此等文字者，则豪杰之士不受时代约束，虽欲为之画野，不能也。

现代之诗，有学于泰西，归而为白话自由诗者，既无所成，而同、光诸人为宋诗者又复凋零殆尽。近十年来有某报附刊某录以采风为名，号称荟萃天下吟篇，而从未登载民生疾苦、匍匐告哀之咏，修禊登高视为常课，揖让周旋惟在冠带，予心窃异之。四年前曾刊布《诗厄》一文于《制言》杂志，痛陈二[②]异、十二[③]厄之说，哓音瘏口，不蒙人察，反以贾怨召闹。卢沟桥变起，天崩地拆，国步再移，寇氛匝地，衍淫江

---

① 编者按：本文录自手稿本《培风楼文丛》。

② 二：底本作“三”，据手稿本《培风楼诗词》及手稿本《培风楼文丛》之《诗厄篇》改。

③ 二：底本作“四”，据手稿本《培风楼诗词》及手稿本《培风楼文丛》之《诗厄篇》改。

海。所谓某录之诗人，有从贼伏诛者，有身膺伪职者，有坐沐鹰犬之豢养者，有远丐雁鹜之残粒者，蒲稗因依，菉 缭结，狼贪奴拜，相习成风，诗教不幸，罹此羶辱。嗟我诗人，平日引商刻羽，嚼宫含徵，自许吐纳骚雅，激扬清浊者，今乃秽贱卑屈，曾匹夫匹妇齐民之不如。吾固为吾《诗厄篇》不幸言中而悲，然几亦疑心声之诗，真不可恃，而颂诗知人之义，殆果不可通于今日矣。

盖尝推论之，古之所谓诗人者，心期存于道术，忧愉周乎天人，不以穷达异节，不因治乱改操。后世则有在野登进之殊，遗逸厄穷之怨，貌似闲澹，内实躁狭，言皆硕美，中乃螫毒。自潘岳、王融、宋之问、储光羲、郑虔、王维，以至曾觌、舒亶、赵孟 、方回、危素、严嵩、阮大铖诸人所历，世愈纷乱，而所为诗愈整暇。开卷绎之，几不省其为何代人。彼辈上者固有托二氏以自掩，假山水以自泽者；下者则公然殉利啖名，沉湎爵禄，嫽然媚当途而睎世，庸讵知诗之所以为诗乎？心精销亡，百事舛谬，老佛为之逋逃，山林受其污嬻。猿鹤既惭，且羞卉木，虽曰其才足以登诸坛坫，其声足以被之管弦，吾独哀斯辈之不幸，而识字读书曾不若负耒灌园、引车卖浆者之尚足葆其素白也。

祖平不敏，早年泛览古昔圣哲书传，中岁敬受名师良友檃括，自世之亟变，恒惧立身一亏，负师友而辱先人。值兹大浸稽天、人欲横流之际，要当兢慎于取与辞让、出处动静之微，冀可作一遭乱尚堪读书之人。偶然作诗，奚当厕乎今之作者之林哉？顾受性善感，不能无作无存。十年前有《培风楼诗存》一册，谬与世相见。今复续存其稿三百五十篇，纪岁月，述行旅，悯战乱，悼穷黎，颇有峭拔沉厉之姿，无与温柔敦厚之选。既不足为遗山之遗，更不足拟古哲遭乱所赋之变风、变雅。然自审其心，尚非俘侈荡佚，忘所归者，差足邮当当今大人君子之前，归而焚诸先人之墓，庶几无所愧而已。稿既写定，谬当付锓。爰牵连书述近十年来诗学之蕃变，以及一己于诗之仞识于此。

中华民国二十八年邵祖平自识于成都之小天竺寓庐。

# 培风楼诗自序三[①]

予自民国八年习为诗歌十二年，始稍稍存稿。十八年实刊《培风楼诗存》于杭州，当时自拟每历十稔辄刻一稿以自娱，洎至二十八年果续刻《培风楼诗续存》于成都，凡二册，合近存诗愈七百首矣。东倭祸作，予挈室随国步西移崎岖巴蜀间，忧世念乱，感慨万端。近诗又盈三百，固将续续为之，如骨鲠在喉之求吐，寒疾婴体之求汗也。然吾孔圣有云“良农善稼，不必善穑”，刘勰《文心雕龙》亦云“才核者善删”，则吾诗虽满千，其亦有泛应率作，呺然溓虚，徒为貌存者乎？三十一年春，旅渝州，都讲大庠。有馀隙，因取而芟剃之，敛诸箧衍，得六百首，将授商务印书馆印行，以贻同好。盖平居之所观感，遭乱之所发愤，亦庶足存其真于万一矣。来渝后，溢其兴为诗馀，得七十五阕，亦附卷后。至于自序，所以为诗之旨，已分见于十八年、二十八年两作，仍厕列卷端，不复赘陈，世之知言者庶并匡教之焉。

民国三十一年壬午三月邵祖平自序其诗于重庆嘉陵江上之国立中央大学。

① 编者按：迻录自手稿本《培风楼文丛》。

# 培风楼诗存自序四[①]

《记》曰："温柔敦厚，诗之教也。"《诗大序》曰："吟咏情性，以风其上，达于事变，而怀其旧俗，故变风发乎情，止乎礼义。发乎情，民之性也；止乎礼义，先王之泽也。"论诗之正变，千古尽此数语。后世说诗不道得其道，则有支离疑误漫羡而无所归心者矣。宋人诗话云："诗有别才，非关学也。诗有别趣，非关理也。"此支离之说也。夫诗以理性情，性情者人人所具，圣凡所齐同也。《孟子》曰："恻隐之心，仁之端也。"仁为五常之一。恻隐之心，犹言恻隐之情也。人能扩而充之，则恻隐之情可合于五常之仁。仁者无敌，仁者必有勇，仁人之言其利溥。舜得八元八恺以为相，《虞书》不言其才，所可知者，元为善之长，"恺悌君子"见于《诗》，必有仁德者也。郑子产之当国，民不能欺，其才可知，而《传》称为"古之遗爱"，亦可谓为仁。是才者，未尝不在仁之中，而亦不尝出于性情之外者也。千古圣贤教仁人为人者也，今之后生学圣人为仁者也。

温柔敦厚，诗之教，亦仁之教也。今曰"诗有别才非关学"，则是先王之泽可忽，礼义之懿德不可好乎？且孔子明言"小子何莫乎诗矣？诗可以兴，可以观，可以群，可以怨"，盖本有粲然之理矣。至过武城而笑弦歌，与点而同乎风雩浴沂，此圣人天趣之洋溢，非不衷于理也。孔子教人以兴观群怨之诗理，而亦同情于弦歌风俗之趣致。是趣者，未尝不在理之中，而同归于诗教者也。而必曰"诗有别趣非关理"，是支离之说也。宋自庆历以后，天下治韵语者皆宗杜甫，而有为之颂说者曰："老杜诗外大有事在。"夫言事者，如志虑忠纯，殷忧黎元，奔走不忘行在，是可贵也。而必曰"在于诗外"，是以诗与事为二本也。周公，千古之诗人也。尹吉甫，亦千古之诗人也。有其诗发于

---

① 编者按：迻录手稿本《培风楼文丛》。

中，则亦可有其事业验于外，特事业之见与不见，则有幸有不幸耳。盖古之所谓诗人者，温柔敦厚达于权变，根柢情性，感照人群，止乎礼义，怀其旧俗，岂有不能办天下之大事者乎？今人见稷、契无诗传于后，以为以民饥溺为怀者，决不当作诗，遂谓杜甫自比稷、契为妄。而为之宽假者，则曰"老杜诗外大有事在"，疑误后学，莫此为甚。不知诗根于道而不根于艺，稷、契不害其无诗，周公、尹吉甫不害其有诗，杜甫不害其自比稷、契。今必分事于诗外，是其志亦不广矣，是疑误之说也。宋儒朱熹尝有荒于诗之戒，而或者味道之深，遂曰："口中之诗不必有，胸中之诗不可无。"黠者张之，以为吾为道矣，吾胸中有诗矣，三百首皆如吾诗之存于天壤间，阮、陶、李、杜特文人，不知道而徒为诗者尔。则予圣自居，以蒙瞽之献箴诵诗者，待人温柔敦厚之道何存？呜呼！其曰予圣，孰知乌之雌雄？则其人殆亦纵横诡辩之不入道者耳，其言亦漫羡而无所归心矣。

予治诗已二十馀年，诗无所进，顾知诗之所以为诗，自谓贤于昔者。尝以宋人工说诗而害道，其诗亦痼蔽甚深，不见诗道之全。唐人兴象甚佳而多流连，流于景物。汉魏晋宋，神完气足，差为真实。齐梁陈隋，淫哇亵艳，纵滥于情而无复性之功，逸于礼义，曾不怀其旧俗。故诵"相为情颠倒"，则自比于狂易矣；"宁断娇儿乳"，则害于人伦矣；"妖姬脸似花含露"，则偭矩于窈窕淑女矣；"璧月夜夜蒲，琼树朝朝新"，则深弃于经营灵台矣；"梳头入黄泉"，则纵情贼性之大者，虽目之为妖异可也。

挽近说诗，更有援泰西之诗篇以绳吾华之韵语者，故喻其体，则必曰"旧瓶贮新酒"，自序所诣，则弥儿敦、但丁、莎士比亚之名字满纸。其惑则与上述正同。盖中国自有中国之国民性，衷乎性，发乎情理，自可为当代之大诗人，乌在用夷变夏，违其旧俗，漫羡而无所归心乎？

民国三十二年十二月，商务印书馆初刊予《培风楼诗》于渝。今夏复当重版，因益以近二年之作二百四十馀首，坤附其后，属自序其原委，因成《诗说》一首以代自序，庶海内知言之君子共谍正其失焉。

民国三十四年五月邵祖平自识于成都国立四川大学。

# 伪教育部学术审议委员会主办文艺奖励第一名获奖《培风楼诗》内容提要[①]

著者受性善感，常好深沉之思。民国七年前，体羸多病，以诗自娱。初学谢康乐五言诗以模写山水，每有登涉，必载笔以随。东南名胜观览未遍，体中转佳，深信乐山乐水仁智之事，与君子独居自得无闷之旨相通，即与老庄玄言旷思亦无不合，益肆力于山水诗。民国十八年妄有《培风楼诗存》刊于杭州，所存山水诗为多。义宁陈三立散原先生赐序，谓为艰崛奥衍，意敛而力横，将张西江派之帜。馀杭章炳麟太炎先生驰书见许，出入唐宋，得于天授。前辈奖饰，极有分寸，不敢自画，因益以全力治诗。私意取汉魏诗为神理骨干，三唐人诗为风韵色泽，两宋人诗为意境趣致，然后纵浪于子史文艺乐府民歌之间，周浃于人情物理国族伦彝之内，吾诗必当有大成，金之元遗山、明之刘青田不足为也。尘事牵率，十年志愿，百未逮一。民国二十九年以所作《培风楼诗续存》又刊于成都。自问悬鹄正己，尚未至张满有馀力之时，尚何谈大成之期，然续成诗四百首中，《咏十九路淞沪抗日》《感时事》前后篇、《南京失陷》《长沙大火》《武汉弃》《殛汉奸王某》《赞郝军长梦龄》等，关于国族者也。《葬先大人》《悼澂儿》《南昌省母》，关于家常者也。《书怀四首》《祈闲诗一首》，自摅胸臆者也。《西天目以歌大树王》，兴念民族英雄。《安南以听女伎月琴》，痛国社沦亡。《辛夷花树歌》《清音阁》《峨眉金顶夜见新月》，以寄念沦陷中之山水。《茶肆中书所见》《牛栏鹤》《发冢叹》，以宣示抗战中民间之畸形生活。言在此而意在彼，足合诗人比兴之义，不必如初存之稿，模山范水，循声得貌，徒为隘固也，而山水之游则亦以违难得兼遂。黄

---

① 编者按：迻录手稿本《培风楼文丛》。另，题目“教”前有添字符号，增添“伪”字。

山、南岳、岭南、香港、安南、桂林、阳朔、黔筑、巴蜀，次第经历，渟峙不同，描写亦异，此为无意中随拾而来。尝谓杜子美自西京避地巴蜀，血泪文字产生最富，而一山一岭一阁一栈道，镵天雄秀之气扑人，眉宇当与谢客永嘉山水诗同工异曲。著者遭时，与之同矣。以羊质而蒙虎皮，操铅刀而割蜀锦，岂不重可笑闵乎？拙诗自序纪岁月、述行旅、悯战乱、悼穷黎，颇有峭拔沉厉之姿，无与温柔敦厚之选。私衷窃欲负韊矢先驱，成一民国抗战中之丧乱诗，以待民族复兴中之太平诗人来临。《诗存》中《重庆》诗云："不是偏安非恃险，复兴志业正堂堂。"《始闻南昌陷落》诗云："莫叹泥途固轩冕，丰城奇气在人扶。"其言当有后事可按。诗人虽微，当与国族共生命，以气节振伦彝，岂流俗弄风月、狎花草所可同日语哉？

## 附：杨圻《培风楼诗序》[①]

余避乱天南半载矣。山居岁晚，幽寂寡欢。邵子潭秋投书见枉，录诗于我。越数日，辄相过谈诗文，所见契合若符节，于是益相得。潭秋尝尽读全唐诗，辑《全唐诗选》。又以绝句实先于律诗，其体直接乐府，曾著《绝句通论》二卷，分类辨体，论析精微，以饷学者，而后知潭秋诗学之闳且精也。《记》曰"不学诗，无以言"，则学诗尚矣。虽然，诗有正轨焉，有化境焉，有至情焉，执此以求其工，盖亦难言矣。夫清真丽则，准古开今，正轨也。文必己出，言无不宜，化境也。诚中形外，啼笑皆真，至情也。循正轨，臻化境，秉至情，而后其人之志气事业、行藏穷达，与夫时代隆污、家国治乱，莫不见于其诗，后之人亦于诗求而得之。故曰：诗以言志，故曰：诵其诗而后论其世。准是以论，盖代不数人也。潭秋具湛深博通之学，抱雄俊特达之才，于诗神而明之，致力甚深。无唐宋门户之见，博览而精守。于李、杜、韩愈、少伯、长卿五家，尤所寝馈。故所为诗，闳肆健举而气骨清峻，不染时

① 编者按：迻录《培风楼诗》(浙江大学出版社 2000 年版)，第 2 页。

尚后山、遗山之病。七古刚健浑厚，五古高秀，近体清真而婉约。其尤足多者，气厚而骨实，刚中健外，言皆有物。盖所蓄者富，而所发者茂也。虽然，此言潭秋今日之诗，而非潭秋之至也。盖潭秋今方壮岁，功业未就，经历未老，他日所成就，其必与时进益，随境变化。使其由是而之也。十年，我不知其所至也；二十年，我莫测其所止也。是可得而推之者也。我于是乎厚望潭秋矣。且我既诵潭秋之诗，潭秋亦尽观余诗，虽阿誉在口，而能匡我所短，检我之失。曰某篇宜删，某注宜削，曰某章招尽言之过，某句非寡尤之道。其于我葆身淑子孙者，盖再三致意焉。余则憬然惧，翻然喜，尽从其言而删削之，是潭秋真知我且真爱我者矣。嗟乎，今天下誉我者亦夥矣。而能规我箴我者，未之闻也。有之，其惟潭秋。是潭秋不独我之诗友，抑亦我之诤友。我性喜闻己过，其欣感为何如哉！潭秋今将入川，且刊其诗。告曰：请为序之。我交潭秋至暂，而获益良多，乃论其《续存》之今诗，及其论我之诗，书之以识邂逅，而勉谭秋异日之成就，且以为券。

己卯元旦江东云史杨圻序于九龙之山楼。

## 附：汪兆镛《培风楼诗序》[①]

南昌邵君潭秋，曩游广州，出示诗卷，余深叹为当代翘秀，低回者久之。续稿三百，潜气内转，真力外腓，戛戛独造，不坠凡响，其精到处，有振衣千仞[②]之概。年光荏苒，潭秋纵浪江海，其诗益工，时贤将无与抗手矣。散原老人为潭秋乡先生，称其艰崛奥衍，意敛力横，将张西江派之帜，犹未及见潭秋今日所存之续稿也。潭秋之诗，岂可以西江一派限之哉！世人标尚西江派者，类以山谷为宗，推衍于后山、简斋。道光以来，诗学靡滑之习，诚非此不足以箴膏肓而起废疾。然窃谓犹未尽也。渊明，浔阳柴桑人，其诗匪特为山谷、后山、简斋之鼻

---

① 编者按：迻录《培风楼诗》(浙江大学出版社 2000 年版)，第 4 页。

② 仞：底本作“刃”，据文意酌改。

祖，直足以笼罩少陵、昌黎。寓沉挚于闲澹之中，振奇崛于渊邃之内，其诣未易猝测也。西江派之昆仑星宿海，终当推之，非仅仅以乡土地方论定也。潭秋年富劬学，喜为深湛窈眇之思。续稿中如书怀诗，于渊明之为人，颇有所窥。今游湘桂，饱览佳山水，又将入蜀，异时淬精撷英，由奇崥奥衍而归于渊穆静邃，其究极诗境，宁可以涯涘测哉！仆老矣，遭际亘古未有之劫，窜身穷海，未知尚须受几许折磨以死？潭秋贤者，深明择木之义，惟望其善自爱而已。

己卯初春罗浮病夫汪兆镛书于澳门。

## 附：姚均《培风楼诗续存序》[①]

昔人谓作史须有才有识有学，作诗亦然。兴观群怨，不能无才；美刺情殊，不能无识；读破万卷，下笔有神，不能无学。若徒以嘲弄风月、俪白妃黄为诗，而诗道窘矣。

窃谓诗之衍变，以时代为转移，时乎升平，不能为愁苦之诗；时乎丧乱，不能为欢愉之诗。初唐不同于盛唐、晚唐，北宋之诗不同于南宋之诗，清初之诗亦不同于末季之诗，时为之也。若以摹拟为工，宗汉魏而薄唐宋，宗唐宋而鄙明清，守一家之言，强分宗派，为古人之俘虏，则谓之无诗可也。诗固以温柔敦厚为教，而变风变雅则亦有踔厉风发之情绪，不专以温柔敦厚为美。

予友邵君潭秋所著《培风楼诗集》早已风行海内，于解放前后作篇，另编为《续存》一册。予受而读之，知先生于日本军阀侵略我国、反动政府统治之际，转徙流离，备历少陵蜀道之苦，亲睹人民荡析离居，性命如丝。其悲悯天人、厌战场伤时之怀一寓于诗，于当时祸国殃民之弊政、攫财自肥之骫俗，揭发无遗。则如《米荒吟》《钞荒吟》《花潭米牟利校长》诸篇，洵可作诗史观，而披葛攀榛，游览名胜之作，清奇警策，不蹈前人窠臼，可谓能入乎物之中，而又能出于物之外者。

---

① 编者按：迻录手稿本《技巢九十回忆篇》。

先生为馀杭章太炎先生之高弟，又常与其乡先生陈伯严更唱迭和，为江西诗派之健者，然自抒己怀，用其法而不为法所用，则尤可贵也。迩者全国学习领袖著作，尤愿以领袖之精神为革命时代之诗人，此则所当共勉者耳。

天水姚钧谨序，时公元一九六四年八月。

# 溪音羁唱自序[①]

嘉陵江水，自柏溪折而东下，磐溪之水又汇焉。磐溪之汇于嘉陵江也，群壑潨然，漱激澌汩，其音断续，若可闻，若不可闻。

余以民国二十九年入川，讲授渝郊沙坪坝中央[②]大学，适与斯溪隔一江而分处。初嗜为长短句，而不能尽协律，每于冬夜春晨，吟啸自得，周旋于松林石门之间，结想于岛霞海月之外，其支离断续之声，若与溪音隔一江而相和也。三十六年秋，复应重庆大学之聘，重来嘉陵江上，与磐溪相见，甚矣溪之可盘，而吾之可羁也！羁者，畸也。庄生曰："畸于人而合于天。"吾与溪音分江而治，纵恣于己而不求合于人，共听以心而不求听以耳，其将以是为大适乎？是用叙其词稿云尔。

---

① 编者按：本文最早发表在《文史杂志》1942—1943 年第 2 卷第 4 期，内容与手稿本相同。发表于《重庆大学校刊》第 1948 年第 11 期的内容，较前二者有所增改。故是文以《重庆大学校刊》所录为底本，校以手稿本和《文史杂志》。

② 央：底本漫漶，据《文史杂志》、手稿本《培风楼文丛》补。

# 峨嵋山游草自序[1]

域内山川挺异蕴秀，飞跷罕通，禋享不至，其不为人知者盖有之矣。峨眉为西蜀第一大山，自匿僻远，中土人士初未闻其名，道家始以灵陵太妙上皇诸名崇之，且谓楚狂接舆歌凤之后，驱羊来隐于此。释家因《华严经》："东方有一大山，普贤骑大牙象说法其间。"遂竟以峨眉当之。此二氏向壁虚撰之词，欲自藻莹者也。

愚以为峨眉之有名，殆不出于唐前，而诗人骆宾王、李白、杜甫始为诗张之。骆诗云"峨眉山上月如眉"，李诗云"蜀僧抱绿绮，西下峨眉峰"，又云"峨眉山月半轮秋，影入平羌江水流"，杜诗云"近识峨嵋叟，知予懒是真"。高僧、新月、隐士、诗人，相怀相对，令人想象山之幽绝。独怪李、杜之策名天衢，骛驾中土，而其所传之诗集独未有游览峨眉之作，岂山之岩险未夷，荆榛未启，不容白蜡屐之举耶？宋之苏、黄，足迹亦未至是山，惟范成大得纵游，发其秘奥为文字，明之杨慎、清之蒋超差足继武。自此峨眉为诗人文士嗟咏不绝。老庄告退，山水方滋，诗人自来为山水之主，如二谢之有永嘉、宣城，二氏之苗胤张观宇于山巅水涯者，不过期待诗人之来临而已。

愚性好游，入蜀之前，北经邹鲁，出燕赵之塞，东骛禹穴，至补怛落迦山，南行雕题黑齿之国，攘倭军兴，始遵国步西入蜀。蜀中名山如青城、窦图、中岩仅得一访，独于峨眉前后作三游。中游憩息伏虎寺者三月馀，每遇雾霁霜晴，欣然命驾，孤筇独振，万山凝妆以待。所见冷杉之外，霜獮长年，云海之中，晴峰独翠。雪山则鳞甲千重，雷洞则褋襱百转，未尝不俊爽壮阔，使人获尽其兴也。至于龙门洞之遇雨，黑龙江之见红叶，华严顶之觌木冰，石笋沟之　石笋，清音阁之揽明月，尤俶诡跌宕，匪夷所思，令人惊绝。嗟乎，予以藐躬遭逢乱世，

---

① 编者按：迻录手稿本《培风楼文丛》。

忽与峨眉论久要，同四时昕昼，对妆黛晴雨商出处，求之他山，未尝能缔胜缘至如是也。在山成诗一百五十一首，藉曰：欲为李、杜、苏、黄补亡，则吾岂敢？设以委诸箧衍，来鼠蠹之蚀，则又良不忍。成都开明书店主人冯君月樵闻之，欣然为代刊成一小册子，是亦南渡名士陈起其人也，能无感乎？书成编目，次以中游、三游居前，初游殿后，非欲凌躐后先，实以中游住山时较长，观陟独富，当如是也。

民国三十二年五月南昌邵祖平自识于成都国立四川大学。

# 古今诗选自序[①]

今之言学者悉以朴学与文学对称，一若天下惟有两学可分庭抗礼者，此真陋儒一孔之见也。考夫子之门，子夏以笃实而获列文学之科。子夏之言，不过在贤贤、事父母、事君、交友之间，子夏之学，亦惟在博学、笃志、切问、近思，日知所亡、月无忘所能而已，何尝独事以言华身之文学，徒考名物制数以自名其家哉？予哀乎后世之不察也。一自号为朴学者起，则以为文学可轻；一自号为文学者起，则以为朴学破碎。彼此訾謷，众论殽惑，殊不知本之力行以归宗于人伦，则日知月忘，何有于朴学？貌袭内亏，何有于文学乎？自子夏之后，惟汉郑玄、宋朱熹、明顾炎武差为能继其学而兴其行。彼明清以来之伪朴学、伪文学，乌足以语此？

今夫诗，文学之小道也。然而古圣人亟言之，后世大贤君子不废之者，岂不以其可见诸行事之迹，附之人伦之事而无愧乎？哀窈窕，思贤才，小之兴观群怨，大之事其长上，约之则为一人之忧戚悲愉，张之则为天下之治乱丰瘠，则如此之所谓诗者，有不足为力行之迹、人伦之资，而当于夫子之门之所谓文学乎？诗不必人人皆作，而贤者不可不为诗。可以千日不为，而不可一日为之而不工。人而果贤者，则动于中、发于外者已为诗矣。不贤而能为之者，吾不谓之诗也。入孝出悌，志洁行醇，若而人者虽累千日不为诗，吾必谓之为之工矣。雕章镵句，掏擢肾胃，求极工而后出尽一生之力以为诗者，吾将见其去于诗教愈远矣。

或曰：以子言观之，人有终身不作，累千日不为诗者，子乃以为大好绝工，则若而人者，何必发古人之集以读夫古人之所谓诗乎？曰：是不然。夫读古人诗者，为寻先王之陈迹，观世运之陟降，察民情之

---

① 编者按：迻录手稿本《培风楼文丛》。

浇朴，讨一人之行事而然也，非所以求为如古人之诗也。既未求为如古人之诗，则偶秉笔为诗而似古人，固亦未尝不可也。矧吾所谓贤而有德者，其诗虽不作犹工，谓其人德成行立，实优于诗工而誉至者也，非谓望贤而未之见，企德而未之成者之悉可废诗不观也。呜呼！为人而专事乎诗者，小矣；为诗而专求乎诗者，陋矣；为诗而不必求乎诗者，亦固矣。甚矣，吾说此之辞费也。

杭州之江大学旧有《古今诗选》课目，予适讲授斯校，因选古诗自十九首至唐之退之、东野，凡七十馀家，共如干首以应诸生之求。稿初发至金元遗山，中间以事不果，竟印以言《古今诗选》，固未尽合也。幸诸生异日寻涉，以究夫诗之所以为诗，与诗之所以为文学云。

# 七绝诗话自序[①]

七言绝句诗，又名小律诗，为近体诗之一种。文学史家以为兴于初唐，然其神远绍《国风》，其体直接歌行，能以今情通古意，常散行而不骈拘，字数虽只二十有八，而兴象至无穷，可谓诗体中之特有。外貌似半律，实则与《国风》《离骚》、乐府古诗相沟通，依诗体造诣之极轨，于近体中更可视为诗人之诗，非如七律之属对精切、思力深邃之徒为诗家诗也。李白，千古诗人之巨擘也；杜甫，千古诗家之宗匠也，故李好赋七绝而杜好赋七律。杜之律，李不能为；李之绝，杜亦不能为也。诗运有升降，升降在得才与不得才。开、宝之七律，得杜之才以兴。开、宝之后，才之钟毓殆不及前，故杜甫雄浑精深、独绝千古。晚唐李商隐略得其句调，北宋黄庭坚获师其拗体，金源元好问、李汾中州杰出之后，杜律之气焰殆全熄矣。顾一按七绝之局势则不然，李白之后复得李益、韩翃、刘禹锡、白居易、王建、张祜、徐凝、唐彦谦、李商隐、杜牧、韩偓、王安石，苏轼、秦观、杨万里、陆游、姜夔、吴惟信、张良臣、刘昂、范梈、揭傒斯、杨维桢、倪瓒、傅若金、高启、袁凯、李东阳、徐祯卿、汤显祖、徐渭、谢榛、王世贞、吴伟业、屈大均、王士祯、厉鹗、吴骞、吴嵩梁、龚自珍、黄遵宪等，以持之弗坠。诸人成就虽略有差异，然皆可无惭于太白，不愧为诗人之诗也。故七绝者，诗人之诗。《诗经》三百首，诗人之诗篇占十分之六七，为国十又有五，二雅、颂，诗之时期、地域，远不能与之比也。诗人无时而不生，无地而弗钟，则七绝虽视为永无成亏，长存于天壤间之诗体，亦无不可矣。

七言绝句诗通于《国风》，合于风人（诗人）之意者，唐宋以来甚多。夫如王翰之"不知湖上菱歌女，几个春舟在若耶"，即"春日迟迟，采蘩祁祁"意也。白居易之"红颜未老恩先断，斜倚熏笼坐到明"，即

---

① 编者按：迻录手稿本《培风楼文丛》。

“及尔偕老，老使我怨”意也。柳宗元之“春风无限潇湘意，欲采苹花不自由”，即“嗟我怀人，置彼周行”意也。朱庆馀之“含情欲说宫中事，鹦鹉前头不敢言”，即“我闻有命，不敢以告人”意也。杜秋娘之“有花堪折直须折，莫待无花空折枝”，即“汝有钟鼓，勿鼓勿考。宛其死矣，他人是保”意也。李商隐之“水精如意玉连环，下蔡城危莫破颜。红绽樱桃含白雪，断肠声里唱阳关”，即“齿如瓠犀”“巧笑倩兮”意也。王安石之“细数落花因坐久，缓寻芳草得归迟”，直有二南兴象，视李昉之“一院有花春昼永，八方无事诏书稀”，尤如羚羊挂角，无迹可求，则以彼为七律之一联，本之雅；此为七绝之对结语，根于风也。

七绝诗体全出于风。既如上述，而其风格作法之可言者，厥在比兴多于赋，情景交融。比生于兴，兴生于比，其绪骤难于分理。七绝诗虽有赋，亦与比兴同其功用焉。太史公曰：“《诗》记山川溪谷禽兽草木牝牡雌雄，故长于风。”风诗者，固闾巷风土男女情思之作也。七绝诗善言其情，感人为上。初唐绝句推武后《如意娘》为最先。《如意娘》者，武后所创之乐府小诗也。武后曾幸一洛阳男子，喜其壮硕，改元如意。及洛阳男子淫瘵至死，武后诗以悼之，其辞云：“看朱成碧思纷纷，憔悴支离为忆君。不信比来长下泪，开箱验取石榴裙。”夫以天下共主之尊而悼一无名之男子，岂非好独言其私情乎？一日万机，生杀之权在己，而顾为“憔悴支离”“泪下溅裙”之言，岂非善感而不自觉乎？初唐七绝以此为第一首，而其作风在言情，殆以男女情思所钟，顾合于风诗之轨格者欤？盛唐李白、王昌龄二家平分七绝坛坫。李善游览，写景之冠冕；王工宫闱，言情之椠则。太白诗思飘逸，写景不局局于景中。夫一月也，而曰“夜悬明镜”；一长江也，而曰“天际流出”；喻白帝城之高，则曰“彩云间”；譬孤帆之远，则曰“日边来”，此诗人胸襟之阔大，写自然界景象，不但恰符其器量，且常能超过也。此七绝成就写景功效之始。王少伯一意言情，言春闺之情，则曰“忽见陌头杨柳色，悔教夫婿觅封侯”；言流人之情，则曰“岭色千重万重雨，断肠收与泪痕深”；言失宠之情，则曰“玉颜不及寒鸦色，犹带昭阳日影来”；言远戍之情，则曰“撩乱边愁听不尽，高高秋月照长城”。幽情苦恨，襞积重重，掩抑哀怨，意在言外，可谓言情之极则矣。中唐作风，步趋李、王，略有相似。刘禹锡善写景，《金陵五咏》《愚溪三绝》为此时代表之作。李益善言情，宫怨则有“似将海水添宫漏，共滴长门一夜长”；征戍则有“不知何处吹芦管，一夜征人尽望乡”；行旅则有“闻道风光满扬子，天晴共上望乡楼”；自述则有“从此无心爱良夜，任他明月下西楼”，沉着蒨郁，亦言情之上选矣。晚唐，杜牧善言景中之情，如“二十四桥明月夜，玉人何处教吹箫”“日暮东风怨啼鸟，落花犹是坠楼人”。李商隐善言情中之景，如“何当共剪西窗烛，却话巴山夜雨时”“嫦娥应悔偷灵药，碧海青天夜夜心”。陆龟蒙则变写景为咏物，如“无情有恨何人见，月晓风清欲堕时”之咏白莲，“而今莫共金钱斗，买却春风是此花”之咏石竹花。罗隐则变言情为讥刺，如“偶然留得阴阳术，闭却南门又北门”之咏董仲舒，“采得百花成蜜后，为谁辛苦为谁甜”之咏蜂。七绝诗风格作法，观于有唐一代，已极诗人之能事，后之作者或以之寄趣，或以之谈道，或以之题画，或以之纪游，或以之怀人，或以之咏史，罔不各臻其妙。洵乎风人之诗，领域广袤，非他体诗之所可以拟者也。

编者夙好七言绝句，于唐宋金元明清历代诗皆有专选，卷帙浩繁，难于刊行。去年教授中央大学，讲授此体诗，因臆论七绝诗，成《七言绝句诗通论》二卷。今复就其丛杂材料，厘为辨体、作法、评论、说解、本事五族，缉为《七绝诗话》一卷，琐碎缀补，无当考证。如其入神会心，则举书举烛，亦可为诗学尚明之助云。

# 七绝诗论·七编诗话合编自序[①]

七言绝句，托始于《国风》，导源于《乐府》，其体虽晚出，而常与《国风》《乐府》相沟通。自唐迄今千数百年，为之者众，好之者弥笃，岂不以其善言情而易合于乐乎？七言四句之诗，不丰不杀，不弇不侈，最合于诗人之陶写。《国风》中上下句，去其语辞观之，可得无数佳绝句。《楚辞》中则竟有"入不言兮出不辞，乘回风兮载云旗。乐莫乐兮新相知，悲莫悲兮生别离"之七言四句矣。至鲍照、骆宾王、王泠然、李峤诸人之七言乐章及歌行，则往往在其起讫之四句中，自成一首绝句，当时虽不名为绝句，其神固相似也。祖平不敏，于文学体例，每好为深沉之思，自比不贤识小之列。曩年教授渝郊中央大学，尝于七绝之来源、生成及其作法、说解，撰为《通论》一编，以自忘其侘傺。友人顾颉刚先生见而喜之，为刊于《文史杂志》中。洎于成都客授中，复成《七绝诗话》一编，三十二年由中国文化服务社成都分社出版。书出不半载，即告销罄。华西大学中国文学系教授沈祖棻女史，且以是二编开文学专题研究课程于其校。足见海内吟人学者嗜此编者多矣。兹复应中国文化服务社成都分社经理章映槐君之请，将《诗论》《诗话》合编为一，且于原稿续有增改，以蕲符于合则两美之意。至于优游浸渍之深，趣味无穷，读者当与作者共之，是则作者芹曝之微意也夫！

民国三十五年丙戌冬至后三日邵祖平自序于国立四川大学。

---

① 《七绝诗论·七绝诗话合编》一书由中国文化服务社四川分社 1943 年 10 月初版，1946 年 12 月再版。是书建国后由巴蜀书社 1986 年出版，又由华龄出版社 2009 年出版。本文据最早版本为底本，校以后二种。

# 乐府诗选自序[①]

乐府诗，诗之合乐合舞者也。季札观乐，知其世列国之荣悴。汉武帝立乐府，采诗夜诵，裒有赵、代、秦、楚之讴，国威远届于南越、西域，觇国者可以知其故矣。魏晋乐章纂承蹈袭，遂成鼎峙偏安之势。宋齐梁陈，其声靡靡，其辞淫哇，宴安酖毒，自知其不永也。隋复不悟，游豫江都，益为新变之声，其亡遂亦忽焉。唐兴，太宗、高宗有志礼乐，创有诸乐章。开元间大采胡曲，乐曲多至数百，称为极盛。极盛则国奢而侈心生，故兆天宝之乱，乘舆播迁，几死山谷间，夫然后知诗乐系国家命脉之重矣。宋词由乐府徒歌合成一字一音，安雅可诵，国祚以享；末叶不竞，兆于花石。元入中国，好为郑声，骑射勇突之制无闻，不百年而吾汉族乃得光复旧业。明昌节概之士，尚复古之功，乐府诗步趋唐贤不敢失。清代昆曲鼎盛，郑声尤甚于北曲，而诗之号大家者妨于妇德，类于俳优。晚清愈不振，而国社以屋。天启中华，祸难洊臻，终克有定。覆清攘倭，昌炽鼎兴之国运于焉发轫，胜利之途万端而前进。曲之代《桃花江》《毛毛雨》，自亦其万中之一因也。

盖尝论之，乐府诗与国社盛衰息息相关，互为表里。故知《安世房中》之歌决不在临春、三阁之内；江都龙舟之泛，岂当厕射蛟江水之中。乐府诗人于其世盛，则惧奢而献讽；于其国衰，则厌乱而摅愤。即就一二事观之，如《羽林郎》之调笑霍家，有必亡之理；《黄台瓜辞》之哀愤唐室，具中兴之征。诗为心声，乐府诗尤为大众之心声。三户足以亡秦，一笑足以倾周，非偶然也。乐府诗人以情为经，以世为纬，象忧亦忧，象喜亦喜，其所感兴，锋锐飙发。古者有采诗之官，仅乃得之輶轩旁午[②]，今之诗人连篇累什，不知其义。叠床架屋，自囿家数。

---

① 编者按：迻录手稿本《培风楼文丛》。

② 编者按：手稿本《培风楼文丛》圈此四字。

故春花秋月、夏蝉冬雁撄其心，佛乘道藏、短书小说纷其目，山水田园、琴书香茗栖其魄。文累其事，情急于藻，义牵其旨，韵移其意，求其可合乐府诗者，千不得一，乌在其生于现代而为今之诗人乎？

祖平不敏于诗，无所得。曩年牢愁羁旅之馀，谬成《培风楼诗》，由商务印书馆刊行，与世相见。廿六年以来，始悟诗不主纯想逃虚，要在不忘世人痌瘝在抱，因成《抗战纪事诗》如干首，续赋《牛栏鹤》《弃箔蚕》《发冢叹》《壮丁叹》《溃兵叹》《顺民叹》《军训叹》《教授哀》诸篇，稍合新乐府途辙，然选声摛藻，未足以方汉人万一也。今岁暑假中，因取历代乐府诗，选一长编自课，上甄郊祀，下采民歌，为十二大类，颜曰《乐府诗选》，庶与同好者共掸究之。今逢山河收复，海宇澄清，大酺赐民，鼛鼓轩舞之际，而先得以此编与国人相见，岂非"今日乐复乐，延年寿千秋"，合于善颂善祷者乎？诚不胜其愿人康乐之情矣。

民国三十四年九月九日受降日本令节邵祖平自序于西蜀锦官城南。

# 古今五言绝句选序说[①]

一、五言四句之二韵诗，中国文学史上目为五言绝句。此种绝句有古有今，古者出于乐府之《枯鱼过河泣》《紫骝马歌辞》，古诗之《藁砧今何在》；今者出于口语之孙皓《尔汝歌》及古辞《懊侬歌》。更有历代文人乐府增益其中。唐兴小律诗，非古非今，亦古亦今，则间于古今五言绝句之间者也。此体最多，为本选所广取。

二、古今五言绝句约数之可得十二体：《枯鱼过河泣》《紫骝马》，乐府体也；《藁砧今何在》，隐语体也；《闻欢下扬州》及《篙折当更觅》，问答体也；贾充《与夫人李氏唱和》，联句体也；顾恺之《四时咏》，分咏体也；陶弘景《山中何所有》，答问体也；沈约《鹿葱诗》，咏物体也；《子夜》《读曲》，情歌体也；"君子防未然"诗，格言体也；《五更转》，民谣体也；《子夜歌》"出入见梧子"，字声寓意体也；古绝句"山上复有山"，字形寓意体也。

三、古诗《十五从军征》凡八韵，有"烹谷持作饭，采葵持作羹"一韵不入韵；《紫骝马歌辞》则变为四首五言绝句，将"羹"韵换作"糜"韵，此盖古诗本问答体可断为四首诵读也。北歌"敕敕何力力，女子临窗织。不闻机杼声，唯闻女叹息""问女何所思？问女何所忆？阿婆许嫁女，今年无消息""健儿须快马，快马须健儿。　跋黄尘下，然后别雌雄"三首，古绝句也，而《木兰辞》中几全用之，盖乐府古绝句神理本一致，而北歌三首已早为北方民歌也，于此可悟五绝之为口头文学。

四、古辞《懊侬歌》："江陵去扬州，三千三百里。已行一千三，所有二千在。"非算博士也，亦非记里碑也。诵此如闻旅行人口吻动作之态，岂非口头文学首？

---

① 编者按：迻录手稿本《古今五言绝句选》。

五、徐干《室思诗》:“自君之出矣,明镜暗不治。思君如流水,何有穷已时。”后世乐府效之者,专以“自君之出矣”发唱,不知其几百篇矣!是知伟长此篇,实以此四语为最工。陆机《文赋》所谓“立片言以居要,乃一篇之警策”者是也!可见五言绝句乃韵文中最警策之体,非若七言绝句可用虚字点缀马普回旋也。高适《哭单父梁九少府》本换韵五言古诗一首,唐时旗亭酒妓乃歌其“开箧泪沾臆,见君前日书。夜治今寂寞,犹是子云居”,号为当时乐府,亦此例也。乐府古诗中有与五绝神理一片相似者,即可以利刃割出一脔来,伧夫却不可越俎代疱。

六、何逊《苑中见美人》:“罗袖风中卷,玉钗林下耀。团扇承落花,复持掩馀笑。”明秀婉丽至此,周昉之画不过也!沈玩《前溪歌》:“黄葛生烂漫,谁能思葛根?宁断娇儿乳,不断郎殷勤。”婉娈悱恻至此,虽《华山畿》之谣不过也!情景仍在耳目间矣。

七、唐李白《静夜思》、金昌绪《春怨》、孟浩然《春晓》,聂夷中《咏田家》,老妪儿童能诵。本选亟录之,取其已为民间所熟习也。

公元一九四九年己丑立夏日邵祖平识于重庆中信新村之赘庐。

# 说词心[①]

王静安著《人间词话》，首标境界之说，谓“词有造境，有写境，乃理想、写实二派之所由分”。又言：“有有我之境‘泪眼问花花不语，乱红飞过秋千去’‘可堪孤馆闭春寒，杜鹃声里斜阳暮’是也；有无我之境‘采菊东篱下，悠然见南山’‘寒波澹澹起，白鸟悠悠下’是也。”又云：“境非独景物也，喜怒哀乐，亦人心中之一境界，故能写真景物者，皆谓之有境界。”王氏推阐之极，至谓沧浪论诗之所谓“兴趣”，阮亭论诗之所谓“神韵”，皆不若“境界”二字为能探其本源。其言甚辩，词学家奉为圭臬。以予观之，王氏所谓词境者，皆词心也。世间一切境，皆由心造；心在则境存，心迁则境异。“仰面贪看鸟，回头错应人”，心在鸟而不在人也；“感时花溅泪，恨别鸟惊心”，花可喜而反戚，鸟可悦而反愕，心迁则境异也。尝读禅家书，载二僧见风中幡动，一云“风动”，一云“幡动”，其高座师晓之曰：“仁者心自动。”二僧均服，盖二僧如非心动，则风动、幡动，皆不之见。所谓心不在，则虽视听而无见闻，食而不知其味者也。以是论词，则“燕子楼空，佳人何在？空锁楼中燕”，虽造境，亦心境也。“云破月来花弄影”，虽写境，亦心境也。“身如风后入江云，情似雨馀沾地絮”，虽有我之境，亦心境也。“数点雨声风约住，朦胧淡月云来去”，虽无我之境，亦心境也。“江边一树垂垂发，朝朝催人自白头”，则情景交融，写境、造境不能拆开，又何莫非心境耶？予窃谓拈出“词心”二字，尤为赅当，故舍“词境”而论“词心”。

钟记室《诗品序》云：“气之动物，物之感人，故摇荡性情，形诸舞咏。”又曰：“若乃春风春鸟、秋月秋蝉、夏云暑雨、冬月祁寒，斯四候之

---

① 编者按：是文发表于《东方杂志》1948 年第 44 卷第 11 号，据之为底本，以《词心笺评》之《序说》（复旦大学出版社 2007 年版）校补。

感诸诗者也。嘉会寄诗以亲,离群托诗以怨,凡斯种种,感荡心灵,非陈诗何以展其义?非长歌何以骋其情?”杨升庵《词品序》云:“故夫词成而读之,使人恍若身遇其事,怵然兴感者,神品也。意思流连,无所乖逆者,妙品也。能品不与焉。婉丽成章,非词也。是故山林之词清以激,感遇之词凄以哀,闺阁之词悦以解,登览之词悲以壮,讽谕之词宛以切。”又曰:“语云:动物谓之风,由是以知不动物,非风也。不感人,非词也。”合观《诗品》《词品》所言,诗词制作,皆始于感物,终于感人。而词者意内而言外,尤非诗之略有比兴多带直致者可比!盖词之在内,心思微茫,唱叹低徊,蕴蓄深厚,吞吐异常,而其外之文体,固圆润而明密,鲜泽而轻蒨者也。故一诗之成,老妪可解,而一词之成,虽学人犹有所不明。亦有以浅率解之而反没其佳处者,则词心索解之难也。

词心之寻,殆不尽于《花间》一集,而多得于南唐一主一臣。南唐一主者,李煜重光也;一臣者,冯延巳正中也。李后主之为君,长于仁民爱物,短于莅政治军。周师南侵,国几不国,宋兴纳士,迁为归命。其亡国前后危苦之心,悉见于所作长短句中,真是含思凄婉,一字一泪,无一篇不佳,无一句不美。如其《蝶恋花》云:“遥夜亭皋闲信步,才过清明,早觉伤春暮。数点雨声风约住,朦胧淡月云来去。桃李依依春暗度,谁在秋千,笑里低低语。一片芳心千万绪,人间没个安排处。”词旨微茫,如闻幽咽,观其结语,则明明说出“词心”矣。因人间无法排遣,而始一一托之于词,然后其词乃能吞吐幽咽,唱叹低徊,一字一泪,极怅惘沉痛之致。此犹灵均之赋《离骚》,由于不忍此心之长愁者也。冯延巳以文臣掞藻其间,不能有所匡救,危苦烦乱之中,郁不自达者,一于词发之。其忧生念乱、意内言外之旨,一诵“玉露不成圆,宝筝悲断弦”“和泪试严妆,落梅飞晓霜”诸语,即可省识其内心之烦苦矣。国破家亡,主忧臣辱,始换得此血泪文字,照莹词苑,其内心之凄楚为何如耶?

北宋之令词,不愧唐五代,语贵直寻,不由补假。而淮海、小山为绝。乔笙巢云:“少游词寄慨身世,雅有情思,酒边花下,一往而深;而怨诽不乱,悄乎得小雅之遗意。”又云:“他人之词,词才也;少游之词,词心也。”冯煦亦云:“淮海、小山,古之伤心人也。其淡语皆有味,浅语皆有致,求之两宋词人,实罕其匹!”而陈亦峰亦以晏小山与后主对称。且小山名相之子,富贵得意,室有莲、鸿、苹、云歌女,与后主长于深宫,拥有妃嫔略同,酒阑灯炧,乐极悲来,宜其小令之清壮顿挫,能动摇人心者也。

词以婉约为主,不以豪放为贵。然有心气神思者,是真豪放,决不粗疏虚憍,则其美亦未在婉约下也。两宋间仅得东坡、稼轩二贤,足当真豪放之目。东坡命世奇才,早承宸眷;琼楼玉宇,总是爱君;缺月疏桐,未遑栖止。其词系心家国,周浃伦纪,一洗绮罗香泽之态,摆脱绸缪宛转之思。清雄之处,自挟新灵,声调畅朗,人未及也。稼轩心气卓越,笔阵酣放,才情富艳,思力果锐。“登楼”“纵目”诸作,俨然横槊歌风,此盖其创体。及偈然作小令语,亦复温柔妩媚。况惠风以为从李重光得来,盖才人奋藻,心足造微,无往而不利也。

“求词于两宋,前有清真,后有梦窗”,此非尹焕之私言,天下之公言也。清真幽情苦绪,襞积重重,在《唐绝句》中颇类龙标,少游其太白也;龙标绝句,在得骚辨之意,而美成词在摄得后主小令低回含蓄之神,顿挫幽咽之态,而演变为中调,钩勒浑厚,铺叙精奇,言情体物,固不失为第一流作家矣。而或者议其叙情极佳,创意稍辣,则文章运会使然,诗馀将变为词馀故也。梦窗深得清真之妙,而堂庑特大,开阖益奇,词笔生涩而沉著,词心感慨而幽玄,自非心声绝人,岂能至此?

耆卿疏荡绮腻,过伤狎媟;方回悱恻芬芳,苦乏典重;子野韵高少开阖;白石致高情寡,生而不辣;梅溪格卑情滥,熟而不生;碧山骋于咏物;玉田疲于琢句;竹屋、草窗自郐以下无讥焉!

钟嵘有言:“从李都尉迄班婕妤,将百年间,有妇人焉,一人而已。”女词人李清照生于元丰六年,距淳化间李后主之死,亦将百年。

在此百年间，妇人才奇以词成家者，易安居士一人而已！

词至南宋，虽仍分“豪放”“婉约”两派，增衍蕃变，符其心声。特国势穷蹙，军挫于外，政紊于内，而词人亭茹“不忍婉约”“不敢豪放”之苦，故张孝祥有“忠愤填膺”之咏，辛弃疾有“烟柳断肠”之制，张元干有“塞垣长江”之悲，岳武穆有“弦断谁听”之叹，而当国者酣嬉安如故。德祐太学生《百字令》《祝英台近》二阕，咏之沉痛！然太学生非词人，而尚如此，足见词心之哀感顽艳，足验世局之分肉离析矣。

噫！男子树兰，其情不芳；长歌之哀，或免妇人。世之周旋帏奁之间，系心疆场之上者，岂可谓之无心之人哉？民国三十六年十月，邵祖平识于成都国立四川大学[1]。

---

① 编者按：此段内容补自《词心笺评》之《序说》。

# 词心笺评自序[①]

杨慎著《词品》，以为六朝人诗风华情致，为长短句所托始，举沈约《六忆诗》、梁简文《春情曲》、徐陵《长相思》、王筠《楚妃吟》为证。余以为词之涵义，意内言外，言近指远。不讳称妇人眉鬓姿态，故号艳科，得风诗好色不淫之旨，其来远矣。《国风》之巧倩美盼，《离骚》之美人香草，皆其所祖。魏氏三祖，始创清商曲辞，自晋播迁，其音分散入南，演为吴声歌曲，今之民歌情歌，是其苗裔，此词承袭之一源也。晋宋之间，玄风大畅，士弃检栝，任真之极，不羞嫪恋，故王献之以桃叶作咏，谢芳姿以团扇作歌，情意缠绵，专状妃匹之爱。《子夜》《读曲》，相继而盛，此词承袭之二源也。萧梁父子，并擅翰藻，武帝有《西洲》之曲，《东飞》之歌；简文帝始创宫体诗，又主文贵放荡，乃多咏内之作（如《咏内人昼眠》《见内人作卧具诗》）；元帝著《金楼子》，以吟咏风谣流连哀思者谓之文，所作《采莲》《当垆》《名士悦倾城》之什，大扇轻艳之风，三五七言长短句，随其所安。此词承袭之三源也。陈、隋之主，长夜荒宴，后宫媟亵，新声迭起，务极艳冶，后主有《舞媚娘》《玉树后庭花》，炀帝有《望江南》八阕。人主倡导于上，富贵不厌淫侈，是即词之奢丽物色所本，而《望江南》之作，词之体制，盖已产生成立矣。

词名"诗馀"，宜其从诗来，顾余以为"馀"者，"裕"也，应自《国风》《离骚》、六朝乐府承递而来，遥绍远依，广汇懋蓄，始称其为裕焉。至唐而作家盛兴，二李（李白、李煜）一温（庭筠），皆唐人也。二李为疏秀之宗，一温为密丽之宗，韦庄、冯正中则为之宾从。宋贤则柳永、苏轼、辛弃疾、刘克庄、张孝祥、张炎，其疏秀派所衍也；欧阳修、晏殊、张先、贺铸、吴文英、史达祖、周密、王沂孙，其密丽派所衍也；晏几道、秦

---

① 编者按：迻录《词心笺评》之《自序》（复旦大学出版社 2007 年版）。

观、周邦彦、李清照、姜夔，其斟酌于疏密之间者也。

考词之为词，虽从诗来，而实不似诗。譬如淄渑皆水，惟易牙能辨其味，文学欣赏，固以知味为先也。诗可言政治之得失，树伦理之概模，有为而作，不求人赏，常有教人化人之意，故其言贵具首尾。若词则不然，不及政治，不涉伦理，无所为而作，引人同情，能写一时瞥遇之景、流离之情，从不透过历史议论，且不必成片段具始末，盖文学中最动心入味者也。词之与诗有别，更可取泰西文学所谓短篇小说者为喻，短篇小说与长篇小说虽同号小说，而迥有不同之处。短篇小说为事态之横断面，乃最精采之一幕，亦犹吾华之词，虽与诗同号韵语，而词之灵感，及其语妙，忽然而来，杳然而去，断有非诗可仿佛者。白居易《花非花》一阕，可以略状其境矣。

余尝读《诗》至《小弁》，读《骚》至《哀郢》《怀沙》，观其号泣怨慕之情、往复迷乱之态，为之唏嘘累叹，掩卷而起，然止于此而已尔。至于诵唐宋名家词，作家初非有伦常惨痛，只以惘惘不甘情绪，写出迷离惝恍语调，烟柳受其驱排，斜阳赴其愁怨，拥髻逊其凄诉，回腰穷其娭盼，讽之数复，令人惆怅低徊，欲罢不能，殆不知其所措。此种情况，读词者必能自得之，则词心之感人胜于诗远矣。

余三十年客渝沙坪坝，教授国立中央大学，每与诸生讲长短句，辄标词心之说。三十三年客授成都国立四川大学，因选唐宋名家词凡二百六十阕，为之笺评，备为课本。三十六年复来渝授课国立重庆大学，主讲诗词，发行箧出前稿付郁明社排印，命名曰《词心笺评》，并叙词之所以为诗馀如上，深冀海内词人及好词者，进而教之，匡其不逮。《诗》云："他人有心，予忖度之。"唐宋作家往矣，而其心声之精英，固不难就其所赋掩卷揣知，是则编者区区瞩望之意云尔。

民国三十七年九月，南昌邵祖平识于重庆沙坪坝国立重庆大学中信新村赘庐。

# 文字学概说自序[①]

古人八岁入小学，教之六书。汉法：讽书九千字，乃得为史；为史书字不正，辄有举劾。盖童而[②]习之，壮而用之，未尝以文字为一种专门之学也。至刘子政父子校中秘书，列史籀以下凡十家，序为小学，次于六艺之末；东汉诸大师，考据事实以外，尤重音韵[③]、训诂，后世目为汉学。自是而后，小学虽益阐，而疆宇日以削微，人未有视为童而习之壮而用之者。唐宋诸贤，文章性理擅一时。而退之以为作为文辞，宜略识字；朱子释中心为忠，如心为恕，以为字义如是已足。此亦弗讲之渐矣。迩有清代汉复兴，文字一途，颇多造述。然盛极顿衰，百馀年来，未弘前烈。迄今东渐，家少《仓》《雅》之书，人昧斯、冰之笔，不能为之晓示津梁，一为导中国文字学之古邦，则亦菲弃之甚矣。或者又曰：中国文字学之不讲，非内容概要不知之咎也，而重在其学之冷僻寡通，干燥无味。是学校教师授者，常有难色；学生谛听，亦多倦容。殊不知此亦由未尝知文字学概要之故也。文字学含孕最富，为之久者，奇趣横溢。举凡经学、考古学、方言学、文法学、修辞学等，皆一资于小学，其目不胜枚举。子华子曰："凡物之有所由者，事之所以相因也，理之所以相然也(物即指名，盖论小学之文，见《执中》篇)。"盈宇宙间皆事理也，因物名而一一求之，其乐趣有不可言象者矣。《文字学概说》一书，本名《文字学谐趣篇》，以其名未足谕众，改用概说。谬当于《万有文库》中刊行，仍叙其旨趣于此。世之博雅君子，幸教正焉。

---

① 编者按：是文发表于《国立浙江大学工学院月刊》1929年第18期。

② 而：底本作"儿"，据文意酌改。

③ 韵：底本作"读"，据文意改。

# 中国观人论自序[①]

中国以学术闻于世，盈两间者皆学术事也。而于众术之中有观人术焉，管御众术而为之先，使众术全其用而已若无功，古人有由之而不知之者矣，学者有知之而不道之者矣。是以其术若隐若现，世人莫究。

在昔唐虞之际，主称哲惠。水土既平，四凶远殛，庶绩咸熙，群伦陶晏。于是皋陶陈谟，一则曰“知人”，再则曰“能官人安民”。此观人术胚胎伊始，一也。西伯盛德，姬周始兴，好贤养老，厥为官人。九征之说，载在传记。此观人术渐见端倪，二也。东周之衰，诸侯力征，处士横议，孔子有忧，作为《春秋》，以其绪馀，亦尝评量时人，进退方伯。其徒子贡，方人是务，定、哀之间，言尤多验。此观人术渐广其用，三也。战国之末，四豪竞爽，三游迭兴，轻死重气，抗志不挠，故鲁连讥众人不知鲍焦，以为其为一身，侯嬴责信陵不知虞卿，而曰如何人，是皆欲自强而以旌人者也。此观人术极其变态，四也。汉道陵迟，桓、灵之间，主荒政谬，阉寺秉权，士人羞之，遂乃激扬名声，互相题拂，品核公卿，裁量执政。郭泰、许劭，天下从风，草野振辞，笃为清议。此观人术之自下操柄，五也。典午以来，吏部主选，涛、衍、戎楷，先后衡鉴，各骋才情，自为奖拔。南朝隋唐，遂沿其制。此观人术之复返朝堂，六也。总此六，则观人术数千年来离合之迹，约具于此。唐后科举既兴，以程式文字求士，无拔取奇异之心，则观人术殆乎废矣。然历代政举，总在得人，如其窳败，亦由失人。国既如是，家与身莫不皆然，则观人术虽无显赫之迹可求，而其裨于人事也固亦大矣。

愚性梼昧，学殖未充，尤患不知人。籀诵群籍，颇乐古人官人驭世之术，客授侘傺，转以用世之心自谲。忽子贡方人之戒，慕孔才人

---

① 编者按：迻录手稿本《培风楼文丛》。

物之书，因掇拾群言，广立条列，成《中国观人论》一书，钩稽排比，为篇凡三。上篇述观人术之原理，自邃古至近世，皆论其推演之迹，而此术之功效，亦郑重著之。中篇叙观人术之实用，或混合而究，或分别而言，或比较而谈，皆观人之妙用，而臧否之玄要。下篇集观人术之评论，综合疑似、谬误、变通诸迹而一切廓清疏析之，裨归实用而不落空谈。凡此三篇，前说自明。搜采虽勤，尚虞缺漏，庶冀当国者因材而使，干事者择官而任，务交者审友而处，自修者借资而鉴，则亦倪胜过书举烛，燕国以治者欤！

# 国学导读自序[1]

国学一名，称号不旧，盖以西学随海通而来莅吾土，吾土文字所纪述之学，不得不名为国学也。然则国学者，国文学而已！自有国学之大共名，于是是学之表里精粗津梁阃奥，莫不为人所注视。国立大学中文学系课程中，且有“读书指导”一门为治学之权舆矣。著者三十年承乏中央大学教席，适任斯课，颇思撰一讲稿以应诸生之求，巴蜀窜徙，因循未果。今年复任斯课于四川大学，兼授成都石室中学国文，默念大学生杂学之曾无精媁，中学生悦学之毫无门径，因谬草《国学导读》一书，首以《读书说》旌其志，继以小学目录之说启其途，经纬子史之述博其趣，终以纯文学肆其馀力焉。中间《说文通借字表》《古音直音表》，则有助于应试大学国文科者，初学得而董理之，庶几缅缅得寻国学之绪。不龟手之药一也，或可以霸，或不免于洴[2]澼统，是在初学之善用者。

民国三十五年四月，南昌邵祖平识于成都国立四川大学。

---

① 编者按：迻录邵祖平《国学导读・自序》，商务印书馆 1947 年版。

② 洴：底本作“湃”，据《庄子今注今译》改。

# 《赣声》题辞[①]

赣江北经吴城，汇众水，其流始大，浩渺浸液，潴为彭蠡湖。而长江自上流挟九派水来会于湖口，荡潏吞翕，惮赫百里，遭石钟山，始愈怒焉。撞击交鸣昼夜不绝，苏子瞻所谓“噌吰鞳鞳，有大声发于水上”者，殆赣地山水之夙，以声驰于世也夫。

虽然，赣土六十一万方里，非反以山水著也。盖其殿楚圻而启吴疆，有楚人之壮概而无其犷野，有吴人之智虑而无其猥慧。是用干事贞固，勤敏于学，代有气节文章之士，照耀往史。吾人试一征而言之，则汉徐稚、苏云卿，晋陶潜以高节闻；唐王季友、刘春[②]虚，宋欧阳修、曾巩、黄庭坚、曾几、晏氏父子、孔文仲兄弟以古文诗词闻。有宋江西人材，号称最盛，故王安石以政事闻；陆九渊又以理学闻；刘敞兄弟又以史学考证闻；而文山、谢君直两先生尤以忠义著于其世；明清则易堂九子、蒋士铨、王猷定、吴嵩梁辈，并以气节文辞闻，流风被及其乡。呜呼！岂天之独厚吾赣择其善鸣者而假之鸣耶？何赣之声之众且贤也！

浙江大学赣籍同学出匪窟，就学杭州，将以求吴地之新知而旌故土之节概也。爰有《赣声》之刊行，嘤鸣求友，志虑甚纯，凡兹土之人士，莫不钦而喜之。矧予客寄吴中近十年，牢落寡成，闻乡人之足音跫然能弗愈喜而观其成乎？稿将发，诸君问序于予，予因历举汉以来赣人之事以勖之，且以志其愧云尔！

---

① 编者按：是文发表于《国立浙江大学校刊》1933 年第 126 期。

② 春：疑为“昚”。

# 为许莲芳贞女《芸窗小草》征题咏启[①]

盖闻中垒成书，名嘉贞顺。兕先许嫁，节耀蒿莱。朝歌而北，人钦匪石之吟；召邑以南，女薄穿墉之讼。意者孤鸾别鹤，音切雍门之弹。不谓静女贤媛，系维太岳之胤。前身莲叶，邈矣金仙；此日椒花，居然玉屑。其德不回，我心实获。在昔罕闻，于今为烈。

许贞女莲芳者，豫章许古香先生之女，而岭南颜钟遇君之未婚妻也。玉华早映，彤管夙操。有斋季兰之姿，其姝静女之德。蔷薇满架，不摹李冶之辞；柏子一庭，惟好赵州之释。年及笄，字颜钟遇，绩学士也。玉镜并肩，方前绥而枉驾；金川比目，忽中路以分鳞。予美亡此，我辰安在？其新孔嘉，实命不犹。且也左家娇女，新有伐萱之悲；杨氏老翁，初无舐犊之爱。将登车而遽去，持踵者因以伤心。设弭节而辍趋，画眉人岂来入梦？卒也红颜缟袂，赴义勇若一军；白发黄尘，割慈惨于三尺。室迩人遐，贞全孝殄。此则《春秋》难为责备贤人，而叔季赖以甄陶女史者也。若夫榻冷琉璃，床空翡翠；破砚凌兢，遗簪绍缭；沉沉皋庑，谁为鸿案？相庄寂寂，夜台孰与？牛衣对泣，由来志士愿随沟壑以飞尘，自古贤姜爰借松筠而媲色。温恭婉　，四德遂敷；恺悌慈祥，诸懿悉集。故令异本之椿萱，视同弱息；旁根之常棣，待若严师。矧乃尸陀林里，谛观绣谷丛花；古锦囊中，拈出惊人妙句。则贞女守贞四十六年来所吟成之《芸窗小草》，有足若珙璧之奇珍者矣。

伏维词苑硕流，艺林哲匠，原其不二之心，奖此靡他之节。美玉千重，莫非琼圃之施；醴泉万斛，胥拜璇源之赐。庶几浇风可革，为巾帼而矜式须眉；名教永崇，因冠裳以赫彰纱缦。芳馨路远，梁指妹之

---

① 编者按：是文原发表于《文艺捃华》1934年第1卷第6期。本文以手稿本《培风楼文丛》为底本，以《文艺捃华》校补。

壶范何惭？节孝坊高，纪阿男之诗名不朽。（开首第三句“兕先”见《魏书·列女传》。）[1]

① 编者按：括号内内容据《文艺捃华》补。

# 闻素诗社登高诗序[①]

登高诗之起源旧矣,《韩诗外传》载孔子登景山上,曰:“君子登高必赋。”子路、子贡、颜渊遂各为谐语焉。《家语》又记孔子尝北游于农山,谓弟子曰:“于斯致思,无所不至矣。二三子盍各言所志,吾将择焉。”盖士先志,诗言志者也。使登高而气淤郁,临文而色恧沮,则亦非圣人之徒矣。《诗·子衿》第一章云:“青青子衿,悠悠我心。纵我不往,子宁不嗣音。”其三章云:“挑兮达兮,在城阙兮。一日不见,如三月兮。”《毛传》云:“刺学校废也。”盖学校废则弦歌辍,前章所以有“不嗣音”之叹,后章谓虽往来在城阙,而亦不能有所思也。观于此,则圣哲之用心可见矣。

国立重庆大学居渝,山城之中,巍然为西南大庠。校西有途山,《候人歌》实创于此,为南音之始。国文系学子挹其风,多善吟讽,为旧诗。民国三十七年戊子九月九日组诗社成,颜曰“闻素”,取陶潜诗“闻多素心人,乐与数晨夕”之义。即于斯辰,肃其师,揖其俦侣,之近郊啸龙巅圣泉寺为登高之举。刘教授柏荣等皆莅临,仍取陶诗“露凄暄风息,气澈天象明。往燕无遗影,来雁有馀声”之句,分韵作诗。远道未赴者,由在座诸子拈韵寄之。越二月,而远近吟篇悉臻,得古近体、诗馀,凡二十六首,诚致思之至。广伐木之嗣音,其意义可谓深长矣。客有闻而非之者曰:“斯世何世,养生救死之不暇,而忍登高望远,为玩日废时之举乎?”余窃以为不然,客盖有忧而未得其本也。夫熙皞清夷之治,原于民心之和乐湛洽。和乐湛洽之民心,基于诗教之温柔敦厚。诗教失则民心险僻很傲,小乱洊至,大乱以起。今世分崩离析之祸,报章揭橥相告知,归咎于民心之畔涣矣,而不知民心之畔涣,政教之不善驱之由来,非一日也。天下未乱,必有肇乱之因。天

---

① 编者按:迻录手稿本《培风楼文丛》。

下极乱，必有向治之机。今不责执政之昏妄颟顸，而徒欲并天地间和平熙畅之声，一切抑之而不使之通，宁非卤莽之过耶？且天不以人畏冬而辍其祁寒冱冻之气，地不以人怙乱而断其融春花草之色。诗人处文武之世，无变风变雅之作；处夷厉宣幽之世，有变风，未尝无正风，有变雅，未尝无正雅，则历祁寒以蕲至融春，是诗人之用心也。岂有狎乱世而愒良辰之意哉？客无以对。遂书以为登高诗序。

民国三十七年十二月五日闻素诗社社友钟陵邵祖平。

# 黎二樵先生年谱序[1]

清诗初宗渔洋神韵之说，及乾嘉而大敝。于是沈确士以格调矫之，袁子才以性灵矫之，翁覃溪以肌理矫之。二樵山人黎简生晚于沈而与袁翁同时，独夷然不屑，狎荡于红棉青嶂之间，海天旷远，意致倜然。方其得意也，喻如霜钟之清吼、草虫之悲鸣、春花之骀荡、静女之怨思，不知何为神韵之故蹊，何为格调、性灵、肌理之新轨也。岂不以事必师古、文必己出？生我前者，莫非我诗师；环我左右者，莫非我诗料。其辞苟有可取，则不论若为汉魏，若为晋、宋、齐、梁，若为三唐、两宋，均可抬之入座，以为吾助。我之为我，叙我身之遭际，寓我心之感触，既不能强合于今人，又岂可苟同于古人？若暖暖、姝姝，以一先生之言语自囿，嫽婀澳浌，惟众人之啼笑是效，是岂足论于豪杰之士哉？二樵山人之言曰："始则傍门户，终自竖棨戟。"又曰："独往亦独来，谁待亦谁欢。"盖学于古而不囿于古，适于己而不求合于人，其旨可谓深长矣。

顺德黎君畅九熟于邑乘，家富藏书，端居弄笔，仿颂诗知人之例，著有《黎二樵先生年谱》一书，钩稽深而会通广，远道置邮，属为弁言。予受而读之，觉二樵先生之孤襟远抱，俨若跃呈于寸缣尺楮之间，诚佩其用力甚勤，足阐其家学而陈世德矣。抑又闻之，岭南诗人戛戛独造，落落难合，自陈独漉，已不喜渔洋。至黎二樵乃公然挥袁简斋于阃　之外，此岂门户之见然哉？亦原于兴观群怨、修辞立诚之教中，有所戚戚而不得已也。袁简斋耆年巨公，著书满家，名震海内，二樵独知其诗语之大伤忠厚而薄之。黄仲则贫弱诸生，位则卑秩，寿未跻强仕，二樵独喜其根柢性情，其诗必传后而重之。畅九《年谱》之作盖有意于此者，惜尚有阙漏，未尽发明者。

---

① 编者按：迻录手稿本《培风楼文丛》。

尝读《五百四峰草堂》一集，二樵惓惓于仲则者甚多。张药房之北行，浼其郑重，致诗仲则，一也。读翁学士所辑《黄仲则诗集》而喜，二也。检亡友黄仲则手书而悲，三也。相待至殷，推许至高，文章气谊之隆，岂寻常诗友所可及哉？清诗莫盛于乾嘉，而才高情真钟在二樵、仲则二诗人。二樵才高，出语务欲胜人，仲则情真，出语务欲感人。其初盖不同也，及其终也，胜人者亦常能感人，感人者亦常能胜人。两贤一生东方，一生岭南，所当相视而笑，莫逆于心者也。仲则之诗，如"艰难觅衣食，无计且高眠""盛时来已晚，过客见同悲""更听隔溪管，能伤日暮心""埋才当乱世，并力作诗人""人间别是消魂事，客里春非望远天""全家都在秋风里，九月寒衣未剪裁""惨惨柴门风雪夜，此时有子不如无""今夜别君无一语，但看堂上有衰颜""悄立市桥无一语，一星如月看多时""将归燕子休垂幕，渐老梅花莫倚阑""墨到乡书偏暗淡，灯于客思最分明"，诚足感人矣，然亦未尝不能胜人也。二樵之诗，如"端州万家梦，上有孤月白""古今为客地，多少负恩身""一夕数嗔爱，百年宁易任""安得星堕天，下来填盗泉""梦化万里风，去冷热者魂""河声百篇放，霜色一字紧""久病伤心如隔世，浅寒惊骨似春朝""一时脱帽传张旭，直以横刀揖董公""鸦背松声冷于水，天地并作秋山色""白首新莺春下泪，碧山残月夜吹箫""两奴争被静一斗，独马恋人悲自鸣""人生莫作横江吏，日日江头数别帆"等，洵足胜人矣，然亦未尝不能感人也。两公相遇中原，未知鹿死谁手。然亦惟两公，始能不相厄而相爱。自仲则早死，二樵为之神伤郁邑，五十过二，亦返道山。使两公寿至随园者，其诗境必愈拓愈开，将有难测其至者。则仲则"天空海阔数行泪，洒向人间总不知"之句为虚作，二樵"独往亦独来，谁待将谁欢"，亦可不咏彼此相怜相欢之情，有非笔墨所能形容者矣。嗟乎，朋友间有至爱，虽兄弟妃匹有所不能夺。文章最为公器，虽仇雠敌国亦能交相喻。今世东海南海之间，其亦有搔首相望如黎、黄二公者乎？予将引领而跂之矣。因读畅九《二樵先生年谱》，遂泚笔及之，藉以告世之诵旧诗者。

# 《大鹤山人校订〈片玉词〉》题记[①]

《大鹤山人手校〈片玉词〉》，己丑人日从其婿戴亮吉假来逐钞一过，深佩前辈斠稽甚勤，　析入微，偶有猎发，亦僭附其后，涔蹄涓滴，不自嫌其归入大海也。距鹤翁庚子校此之时，已阅四十九年矣。甄录之馀，不觉怃然。时客寓渝州沙坪坝忠信新村之赘庐。

己丑上元邵祖平记

---

① 编者按：是文为作者逐录《大鹤山人校订〈片玉词〉》时所撰，是年为己丑(1949)。题目为编者所拟。

# 国文学程刍言[①]

国文，非中国旧有之名也。中国自有此文字，便有古载籍、文翰、文章、文史之目，未尝有自名为国文者。前清自海通以来，西学东渐，于是有外国文字流入，人因名己国文字为国文以别异之。然先时吾国亦有经外国文字流入之时而绝不自名为国文者。西汉明帝时，印度释法兰、摄摩二师尝赍梵文佛经以至华。晋时佛图澄来华专事译经。姚秦时龟兹国人鸠摩罗什来华，颇娴汉语，日夜从事译经，一切经论多成其手。是时中国文字，其势力且至驱梵文为汉文，不至自名为国文也。近世则不然，国弱思借法强邻，货窳须仰资外品。于是英、日、德、法、美诸国文字应求而并至。中国之文字，始乱于日本倒乱之文法，继乱于欧美繁冗之修辞。名词则强假他人，译名则谐音满纸，其甚者乃恨不能举中国文字一切而欧化之，此诚不恤其国之甚者矣。方今本国文字，既见唾弃于血气粗豪之后生小子。于是有穷乡逢掖者流，色变于斯文将丧，兴衰乎道流绝坠，乃复不揣单蔽，亟图补救。故施教必设礼堂，制服必准深衣，劳神苦形，以与夸□于绝尘背驰。亦若并世有列宁、莫索里尼之各谋其国然者，一何可笑。宋人有学者，三年反而名其母。其母曰："子名我者何也？"其子曰："吾所贤者无过尧舜。尧舜名，吾所大者无过天地。天地名，是以名母也。"其母曰："子之于学也将尽行之乎？愿子之有以易名母也。子之于学也将有所不行也，愿子之且以名母为后也。"今之少年，颇有稍得西学皮毛即欲斥弃其国学者，亦何异于宋人耶？师金告颜渊曰："夫水行莫如用舟，而陆行莫如用车。以舟之可行于水也，而求推之于陆，则没世不行寻常。古今非水陆欤？周鲁非舟车欤？今蕲行周于鲁，是犹推舟于陆也。"今之乡曲老生，冥心思淳古之来复者，又何异是？是二

① 编者按：是文发表于《国立浙江大学工学院月刊》1928 年第 7 期。

者，去其名母、推舟之道，则始可与言国学矣。

国于天地，必有与立。中国非以文立国也。唐虞之际，在官者以六府三事为急。六府者，金、木、水、火、土、谷；三事者，正德、利用、厚生。此见于《尚书》者也。三代政教之权不分，君一国者，即为一国之师；王天下者，即为天下之师；正一乡一遂者，即为一乡一遂之师，常以德行先人，礼乐化民。故《周官》：保氏教国子以六德、六艺、六行。六德者，智、仁、圣、义、中、和；六艺者，礼、乐、射、御、书、数；六行者，孝、行、睦、姻、任、恤。此见于《周礼》者也。孔子生周末，思复三王之道，四科以德行为先，文学为后。然游、夏之所谓文学者，亦非后世所谓之文学。游、夏亲受圣人之经教，其门徒转相师受，皆足经人伦、理国家，为当世之鸿儒伟人。故孔子没后，儒分为八，有子游氏之儒，有子夏氏之儒也。战国之际，王官失职，诸子多处士，各奋其才智以出，遂蒸为战国之思想学术。故略举其家别，有儒、道、阴阳、法、名、墨、纵横、杂、农、小说之不同。以今名疏之，儒为经学、伦理学，道为玄学，阴阳为天文学，法为政治学、法律学，名为论理学，墨近社会学，纵横为诡辩派，杂为评论学，农为一切农林之学，小说即今小说文学。其目虽多，然皆嬗于王官者也。岂有专一所谓文学者哉？惟自屈原、宋玉、枚乘、长卿之徒，止于辞赋，始谓之文，然亦抗忠贞、托讽谏，足以劝人伦、裨时主，非可轻者也。科举之制，始行于隋唐。隋炀帝置明经、进士二科。唐初增置秀才、明法、明字、明算，并前明经、进士为六科，于是士得以墨义、诗赋猎取功名。人主驭世之术得，而经学、文艺就荒矣。唐虞三代尚德务实之风，亦为之扫地尽焉。中间唐宋大儒若韩愈、欧阳修，虽以文字传，而道德、学问、经济，亦复彪炳具存。明清更试士以八股文，四书为馈贫之粮，排律为作诗之架，中国之学益大坏，则往往欲求为吟咏风谣、流连哀思之文而不可得矣。幸中国之学，历代尚有老师硕儒弥缝董理于其间，不至随功令科条以俱灭，否则不待西学之舶来，人已不识中国有学矣。韩婴曰："有俗人者，有俗儒者，有雅儒者，有大儒者。耳不闻学，行无正义者为俗人。逢衣博带，略法先王而足乱世者为俗儒。言行有大法，而明不能济法教之所不及，内诚外不诬，以是尊贤敬法者为雅儒。法先王，依礼义，以浅持博，以一行万，法而度之，奄然如合符节者为大儒。”王充曰：“说一经者为儒生，博古今者为通人，上书奏事者为文人，能精思著文连篇章者为鸿儒。”中国自王官之制坏，师早不在官而散在民间为儒，孔子儒之所自出也。孟轲、荀况，当时所谓大儒也。董仲舒、扬雄、郑玄、王通、韩愈、宋五子，其雅儒者耶。屈原、宋玉、枚乘、司马迁、相如、刘向父子、李白、杜甫、柳宗元、苏轼，其所谓文儒者耶？儒者，需也；需者，须也。故儒有迂曲后时之弊，然刚健而不陷，其义不困穷，故旧日能断大事者，亦惟儒是属。冉有之克齐、子路之治蒲、宓不齐之治单父、荀卿之化齐楚、董仲舒之治胶、西文翁之化蜀、郑玄之保高密、韩愈之治潮州、程颢之治晋城、陆九渊之治荆门、王守仁之化龙场，皆更仆难数者也。儒者，如也，如人之意以出也。语曰：“一事不知，儒者之耻。”虽其弊有博而寡要之处，然如贾谊宣室之对鬼神、张华座中之知龙鲊、张衡之巧制浑天、蔡邕之妙识焦桐，诚亦不失为博雅多艺之君子矣。文人则不然。考《说文》：文，人之文宜作彣[1]，言其饰画取美观也。徇华则得，征实则否，故冯敬通以浮华摈压，祢衡以诞傲见戮，谢灵运以空疏乱纪，谢玄晖以阴贼害伦，王、杨、卢、骆，仅盈川以厚重获终。二主一臣，纵媒冶而国社以屋，凡此亦难悉说，皆律己全亏，临民失效，几不知为学者也。综上观之，儒生文士品德志尚之殊绝乃至此。今之稍沐欧化之少年，恶闻中国有儒有师，又轻国学无实用。方其未尝读中国书，即谓中国无学可言。稍诵古文数十篇，便谓中国专尚文学，除为文人外无他长。浸且以陈腐目六经，浸且以封建思想毁孔子，真所谓痴人前说不得梦也。

国文，一大共名也。举凡中国数千年累积之政教学艺、嘉言懿行，莫不附丽国文以存。即外来之佛学，经典粲然为我华所有者，亦

① 彣：底本作“彰”，据文意酌改。

可目为国文。国文范围广博至此，学者将何以为功？则国学分类与治学方法尚矣。图书分类，始于汉刘歆。刘歆分天下书为七略。七略者，辑略、六艺略、诸子略[1]、诗赋略、兵书略、术数略、方技略是也。班固《汉书》因之成《艺文志》。六艺之后，增列《论语》《孝经》、小学三家而已。继起分类者，魏荀勖之四部，宋王俭之《七志》、梁阮孝绪之《七录》。唐以来皆用四部，清乾隆中修纂《四库全书》，即以经、史、子、集为提纲，列为子目，今莫能易。图书分类如是，国学分类亦可从之。盖古者以一书为一学，六经即曰六学。汉立十四博士，《易》有施、孟、梁丘、京四家，《尚书》有大小夏侯、欧阳生三家，《诗》有齐、鲁、韩三家，《春秋》有公、谷二家，《礼》有大小戴二家。即谓一书为一氏之学共十四学，亦无不可也。《七略》中《辑略》为目录学，《六艺略》为经学，《诸子略》为诸子学，《诗赋略》为文学，《兵书略》为军事学，《术数略》为占卜形法之学，《方技略》医经导引之学。《四库》，经、史、子可目为经学、史学、诸子学，集部即可目为文学。如此分类，最省心目。他如刘宋文帝时，立儒学、玄学、文学、史学，为天下四学。清初顾炎武痛明末士子废书不观，始倡汉学以矫之。至东吴惠氏、休宁戴氏出而汉学始张，俨然与宋儒树敌为天下两学。清人姚鼐、曾国藩亦雅言词章、义理、考据为天下三学，皆可依据，外此则非根柢之谈矣。治学方法，周制：大学主诗、书、礼、乐，小学主射、御、书、数。《王制》篇：《春秋》教以礼、乐，冬夏教以诗、书。魏武帝《述志令》云："于谯东五十里筑精舍，欲秋夏读书，冬春射猎。"皆可想见古人为学之意。诸葛武侯读书，但观大意。陶渊明读书，不求甚解。朱子半日读书，半日静坐，又教人以读书六法：一曰循序渐进，二曰熟读精思，三曰虚心涵咏，四曰切己体察，五曰着紧用力，六曰居敬持志。邵康节始学之时，睡不施枕者三十年。杨龟山少时为学，肘不离案者十年。张横渠夜中精思常不睡，有所得即著为文字，然后遵以实践。陆象山告人

---

① 诸子略：底本"诸"前衍一"经"字，据文意酌删。

曰："莫厌辛苦，此学脉也。"宋儒为学，大抵悉勤苦。象山本主心悟，尚以此语诏人，则为学舍勤苦外，别无缪巧矣。挽近图书繁夥，中国书须读，外国书亦须读，报纸、有益之杂志，亦须读。日力有限，学业无穷，故愚意治标、治本二法，初学亟宜并重。治本者常取段玉裁《说文解字注》及郝懿行《尔雅义疏》、顾炎武《音学五书》读之，以立文学之始基，然后看王引之《经义述闻》，以次究群经注疏，此第一类也。四史熟读之外，《晋书》《旧唐书》《新五代史》《明史》得续治之。刘知几《史通》、杜佑《通典》、万斯同《历代史表》、王鸣盛《十七史商榷》、赵翼《廿二史札记》，可资考参以协其趣，此第二类也。诸子以管、墨、老、庄、荀、韩、吕、淮南为著，精读之外，馀及汉后隋前诸子，以姚际恒《古今伪书考》、俞樾《诸子平议考》订之，此第三类也。集部自《楚辞》之后，应选读张溥《汉魏六朝百三家集》，然后唐宋八大家古文及李、杜、苏、黄诗歌等以次进之，清初诸先生文集可考近代掌故、汉宋学术流别、史传讹误者，皆并及之，此第四类也。选学首治《昭明文选》、宋人《乐府诗集》《古文关键》，及明清《宋诗钞》《全唐诗录》，姚鼐《古文辞类纂》、《采菽堂古诗选》等可恣览之，此第五类也。诗文评类，首取《文心雕龙》《诗品》等读之，宋元人《梦溪笔谈》《容斋五笔》《辍耕录》等可并浏览及之，此第六类也。此初学治本之急务也。至欲专门成学者，治经学者，不可不读正续《皇清经解》；治史学者，不可不读二十四史；治理学者，不可不究《宋元学案》《明儒学案》，及二程、朱子、象山、《阳明全书》《清朝学案小识》等；治诗词曲学者，不可不读[1]《全唐诗》《宋诗钞》《金诗选》《元诗选》《列朝诗集》《宋六十家词》《彊[2]村丛书》《元曲选》，及唐、宋、元、明各大家专集，则各随其求以索之可也。治标者，各部泛览总须数十种以救寒窘，然后稍知国学尚有此门与此书也。其书如《四库全书总目提要》、江氏《汉学师承记》《宋学渊源

---

① 读：底本作"续"，据文意酌改。

② 彊：底本作"疆"，据文意酌改。

记》、谢氏《小学考》、廖氏《古今学考》、段氏《说文解字注》、王氏《经典释文》《经传释词》、顾氏《音学五书》《日知录》、钱氏《十驾斋养新录》、俞氏《古书疑义举例》、姚氏《古今伪书考》、陈氏《东塾读书记》、张氏《輶轩语》、朱氏《无邪堂答问》、戴氏《颜氏学记》、陆氏《思辨录》、朱子《近思录》、俞氏《癸巳类稿》《癸巳存稿》、胡氏《资治通鉴》、胡刻《昭明文选》、浦氏《史通通释》、方氏《瀛奎律髓》、陈氏《诗比兴笺》、包氏《艺舟双楫》、章氏《文史通义》、章氏《国故论衡》、李氏《国朝先生正事略》、姚氏《古文辞类纂》、唐氏《国朝学案小识》、王氏《十七史商榷[①]》、赵氏《廿二史札记》、孙氏《四六丛话》等，皆可知各学之梗概。然后古书如《国语》《国策》《大戴礼》《山海经》《水经注》《竹书纪年》《汲冢周书》《说苑》《新序》《韩诗外传》《潜夫论》《论衡》《人物志》《风俗通》《申鉴》《齐民要术》《文中子中说》《颜氏家训》，周秦诸子如老、庄、荀、韩、管、墨、《吕氏春秋》等合之得二十馀种。更以唐宋八大家古文、李、杜、韩、白、苏、黄、范、陆诗歌益之。总得七十馀种，亦可为治标者矣。今人梁任公、胡适之均有读书要目之讨论，然为初学皆失之太广泛，人几无此财力与精力以应之。韩非子曰："今学者之言也，不务本而好末事，知道虚圣以说民，此劝饭之说。劝饭之说，明者不受也。"梁、胡二公既劝饭于前，人多不见受，则愚之此作，亦无益之举而已。

---

① 榷：底本作"確"，据文意酌改。

# 经今古文平议[1]

自汉武帝立五经博士，开弟子员，设科射策，劝以官禄，讫于平帝元始，百有馀年，传业者浸盛，枝叶蕃滋，一经说至百馀万言，大师众至千馀人，盖政府崇奖之效然也。诸经由政府立为学官，在朝廷者谓之今文，未立学官而在民间者谓之古文。如言《易》，初立学官者惟杨何，继立者施、孟、梁丘、京氏，皆今文也；而民间有费、高二家之说，则古文也。如言《书》，欧阳、大小夏侯立于学官，皆今文也；而《古文尚书》出于孔子壁中，孔安国献之，遭巫蛊事未列于学官，则古文也。如言《诗》，齐、鲁、韩三家皆列于学官，皆今文也；而毛公之学自谓子夏所传，则古文也。如言《礼》，后仓初立学官，戴德、戴圣后立，皆今文也；而平帝时立逸礼，立乐经，则自民间得来之礼乐，虽立学官，犹为古文。至周礼初出曰周官经，刘歆始改今名，盖由山岩屋壁而入于秘府，则古文也。如言《春秋》，《公羊》《谷梁》立为学官，皆今文也；而平帝时立《左氏传》，则古文也。诸经古与古同，今与今同，惟戴德、戴圣两《礼记》书中自有今古。盖汉初求书，官私所得，有先师经说，有子史杂钞，是为驳杂，其采有今学者，则为今学家言；采自古学，则为古学家言。汉人以其出在古文之先，又有博士，遂同以为今学。此今古文所以混淆之故，然则立在学官，亦有不能认为今文者矣。

今古文与学官之关系，略如上述，而今古文之在经学本身上，则亦有二种之不同。二种之不同者：一为文字之殊异，二为典章制度与事实之殊异是也。文字殊异者，譬如《尚书》古文篇数多，今文篇数少，今文用小篆，古文用大篆(包括科斗文在内)。刘向以中古文校欧阳、大小夏侯三家经文，《酒诰》脱简一，《召诰》脱简二，率简二十五字者，脱亦二十五字，简二十二字者，脱亦二十二字。文字异者七百有

---

[1] 编者按：是文发表于《东方杂志》1946 年第 42 卷第 11 号。

馀，如古文“表”字作“ ”，“俊”字作“畯”，“德”字作“悳”，“睦”字作“ ”，“洗”字作“毨”，“燠”字作“烓”，“成”字作“ ”，“熙”字作“戾”，“驩兜”字作“鴅吺”。见于《尧典》者约如上。足见今古文文字大有出入矣。典章制度事实殊异者，如《周礼》谓公五百里，侯四百里，伯三百里，子二百里，男百里，而《王制》公侯方百里，伯方七十里，子男方五十里。又如《周礼》十二年一巡守，《王制》五年一巡守，此典章制度殊异之类也。《谷梁传》，鲁季孙行父秃，晋却克眇，卫孙良夫跛，曹公子手偻，同时而聘于齐，齐使秃者迓秃者，眇者迓眇者，跛才迓跛者，偻者迓偻者，以博萧同侄子台上之笑，乃《左氏传》所无。今文之《谷梁》，与古文之《左氏》，事实殊异，其例如是。足见今古文之异趣矣。

古学今学各立门户，今学盛于西汉，古学盛于东汉，争论起于东汉。陈元、范升为《左氏传》之建立学官，各有诘难。升谓《左氏》浅末不宜立，元谓邱明至贤亲受孔子宜立，往还辩难至十馀次，抗疏见《后汉书》本传中。继有李育，涉猎古学，尝读《左氏传》，虽乐文采，然谓其不得圣人深意，于是作《难左氏义》四十一事而张公羊，与贾逵往返论难于白虎观中，皆有理致。最后何休又以春秋驳汉事六百馀条，妙得公羊本意，与其师羊弼追述李育意以难二传，作《公羊墨守》《左氏膏肓》《谷梁废疾》。郑玄起而攻之，乃著《发墨守》《针膏肓》《起废疾》，为入室操矛之举。贾逵主古学张《左氏传》，而谓五经家皆无以证图谶明刘氏为尧后者，而《左氏》独有明文。又信河图大星如虹下流华渚，女节意感生白帝少昊氏之说，与《左传》合，则牵入图谶，非纯古文学矣。综观西汉之时，孔安国之《古文尚书》未立，毛公之《诗》在民间，费、高之《易》本师不明，而汉武帝又喜《公羊》。古今之争，虽无朕兆，然古学实远非今学之敌。且董仲舒之《春秋繁露》，已为今学尽一严整之疆域矣。东汉之时，范升、李育、羊弼皆深明今学，而何休解诂《公羊》，今学旗帜遂明。郑兴、陈元、服虔皆深明古学，而贾逵解诂《左氏》，古学壁垒乃固。今古文之争，实以《公羊》《左传》为之范畴。然《后汉书》云：“中世儒门，贾、郑名世。”则贾逵兼事图谶以古文学名家而不纯。郑玄笺注今古文各经,又混合今古文名家者也。近人廖继平先生以地域区分今古文,则谓古学家燕赵为多,今学家实为鲁学,齐地北为燕赵,南为鲁,则以今学参用古学,微变本师之说,如谷梁左氏是也。何休独主公羊,目《谷梁》为废疾。可知当时今学派别之森严,后世治今学者则往往牵《谷梁》以攻《左氏》矣。此论今古文之主张者,不可不知也。

孔子述而不作,古文学家所主也。六经皆孔子所作,今文学家所昌言也。六经不论为作为述,皆因孔子而成。孔子圣之时者也,可以仕则仕,可以去则去,可以速则速,可以久则久,而自古文家、今文家眼中观之,则仕隐显晦,在亦在心者,各有不同。古文家谓孔子之六经皆以化人为本,今文家则谓六经皆微言不能显用;古文家谓史与经本不应分,六经只是古史陈账;今文家则谓《春秋》虚托空言,特借时事以衍王制之制度,为汉制法而已。如是则孔子徒梦周公而不为周公者乎?又岂晦于周而显于汉者乎?使二者必居其一,则孔子果何以为圣之时者乎?因此古、今文二派在孔子为人著述上,肇开论战。古文家因孔子有从周之言,乃远赞周公,因周公而颂其创作之《周礼》与《左传凡例》。今文家谓孔子素王为从质,从殷之质,而远赞伊尹以素王说汤,以孔子之圣之时曲从伊尹之圣之任,此争论范围空间之渐渐拓开者也。古文家因欲张其所主之《周礼》,乃谓宇文周时关陇残破,苏绰为六条诏书奏施行之,曰先治心,曰敦教化,曰尽地利,曰擢贤良,曰恤狱讼,曰均赋役,盖实以《周礼》为本,终能斫雕为朴,变奢从俭。隋及唐初,胥蒙其福,贞观之治,基础于此。今文家因欲摧毁古文家之立足点,乃谓《周礼》为刘歆所伪造,《左传》为河间人所伪造,《左传凡例》为刘歆门人所伪造,伪造之极,则以六经皆孔子所作,尧舜皆孔子依托,实无其人。此争论范围时间之渐渐拓开者也。两家抵隙蹈瑕,战线极长,其影响于政教者,《左传》义深于君父,《公羊》多任于权变,故祭仲逐君行权,伍胥推刃,纪侯之弟服罪之说,《公羊》皆绝异于《左氏》。古文家以周公摄天子,为万世之君立皇极,致太平之迹，具在《周官》一书；今文家尊孔子为教主，其《王制》一篇，因革虞夏商周四代而成，固将行之汉代而无敝者也。其影响于学术思想者，古文家与史学、伦理学、程朱哲学接壤；今文家与政治学、宗教神学、陆王哲学毗邻，其末流纵荡，而有康有为之《大同书》，谭嗣同之《仁学》，则举一切固有者摧陷而横决之，则思潮之绝新异者矣。要之古文家认经为史，往昔一切礼制纲常皆事之已成，不容推翻，而切忌除旧布新；今文家认经为子，今后一切创作思维皆事之未来，至无端倪，而不能不有所因革。叙学术史者，往往涉及思想，而古、今学家思想之径庭相反，实有难于摄取者。今仅就经学主张之不同，表列两家互纠自明之语三十二则如下，对照观之，庶知其强弱形势之所在焉。

（一）汉初人不见《周礼》。周礼盖出于山岩屋壁，复入于秘府，五家之儒，故不得见。（古） 章炳麟

（一）《王制》为孔子手订之书，两汉经师皆不识《王制》为今学之祖。（今） 廖平

（二）《史记》载李斯奏云："臣请史官非秦记皆烧之，非博士官所职，天下敢有藏《诗》《书》、百家语者，悉诣守、尉杂烧之。"此文本应读天下敢有藏《诗》《书》百家语非博士官所职者。何以知之？以李斯之请烧书，本为反对博士淳于越。岂有民间不许藏《诗》《书》而博士反得藏之之理。（古） 章炳麟

（二）秦火焚博士之书。（今） 本郑樵语，今文家喜引之

（三）汉代只有王、侯二等，无三等，谓孔改五等为三等，为汉制法无据，故文家五等、质家三等之说不能成立。（古） 章炳麟

（三）《王制》为《周礼》封建之制，变为郡县，郡之大者，方广得四五百里，汉初封国大者亦四五百里，此所本也。（今） 廖平

（四）《书序》中有《汤诰》，壁中亦有《汤诰》。原文载《殷本纪》中，如谓伪造，太史公焉得采之。（古） 章炳麟

（四）伏生传《尚书》二十九篇，以《尚书》本只二十九篇，二十九篇之外，皆刘歆所伪造。（今） 廖平

（五）太史公治古文，《尚书》具有明文。（古） 章炳麟

（五）《史记》今多于古。（今） 廖平

（六）太史公自言年十岁诵《古文尚书》。（古） 章炳麟

（六）此所谓古文，乃汉以前之书，非《古文尚书》。（今） 廖平

（七）《诗》以《关雎》为《风》始，《鹿鸣》为《小雅》始，《文王》为《大雅》始，《清庙》为《颂》始。（古） 章炳麟引《诗大序》语

（七）《诗》以《大明》为水始，《四牡》为木始，《嘉鱼》为火始，《鸿雁》为金始。（今） 廖平引《诗泛历枢》语

（八）周公致太平之迹，具在《周官》。（古） 章炳麟引刘歆语

（八）孔子素王新周改文从质之意，见于《王制》。（今） 廖平

（九）鲁恭王坏孔子宅得《古文尚书》，孔安国献之。（古） 章炳麟引《汉书·艺文志》

（九）假借坏宅得书，史臣回护之言。（今） 廖平

（一〇）史与经本不应分。（古） 章炳麟评《文史通议》语

（一〇）《王制》与《孟子》，《祭法》与《国语》，宜无不合矣。其中乃有小异处，此宜求同，不宜求异也。今学礼，汉以前有孟、荀、韩、墨可考。（今） 廖平

（一一）魏晋说经虽精到，不及汉儒，论其大体，实胜两汉。故汉学二字，不足为治经之正轨。（古） 章炳麟

（一一）康有为乃综集诸家说，严尽今、古文分野，谓凡东汉晚出之古文经传，皆刘歆所伪造，正统派所最尊崇之许、郑，皆在所排击，则所谓复古者，由东汉以复于西汉。（今） 梁启超

（一二）汉初经师之说与《周礼》不同，故排弃之。《马融传》云："秦自孝公以下，用商君之法，其政酷烈，与同官相反，故始皇禁挟书，特疾恶，欲绝灭，搜求焚烧之独悉，是以隐藏百年。"（古） 章炳麟

（一二）《周礼》一书，疑是燕赵人在六国时因《周礼》不存，据己意采简册摹仿而为之者。因其言之制与《尚书》典礼不合，又与秦以前子书不同。（今） 廖平

（一三）《孔子三朝记》应入《论语》家，非礼家言。（古） 章炳麟

（一三）《孔子三朝记》皆孔子晚年之说，故多同《王制》。（今） 廖平

（一四）当信《左传》，不信《公》《谷》，刘歆以为左氏亲见夫子，好恶与圣人同，而《公》《谷》在七十子之后，皆传闻之辞。（古） 章炳麟

（一四）《史记》称左氏曰《春秋》，称公、谷曰《传》，《左氏春秋》犹《晏子春秋》《吕氏春秋》也。（今） 刘逢禄

（一五）《论衡·案书篇》云："《春秋左氏传》者，盖出孔子壁中，而《汉志》称孔壁所得止有《尚书》《礼记》《论语》《孝经》。"《说文序》云："北平侯张苍献《春秋左氏传》。"张苍所献者，是否经传合编，则不可知。今《左氏》经文已经后师用《公》《谷》校改。观三体石经与今本不同则可知也。盖《左氏传》先恭王坏壁而出，《说文序》云张苍所献是也。（古） 章炳麟

（一五）《国语》早出，《左氏》晚兴。《太史公自序》"左丘失明，厥有《国语》"，不言《左氏传》。《国语》为左氏所辑，言皆纪事，故谓为《左氏春秋》，与《虞氏春秋》《吕氏春秋》同其称。《左氏春秋》即为《国语》，不谓《左传》。又《国语》《左传》撰非一人也。（今） 廖平

（一六）古文家间引纬书，则非纯古文家，郑康成一流是也。（古） 章炳麟

（一六）鲁学为今学，齐学在古学、今学之间，齐俗好辩喜夸，又与燕赵近，不肯笃守师说。（今） 廖平

（一七）《王制》汉文帝时博士所撰，其中所记是否为古代典章制度乃成疑窦。（古） 章炳麟

（一七）《王制》言爵禄则《职官志》，言封建九州则《地理志》，言命官与学则《选举制》，言巡守吉凶军宾则《礼乐志》，言国用则《食货志》，言司马所掌则《兵刑志》，言司寇则《刑法志》，言四夷则《外夷诸传》，宜其为一王大法。（今） 廖平

（一八）新周犹言新邑，本无深义。故宋出于《谷梁》，谓孔子旧

是宋人耳，毫无附会之可言。（古）　章炳麟

（一八）孔子卒，殡用殷礼，故春秋见司马、司城二官，所以明改制，上黜杞，下新周而故宋。（今）　廖平

（一九）《公羊本义》为董胡妄说所掩，以致圣经等于神话，微言竟作豫言。（古）　章炳麟

（一九）《左传》多缘经立义，其说不可信。（今）　廖平

（二〇）伊尹为庖人，故尊宰舍，伊尹为媵臣，故尊保姆娶。（古）　章炳麟

（二〇）伊尹说汤以素王之法，与《春秋》素王义同。素者质也，从质之义，故《春秋》多用殷礼，今学盖本伊尹。（今）　廖平

（二一）《周礼》为立国要典，可资取法。宇文周用《周礼》，故能斫雕为朴，变奢为俭。隋及唐初，胥蒙其福，贞观之治，基础于此。（古）　章炳麟

（二一）何休以《周礼》为六国阴谋之事。（今）　廖平

（二二）孔子述而不作。（古）　章炳麟引《论语》

（二二）六经皆是孔子所作。尧舜皆孔子依托，而先秦诸子，亦罔不托古改制。（今）　康有为

（二三）六经纪事，本为化人，六籍只是古史陈账。（古）　本章学诚语意，今文家喜据之

（二三）六经皆微言不为显用。（今）　廖平

（二四）《毛诗》于"履帝武敏歆"，以疾训敏，以帝为高辛氏之帝，从于帝而见于天，将事齐敏，不信感生之说。（古）　章炳麟

（二四）贾逵引《左传》以为少昊代黄帝，即图谶所谓帝宣，与河图女节意感生白帝朱宣说合。（今）　廖平

（二五）公羊齐人，以孟子有其事则齐桓、晋文之言，故盛称齐桓。何休傅会以为绌周王鲁为汉制法，非《春秋》旨也。（古）　章炳麟

（二五）古学师乎伯，乃一姓中兴之事。（今）　廖平

（二六）《春秋》天子之事，犹云《春秋》天子之《史记》矣。周史秘藏，孔子窥之，而又泄之于外，故曰“罪我者其惟《春秋》”焉尔。（古）章炳麟

（二六）孔子以匹夫而行天子之事，故曰：“罪我者其惟《春秋》乎。”（今） 廖平

（二七）古文之义甚广，古文家所读，时亦谓之古文。盖古文家传经必依原本钞写一通。故郑玄《诫子书》有“礼堂写定，传与其人”之言。（古） 章炳麟

（二七）古文汉初皆有师，后有废绝。（今） 廖平

（二八）孔子不传《春秋》，丘明不述《左传》，则今日之视《春秋》，犹洪荒之世已。（古） 章炳麟

（二八）《春秋》虚托空言，特借时事以衍《王制》之制度耳。（今）廖平

（二九）孟子自云：“诸侯之礼未尝学也。”其说封建一事不足信。（古） 章炳麟

（二九）邹与鲁近。孟子云：“去圣人居若此其近。”盖以鲁学自负也。（今） 廖平

（三〇）齐、鲁、韩三家《诗序》不传，而《毛序》全存。《毛序》所云，皆与《左传》符合。此毛之优于三家也。（古） 章炳麟

（三〇）《仪礼》引《诗》皆齐诗说，《尔雅》为鲁诗之学。（今） 陈乔枞

（三一）《公羊传》称其师子沈子，《谷梁传》则称沈子，谷梁为公羊师行，而《谷》又常称尸佼之言。尸佼在秦孝公时，谷梁则弥近汉世。《谷梁》且然，《公羊》更无论矣。（古） 章炳麟

（三一）《公羊》常录古礼，足见其书在秦前矣。（今） 廖平

（三二）《左传》所载五十凡例，杜氏以为周公之旧典，盖据《传》凡例谓之《礼经》，而谓此《礼经》为周公所制也，或宣王始作《春秋》，王朝特起之例。（古） 章炳麟

（三二）《左传》为何间人所伪造，证为先秦之书，其凡例为齐歆门人所伪造。（今）　廖平

上表三十二则，举例古、今两家之言，而以业师章太炎先生与廖继平先生两公之论为多。章、廖二先生为清末民初古学、今学两大师。章先生受业于德清俞荫甫樾，远承戴东原、王怀祖正统派之经学统绪，梁卓如谓为清学押阵大将，智过其师者也。馀杭童子师尚有谭献复堂其人，复堂则私淑会稽章学诚实斋之史学，为其刻《文史通义》者。馀杭之学奄有浙西经学、浙东史学之长，而自成新派者。盖俞荫甫先生尝言《王制》为《公羊》礼，助今文家张目矣。馀杭亦恨其门多杂宾，言外之意，岂不以曲园经学未纯，平议杂纂之流，等之杂学杂说乎？而章实斋之《文史通义》，馀杭亦尝纠之。馀杭同时人惟服孙贻让仲容，亟称其《周礼正义》为纯古文学，足见其自待为纯古文学家矣。晚年撰《左氏疑义举例》，盖为拥护古学有力之作也。

廖继平先生为湘潭王闿运壬秋大弟子。湘绮著《湘军志》选八代诗及唐诗，俨然为一代文史名家，顾于经学尚无若何主张，则廖平今学之发明，自得之致为多。其所著《今古学考》，自谓分别今、古得力，尤在将《戴礼》中各篇今古不同者归还本家，《戴记》今古先定，群经之今古，无不悉定，而伟大之成就，则在断定《王制》为今学之祖，自信得续二千年不传之绝学，诚非夸语。尝自叙于今学用力最勤，日夜焦思，刻无停晷，屡改基说至数十次，始能豁然贯通，故所立说，无一说不本前人，无一义仍袭旧说。南海康更生于都门闻其说，至欲以师礼事之，可谓集今学之大成矣。

兹篇盖　　章先生《经学概说》、廖继平《今古学考》等书，剌取其立论相反而极针对者，条列比较而成，盖今古文学家最后争论之纂要也。窃观古今两大师之论，可见古文主《周礼》，今文主《王制》；古文主《左传》，今文主《公羊》。因主《周礼》，则以为周公致太平之迹，具在《周官》，且谓宇文周用《周礼》，故能斫雕为朴，返奢为俭，为唐造贞观之治；因主《王制》，则谓孔子晚年欲救周之文弊，从事因革为继周

之事，而预为汉制王者大法。因主《左传》，则谓谷梁赤是汉初人，公羊高事谷梁之友沈子为师，则更晚于谷梁，其书皆得之传闻，而不足据；因主《公羊》，则谓太史公不见《左传》，只云："左丘失明，厥有《国语》。"根本认《左传》为后人伪造，且以《国语》实为《左氏春秋》，以相当于战国时之吕氏、虞氏二《春秋》。古文家、今文家聚讼纷纭至此，斯世直无一人堪以听讼，而拘扳连坐者，尚不止此。古文家牵扳荀卿引《周礼》，谓荀子长于礼乐，贤于孟子。今文家亦牵扳孟子，谓彼近圣人居，堪以鲁学自负，而斥荀卿为燕赵人，未闻鲁国圣人之绪论。尤可笑者，今学家以《史记》有伊尹说汤以素王之法，而援之为孔子之所主，谓素者质也，从质之义，伊尹素王，孔子亦素王，故《春秋》多用殷礼，司马、司城之名赫然在目也。伊尹殷圣，孔子亦殷人。窃怪孔子删订之书与各家记载孔子之传记，何以无一语及伊尹，素王之素，恐不作如此解。而古学家则直诋伊尹为庖人，曾以割烹要汤，故尊为宰舍，又为媵臣，比之保婴。婴者，《说文》阿字，故伊尹名阿衡，实为贱者，则亦引绳批根，因訾今文家而毁及伊尹之元圣矣。

平情论之，《王制》之作，何从证明直接、间接成于孔子；《周礼》《左传》之书，何时隐于山崖屋壁，又何时入于秘府，史无明文。前人未尝交代清楚，两家以此争论，皆苦主证毫无，尚不论其旁证不足也。昔曹操破袁绍，欲纳袁绍子妇甄氏，孔融虚构"武王诛纣以妲己赐周公"之言，操以为然乃止，子丕遂得据之。操后恨融相戏，卒相殄灭。古文学家相当然尔之论较少，今文学家相当然尔之论独多，傥所谓袭孔融之故智者欤！夫孔圣于《论语》有"从周"之言，于《礼运》有"周公其衰矣"之叹，于《论语》复有"甚矣吾衰也久矣，夫吾不复梦见周公"之喟，则不论《周礼》晚出之伪与不伪，其欲复周之制度，可决言矣。孔子何知后世有汉代，而豫作《王制》为汉开一代宏模耶？《王制》一书，如为孔裔任汉博士者所为，有无干禄之意，尚当待考。以汉高之谩骂儒生、溲溺儒冠，学孔子之道，均恐受辱，故叔孙通为汉定朝仪，而鲁两生不肯行。此鲁两生者，当间接事孔子于故乡者，何以不于此时献《王制》学殷箕子之于《洪范》乎？《左氏传》之名虽不见于太史公书，然许慎《说文序》已见之，且可以毛公《诗序》合明其事实之多出于真，使为伪造，何以遂能吻合至是？今文家又云："左氏传一如《吕氏春秋》《虞氏春秋》。"则一杂史书耳，张苍何必献之朝廷？而《国语》一名，已见于太史公书，则又何必强派为《左氏春秋》？虞卿非穷愁不能著书，亦见《史记》。其书已佚，而与楼缓论难诸语，具见《战国策·赵策》中，则以《战国策》一书为《虞氏春秋》，又有何不可耶！今学之趋向，可至疑古，故末流泛滥，至谓尧舜亦孔子所伪造。古学则偏于信古，如疑古则史不足信，史不足信则褒贬劝惩失其效，无以化民而成俗。伊尹之圣，孟子以比仲尼，割烹要汤之事，早经孟子辩其诬罔，何必就文字上斤斤较量其必为宰夫阿保乎！

夫学以求是也，求是以善其身也。董仲舒致胶西之治，又尝有"正其谊不谋其利，明其道不计其功"之言，则其人虽独明今学，何害？马融谄事梁冀，于其第成献颂，又尝奏陷李固，其人人品卑下，虽独明古学，又有何益！郑玄乡号郑公，里名通德，黄巾不敢犯其境，别袁绍时祖饯者三百人，其人人品粹美，虽混乱今古文，而又何罪焉？章、廖二公，一居东浙，一处西蜀，人品学术，皆为近世伟人，其治学精神各有独到，固当为国内东、西两大师。两公未尝接席，而六译撤瑟时，遗命其后人丐馀杭文字铭幽。足见通人气类相融，识度之超。古学、今学主张之不同，其亦如在陆资车、在水资舟，有不得不行其便者乎？

# 《战国策》解题及其读法[①]

新会梁任公先生曩为《清华周刊丛书》著有《要藉解题及其读法》一书，阐论古藉约十馀种，惟《战国策》未加　析。予以《战国策》一书，史实充溢，文字宏丽，实先秦古书中之最要者。爰以课暇勒成《解题及其读法》一文，冀与读是书者商榷讨论，交得其益，续貂之诮，固无所避也。

## 一、《战国策》之来历及其校注本

周威烈王二十三年，韩、赵、魏三家分晋，与秦、楚、齐、燕共为七国，自后至秦并六国，史家目为战国之世（司马温公《通鉴》一书志在续《春秋》左氏叙战国事，亦始于威烈王二十三年。太史公《史记·六国表》质于周元王八年，则略早）。战国之世，王制大坏，诸侯力政，兵革不休，诈伪并起。桀谲之士，既忽视仁义廉让之行，复无代禄以养其身，于是私创奇策，以干时君，居间解纷，以遂功名。云兴飙起，蔚为异观。其著者如苏秦、张仪、公孙衍、陈轸。代、厉之属，咸贵于俗，而辩说之繁，具见于《战国策》一书。

《战国策》者，不详何人所撰，或云虞卿穷愁发愤著此，宋陈振孙《直斋书录解题》列为"杂史类"，殆以当时史家采录战国游士所画之策谋，不论其行谊善恶，事实显隐如何，而悉为存之耳。此书一曰"国策"，一曰"国事"，一曰"短长"，一曰"事语"，一曰"长书"，一曰"修书"，经汉刘向校录，始定名为《战国策》。凡东周、西周、秦、齐、楚、赵、魏、韩、燕、宋、卫、中山十二国，为篇三十三，东汉高诱为之注。自

① 编者按：是文发表于《学艺杂志》1933 年第 12 卷第 7 号，又见于《晨光》1933 年第 1 卷 40、41 期。二书内容基本一致。本文以《学艺杂志》为底本，校以《晨光》。

后宋人曾巩、苏颂、钱藻、孙朴、刘敞皆有校定本,多不传。南宋人姚宏、鲍彪,元人吴师道均有增注参校,而姚宏之功最伟。清人黄丕烈得宋椠姚氏元本,刊以行世,复自为札记三卷附于其后,校勘考订,颇为详密,足称善本。现今流通世间者,惟此与明刻鲍彪注本、元刻吴师道校注本而已。而顾广圻为黄本作后序时,尚欲为《战国策》更撰疑年谱、土地名、名号归一图、诂训微、大目录五种以益之,则关于是书之钩稽博采,固有待于后贤耳。

## 二、纵横家之言行及其变态

《汉书·艺文志》曰:"纵横家者流,盖出于行人之官。孔子曰:'诵诗三百,使于四方,不能专对,虽多亦奚以为!'又曰:'使乎使乎。'言其当权事制宜,受命而不受辞,此其所长也。及邪人为之,则上诈谖而弃其信。"班固此论,信探源溯本者,然以求之《战国策》中,则使不辱命,权事制宜,忠而不邪者,仅颜率、游骞、黄歇、公孙弘、谅毅、唐且数辈而已。而秦、仪之徒不与焉。秦、仪者,世俗所共目为纵横家者也。论其西面帝秦,山东王楚,所在国重,所去国轻,固才俊而可喜。然苏秦纵约成于周显王三十六年,即解于三十七年,自后乃去赵相燕,与燕王谋破齐,共分其地,佯为有罪走入齐,齐王因受而相之,二年而事觉。齐王大怒,卒车裂以徇。张仪虽主连衡成功,而前后两相秦,两相魏,游楚诳楚,反覆无定,盖与苏秦同为一诈谖弃信之小人也。今姑以"纵横家"待之,而兼论其诈谲之迹如次。

苏秦始为连横以干秦惠,十上书不答,乃幡然事合纵。方其始说秦惠也,诈谖尚未售,其论有足显示"纵横家"之指趣者,如"文士并饬,诸侯乱惑。万端俱足,不可胜理。辩言伟服,战攻不息。行义约信,天子不亲"诸语,皆重非儒家者也;"繁称文辞,天下不治。科条既备,民多伪态",则兼毁名、法。然有不可解者,至说齐闵王时,则又曰:"祖仁者王,立义者伯,用兵穷者亡。"大与非儒前说相刺谬,几先后若两人。岂纵横家之术,志在干禄,乘隙骋辞,雌黄无定,惟其才辩之所安乎？

苏秦说六国，首称其国地形之险，物产之饶，军实之充。其辞如“天府之国”“粟如丘山”“带甲百万”“战车千乘”，皆夸辞也。然后以牛后愧之，以虎狼怵之，结之以恩义，要之以盟誓，则时君无不入彀，然而人始信终疑之者，“金玉锦绣”“卿相之尊”横耿于胸中，非如是不足以震亲戚、骄妾妇，人不敬其身，因以贱其术也。张仪解六国之从，亦首称其国地形之恶，物产之罕，军实之乏。其言如“四战之地”“豆饭藿羹”“见卒不过若干万”，皆贬辞也。然后在赵则云齐已献鱼盐之地，说齐则云赵已朝渑池，恫疑虚喝，无所不用其极，则嗣主靡不称藩属，筑帝宫，受冠带，祠春秋矣。然而诸侯事秦不终者，张仪之欺楚绝齐，翱翔秦、魏，所至与人争宠害之也。呜呼！槁饿忧患，贫贱苦辱，凡人之所大恶也。秦、仪崛起穷巷掘门、桑户卷枢之间，卒因时势取功名，动诸侯之听，杜天下之口，傥亦所谓高才秀士者哉！

## 三、战国时游士与《战国策》文字之关系

战国时游士骋才纵辩，猎官而仕，虽不能以道辅世，难进易退，然排患释难，解纷乱之策，皆非常可喜，实其一长也。以此衡之，凡不能排患释难解纷乱，而又自取死亡者，必非奇策，或为战国游士所深鄙者也（蔡泽说范睢曰：“夫待死而后可以立忠成名，是微子不足仁，孔子不足圣，管仲不足大也。”其语可证）。故十二国三十三篇中，惟“聂政刺韩傀”“荆轲刺秦王”二事稍与全事乖牾，方望溪疑聂政、荆轲二则非《战国策》之旧文，好事者或取《史记》之文羼入之，亦自有识。盖公孙弘为孟尝君先入秦以观昭王也，泛论孟尝好人，有云：“万乘之严主。辱其使者，退而自刎，必以其血洿其衣，如此之臣，孟尝畜有十人。”昭王即改容谢之。唐且之辅安陵而犯秦王也，绳论布衣之怒，挺剑佯起，秦王亦被屈，未至必有荆轲之行而其君其国已安如泰山磐石矣。其他如颜率之却秦解齐，游腾之解楚安周，鲁仲连之却秦师三十里，陈轸为齐王说昭阳罢攻齐，周䜣之止魏王入秦，黄歇之使秦赂楚，

苏秦之解韩、宋相攻，苏代为齐献书穰侯，免秦、赵联师来伐，苏厉说白起止秦攻梁以屏周，张翠之说秦救韩，要皆奇伟不凡，俶傥可喜之策，岂亡身而无补其国者之可比哉？惟战国人士，亦有抗志高节，不屈其身，蝉蜕泥滓，皭而不缁者，则如秦之顿弱，齐之颜斶、王斗，楚之庄辛、范环、朱英，赵之触聋，魏之田子方，燕之田光，其事其文，皆与当时诸游士异趣，而与荆轲、聂政、豫让之徒为近，《战国策》文字亦因之有“雄隽”“古烈”二派之殊，盖由其时之人有“术家”“清节家”二族之不同耳。

## 四、《战国策》文字之分类

《战国策》文字雄放伟丽，无美不备，其所以为乱世文章之冠者，盖以其非一家言也。愚尝取而分析之，约得十类，请条诸下方，以为读究者发焉！

（一）解纷类　鲁连有言：“所贵于天下之士者，为人排患释难，解纷乱，而无所取也。”鲁连解纷，见于《战国策》中者凡二事，一为“义不帝秦”，一为“说燕将罢兵解齐国之围”是也。鲁连振奇人，在战国游士中第一。释难解纷，终无所取，颜率、游腾、黄项、张翠之伦，皆不失为国士。苏秦、代厉、陈轸辈，则利人有纷以便己，然其文亦最为雄伟纵恣矣。

（二）游扬类　国游士，大率利人国有纷以便己，甚且为人构纷，惟恐天下不乱。其气类之相投，芥珀之相契也，则又有彼此游扬一术。如甘茂亡秦且之齐也，以江上之处女自喻，欲苏代分其馀明以相照。苏代果绳甘茂之贤于秦王，秦王重币留之而不得，而甘茂遂见重于齐矣。其他如杜赫欲重景翠于周，以张罗于有鸟无鸟之际为譬；苏代厚子之，因激燕王哙以尧禅舜让之事；貂勃感田单，乃说齐襄王贵安平君如太公仲公，皆此类。最卑下者：张仪穷蹙于楚，诈欲往晋求美人献楚王，南后郑袖闻之大恐，急以千金赂张仪，而后张仪、郑袖交相游扬于楚王之前，楚王遂留张仪仕楚，视郑袖为绝世之美人也。司马憙助阴姬得立为中山后亦此例。

（三）自述类　苏秦始为连横说秦惠王，书十上而不见用，裘敝金尽，愧而自归。归之日，妻嫂至不为礼。及其封武安君而路过洛阳也，父母郊迎，妻嫂匍伏，炫横之极，震其亲戚。曩日兴叹人主不肯出其金玉锦绣卿相之位者，今皆一旦得之，且目睹其效。此等琐节，使非苏秦自叙，史乘乌能详之？不宁惟是？篇中一再夸饰从约之成，如“天下之大，万民之众，王侯之威，谋臣之权，皆欲决于苏秦之策。不费斗粮，未烦一兵，未战一士，未绝一弦，未折一矢，诸侯相亲，贤于兄弟”诸语，实纵横家自炫其长之处。使非苏秦自著之辞，亦必其徒所为。至当时有谓苏秦从约成，秦兵十五年不敢窥山东者，《黄氏日钞》谓此乃游士夸谈，本无是事，犹之谓齐君王后事秦谨，四十馀年不受兵。谓孟尝君用冯煖之言，相齐数十年无纤芥之祸，实则齐建日为秦侵削至亡，孟尝亦亡灭无噍类，盖亦其人或其徒张皇欺世之自赞语也。

（四）上书类　战国游士，喜于人主，上书之风极盛。李斯谏逐客上书，其馀风也。苏秦说齐王书十上，《战国策》不载其辞。张仪初亦上书秦惠王，故有“臣昧死望见大王，言所以破天下之从，举赵亡韩，臣荆、魏，亲齐、燕之道”云云。此外，则范睢有上书，黄歇有上书，苏代自齐献书燕王，皆其类也。

（五）事譬类　范睢入秦见昭襄王，广引伍子胥、箕子接舆往事以示其忠。张仪以连衡说楚，引楚亡吴五战三胜之事，以明秦之视楚亦如是；说燕，追叙赵王执金斗杀代王事，以明赵援之不可恃。下至苏厉说齐闵王，论莱莒好谋而灭，陈蔡好诈而亡，皆事譬类也。事譬类文字贵精确不移，诚辩士所致意者也。

（六）物语类　孟尝君将入秦，止者千数而不听，苏秦设土偶人与桃梗相与语，卒厄其行。赵且伐燕，苏代为燕说赵惠王以鹬蚌相持之物语，亦解两国之难，皆此类也。

（七）辩诘类　辩诘类文字，明白条畅，洞中利害，合而观之，益人神智。则如司马错与张仪论伐蜀，虞卿与楼缓论赂秦是也。

（八）讽谏类　孔子曰：“忠臣之谏君，有五义焉：一曰谲谏，二曰戆谏，三曰降谏，四曰直谏，五曰讽谏。唯度主而行之，吾从其讽谏乎？”战国游士，辩智足以隐揣时君之心，进谏之辞多属讽谏，如邹忌以不如城北徐公貌美讽齐王纳谏，触聋①以托其儿息说赵太后出长安君为质为谏，谅毅以叶阳、泾阳比平原沮秦求赵杀平原君之谋为辞，皆讽谏类文字也。

（九）辞赋类　纵横家之言，夸诞富丽，本与辞赋为近。苏秦以合纵说赵，有“高台榭，美宫室，听竽笙，至美人巧笑”数十句，极似赋语；说齐之“连衽成帏，举袂成幕，挥汗成雨”；说韩之“陆断马牛，水击鹄雁”亦然。至《战国策》文字全篇类辞赋者，则如庄辛谏楚襄王，递以蜻蛉、黄雀、黄鹄、蔡灵侯为喻，自小至大，呋荡奇恣，允推隽作。梁王觞诸侯于范台，鲁君论旨酒，遂及味、色、台、池之好，正亦此类。

（十）小品类　小品文字隽而艳，非策中诸文隽而伟之比也。此类文字，如《楚策》江乙之教安陵君，与《魏策》龙阳君之涕泣固宠是也。

## 五、《战国策》评语集要

《战国策》文字主言兵战，尚威势，说利害，崇诈谲，极纵横捭阖之能，有迈往不屑之概，雄爽健卓，最为痛快。司马迁以下，皆取而式之，宜其为中国第一流文字矣。兹铨集列朝各家评语如后，庶备读者之考核借鉴云尔。

汉刘子政序《战国策》曰：“……皆高才秀士，度时君之所能行，出奇策异智，转危为安，运亡为存，亦可喜，皆可观。”

宋曾子固《战国策序》曰：“……至于此书之作，则上继春秋，下至秦、汉之起，二百四十五年之间，载其行事，固不得而废也。”

---

①　龙：底本与《晨光》均作“聋”，据文意酌改。

李文叔《书战国策后》曰："《战国策》所载，大抵皆纵横捭阖、谲诳相轻、倾夺之说也。其事浅陋不足道，然而人读之，则必乡其说之工，而忘其事之陋者，文辞之胜移之而已。"

王觉《题战国策》曰："……合纵连衡，变诈百出。然自春秋之后，以迄于秦二百馀年，兴亡成败之迹，粗见于是矣。虽非义理之所存，而辩丽横肆，亦文辞之最，学者所不宜废也。"

鲍彪《校注战国策》曰："《国策》，史流也，……具记一时事，善恶必书，无所抉择。"

朱子曰："有治世之文，有衰世之文，有乱世之文。六经，治世之文也。如《国语》，委靡繁絮，真衰世之文耳。是时语言论如此，宜乎周之不能振起也。至于乱世之文，则《战国策》是也。然有英伟气，非衰世《国语》之文比也。楚、汉间文字真是奇伟，岂易及也！"又曰："司马迁文雄健，意思不帖，有战国文气象。贾宜文亦然，老苏文亦雄健，似此皆有不帖帖意。"又曰："韩文力量不如汉文，汉文不如先秦战国。"

邵伯温曰："东坡中制科，王荆公问吕申公见苏轼制策否？申公称之，荆公曰：'全类战国文章，若安石为考官，必黜之。'故荆公后修《英宗实录》，谓苏明允有战国纵横之学云。"

陈后山曰："余以古文有三等，周为上，七国次之，汉为下。周之文雅。七国之文雄伟，其失骋；汉之文华赡，其失缓。东汉之下无取焉。"

李方叔曰："东坡教人读《战国策》学说利害，读贾谊、晁错、赵充国疏学论事，读《庄子》论理性，读韩、柳知作文体面。"

罗景纶曰："《庄子》之文以无为有，《战国策》之文以曲为直。东坡平生熟此二书，故其为文横说竖说，惟意所到，俊辨痛快，无复滞碍。"

元吴师道《补注战国策》曰："君子之于是书也，考事变，究情伪，则守益以坚，知益以明；小人之于是书也，见其始利而终害，小得之而大丧，则悔悟惩创之心生。”

明王元美曰：“《檀弓》《考工记》《孟子》《左氏》《战国策》、司马迁，圣于文者乎？其叙事化则工之肖物。”

何子元曰：“古今文章擅奇者六家：左氏之文以葩而奇，庄生之文以玄而奇，屈原之文以幽而奇，《战国策》之文以雄而奇，太史公之文以愤而奇，孟坚之文以整而奇。”

清冯雨航曰：“《春秋》之文告言伦脊，而渐渍人心志；《战国策》辞气纵横，而耸人耳目，然去圣王之典训远矣。”又曰：“《战略策》或以为虞卿作，矫称蜂出，犹有真气。”

刘融斋曰：“《左氏》善用密，《国策》善用疏。《国策》之章法奇矣，若论字句之精严，则左公允推独步。”又曰：“《国策》疵弊，曾子固《战国策自录序》尽之矣。抑苏老泉谏论曰：‘苏秦、张仪，吾取其术，不取其心。’盖尝推此意以观之，如鲁仲连之不帝秦正矣，然自称为人排患释难解纷乱，其非无术可知，然则读书者，亦顾所用何如耳。使用之不善，亦何读而可哉？”又曰：“战国说士之言，其用意类能先立地步，故得如善攻者使人不能守，善守者使人不能攻也。不然，专于措辞求奇，虽复可惊可喜，不免脆而易败。”又曰：“文之快者每不沉，沉者每不快，《国策》乃沉而快；文之隽者每不雄，雄者每不隽，《国策》乃雄而隽。”又曰：“《国策》明快，无如虞卿之折楼缓，慷慨无如荆轲之辞燕丹。”又曰：“《国策》文有两种：一坚明约束，贾生得之；一沉郁顿挫，司马子长得之。”又曰：“杜诗《义行》‘斗上捩孤影’，一‘斗’字形容鹘之奇变极矣。文家用笔得‘斗’字诀，便能一落千丈，一飞冲天，《国策》其尤易见者。”

曾涤生曰：“文章不可不放胆做，昔人谓文忌爽，非也。《孟子》乃文之至爽者，《史记》《国策》亦然。西汉初文章之高犹有周、秦气，亦正以其爽耳。武帝以后，则太做作矣。”

# 《水经注》之文史两面观[①]

古今学术负有二大使命：其一，利济人生，明善进德，敬业砥行，化民易俗，开物成务是也；其二，美化人生，恬适生活，陶冶性情，消弭躁竞，养成超脱是也。发挥第一使命之极，乃示人以精勤，知人生之可贵，儒、墨显学及一切经济当世之学本之；发挥第二使命之极，乃示人以悠闲，知人生之可乐，玄学清谈、文学艺术及一切陶淑人群之学本之。中国元圣巨哲，罔不兼是两学，负起两重使命。《老子》："常有欲以观其徼，常无欲以观其妙。"既存想于小国寡民，复教人以虚无静退。孔子历聘七十二国，自期秉政三年有成，而复与于曾点浴沂，同于武城弦歌，其人格之尽善尽美，可以想见。若老子之后有庄周，号为道家，而其人则"傥来轩冕"，不屑从政，洸洋恣肆，著书成一家言，盖得其一偏者也。孔子之后有孟轲，私淑仲尼，而其人则有"当今天下，舍我其谁"之概，不遇于齐，若有不豫色然。盖亦得其偏者也。中华自有此两大学术，初无以名之，不得已而号之曰"文史"。"文史"者，非单纯之"文学""史学"也。"文"之涵义广矣远矣！《周书·谥法解》，以"经纬天地""道德博闻""学勤好问""慈惠爱民""愍民惠礼"者，均谓之"文"。尧之"焕乎文章""文思安安"，夫子之"文章"，游、夏之"文学"，皆是类也。"史"之涵义，亦非片言所能尽。昔孔子问礼于老聃，老聃时为周柱下史。韩宣子过鲁见《鲁春秋》，而曰："《周礼》尽在是！"礼所以经纬国家，史所以历记治乱兴衰、成败得失以鉴往知来。"礼"之于"史"，若相表里然。后世一切学术皆有史，"六经皆史"之论，初发之明胡应麟，继张之清章学诚，其范畴之大，几可与文相埒。国学书中恒言文史者，当以此说恢廓之，不可视为单纯之文学、史学矣。

---

① 编者按：迻录手稿本《培风楼文丛》。

中国旧籍，汗毛充栋，每书价值，猝难估定。彼纯以文学故实见长者，诚不足论，而具有第一与第二使命意味之书，即当分别品定之。郦道元《水经注》一书，在国学中虽非非常之巨著，然于文、史两方面，均实有其努力策进，如《绵水》条斥王肃《丧服要记》桂树之设近诬；《谷水》：洛阳故宫论阙前置登闻鼓之为求阙；国子石经碑证知“隶”出于古，非始于秦；《渭水》：华山钩梯设博，用《韩非子》证知出于秦昭王，而审《神仙传》之附会；《沙水》：石勒焚晋公卿尸，斥王衍污辱君亲；《泗水》：孔里详述之尊圣；吕梁悬水流沫之明语增；《湍水》：张詹墓讥虚设白楸之言，而厚葬为无益；《江水》：叙先尼和没死成濡滩，女络至父没处哀哭自沉之旌孝；女观山叙思妇忧死之劝贞；《林水》：叙僮窃饼银遇蛇螫死事以教廉等，皆明善进德、化民易俗之要者。至于水道、河渠、郡县、山川，乃经国画野，治道之初著，为郦书之专尚，更无论矣。

郦元生于北魏肃宗朝，当其国作明堂、辟雍、建国学之后，其时行三年丧，正冠服，修历代帝王祀典，尊崇孔子，侯其裔孙，禁谶纬、巫卜、杂技，文教灿备。郦元自御史、辅国将军历仕至荆州刺史，秉法清勤，不慑豪贵，虽为治稍伤严猛，不克令终，然其人之风裁峻整，亦不失为文吏中绩学人物。此其负利济人生之使命，可推知者也。至于美化人生方面，当远溯于典午一朝言之。两晋玄风大畅，美学滋兴，士以《易》《老》《庄》三书为谈助，号为三玄。为清谈主如王衍者，神情明秀，尝手白玉麈指挥见意，信口雌黄，词锋莫测。其人品不言钱，为官不亲民，卒为误国魁首。然其人生活之清超，情志之美妙，风度之翛远，自亦抗尘走俗者所仰望不及者也。南渡后清谈渐衰，流为荡检决防，人生既难美化，玄风实堕常谈。于是王羲之父子以书法代挥麈，顾恺之以绘事易裸袒狂饮，晋末陶潜以田园诗继名理，宋初谢灵运以山水诗代老庄，此盖人类精神美化应有之趋势。推之宋、齐，迄梁沈约、谢朓之永明体，徐摛、庾肩吾两父子之宫体诗、骈偶文，声律谐畅，对仗工丽，亦玄风之代兴，美学之馀势矣。

郦元生于北朝，雅慕南朝吴均叔庠之山水文，于《沔水》条尝引吴均诗“剑是两蛟龙”云云。吴均者，梁天监间吴兴故鄣人，与郦元生同时而略早。沈约重其才，史称其文体清拔有古气，善写山水奇奥之趣，好事者效之，谓为吴均体。吴均集有书三通，皆善状山水之胜。《与施从事书》云：“绝壁干天，孤峰入汉。归飞之鸟，千翼竞来。企水之猿，百臂相接。”《与顾章书》云：“森壁争霞，孤峰限日。幽岫含云，深溪蓄翠。蝉吟鹤戾，水响猿啼。英英相杂，绵绵成韵。”《与宋元思书》云：“水皆缥碧，千丈见底。游鱼细石，直视无碍。急湍甚箭，猛浪若奔。夹嶂高山，皆生寒树。泉水激石，泠泠作响。好鸟相鸣，嘤嘤成韵。”道元则之，文愈瑰丽，吞吐控引，尤得散行之妙，可谓集山水之大成矣。如：

**江水**

自三峡七百里中，两岸连山，略无阙处。重岩叠嶂，隐天蔽日。自非停午夜分，不见曦月。至于夏水襄陵，沿泝阻绝。或王命急宣，有时朝发白帝，暮到江陵。其间千二百里，虽乘奔御风，不似疾也。春冬之时，则素湍绿潭，回清倒影。绝巘多生柽柏，悬泉瀑布，飞漱其间。清荣峻茂，良多趣味。每至晴初霜旦，林寒涧肃，常有高猿长啸，属引凄异，空谷传响，哀转久绝。故渔者歌曰：“巴东三峡巫峡长，猿鸣三声泪沾裳！”

山松言：“尝闻峡中水疾！”书记及口传，悉以临惧相戒，曾无称有山水之美也。及余来践，赍此意，既至欣然，始信耳闻之不如亲见。其叠崿秀峰，奇构异形，固难以辞叙。林木萧森，离离蔚蔚，乃在霞气之表。仰瞩俯映，弥习弥佳。流连信宿，不觉忘返。目所履历，未尝有也。既自欣得此奇观，山水有灵，亦当惊知己于千古矣。

## 河水

孟门东南有平山，水出于其上，潜于其下。又是王屋之次，疑即平山也。其水南流，历鼓钟上峡，悬洪五丈，飞流注壑，夹岸深高，壁立直上，轻崖秀举，百有馀丈。峰次青松，岩悬赪石，于中历落，有翠柏生焉。丹青绮分，望若图绣矣。

## 汶水

自入莱芜谷，夹路连山百数里，水隍多行石涧，中出药草，饶松柏，林藿绵蒙，崖壁相望，或倾岑阻径，或回岩绝谷，清风鸣条，山壑俱响。凌高降深，兼惴栗之惧；危蹊绝径，过悬度之艰。

郦元《江水》数则写巫峡、瞿塘之胜，古今奇作也。“山水有灵，当惊知己”，实非夸语。如“素湍绿潭，回清[①]倒影”“悬泉瀑布，飞漱其间。清荣峻茂，良多趣味”，直天地有声有色之绝佳文字。至如“晴初霜旦，林寒涧肃，常有高猿长啸，属引凄异，空谷传响，哀转久绝”，读之清幽寒湛，沁人心脾。恨身不生长翮，不能翛然出尘鞅也。更如“仰瞩俯映，弥习弥佳”，亦非深得山水神理者不能道。盖境之绝佳者，似曾相接。彼超奇文士精神美感之内蕴，先有此境，今眼目一触，若合符节，令人俯仰，不能自已，故有此“弥习弥佳”一喻矣。后世李白于敬亭山云：“相看两不厌，只有敬亭山。”亦有此种神理。山水之佳者，久而敬之，非玩世傲物之廋词也。郦元此种山水游记，渟峙飞猱，俨然在目；绿阴晴雪，凝拂几上。诚所谓灵象森著，吐弃凡近者矣。昔仲尼游农山以兴喟，齐景登牛山以陨涕，魏牟身在江湖，庄周神欣皋壤，庸讵能轶于此乎？刘彦和所谓“登山则情满于山，观海则意溢于海。我才之多少，将与风云而并驱”者，洵乎得之。此其负美化人生之使命，使人生悠闲而常可乐，真可扑人五斗俗尘而恍若行玉

① 清：底本作“青”，据《水经注校证》改。

山之上焉。

郦元地志书尤有一长，人嗤其短者，即常采述民间神话短书小说丛脞其间是也，而不知其独富文学之趣焉！昔左邱明作《传》，好记怪异，如“石言于晋”“郑人相惊伯有”“秦缓察膏肓”“燕结梦兰”“龙漦灭周”“社鬼亡曹”等，人谓其失也巫，然《左传》富艳浮夸，功侔造化，自为中国文学巨著之一。屈原生楚，楚俗好事鬼神，原就之点染，作为《九歌》，其辞幽婉惝恍愈甚，遂为千古词赋之祖。郦元优游文史之间，尤喜采撷故事，致幽其笔，移人之情。如《河水》之放弓仗塔，《淇水》之鲜于冀鬼见白日，《鲍邱水》之玉田，《濡水》孤竹国之叔齐浮棺、秦始皇之海中石桥，《汝水》之王乔叶令，《泗水》之夫子故宅，《淄水》之鹿皮公，《沔水》之唐公祠，《湍水》之张詹墓，《肥水》之淮南王刘安庙，《江水》之女鸟，《温水》之竹王，《湘水》之君山，《耒水》之苏耽，《庐江水》之宫亭庙，《渐江水》之信安悬室坂，皆神仙怪诞之事，屡书不绝。盖地方传说之故事，非有确凿之史迹，在若有若无之间，虽涉神话而自诙诡，饶文学趣味。譬如《荆山》下一湖，寻常一死水耳，因传说黄帝采首山铜铸鼎开荆山下。鼎既成，有龙垂胡髯下迎黄帝。黄帝上骑，群臣、后官从上者七十馀人，龙乃上骑。馀小臣不得上，乃悉持龙髯，髯拔，堕黄帝之弓。百姓仰望黄帝既上天，乃抱其弓与胡髯号，故后世因名其处曰鼎湖，其弓曰乌号。此故事见《史记·封禅书》，吾人读之，莫不知其妄诞可笑，如鼎成何致来龙迎？龙身长几许，何能乘群臣、后宫七十馀人？龙既神物，胡髯何至被拔堕？离奇谲狂之至！然令人至荆山下者，莫不乐有此鼎湖之神话传说。姑妄言之，姑妄听之，其味乃无穷。使有人真证其妄说非事实者，则亦令人太淡漠无趣矣。名山大川，此种文学之故事至多，宁可信其有，不可信其无。《水经注》常有此种文学故事之点缀，于地志书中自成诡越一派，固非本色，然张皇幽渺，渲染尽致，于文学则可谓为有得矣。

郦元于文学故事尽多博采信矣，然即谓其于正史有关之民间事实皆极不精审，则诬罔之极，不可不辨也。南北朝间有名之正史，当以宋范晔删诸家汉记成《后汉书》为第一，刘知几《史通·书事》篇云："范晔博采众书，裁成汉典，观其所取，颇有奇工。"然如《列女传》中姜诗妻，事实颇有舛谬，不合事理者。而郦元《江水·广汉·沈乡》一则能访搜事实，纠正其误。今以二文合观，便知其虚实所在，优劣亦可较见矣。

《后汉书·列女传·姜诗妻》：

> 广汉姜诗妻者，同郡庞盛之女也。诗事母至孝，妻奉顺尤笃。母好饮江水，水去舍六七里，妻尝溯流而汲。后值风，不时得还。母渴，诗责而遣之。妻乃寄止邻舍，昼夜纺绩，市珍羞，使邻母以意自遗其姑。如是者久之，姑怪问邻母，邻母具对。姑感惭呼还，恩养愈谨。其子后因远汲溺死，妻恐姑哀伤，不敢言，而托以行学不在。姑嗜鱼鲙，又不能独食，夫妇尝力作供鲙，呼邻母共之。舍侧忽有涌泉，味如江水，每旦辄出双鲤鱼，以供二母之膳。赤眉散贼经诗里，弛兵而过，曰："惊大孝必触鬼神。"时岁荒，贼乃遗诗米肉，诗受而埋之，比落蒙其安全。（下略）

《水经注·江水·益州》条：

> 益州旧以蜀郡、广汉、犍为为三蜀，土地沃美，人士俊乂，一州称望。县有沈乡，去江七里，姜士游之所居。诗至孝，母好饮江水，嗜鱼鲙，尝以鸡鸣溯流汲江。子坐取水溺死，妇恐姑知，称诗游学，冬夏衣服，实投诸江流。于是至孝上通，洄泉潜出其舍侧，而有江之甘焉。（下略）

范《书》既以姜诗妻入《列女传》，别无他传表见姜诗，则妻重于夫可知。然妇之孝姑，原于妻之顺夫。妻既独显孝名，则其殆必先死乎？今按范晔不得其真于远汲溺死之子，目之为姜诗之子，而本传又未明言诗生有子，则“其子因远汲溺死”一语，殊为鹘突，且尤可见范《书》之支离者。“赤眉散贼经诗里”，不云“经姜诗妻里”，“贼乃遗诗米肉”，不云“遗姜诗妻米肉”，然则姜诗固未远汲溺死明矣。既未远汲溺死，何此传不以姜诗标题，移之《独行传》，而必抑夫从妻，令其附见于《列女传》乎？郦《书》则不然，直以“子坐取水溺死”为姜诗本人之死。妇恐姑知，称诗游学，冬夏衣服寄远者，悉投诸江者，则明言诗已死，特隐于姑前而已。然后亡儿嫠媳之孝上感于天，洞泉潜出其舍侧，而有江之甘焉。故以郦《书》救之，则范《书》姜诗妻标题为传，固得以姜诗单独立传，亦无不可。盖最要者，赤眉散贼经里遗米肉之事，千万不得错出以害于事理者也。由是言之，郦元采访之详，史识之明，固非范蔚宗徒工文辞所可望矣！此郦《书》于正史亦一重大贡献也。

唐刘知几《史通·内篇·杂述》叙史流有十：一曰偏记，二曰小录，三曰逸事，四曰琐言，五言郡书，六曰家史，七曰别传，八曰杂记，九曰地理，十曰都邑簿，详矣，备矣。今按郦《书》所晐亦甚富，十流几悉备焉。《温水·林邑》纪杨州范文自牧羊奴入林邑为王，此偏记之类也。《河水》放弓仗塔，叙贤劫千佛之生自肉胎，此小录之类也。《睢水》汉太尉桥元墓纪曹公想象平生笑谈而酹祭，此逸事之类也。《温水》条“惟槟榔树，最南游之可观，但性不耐霜，不得北植”，此琐言之类也。《沔水》中“鱼梁州”纪庞德公、司马德操之望衡对宇，欢情日接，此郡书之类也。《巨洋水》自叙侍其先人作镇海岱，《江水·西陵峡》自叙经过得遂奇观，此家史之类也。《江水》叙先尼络之孝女、姜诗妻之孝妇，此别传之类也。《沔水》之五女激、鲍邱之玉田、淇水之鲜于鬼，此杂记之类也。《若水》之钩蛇、《温水·林邑》之归飞鸟、《滋水》之纥干雀、《浪水》之　鱼，地理书之类也。《泗水》之孔里、《睢水》之蠡台，此郡邑簿之类也。聚此十流，成此一书。文既如彼，史复具此，郦元之成就，岂不卓出南北朝上哉？人才难得，郦元有此美志，成此奇书，而魏收秽史，不列其人于《儒林》《文苑》传中，顾以厕《酷吏》之末，岂不重可惜哉！

# 清儒学说述要[①]

有清一代学术，浩衍繁赜，含蕴甚富，今欲数其目，虽更仆不能尽。而为书专论之者，江藩有《汉学师承记》《宋学渊源记》，唐鉴有《清朝学案小识》，阮元有《畴人传》，沈豫有《清经解渊源录》。附论之者：李元度有《清朝先正事略》，缪荃孙有《续碑传录》，钱大昕、杭世骏诸人各有专集，然迄无一最有系统之学术史以为讲明。近人梁启超始作《清代学术概论》一书，条理明晰，辞亦喻众。然其书质量不丰，论“公羊学派”处过半，自叙又嫌太多，而清代诸儒最伟大名通之学说，反罕举及，愚窃惑焉。日本学者渡边秀方著《中国哲学史概论》有曰：“研究□□学术，不以清代学者名著为根柢，当断断不能成功。”愚亦以为研究中国近代思想，不以清儒诸学说为对象，亦断断不能有左右逢源之乐也。

清儒学说自成其系统，继往开来，足俟之百世而不惑者，约有十端，一曰“明耻保天下说”，顾炎武倡之，王夫之和之是也；二曰“习气论”，王夫之倡之，焦循和之是也；三曰“动静说”，陆世仪独明之者也；四曰“学教治一贯说”，颜元独创者也；五曰“性善说”，陆世仪先启其绪，焦循继定其论者也；六曰“理欲辨”，戴震独抒其见者也；七曰“权变说”，焦循参之于《易》，而得其辞者也；八曰“非君抑尊说”，黄宗羲、唐甄不期而合之言也；九曰“解放女子与尊重女性说”，钱大昕、唐甄新颖之论也；十曰“无鬼论”，洪亮吉破除迷信有力之说也。

清代学术所形成之思潮，经梁启超氏所论定者，前半期为“考证学”，后半期为“经今文学”，或曰公羊学派。而日人渡边秀方则以“理学派”“考证学派”“公羊学派”三思潮为清代思想之全体，且谓“理学派”“公羊学派”在其学之价值上，比之“考证学派”，遥多逊色。愚窃

① 编者按：是文发表于《浙江省立图书馆馆刊》1935 年第 4 卷第 3 期。

以上举学说之十目，绝非任何一学派所能范围。然核其实，亦有与诸学派肸蠁相通之处。则如习气说、动静说、性善说等，与理学派有关者也；理欲辨、权变说，与考证学派有关者也；非君抑尊说，开清代今文学末流之民主共和思想者也；学教治为一贯，伦理学家、政治学家糅合之思想也；无鬼论，则近于诡辩派矣。今请一一介绍其说。

## 一、明耻保天下说

明社屋后，故职方郎昆山顾炎武，屡举义师，不就，其中痛愤无所泄，辄走绝塞适荒陬，以马二双骡，载书自随。王尼露车而叹沧海横流，孔鲋抱礼器以就陈王，不是过也。清廷词馆史馆之招，以绳刀二物为待决之具，其志节亦可哀矣。往来南北与友人论学，只拈“博学于文，行己有耻”八字。行己有耻者，明耻之说也。论者以为顾氏有“舍经学无理学”一言，遂谓其斥弃理学，□知炎武非斥理学也，斥宋、明之心学耳。非斥宋、明一切之心学也，斥晚明阳明派之心学耳。国已亡而尚高谈“心性良知”，不知其羞恶恻隐之心安在？钱谦益、龚鼎孳、吴伟业，大臣也，相率而俯拜犬羊；孙奇逢，大儒也，而论文文山，惟取其柴□就义之前，以箕子自处，不亟亟于求毕旦夕之命。(注一)其不藉此以纾己责者几希矣。西晋之臣相率臣于刘聪、石勒，观其故主青衣行酒而不以动其心。(注二)《五代史·冯道传论》有言：“礼义廉耻，国之四维。四维不张，国乃灭亡。”(注三)炎武殆以此行诛于明末失节诸臣，而大声疾呼以警觉之曰“保天下，然后知保其国”，“士大夫之无耻，是谓国耻”！呜呼，其辞精耸，而意态侠烈矣。

王夫之与顾炎武生同时而略后，砥砺气节，故国之戚，生死不亡，亦尝以知耻为言。其言曰：“于不可耻而耻，则移其良耻，以从乎流俗，而耻荡然矣。故曰：‘知耻者，知所耻也。’”(注四)又曰：“学易而好难，行易而力难，耻易而知难。学之不好，行之不力，皆不知耻，而耻其所不足耻者，乱之也。”又曰：“用知不如用好学，用仁不如用力行，用勇不如用知耻。”一篇之内，于“知耻”二字，皆深加之意，先生窜伏穷山四十馀年,不屈于张献忠,不臣于□□,著书三百二十四卷,浩气长存于天地之间,可谓好学力行而知耻者矣。

(注一)《明儒学案·孙钟元奇逢学案》:"忠孝节义,道中之一节一目。文山以箕子自处,便不亟亟求毕旦夕之命。此身一日不死,便是大宋一日不灭。生贵乎顺,不以生自嫌,死贵乎安,不以死塞责。"

(注二)《日知录》"正始"条:"有亡国,有亡天下,亡国与亡天下奚辨?曰:'易姓改号,谓之亡国。''仁义充塞,而至于率兽食人,人将相食,谓之亡天下。'魏晋人之清谈,何以亡天下?是孟子所谓:'杨墨之言,至于使天下无父无君,而入于禽兽者也……'自正始以来,而大义之不明,遍于天下。如山涛者,既为邪说之魁,遂使嵇绍之贤,且犯天下之不韪而不顾。夫邪正之说,不容两立,使谓绍为忠,则必谓王裒为不忠而后可也。何怪其相率臣于刘聪、石勒,观其故主青衣行酒,而不以动其心者乎?是故知保天下,然后知保其国。保国者,其君其臣,肉食者谋之;保天下者,匹夫之贱,与有责焉耳矣。"

(注三)《日知录》"廉耻"条:"《五代史·冯道传论》曰:'礼义廉耻,国之四维。四维不张,国乃灭亡。'善乎管生之能言也!礼义,治人之大法;廉耻,立人之大节。盖不廉则无所不取,不耻则无所不为。人而如此,则祸败乱亡,亦无所不至。况为大臣而无所不取,无所不为,则天下其有不乱,国家其有不亡者乎?然而四者之中,'耻'尤为要。故夫子之论士,曰:'行己有耻。'孟子曰:'人不可以无耻。无耻之耻,无耻矣。'又曰:'耻之于人大矣,为机变之巧者,无所用耻焉。'所以然者,人之不廉,而至于悖礼犯义,其原皆生于无耻也。故士大夫之无耻,是谓国耻。……"

(注四)以下所引均见《思问录》。

## 二、习气论

清儒论"习"者,有颜元、王夫之二人。颜以"引蔽习染"为言,王则论"习"兼及"气",盖谓习闻习见而据之气也。王氏之论习气曰:"末俗有'习气',无'性气',其见为必然而必为,见为不可而不为,以婞婞然自任者,何一而果其自好自恶者哉?皆习闻习见而据之气,遂为之使者也。习之中于气,如瘴之中人,中于所不及知。而其发也,血气皆为之濆涌。故气质之偏，可致曲也。嗜欲之动，可推以及人也。惟习气移人，为不可复施斤削！……”(注一)又于读《通鉴论》所附之《宋论》卷十四，深论“士气”之非，以为士“以志帅气，则气正；以气动志，则志骄；以行舒气，则气达；以气鼓行，则行躁；以守植气，则气刚；以气为守，则守窒。养气者，不守其约，而亟以加物，是助长也。激天下之祸，导风俗之浇，而还以自罹于死辱。斯其为气也，‘习气’而已矣。……”(注二)呜呼，王氏之论，抑何深切著明之至是耶？汉之“党锢”，唐之“清流”，宋之“洛蜀”，明之“东林”“复社”，藉令有君子谋国于其间，然何一而非激于朋党声援之习气？婞婞然以他人之好恶为一己之好恶哉？远事且不论，姑论近事，民国八年五四运动，北平学生游行示威，火媚外者曹汝霖宅，殴辱章宗祥。此后全国学校联合罢课，宣讲请愿，风起云涌，至前二三年始稍平息。论者誉为爱国运动，固有然矣。然此种运动，出自于“性气”耶？抑“习气”耶？其亦不幸为婞婞然自任之态，溺于习闻习见而据之气乎？焦循《叶李论》亦曰：“学者之病，合则相标榜，分则相诋诃，有人之见有也。有人之见存，则于不当为而为，亦必于当为而不为，……力学之不暇，何暇于朝政之议？竭力于孝弟忠信而不足，何敢论宰相之贤否？所以蓄其德，酝酿其才略有如此者。”则其明标榜之习不可有，嚣浮之气不可存矣！噫，天下事之不可解而最可畏者，莫如习气之乘人：上海一隅之女子，忽而长裾及地，忽而露臂及肩，而内地之女子，亦悉起而长裾及地，露臂及肩。或者晓之曰：“长裾及地，将有颠仆之患矣；露臂及肩，将有冻瘃之害矣。”而女子必长裾、露臂自若，且嗤晓者为迂愚后时矣。是“性气”之不足与“习气”抗，彰彰明也！习气之弃乘，非徒女子服装之一端也，学者亦然。英国尊贵族，我国留英学生即多岸傲如绅士。美国拜黄金，我国留美学生，即多贪浊类市侩，志骄行鄙，令人不可向迩。曩年学者，有究《墨经》者，而全国皆墨学；曩年学者，有为前人作年谱者，而全国者皆喜掇拾猥琐为年谱。其他评传也，自传也，民俗学也，索引也，引得也，幽默也，大众也，小品也，层出不穷，亦肖效不穷。坐令湛静庄严之学术界，化为光怪陆离之商场，何一而非“习气”为之瘴毒哉！呜呼，观于船山之论，可以怅然返矣。

(注一)见《思问录·内篇》。

(注二)《宋论》卷十四《理宗》：“世降道衰，有士气之说焉。谁为倡之，相率以趋，而不知戒？于天下无裨也，于风俗无善也，反激以启祸，于士或死，或辱，而辱且甚于死。故以士气鸣者，士之荑稗也，嘉谷以荒矣。夫士，有志、有行、有守，修此三者，而士道立焉。以志帅气，则气正；以气动志，则志骄；以行舒气，则气达；以气鼓行，则行躁；以守植气，则气刚；以气为守，则守窒。养气者，不守其约，而亟以加物，是助长也。激天下之祸，导风俗之浇，而还以自罹于死辱。斯其为气也，‘习气’而已矣。且夫气者，人各有之，具于当体之中，以听心之所使，而不相为贷。不相为贷者，己之气不以人之动之而增；人之气，亦非己气之溢出，以相鼓动而可伸者也。所谓‘士气’者，合众人之气以为气。呜呼！岂有合众气以为气，而得其理者哉？今使合老幼、羸壮、饥饱、劳佚之数十百人，以哄然与人相搏，其不为敌所挠败者鲜矣。故气者，用独者也。使士也，以天下为志，以道义为行，以轻生死、忘贫贱为守。于以忧君父之危，伤彝伦之斁，恤生民之苦，愤忠贤之黜，而上犯其君、下触权奸之大臣以求直，则一与一相当，捐顶踵以争得失，虽起草茅于九阍，越其畔矣，而气固盈也！乃忧其独之不足以胜，贷于众以袭义而矜其君，是先馁也。于己不足，而资哄然之气以兴，夫岂有九死不回之义哉？以为名高，以为势盛，惟名与势，初无定在，而强有力者得乘权以居胜地。于是死与辱及其身，而益彼之恶，以为天下害，斯岂足为士气之浩然者乎……”

## 三、动静说

清儒李颙于心之本体，认为独而无对，乃“无善无恶虚明寂定”之物，及其念起之后，则有对而无独，遂为“理”“欲”二途之歧趋，其说与陆象山、王阳明完全一致。陆世仪之论动静也，既不取“静坐观心”之说，亦不事考亭“半日静坐”之功，而与李颙之纯用王学本领者又截然不同。其意以为君子、凡民之身，皆有动有静，而君子之心有静无动，凡民之心，有动无静。凡民之心虽一念不起，而茫无所着，恍忽飘荡入于空冥，故虽静，实动也；君子之心，虽一念已起，而不逆不亿，湛然先觉，因物付物，故虽动，实静也。学者当闲邪存诚，以从圣人之教，庶臻于神化而不觉。若邪念、正念一概遏抑，使不得伸，势必溃决而起，不可复制，此“殆”之所由生也。(注一)综而论之，桴亭之动静学说，乃建立于“即动求静”方面。即动求静，即所谓“学”，即所谓“心有主”也，而反对所谓“离动求静”者。“离动求静”者何？“静坐”也。静坐，“心无所主”也。桴亭此论，远绍张横渠，并世人颜习斋，亦与之相近。然习斋无其言之融畅也。兹更列其说之步骤如次：

(一) {有静无动——君子<br>有动无静——凡民}

(二) {虽动实静——君子<br>虽静实动——凡民}

(三) {即动求静——闲邪存诚——学(心有主)(神化)<br>离动求静——邪正悉遏——静坐(心无主)(殆)}

(注一)见陆世仪《论学酬答》。

## 四、“学”“教”“治”一贯说

清初大儒颜元，早年笃信程朱，因居丧误遵《朱子家礼》，《白田杂著》已辨《家礼》为后人所伪托，习斋勇于躬行，或于辨伪之功稍疏。因叹先王制礼，尽人之性，后儒无德无位，不可妄作。自是始悟尧舜之道在“六府”“三事”，周公教士以“三物”，孔子以“四教”，非主静诵读流为禅宗俗学者所可托。于是著“存学”“存性”“存治”“存人”四编，名其居曰“习斋”，率门弟子行孝弟，存忠信，日习礼、乐、射、御、书、数，究兵、农、水、火诸学。堂上琴、竿、弓、矢、筹、管森列，尝于漳南书院立“文事”“武备”“经史”“艺能”等科，规制甚宏。其常仪功，则跬步之间，必遵古礼，衣冠端坐，拱手致敬；过墓则式，过祠则下，有过即于圣位前自罚跪伏罪。(注一)虽年老病笃不懈，临没犹谓弟子曰：“天下事尚可为！若等当积学待用。”终习斋一生，其心咸在用世，故常视“学”“教”

“治”为一条，不得离判，尝以圣人“学”“教”“治”为一致。(注二)文周之“治”，亦即其“学”其“教”。(注三)公西子之礼乐，冉子之艺能，即所以彰示夫子所以“教”与三千人之所以“学”。(注四)家有弓矢，人能干戈，习礼必射，奏乐必舞，则文治之美，武治之实无不臻。(注五)习行礼、乐、射、御之学，健人筋骨，和人血气，调人情性，长人仁义。一人体之，锡福一人；一家礼之，锡福一家。小之却一身之疾，大之措民物之安，(注六)皆处处揭示“学”“教”“治”一贯之旨。因其以“学”“教”“治”为一贯，故浅鄙宋儒，“讲读著述”以下不见一可相可将之才。拱手以二帝畀金，以汴京与豫。(注七)噫！学愈盛而才愈寡，先生准尧舜周孔□教观之，宋儒固当愧服汗下矣。先生设教开封漳南，由是“学”也，使其得逢时以任天下事，亦将由是“学”也。惜乎其竟不遇，而仅有《学记》及《言行录》以传于后世也。

(注一)见钟陵颜习斋《言行录·常仪功》。

(注二)见戴望《颜氏学记》卷上。

(注三)见《学记》卷上。

(注四)见《言行录》卷上。

(注五)见《言行录》卷上。

(注六)见《言行录》卷下。

(注七)见《学记》卷一。

## 五、性善说

性善原为孟子之说，宋儒则以孟子所谓性善之性属之“天地之性”，而复增“气质之性”，目之曰：有善有恶。“天地之性”人物未生之际，而禀于天地者也；“气质之性”人物已生，而禀于父母者也。人物未生，则何从附丽以“善”名？更何从以“至善”归之于人？宋儒之言，于是乎支离葛藤矣。陆世仪则于此解，称有所窥，其言曰：“人心之善，不必在‘天命’上看，正要在‘气质’上看。何以言之？‘性’字是公共的，人有性，物亦有性，禽兽有性，草木有性。若在‘天命’上看，未着于人，未着于物，人之性即物之性，物之性即人之性，无所分别也。无所分别，而谓之‘至善’，则人至善，物亦至善，何以见得至善必当归之于人？惟就‘气质之性’上看，则人之性，不同于物之性；禽兽之性，不同于草木之性；人得其全，物得其偏；人得其灵，物得其蠢；人得其通，物得其塞，其为至善，必断断属之于人无疑！人苟实见得此理，则‘天命之性’固是至善，‘气质之性’亦是至善。学问之功，愈不可少。何以言之？天命之性浑然至善，固不须学问，而亦着不得学问。气质之性，幸不同于草木鸟兽矣。然不学，则善者亦归于不善。且看禽兽草木，□是气质，惟不知学，不能学，则终不能善，故曰：‘人为万物之灵。’人之气质之性，亦至善也。”于是性善之说，始同复孟子所指者之本来面目，而一刀斩断宋儒葛藤曲说，其有功于圆颅方趾之民，可谓大矣！盖依宋儒之说，人可诿其气质不善，而怠于学，画于道；得陆氏之说，人始奋迅振起，思上进于君子，惧下夷于禽兽矣。陆氏之说发明之后，稍后复得焦循为之阐绎，则“性善说”如火如荼，昭明且有融焉。焦氏性善解之言曰：“性何以善？能知故善。同此男女饮食，嫁娶以为夫妇，人知之，鸟兽不知之。耕凿以济饥渴，人知之，鸟兽不知之。鸟兽既不能自知，人又不能使之知，此鸟兽之性，所以不善。人纵淫昏无耻，而己之妻不可为人之妻，固心知之也。人纵贪饕残暴，而人之食不可为己之食，固心知之也。是‘性善’也。……同一饮食，而人能嗜味，鸟兽不知嗜味，推之同一男女，人能好色，鸟兽不知好色；推人心最灵，乃知嗜味好色，即能知‘孝悌忠信’‘礼义廉耻’，故礼义之悦心，犹刍豢之悦口。悦心悦口，皆性之善。”焦氏此说，第于男女饮食验人之性善，而丝毫不爽，不必如宋儒推之“人物未生之际”，亦不必如荀子指“礼义为圣心”，不许后之言性者，再为好高务远及胶固不解之说，其人亦杰矣哉！

## 六、理欲辨

东原治汉学，卓然为有清全盛时第一人，东原推钱晓征为当代学者第二人，□□然自居于第一人也。而宋学中如“理气才性”诸问题，皆一一分析详明，犂然当于人心。其所作《原善》一卷、《孟子字义疏证》三卷、《大学》《中庸》补注各一卷，孔广森推为戴氏学术之大端。而《孟子字义疏证》尤最有功于思想界，其中辨“理”“欲”诸条，精悍严瑮，若坐宋儒于堂下而鞫之，诚可谓豪杰之士矣！然观于东原《与彭允初书》有云：“程朱以‘理为如有物焉，得于天，而具于心’启天下后世，人人凭在己之意见，而执之曰‘理’，以祸斯民，更淆以‘无欲’之说，于得理益远，于执其意见益坚，而祸斯民益烈！岂‘理’祸斯民哉？不自知其‘意见’也。则亦自待如孟子之‘息邪说’、大禹之‘抑洪水’矣。”戴氏《孟子字义疏证》辨“理”者十五条，辨“大道”者四条，辨“性”者九条，《与彭进士允初书》一通则附于卷末。诸条论“理”字之指外，复言“理”与“情”与“心”与“性”与“欲”等之关系，而《与彭允初书》则总论宋明理学之非，尤大放厥辞矣！其论“理”字之旨曰：“理者：察之而几微，必区以别之名也，是故谓之分理；在物之质曰肌理，曰腠理，曰文理，曰天理，如庄周言依乎天理，即所谓‘彼节者有间也’。”是“理”者，“凡一切事物本身皆具，非如宋儒所谓‘如有物焉得于天’者也’”！其论“理”与“情”之关系曰：“‘理’者，‘情’之不爽失也，未有‘情’不得而‘理’得者也，情得其平，是为好恶之节，是为依乎天理。”又曰：“在己与人皆谓之‘情’，无过情，无不及情之谓‘理’。”其论‘理’与‘心’之关系，则极斥宋儒以心之“意见”当理，语最透辟而沉痛，其言略云：“自宋以来，始相习成俗，则以理为如有物焉，得于大而具于心，因以心之意见当之。于是负其气，挟其势位，加以口给者理伸；力弱气慑，口不能道辞者理屈。呜呼，其孰谓以此制事，以此制人之非理哉？……凡事至而心应之，其断于心辄曰‘理如是’，古圣贤未尝以为理也！……尊者以理责卑，长者以理责幼，贵者以理贵贱，虽失谓之顺；卑者、幼者、贱者以理争之，虽得谓之逆。于是下之人不能以天下之同情、天下所同欲达之于上。上以理责其下，而在下之罪人，不胜指数。人死于法，犹有怜之；死于理，其谁怜之？……”其论“理”与“性”之关系，亦责宋儒以孟子言“人无有不善”之性为人物未生之时之性，乃离人而空论夫理，其言略云：“《乐记》‘人生而静’，与‘感于物而动’对言之，谓方其未感，非谓人物未生也。《中庸》‘天命之谓性’，谓气禀之不齐，各限于生初，非以理为在天在人而异其名也。孟子言人无有不善，朱子言人无有不恶，程朱于人物未生时，目为天理之性，而曰善；明于人生以后之气质之性，必不得断之，曰善，明矣。其视理俨如有物，以善归理，朱子曰：未有天地之先，毕竟也只是理，有此理，便有此天地。虽显遵孟子‘性善’之云，究之孟子就人言之者，程朱乃离人而空论夫理，宋儒以理为不生不灭。又朱子《答王道夫书》曰：‘天地之间，有理有气，理也者，形而上之道也，生物之本也。气也者，形而下之器也，生物之具也。’似同于孟子而实异，异于荀子而实同也。荀子以理义为圣心，常人则任其心知，血气之自然谓‘性恶’也。”其论“理”与“欲”之关系曰：“孟子言‘养心莫善于寡欲’，明乎欲不可无也，寡之而已。人之生也，莫病于无以遂其生。欲遂其生，亦遂人之生，仁也。欲遂其生，至于戕人之生而不顾者，不仁也。不仁实始于欲遂其生之心，使其无此欲，必无不仁矣。然使其无此欲，则于天下之人生道穷促，亦将漠然视之已。不必遂其生而遂人之生，无是情也。然则谓不出于‘正’则出于‘邪’，不出于‘邪’则出于‘正’可也。谓不出于‘理’则出于‘欲’，不出于‘欲’则出于‘理’，不可也。‘欲’其物，‘理’其则也。不出于邪而出于正，犹往往有意见之偏，未能得理。而宋以来之言理、欲也，徒以为正邪之辨而已矣。……《诗》曰：‘民之质矣，日用饮食。’《记》曰：‘饮食男女，人之大欲存焉。’圣人治天下，体民情，遂民之欲，而王道备。……口之于味也，目之于色也，耳之于声也，鼻之于臭也，四肢之于安佚也，此后儒视为人欲之私者，而孟子曰‘性’也，继之曰‘有命焉’。命者，限制之名，如命之东，则不得而西，言性之欲之不可无节也。节而不过，则依乎天理，非以天理为正，人欲为邪也。”又曰：“圣人无私而有欲，释老无欲而有私。常人之欲，纵之至于邪僻，至于争夺作乱。圣人之欲，无非懿德。”噫！东原理、欲之辨，公允明赡极矣！李元度氏之《清朝先正事略》顾咎其多持独见何耶？

## 七、权变说

焦循“权变说”在其所创诸学说中，最称精醇。其说考之于《易》《中庸》《论语》《孟子》《说文》，而出入证讨于《公羊》《春秋繁露》《人物志》诸书，然后一一定其是非误谬而著之说。愚以为其说非理学所可范围，实考证学之结集品也。焦氏之言曰：“权者，反于经然后有善者也。”又曰：“反乎经而不枉乎道，谓之权。”又曰：“法不能无弊，有权则法无弊。权也者，变而通之之谓也。”焦氏以“经”(即法)为“权”之对待物，而同出于“道”，□合于道，故反经、变法均无不可。设不合于道，虽依据于经(或法)，焦氏固未认其为权也。权之功用在“变”，而其效则在“通”(或曰“大顺”)，使变而塞，则弗如不变之为愈，焦氏亦不认其能行权也。其说可略表之如下：

(一) 道{权<br>经(法)

(二) 权——→变——→通(大顺)

焦氏认权为合于道，故用权者，宜好学，宜有礼。尝曰：“仁、义、礼、智、信，万古行之而不易，故曰‘五常’。五常即五行之性，故黄帝考建五常，谓五气行天地之中，以候其天和，春秋寒暑，迭相为经，权在其中矣。‘恭’‘慎’‘勇’‘直’，经也；无礼则‘劳’，无礼则‘葸’，无礼则‘乱’，无礼则‘绞’，不知权也。故圣人之转移天下也以礼。‘仁’‘智’‘信’‘直’‘勇’‘刚’，经也；不好学，则其蔽‘愚’，其蔽‘荡’，其蔽‘贼’，其蔽‘绞’，其蔽‘乱’，其蔽‘狂’，不知权也。故君子之转移气质也以学。君子之于天下也，无适也，无莫也，义之与比。大人者，言不必信，行不必果，惟义所在。然则‘礼’也、‘学’也，惟其‘义’也。虽然，非礼之礼，非义之义，大人弗为，则礼义之中，又有权焉。可与共学，未可与适道；可与适道，未可与立；可与立，未可与权。学未至于权，未善也！……”

焦氏甚恶杨墨之执一，以其不知“时”之义也。又恶子莫之“执中”，以为立法者必预求一无弊者而执之，以为不偏不过，而不知其适为子莫之执中也。又恶董仲舒论“逢丑父宜与顷公同死社稷”，以为不知权，而《公羊传》之祭仲逐君为行权，则未置可否，殆以其贤于仲舒之论也。而荀子之“人无动而不可与权俱”一语，则甚韪之。

焦氏于权变之说，又尝为之分类，曰：“董子之言曰：‘阳为德，阴为刑，刑反德而顺于德，亦权之类也。天以阴为权，以阳为经，经用于盛，权用于末，此以见天之显经隐权，前德而后刑也。’董子于是乎浅言权矣。权反经以合道，比一阴一阳之所以神，权在阴阳迭用之中，阴不可为权也。……天讨有罪，五刑五用。用者，庸也，或流，或赎，或赦，或贼，平其轻重以为之典，刑之中有权焉，而刑不可为权也。刘劭《人物志》曰：‘术家者流，不能创制垂则，而能遭变用权，权智有馀，公正不足。’此以公正为经。创制垂则，盛时之事也；遭变用权，所谓权用于末也。劭之说同于董子，然则董子之权，术家之权，非圣人之权。术家之权，孟子所云机变之巧也。盖有‘王者之权’，有‘霸者之权’，有‘君子之权’，有‘小人之权’。王者以权平天下，霸者以权富其国，君子以权修身，小人以权诈人。通其变，使民不倦，神而明之，使民宜之，王者之权也；善用非其有，使非其人，动言摇辞，万民可得而亲，霸者之权也；君子之权，孔子、孟子所言是也；小人之权，董仲舒、刘劭所云是也。……”此焦氏彻首彻尾、旁通一贯之权变说也。

## 八、“非君”“抑尊”说

当清初思想伏帖，学者萃其精神以从事于汉学时，而有黄宗羲、唐甄喜言“政治原理”，石破天惊，几批清主逆鳞，造成思想界之狂风骇浪焉。黄、唐皆姚江嫡派，其学容有未纯之处。张履祥与黄宗羲同事刘宗周，而张不满黄，目黄为名士，非纯儒。唐著《潜书》四卷，《四库总目》以为未尽醇粹。而其高才远识，发人之所未发，言人之不敢言，则自有其伟卓趣矣。黄宗羲曰："后之为人君者不然，以为天下利害之权皆出于我，我以天下之利尽归于己，以天下之害尽归于人，亦无不可。使天下之人，不敢自私，不敢自利，以我之大私，为天下之公。殆而惭焉，久而安焉……今也，以君为主，天下为客，凡天下之无地而得安宁者，为君也。是以其未得之也，屠毒天下之肝脑，离散天下之子女，以博我一人之产业，曾不惨然，曰：'我固为子孙创业也！'其既得之也，敲剥天下之骨髓，离散天下之子女，以奉我一人之淫乐，视为当然，曰：'此我产业之花息也。'然则为天下之大害者，君而已矣。"(注一)又曰："君有无形无声之嗜欲，吾从而视之听之，此宦官宫妾之心也。君为己死而为己亡，吾从而死之亡之，此其私昵者之事也。"(注二)又曰："嗟乎！天之生斯民也，以教养托之于君。授田之法废，民卖田而自养，犹赋税以扰之；学校之法废，民蚩蚩而失教，犹势利以诱之。是亦不仁之甚，而以其空名跻之曰'君父''君父'，则吾谁欺？"(注三)唐甄之言曰："为上易骄，为下易谀，君日益尊，臣日益卑。是以人君之贱，视其臣民如犬马虫蚁之不类于我，贤人退，治道远矣。……人君之尊，如在天上，与帝同体。公卿大臣，罕得进见，变容失色，不敢仰视，跪拜迎对，不得比于严家之仆隶。于斯之时，虽有善鸣者，不得闻于九天；虽有善烛者，不得照于九渊。臣日益疏，智日益蔽，伊尹、傅说不能诲，龙逄、比干不能谏，而国亡矣。"(注四)又曰："自秦以来凡为帝王者，皆贼也……杀一人而取其匹布斗粟，犹谓之贼；杀天下之人，而尽有其布粟之富，乃反不谓之贼乎……大将杀人，非大将杀之，天子实杀之；偏将杀人，非偏将杀之，天子实杀之；卒伍杀人，非卒伍杀之，天子实杀之；官吏杀人，非官吏杀之，天子实杀之。杀人者众手，实天子为之大手。天下既定，非攻非战，百姓死于兵与因兵而死者十五六，暴骨未收，哭声未绝，目眦未干。于是乃服衮冕，乘法驾，坐前殿，受朝贺，高宫室，广苑囿，以贵其妻妾，以肥其子孙。"(注五)又曰："覆天下之军，屠天下之城，以取天下，是食天下人之肉，以为一人养也，其忍之乎？”(注六)合观黄、唐二先生之言，则得其“政治思想”之共同点者二：君有无上之尊，无极之自私，能杀人，能奴人，一也；臣民处无等之贱，绝对不敢自私，遭杀戮分所当然，作奴隶实为恩幸，二也。凡此二点，其义一也。故楚汉之相争未决也，项羽谓刘季曰：“天下汹汹数岁者，徒以吾两人耳！”汉既并楚而一统，刘季谓太公曰：“某业所就，孰与仲多？”汉宣帝责太子仁懦而好儒生也，曰：“乱我家国者，必太子也。”梁武之被困也，曰：“自我得之，自我失之，无所恨！”唐太宗之开科取士也，曰：“天下英雄，尽入我彀中矣。”历代帝王，其心何尝以煦育生民为事？其不嗜杀以保其大产业者，盖罕矣！独惜数千年来史家儒者，习见习闻，不知其非。“创业”二字，用之开国之君；“忠君”之说，列之五伦之首。轻为君死，则管仲偷生于公子纠之难，晏子自全于崔杼之变者非；事君视于无形、听于无声，则梁丘据之于齐景，邓通之于汉文者是。“授田”法废，“移郊移遂”之制坏，为君者，乃开科举以势利诱士，“赐同进士出身”“特开万寿恩科”，呼豚入笠，以玄端说牢彘而已。而为之臣民者，鼓舞欣踊，至于肝脑涂地、骨化泥尘而不悟晋之鲍生、宋之陈亮，虽于此论已略引其绪，然而无二先生晓喻于东族入主吾华之时之为愤切矣。

(注一)见黄宗羲《明夷待访录·原君》篇。

(注二)见《明夷待访录·原臣》篇。

(注三)见《明夷待访录·学校》篇。

(注四)见唐甄《潜书·抑尊》篇。

(注五)见《潜书·室语》篇。

(注六)见《潜书·止杀》篇。

## 九、解放女子与尊重女性说

女子“惟酒食是议，毋父母遗罹”，有“三从”而不敢自专，藉“四德”以依于男子，未尝有倡解放女子之论升其权以与男子平衡者也。钱大昕如于论“七出”之说中，倡言去妇之议，非徒以全丈夫，亦所以保匹妇。既原于礼意，亦解放女子之旨也。其辞略曰：“后世闾里之妇，失爱于舅姑，谗间于叔妹，抑郁而死者有之；或其夫淫酗凶悍，宠溺嬖媵，凌迫而死者有之。准之古礼，固有可去之义，亦何必束缚之，禁锢之，置之必死之地以为快乎？先儒戒寡妇之再嫁，以为‘饿死事小，失节事大’，予谓全一女子之名其事小，得罪于父母兄弟其事大。故父母兄弟不可乖，而妻则可去，去而更嫁，不谓之‘失节’。使其过在妇欤？不合而嫁，嫁而仍穷，自作之孽，不可逭也。使其过不在妇欤？出而嫁于乡里，犹不失为善妇，不必强而留之，使夫妻之道苦也。自‘七出’之法不行，而牝鸡之司晨日炽，夫之制于妇者，隐忍而不能去，甚至于破家绝嗣，而有司之断斯狱者，犹欲合之。知女之不可事二夫，而不知失妇道者，虽事一夫，未可以言烈也；知臣之不可事二君，而不知失臣节者，虽事一君，未可以言忠也，此未喻先王制礼之意也。”(注一)钱氏此论，虽有所激，然于此可推翻宋儒“饿死事小，失节事大”之谬说。孔子，圣也，相传其三世出妻。曾子，大贤也，以其妇蒸梨不熟，不顺于姑而出之。孔圣家事不可知，而曾子之母乃后母也，常情妇姑勃谿，而媳之得欢于晚姑也更难，则曾子之出之，不但不得罪于其母，亦所以全其妇也。使有凌迫诟谇致其妇抑郁而死，如钱氏所论，则夫妇之道愈苦矣。钱氏之论，尤名通者“失妇道者，虽事一夫，未可以言烈”，则不失妇道而事二夫者，亦未为可耻也。挽近妇无失行，而夫多二三其德者，夫欲离异，而妇每委曲洟涊而不肯去，卒也被凌迫而死，皆陷于“女子不可事二夫”一言，而不知本非礼意也。呜呼，其愚亦可哀矣！唐甄著《潜书》仿子家言，如《室语篇》所记，则与其妻尝论议天下家国大事之文也，非昔日待女子“惟酒食是议”者也。至其《内伦》篇，尤极示女性之宜尊，夫之宜下于妻，其言曰：“夫不下于妻，是谓夫亢。夫亢则门内不和，家道不成，施于国则国必亡，施于家则家必丧，可不慎欤？今人多暴其妻，屈于外而威于内，忍于仆而逞于内，以妻为迁怒之地，不祥如是，何以为家？昵则易犯，渎则易衅，弱则晚暴，孤则易施，遂至大不祥焉！盖今学之不讲，人伦不明，人伦不明，莫甚于夫妻矣！……《诗》云'高山仰止，景行行止''四牡騑騑，六辔如琴'，高山出云，雨遍天下，天赖以成其施，是以仰止焉！言不可以不敬也！四牡既良，致远不劳，如琴瑟之调焉，言不可以不和也！敬且和，夫妇之伦乃尽，请诵是诗以为为夫者教焉。《诗》云：'有洸有溃，既诒我肄。'德不能服人，威不能加人，入室而逞于妻，洸乎怒之充也，溃乎忿之不可收也，此何为者也？人之无良，至此其极，始为夫妇，终于仇雠，一伦灭矣。请诵是诗以为夫者戒焉！"唐甄处夫妇，琴瑟谐好，相敬如宾，五十馀年无失言失色，见王闻远《西蜀唐圃亭先生行略》。盖真能知夫妇大伦者。昔樊英拜妻婢于床下，人以为异，而不知妻者齐也，充其敬和之极。妻既下于夫，夫亦应下于妻也。后世为夫者，乃忍奴使其妻，殴暴其妻，无故而迁怒其妻，真所谓不知学、不识人伦者矣！

（注一）见钱大昕《潜研堂集》卷七《答客问》。

## 十、无鬼论

清初大师颜习斋著《靖异端》一文，靖之之法，谓在去依，今天下毁妖像、禁淫祠，此固得矣，乃颜氏之常功仪中，遇有过即于孔子圣位前自罚跪伏罪，又何为者耶？岂毁妖像、禁淫祠于外者，顾可奉孔子如家神于内耶？儒者思想之不澈底，于此可见！及乾嘉清学全盛时，学者始实事求是，就学论学，寻真之态庶日增，宗教式之概念遂渐消除。则如洪亮吉者，不信雷诛不孝，不信鬼神之能祸福人，谓山川社稷、风云雷雨不能□，高、曾、祖考不为鬼；汪中者，不信释老阴阳神怪之说，嫉世多淫祀惑人心，害政事，见人邀福祠祷者，辄骂不休。汪氏所著书极精约，其中无专论鬼神者，姑阙而不录，兹仅就《洪北江文集·意言》篇中刺取其不信鬼神者，以备清儒思想之一目焉。北江《意言·祸福》篇曰："世俗之言曰：'雷诛不孝，故凡不孝不弟者，畏鬼神，并是畏雷。'不知不然也。夫古来之不孝者，莫如商臣冒顿，未闻雷能殛之也。雷所击者，皆下愚无知之人。下愚无知之人，即不孝，雷应恕之矣！雷能恕商臣冒顿，而不能恕下愚无知之人，岂雷亦畏强而击弱乎？畏强而击弱，尚得为雷乎？……文子之言曰：'倚于不祥之木，为雷霆所击者，皆偶触其气而殒，非雷之能击人也。'雷不能击人，鬼神亦不能祸福人。"……《天地》篇曰："山川社稷、风云雷雨，皆有神乎？曰：'无也。'高、曾、祖、考有鬼乎？曰：'无也。'山川社稷、风云雷雨之神，林林总总，皆敬而畏之，是山川社稷、风云雷雨之神，即生于林林总总之心而已。高、曾、祖、考之鬼，凡属子孙，亦无不爱而慕之，是高、曾、祖、考之鬼，亦即生于子孙之心而已。……且天苟有神，则应肖天之圆以为形；地苟有神，则亦应规地之方以为状。今世所传天神地祇之形，则皆与人等，是则天地能造物之形，而转不能自造其形，乃至降而学人之形，有是理乎？……至于鬼之无，则又一言以蔽之曰：'人而为鬼，则已归精气于天，归形质于地矣。归于天者，复能使之丽于我乎？归于地者，复能使之块然独立，一肖其生时乎？'"……洪氏之□如是，比之王充之《雷虚》《订鬼》等，似更透辟而警动，至其行文之谲荡，则岂所谓诡辨派之善于优衍其辞者欤？

□□清儒学说如上，不禁有感于现代思想□□儒学说相关之重要矣。光宣之际，民族思想，萌坼开发，如□之出土，虫之启蛰，果以辛亥□推翻□□，缔造临时革命政府，论者以为□西学术思想、宗教政法以□输入□士，相激相荡，因而造成此革新之局势，固有然矣。而不知其重要之因素，则黄宗羲之"非君学说"有以致之也。梁启超、谭嗣同辈，倡民权共和之说于戊戌政变之前，实将黄宗羲书节钞，印数万本，秘密散布，晚清思想，于是骤变。戊戌党人虽遭失败，而辛亥革命，卒因之告成，不可谓非前儒学说效力之伟也。民国八年，政局紊乱，媚外者多，北平学生界于五月四日，大举示威，毁曹、章之宅，罢课请愿，风遍全国，其事虽为王夫之习气论所不取，而当时所以藉为号召以干预国事者，实误解顾炎武有“天下兴亡，匹夫有责”一言也。炎武之言曰：“保天下者，匹夫之贱，与有责焉耳矣。”未尝直曰“天下兴亡，匹夫有责”也。天下之亡，谓仁义充塞而至率兽食人，人将相食也，非谓人可废其学以忧国事，弃其书册而日从事于政府机关之请愿也。此二儒之学说，姑无论为人所秘密传布，或断章取义，而其影响清代末叶民国初年之政治教育者固已大矣。他如颜元之学教治一贯说，与现代之实用主义相合；教育界之实验学校，乡村教育，政论中之政教合一，地方自治，亦莫不与其说相近；又与墨学亦有相当关系，不可以其未见施行，即谓与思想无关也。戴震之理欲辨，与欧洲哲学之唯情主义相近。钱大昕、唐甄之解放女子、尊重女性，与民国初年之男女平权说，亦有契入，梁启超之《人权与女权》一文，实以此为出发点也。洪亮吉无鬼论，不信天地山川之能神，鬼神之能福祸人，则人之祸福皆在人为，故西哲天演学说中之“优胜劣败，物竞天择”，又不期与之合焉！故愚以为研究中国近代思想，不以清儒诸学说为对象，必不能有左右逢源之乐者，此也。

抑有进者，一代思想，视其学术隆污为转移，学术之隆如清代者，实为近古之冠，其思想决非单简，而二三语可论定者也。顾学说者，于各个学术中，为之总记录焉，总报告焉。故学说者，必其思想可一一见诸行事而不谬者也。颜元之倡躬行学说也，礼乐制度兵农水火，弟子莫不娴习，□试于漳南而有效，乡里亦目为圣人。今世日本学者，犹以其社会经济之政论，占有极大之价值。度边秀方□如是。陆世仪之讲学南方也，于天文、地理、河渠、兵法之类，靡不通习，以为切于用世者，不可不讲，而目高谈性命者为俗儒。钱大昕、刘献廷、梅文鼎、顾祖禹辈，于学无所遗，其要皆可归之实用。戴震，清学全盛时惟一大师也，尝自谓获究古今治乱之原，而包世臣亦甚信其必能从政，则清代学说之可贵，尤非宋儒优衍于理气心性之间所可并论矣。

# 中国文字所诏示吾人之农业文化观[①]

稍读中国古史者，类知中国古代文化纯为农业拓植之封域。即忠、孝、仁、爱、信、义、和平七德，亦何尝不因其呴育而成。海通以来，外国工业之长足，蹑我腹地，奇伎淫巧，日新不绝，髫童髦士，悉乐用其器物。返观其父母乡之农村，戽水之辘轳也，系牛之碡碌也，挂壁之龙骨也，矗舍之团焦也，无一可与洋房、汽车、沙发、电炉比论其安逸侈泰。于是尽舍其陇亩而趋于都会，忽弃其先人稼穑维艰之训，而高谈政治与主义，则"农业文化"者，彼且鄙夷至不足一闻，又何怪其数典忘祖，儻然如适陌途哉！卒也二十年来，工业文化固未遑接受，而农村崩溃已至于不可复存之势。此虽政府重农政策未早推行，保护贸易税则，未尽筹订之故，然国民之罔识农业文化，固为不可掩之事实矣。

农业文化涉于抽象者且不论，即就文字上言之，已有不胜触目惊心之致，如言"流氓"，詈人之词也，受者鲜不忿然作色。然"氓"者，"甿"也，"民"也。古者农夫为"民"为"甿"，"愿受一廛而为氓之许行"，亦治农业者也。则今日弃陇亩趋都会者，何尝不自待为流氓耶？与郑侠《流民图》之流民，又何别乎？又《说文》"男"字属会意，谓力田者也；"劣"字亦会意，谓少力者也；"劳"者，勮也，用力甚者也；"勊"者，勮之尤者也，引伸为攻克之克。由此四字义说之，则不能力田者，不得谓为男子；力田而少力，斯为劣下；力田而兼人过人者，乃足言劳绩；力田而尤劳者，靡事不可负荷，虽敌人猝至，亦未尝不可起而克之也。赵充国老成谋国，倡屯田之制，平时寓兵于农，战时农悉返兵，殆深得此意者。设国人能尽知此四字字义，因而奉行自儆，则农村何至破产？倭人何至夺我东西四省乎？

---

① 编者按：是文发表于《国立浙江大学校刊》1934 年第 182 期。

庄子曰:“不龟手之药一也,或以霸,或不免于洴澼絖,则其所用之异也。”文字学本童子所习,世谓之小学,然至今固有壮夫不解、白首不知其用者矣。救济农村之名词,在中国已成过去,而愚尚譾謰为文字学上之农业文化一文者,诚有不识时务之嫌。然曲阜孔圣,复梦坐于两楹之间,八佾干羽,舞蹈随地。太牢少牢,熏蒿腾天。化腐臭为神奇,是在人之善运用耳。请伸鄙说,并著篇末[1]:

“牛”:事也,理也,牛能任耕,谓能事其事也。至其文理可分析,后世遂有庖丁解牛,依乎天理之喻。故不能任耕者,即可谓之不能任事,殆不如牛,至人之无理性,社会间有谥之为牛者,愚尚以为有溢美焉。

“特”:牛父也,农家利牝　,畜雄牛者罕,故引伸为特别一语。

“家”:尻也。段玉裁曰:“豕之居也。”足见牧豕为中国畜牧最早之一业。

“　”:虚无食也,俗作荒,足知有馀粟者,不遇　年。

“醇”:不变之酒也,见《白虎通》。

“粹”:不杂之米也,同上。

“蓈”:或作稂,今作莨,禾粟之莠,生而不成者。

“莠”:禾粟下扬生之莠也。凡禾穗下垂,故《淮南书》谓之“向根”,张衡赋美其顾本,维莠则“骄骄”“桀桀”矣。谚有“莨不莨,莠不莠”“良莠不齐”,二语缘此。

“秉”:持一禾也,引伸为秉执某事之称。

“兼”:持二禾也,引伸为兼执二事之称。

“啬”:来者廪而藏之,故田夫谓之啬夫,引伸为吝涩之涩。

“啚”:啬也,即鄙吝本字。

“亶”:多谷也。

“畜”:田畜也,力多田者,有蓄积也。

---

① 为便于理解,以下部分文字保留其繁体或异体字。

“當”:田相值也,引伸为相持相抵之意。

“　”:臼者,掬水自頮面也;辰者,兴起之时,与“農”字之“从囟从臼”者,相似,皆合农家生活习惯。

“辱”:违农时者有刑辱。寸,法度也。

“庐”:寄也,秋冬去,春夏居,盖农人作庐于田中,以便其农事也。今富宦商侩筑别庄别墅者,亦以庐为名,宁知所愧耶?

“半”:分牛也,从八牛。

“件”:牛于农家服勤最力,故事件之件,从人从牛。

“物事”:元李冶《古今黈》云:“农家呼粟麦可食之物以为物事。”言物事者,皆从牛服力而来也。今江浙人呼东西为物事缘此。

“仓皇”:或作“苍黄”,谓禾稻由苍而黄,为农家最忙之时也,与“仓黄”谓谷粒入仓不可稍缓同意。

“根柢”:树木有曼根,有直根。直根者,书之所谓柢也。今谓人之学问有本源者为有根柢,缘此。

“椄续”:椄,续木也。椄,俗作接,此果树园艺移接之术。

“下陈”:语有“愿充下陈”一喻,盖女子自谦抑,不敢自比于人也。下陈即庭实,古人屋之两庑以养牲畜者,俗谓女子充下陈为充妾媵者误,见《尔雅》郝氏疏。

“破瓜”:梁汝南王诗:“碧玉破瓜时,郎为情颠倒。”破瓜谓二八年华也。部瓜者先破为二,继分为八,此种观察与隐喻,恐椎鲁之农人所不解耳。

“牺牲”:牛色纯曰牺,牛完全曰牲,皆以用之宗庙也。今以为整个贡献之辞。

“反畔”:郑子产曰:“政如农功,日夜以思之,思其始而图其终。朝夕而行之,行无越思,如农之有畔。”

# 可　忧①

曩承乡先生陈伯严之招，获奉教于金陵万全酒肆，钦幸至今。彭泽汪辟疆来，又时诵说先生。窃闻励精撰述，以文章大业为重，而接遇朋宾，复笃于文字因缘。此天下文士之所以辐辏愿进，置邮论意于左右者也。甚盛，甚盛。平旅都四月，见见闻闻，不可殚述，而于甚嚣尘上之所谓文化，与群流景仰之所谓学者，乃得谛察其真，不禁感慨系之。良以北京为新文化之汤沐地，而诸学者之洙泗场，足可征信也。夫文化幕天席地，充塞宇宙，乃递演递进而成，非一手一足之烈。本无新旧可分，尚何运动足言？彼今日自待以为新文化者，于社会事业，无所匡改，自然演进，无所翊赞，而乃嚣嚣独竞于白话文字，以为新文化者在是，是何异于盲者揣得象之一体以为象。鄙夫乍入都市，骄其家人，自诩为凿空之游邪？设曰白话文字可代表文化，则平话小说之篇，何自躐程而前？聚坐杯觥之什，何自腾讥于后？于此标新，新将何有？设为不然，则文化事业正多，程序方长，群策群力，载驰载驱，日月悠迈，以畀子孙，毋念成功，乃克有济。今若此者，是乐以一二人之私智诡辩滑乱天下，其于行远未有不败者也。至群流景仰之所谓学者，宜莫如梁、胡二氏。二公揄衣扬袖，囊括南北。其于青年，实倍耳提面命之功，惜无抉困持危之术。梁氏之病，生于妩媚。胡氏之过，乃为武谲。夫妩媚则为面谀，为徇从。后生小子，喜人阿其所好，因以恣睢，不悟是终身之惑，无有解之一日也。武谲则尚诈取，贵诡获人情，莫不厌艰巨而乐轻易，畏陈编而嗜新说，使得略披序录，便

---

① 编者按：是文发表于《甲寅周刊》1925 年第 1 卷第 10 号，后录于《〈甲寅〉通信集》（张卓群、宋佳睿编，福建教育出版社 2016 年版，第 353～354 页），名为《邵祖平致章士钊》。孤桐（章士钊）答言：邵君之言，天下之公言也。梁、胡二公，总持风会，广纳众流，谅于所言无迕。

膺整理之荣；才握管觚，即遂发挥之快。其幸成未尝不可乐，而不知陷溺既深，恐终无成就之一日也。先生以为何如？二公贤者，必不以尽言为罪也。平居常深念，以为一国无强固之政府未始可忧，一国无良好之导师，无正确之言论乃始可忧。民七以还，波谲澜翻，靡知所届。际乎此者，曾莫为之针筏；后乎此者，又谁为之舟楫？是诚可为叹惋者也。偶抒积懑，藉奉明教，词义湮碎，不足翦裁。

邵祖平　西城西太平街十二号　九月十六日午

# 与龙榆生先生书[①]

榆生先生左右：

夏君瞿禅书来，道先生学行风义甚恙，正拟笺候，乃得夏君续报，谓先生索阅拙稿甚殷，亦欲惠简交通，针芥之合，诧为同感。平学行浅薄，无足举似。弱冠后，稍出里门，游学金陵，获捧手诸老宿之前，略闻治学门径，习性惰率难就规括。继复觅食南北，谬事粉笔生涯。在宁时常以吟事干散原乡先生，颇欲用精于此。顾散原先生好与乡人谈钓游踪迹、米盐市况，鲜及撚髭经历。拙诗自丁卯以往者凡十年，写定后谬祸梨枣，荷散原作序奖饰，然愚陋之私又有与散原持异议者，此真讳疾忌医之甚，不足自存。惟先生督教之郑海藏先生处，昔年曾荷鸳湖沈寐叟赠刺绍介，侍谈甚久，拜承出示江弢叔伏敔堂集，共读江君诗，尔时为海藏所表揭，坊间销售一空，因请携回南京细读，得郑先生许可，但归后为散原先生取去，笑云："我当乾没此也。"散原比即去函说明截书情事，究不知海藏亦见宥否？顷闻又以拙稿请赵叔雍君代呈，海藏鉴正，不知绳斧肯否？终惠先生与海藏过从极密，乞便中一为讯候，兼征其意旨颜色也。手与瞿禅通问几十次，和诗得三篇，而至今尚未见面，朋友声气之乐，直令人疲苦不觉，今又得先生不加沙汰，幸如何之！

尊箸闻有《辛稼轩年谱》一种，如辱惠视，无任开慰。

冻云沍泄，东望依依，敬承撰安。

弟邵制祖平上　廿五岁

如蒙还诲，乞寄杭州蒲场巷长官王弄廿八号。

---

① 编者按：是文乃作者于 1930 年写信于龙榆生，自述学诗经历。信札原迹录于《近代词人手札墨迹》(张寿平辑释，(台北)"中央研究院中国文哲研究所"，2005 年版，第 478～450 页)。题目为编者所拟。

祖平再启

## 附：夏承焘致邵祖平书[①]

潭秋尊兄师长左右：

四日手教敬承一二。大札每与榆生信同到，落手双璧，恬恍竟日。知两贤已相通闻问否耶？顷又得龙兄书，约弟把晤湖上，而连日阴雪不定，未知其已首途否（弟寄去一函，暨书籍数种，亦未到沪）？龙兄到杭之次日，如造尊寓，乞即惠一快函，当风雪无阻，拿舟出泷，共笑于六桥三竺间。稼轩追陈同甫词云："剩水残山无态度，被疏梅料理成风月。"我思古人，益想思如痗矣。龙兄如已到杭，乞出此示之，先一拊掌，使知我此时狂兴也。翼谋先生治史精深，今之子玄渔仲。弟十年倾想其人如尚在杭，乞代致向往之意，觌面在迩，不尽一一敬承。（起居不次）

弟夏承焘上　九日

以后函札，各昆季相偁，龙兄望灯节前如不得到杭，须展到春后中矣。

① 编者按：是信乃夏承焘于1930年所写。信札原迹录于《近代词人手札墨迹》（张寿平辑释，（台北）"中央研究院中国文哲研究所"，2005年版，第457页）。题目为编者所拟。

# 上章太炎先生书[1]

太炎先生道座：

久仰山斗，未遂瞻拜，每过沪上，辄欲无介自通，一亲教诲，无如素不知学，无以为问，倘承接见，反虑辞竭，故懔然而止也。今年暑假前，校课清暇，曾妄缉观人诸说，成《中国观人术》一书，掇拾凡庸，极无是处。乃因苏友李印泉先生得求鉴政，初心不敢望赐题辞，何期牛铎之音，忽荷云韶之目，发纸震骇，精魄皆飞矣。

平今三十有四，为学毫无门径，《说文》一书，尚未及穷究，其所泛览，皆无归宿。二十至三十之间，好为旧诗，有《培风楼诗存》一册，妄灾梨枣，篇幅多窘，音亦迫促。兹以诒呈大宗师前，知同《观人术》之作更发一笑也。

衡鉴人伦，宇宙间一大事。浅学如平，岂敢妄议？然于刘劭之书，许郭诸传，好之至深，窃望今世复有其人，振起其绪，俾得瞻式奋进，救国之弊。尝谓三代俗美，由上化下，东京风劲，由下蒸上。郭林宗以一太学生，而奖拔人士至六七十人，贾伟节以一新息长，而使千馀人悉返为慈孝。以此势力，议国之得失，未有不为之震动者，此范晔所以有权强之臣，息其窥盗之谋；豪俊之夫，屈于鄙生之议者也。

吾华建国至今二十年，百废待兴，万端丛脞。物质方面，自宜步趋外人，而精神则优者尚多，岂可悉摧毁以去乎？精神方面固有之美，累牍不能尽，然为之标准裁量者，非圣贤传后之书，盖处士之清议是矣。报纸号为舆论，然可收买。其所记者，不过要人游息宴会之踪，秋毫不敢议其过。又类似台谏，负有言责之机关，今日虽备，然仰承一二人之意旨为意旨，以一二人之好恶为好恶。其所纠劾者，不过县长税吏之流，小民对之，绝望久矣。今所望惟处士清白有声者之主

---

① 编者按：是文发表于《国立浙江大学校刊》1931 年第 72 期。

持清议而已。袁世凯窃国，梁启超、黄远生尚欲以清议自居，今则除暴邻之刀枪炮火声外，阒无一人之正论可闻！噫，岂真先生所谓大树将颠，非一绳所维，徐稚所痛，复见于今日耶？

司空表圣诗云："国事皆须救未然，汉家高阁漫凌烟。功臣尽遣词人赞，不省沧州画鲁连。"今日中国之局，豪俊者欲为东帝西帝皆难，已不须鲁仲连一流人物，惟当寻断头将军、强项书生共赴艰危，以颈血洗濯民族污点，不须屈膝倭庭，共戴昭和天皇耳！

草率贡臆，语多悲切。初次通问，幸恕搪突。匆此布谢，敬颂道履！

九月二十四日

## 附：太炎先生复书

潭秋长兄足下：

前得《观人术》，谓作者是四五十岁人，比得手书及《培风楼诗》，乃知甫及壮年，神骏之姿，不限齿历，将中土灵气未绝邪？何以世衰学绝之时而有杰出如足下者也！往岁马宗霍来及吾门，已谓奇士少双，今更知有足下，是知域中后起犹甚有人，宜散原谓当悬眼缩手以待也。足下诗出唐宋，得于天授，与仆辈哺咀汉晋者稍异。今日正不须论流派，柤梨橘柚，同可于口，斯得矣。犹望足下涵濡百家，得其菁英，佗日以立德立言自任，不终为诗人而已。

来书感于时事，谓但当得断头将军、强项书生，始终不屈膝于倭者，以仆观之，强项书生或可有，断头将军非今世所敢望也。然不在其位者，亦不须以叠山自拟。今日正当辅存绝学，振起礼法，如宋末金华诸老，明末亭林、船山之流，使人道不夷于牛马，斯盖士人所当自任。学校之弊，祸流宇内，纵无倭患，有志者犹当思所匡救，况方内幅裂，而可不思其反邪？

仆老矣，愿足下辈无忘斯言耳。临纸恻怆，不知所云，即问起居安隐。九月三十日。

## 附:《中国观人术题辞》(章炳麟)

朋党之势成,则贤愚之实乱,唐宋明之季是也。独汉末党锢成于上,清议不失于下,盖郭林宗、许子将品目人物之功,今之所谓朋党者,又去唐宋明绝远。其人固以贵族自居,与昔之清流异撰矣。南昌邵潭秋痛之,则始搜集前世阅人之法为《中国观人术》十五章,盖依刘氏《人物志》而广其义。以是施于今世,犹云门九韶,不可入于里耳。要以格量贤愚,分辨玉石,非是莫由也。虽然,前代称知人者唯林宗为平恕,其末或失之 。子将与文休不协,排摈不齿,使其人几于沦废,斯不能无爱憎之见者。《人物志》确然成理,惜其未施行也。平恕而不 ,又不随于爱憎者,唯尧与文王行之。尧之于舜,岳牧咸荐,识其仁孝,犹历试诸艰,不以骤进。及文王以九征观人,其道益精。晚世人主,既不能行尧、文王之术,于是始任吏部。后有廷推,今之议会可决,即廷推之意也。以人主与吏部一人之力不能精鉴,故广之于廷推。既有廷推,则不得不分朋党。朋党既成,而贤愚之实复乱。是故得其道,一人可以辨贤愚;失其道,虽聚千百人议之,犹无益也。且任之一人,则有贿赂之弊。今任之众人,而贿赂亦如故。一人受贿,持法者犹得治之,众受贿,则不可尽治,所以成官邪者,又莫此为甚焉。潭秋之为书,其将有见于是者也。

潭秋,南昌人也。闻其乡里耆旧徐孺子之言曰:“为我谢郭林宗,大树将颠,非一绳所维。”潭秋虽有所论著,其将卷而怀之乎?抑犹栖栖然为林宗之所为也?

民国二十年九月　章炳麟

# 与钱仲联教授论诗书[1]

仲联先生诗人吟席：

唐蔚老茹经堂新厦落成日，过梁溪，获接麈论，极慰心仪。顷由铁道部转到赐寄《梦苕庵大集》，略一拜诵，惊羡莫名。大作五古秀澹，得辋川、苏州之髓；七古骏发迈往，殆欲仿佛李东川、王逢原；近体以七律最胜，雄拔奇放，今之元遗山、李长源也。佩极佩极。乱世之诗，聚精于七言，古今治世少乱世多，故七言之诗，常多于五言，亦常工于五言。曲江、射洪，治世之诗，五言之意理莹畅，虽李、杜亦有所不逮。李、杜之七言歌行，杜之七律，诗坛视为极格正轨者，殆天宝之乱，有以启之。右丞生丁乱世，而有静邈雅粹之五言诗。其人设非伪诗人，如阮氏《咏怀堂》。即喜以禅悦自乱其诗者，不得与李、杜同论矣。宋诗如寇莱公、欧阳庐陵、梅宛陵，皆长于五言，其世平又可想。苏、黄诗法精进，一切嘻笑怒骂议论文字，皆可入诗。其诗固长于七言，而国势之不舒，民生之多悴，距南渡偏安，已不甚远矣。南渡大家，如陆放翁、杨诚斋，多肆于七言。至金源之元遗山、李长源，而七言犹伟视一世。不难详稽而伸我说也。元后诗摹仿习重，五言、七言之迭为治乱者，殆不足凭。然诗人之有性情感慨者，丁遇乱世，七言诗之夥而精，必有远过其五言诗者矣。大作七言胜于五言，《国军撤淞防感言一百韵》与《胡蝶曲》，同写时事，而《胡蝶曲》似尤嫖姚跌宕。一人一时之作，而七言优于五言且如此，则乱世之宜于七言诗，可益征信。乱世之诗之失，浓而不淡，媚而魅冶，极似词，似传奇小说。弟常创为此论，人多哗笑，以为比拟不伦，今不具论。大作严贞出清丽之中，绝无此弊，然过贪句法之生夭，似亦不可不慎也。《梦苕庵》诗，精美绝伦，必传无疑。弟获与同世，忻幸莫名。然窃有妄贡一得之愚者，《病

[1] 编者按：是文发表于《学术世界》1937 年第 2 卷第 5 期。

揭怀人绝句三十四首》《论诗二十四首》，句只二十八字，回旋不易，评骘难当，失人失言，恐贻后悔。他日总刊大集，不如割爱。五律诗三四五六，稍有平头之病，宜加检点。如第二页"晓坐初阳煮花气"四句，诗眼皆在第三字，太整齐。仇沧柱于此亦列入平头一类，二六页"《十二夜雨》"亦然；二七页《十月初四游法国公园》仅有诗眼整齐之病，未为平头也。此皆无关大雅，以弟之渺小琐碎，只能见到此等纤些处，万望察其献曝之忱。纳采幸甚。

即颂

吟安

弟邵祖平　顿首

# 自莲花洞登黄龙寺记[①]

自九江距北十五里为莲花洞。路初坦如驰道，渐前渐峻，遂为庐山北麓。戊午七月癸丑日昧爽，挟从弟时隽行。晓日初上，密箐中漏光如簸金。俯视草露，则珠珠如泛璎珞然。向北遵小村落，草舍中妇乳其子，晓炊犹未告也。过十里铺，谒周濂溪先生墓。盖五里而至莲花洞。饭罢，诸峰恍惚蓊然自云雾中出。笋舆呼至，告以欲去此之黄龙寺。舆夫病予等难其婪索，悉噪而他去，予亦以可步行得逼视松石为奇。遂行，初犹迂回阴谷间，登石磴，始清峭。从弟为诵李白《庐山谣》，清风微起，声韵林木。时见两旁山拔立数十丈，腰腹间皆大小松，松下杂花如杜鹃，担夫呼之曰遍山红。木末见之如持赤帻，又若袭人之猿狖皆丹其唇者。渐上，益清狂，巨石突出数丈，着苔大如钱，色苍绿。涧水淙淙，堕鸲鹆赤冠而啼，深岩老嶂，压眉而过。时有白云远远来，绕膝乃去。稍前一峰尤崭绝，有蹊才如画线，仰瞻上行者如聚蜗，俯窥所来人皆钝如蛙。如是四五里或七八里，得一茶棚，闻课绩声。山上有卖酒人下，皆荷空瓶归。与从弟言如此促坐，恨不得饮也。既到牯岭，街市操作鸡犬之音悉如城市。山氓卖菜把，酒保为炙彘肉，皆极美。而门外时有少女子低鬟而过，几疑神山今真得近，非风可引之去也。从弟劝予行，有风泠然而至，遂闻能仁寺钟声而去。去而步行约熟斗米顷，抵黄龙寺。

---

① 编者按：是文发表于《学衡》1922年第1期。

# 记黄龙寺双宝树[①]

双宝树在黄龙寺前，高十三丈馀，围可四人合抱，背冈而立者三千岁，柯叶郁蔽天日，晴日时闻风雨声，呜呼，奇矣！夫天台之松，砢蹙缩，轮囷不过数尺之内；豫章之材，萌蘖苞坼，枝叶辨于七年之外。天之笃生是材也，岂不难哉！方其盘拿耸郁而上也，阴曀风云，断屈虬龙。鲁殿灵光，不足为其岿然也；苍晏之鹤，不足为神寒也；海波如山，不足为其淼淼也；太行积雪，不足为其精冽也。呜呼，树犹如此，人何以堪！此彭铿头童齿豁，所以势力而救衰老，而赤松、王乔徒以入山而不返者欤？

---

① 编者按：是文发表于《学衡》1922 年第 1 期。

# 嘲黄龙寺僧[1]

黄龙，庐山古寺也。寺僧二，貌皆苦愚，见人不解称贫僧，而亦不愿檀越作布施，与语则惊如麇鹿。然负锄自勤园圃，卖菜把常与人争价，其有道者耶？其果木木而尽愚者耶？因呼而嘲之曰："僧称浮图，手持念珠，佛前合掌，香烧顶颅；如何汝手，清晨荷锄，粪圃取秽，断瓜削葫？僧称禅定，六时廉静，蒲团趺坐，四大印证；如何汝足，赤脚奔竞，泥踵登床，辄为佛病？僧言剃度，童山比户，芟夷斩伐，惟草是务；如何按顶，丛茸宿莽，涕长一尺，赤髭如雾？僧称净口，唪经卯酉，舌粲莲华，涅盘何有；如何汝口，是非丛凑，菜把送人，胡薄胡厚？僧称法身，袈裟缊䌷，切云俄冠，佩珞缤纷；如何汝身，饱饭生嗔，危冠虮虱，犊鼻有裈？"僧不能答，当笞三百。烧尔兰若，去汝竺国。僧拜稽首，位虽大觉，凡山之人，曾莫予若。吾子再有言，臣请逐客。

---

① 编者按：是文发表于《学衡》1922 年第 1 期。

# 记白鹿洞谈虎[①]

予自庐山黄龙来白鹿，盖自山北而之山南也。山南有五老、汉阳诸峰之胜，日常与从弟时隽尽探之，率以腰脚极疲为度，夜则召诸父老相共谈说。每遇松月流庭，竹露澌泻，辄忽然不自知其丙夜也。诸父老能健谈，谈多称虎，当其摹示抉噬之状，闻者鲜不色变，退而记之，亦资诙噱之类也。

其一曰：虎之为物，戾虫也。夫人必自戾，而后虎为之戾。故行多露而先朝暾者，鲜不当虎之蹊，其死于虎无疑也。特如负贩小贸之早出暮归，则非固欲自戾，而操业微贱不幸之可悲也。向者含鄱岭担米之夫凡二人，昧爽登跻。彼以受人善价而为之赍斋朝饔，不幸而遇虎。今之过其处者，石上之血尚殷然，岂不可悲乎？

其一曰：虎之噬人也，必先听命于伥伥者新鬼，而膏虎牙者也。吾邻有甲者，与乙尝构怨。已而乙为虎食，甲于是恒惴惴。一夕梦中哀呼乙名者累数十过，其母闻而悲之，因诫子不得外出。然异日者以要事必外出，既缔多侣。将行，母复尼之，然终果行。行数里，入乱山中，觉内急，甫就山陬遗之。忽大风拥树叶飞沙石，虎猝至，竟衔甲去。众人逐之，仅以尸归而已。

其一曰：虎者常难威不惧之人，而或者为忠义所感奋者也。山有冯道士者，尝负某甲钱。一日，甲从索之，而道士须更至某地，索其所责于人者以归甲，甲遂同行。未几，遭虎于道，咋伤其颊。道士奋身救甲以斗虎，虎稍舍甲。然道士所持仅一雨盖，独竭力翕张以惧虎。而道士哭诉甲不应以己故而为虎徇，至于流涕不止，虎若感而舍之。道士因挈甲脱身过东林寺，一寺之人皆见之云。

其一曰：虎者，山人呼为山猫，犹呼枭如树猫。夫虎而欲以猫畜

---

① 编者按：是文发表于《学衡》1922 年第 1 期。

之，亦明虎不甚伤人也明矣。牧儿之或丱或总角者，其家人恐童子之惧虎而不职其牧也，辄为之谩语以轻虎。寝有皮，曰："是虎皮也。"食有肉，曰："是虎肉也。"要之，特以明虎之所以死于人状。他日童子或遇虎，视若无物，驱其牛羊如故，而虎亦莫之忤也。

山中有居茅茸者，夜常有虎蹲其门，时掉其尾叩门为戏。门内则率击诸木器应之以为乐。明日开门，虎即欠伸而去矣。是盖皇古之初，人虎相忘者欤？

# 苏州纪游[①]

余自山阴归后，四月不理游屐矣。七月初，吴江金松岑见招赴苏，未定为山水游也。及到苏后，遇诸君培恩兄弟，遂同登灵岩，泛太湖，入洞庭西山包山寺，不觉遂有游观之乐。且太湖洞庭西山，盗匪所出没，游旅裹足，苏人亦罕有至者。余乃于无意中获安稳游之，益自喜诧不置，爰泚笔纪其本末，以饷好奇之读者。

**七月三日**　晨起盥漱毕，内子为料理行箧，先赴城站代买车票。余略购食物数事。于九时五十分登特快通车，车中晤毛君宗英，款谈甚乐。车于下午二时零十分抵沪站，停半时顷复开行。到苏约五时馀，遂唤人力车前往观前大陆饭店。车由平门进。忆余八年前游苏时，乘驴从阊门马路入城，此亦苏城革新之一端也。观前大陆饭店甚喧闹，金松岑寓娄门大新桥巷，以大陆饭店相距稍近，故嘱于此投憩。傍晚独登北寺塔，纵览全苏风景，作诗一首，归寓录入日记中。

### 姑苏

翠舞珠歌满市阛，谁知清梵引寒山。千年虎气剑如在，十里皋橘花自闲。

绮阁馀香惊散卒，屧廊残蜡送新鬟。繁华旧日浑疑梦，剩记瀛骖自往还。

**七月四日**　晨八时雇车往访金松岑先生。松岑与余通信已半年，此次始为初见。金寓娄门大新桥巷，屋宇爽洁，花石甚多。阍者投刺入，即接晤其书斋中，谈论叙说，有如旧识。金君以诗文噪三吴，居苏俨然有隐罴罾蛟之目。其论诗，于时流许郑海藏、陈仁先，而不

---

① 编者按：是文发表于《旅行杂志》1931年第5卷第5期。

喜散原精舍诗。壁间粘写一纸为游山预约，如峨嵋、青城、鸡足诸山，皆在拟游之目。暑中蒋竹庄尚邀其游青岛，以游屐曾经，又惮热不欲往也。此次招约来苏者，尚有北流陈柱尊，南京钟钟山。钟已先来，陈以事羁不能到。苏城诸名胜，予曩亦探之，松岑谓可多观城中私家花园，省登顿劳也。午时同出，承设饮北局合作农场，吴君得一同座。饭后往游某氏园，园驻伤兵，不得入。因折赴钱四穆君处。钱君续娶未久，秋季即往燕京大学任教，颇与商论游览事。松岑以予须游灵岩，谓宜取道胥塘入震泽，以至洞庭西山，方足尽兴。洞庭西山风景甲吴越，松岑已两游其地，有友人刘啸云可为余东道主，所识包山寺方丈大休，亦可招待。惟虑土匪路劫，因即电话告苏州公安局，备具公函一通，令镇夏公安局派警保护。议定后，松岑为作书与刘啸云、大休和尚，乃同钱君等驱车至拙政园品茗。

拙政园为明王献臣故宅，清初一归陈之遴，再归王永宁，近为顺直会馆，荒废残破不堪，今由市府接收。亭台栏榭，尚存旧致，荷风披拂，逭暑良佳。园侧有古藤一株，浓阴覆可一亩，龙蛇翥跃，奇古非常，传为文衡山征明氏手植。走玩其下，叹仰不置。予归后有七古一首咏此，且赠松岑，实由衷语也。出拙政园后，吴得一导引面晤苏中校长汪典存。汪居新旧都久，与余相识。晚间汪君亦在合作农场设饮，有王达刚等在座。归大陆饭店，时天微雨。

### 拙政园文衡山古藤歌赠金鹤望

古藤何年争盘纡，架倒欲说更仆夫。三百年间世十尽，此藤遇之如童雏。炎天三伏日车避，急雨万镞跳珠疏。京垓亿兆缠束密，蛇蚓蚁螨钻逐俱。忽然踠足蹯檐际，鹰脑猛侧虬龙趋。籀篆失色鬼神哭，阴符夜发纵横舒。岂因形容惊小儿，直以精诚际太初。我闻兔丝附女萝，松柏倒卧族焦枯。又闻豫章随云雨，才美不蔽雷火除。安如此树善臧己，蓬葆长眉师禅趺。蔓老根凝金铁铸，六时止止祥和敷。植此况闻大贤手，衡山文氏长洲苏。

文章书画重一时，遗此馀荫其人都。杜老四松配微茫，后山庭柏烦浇濡。看此苞桑媚乡国，后宜有作风雅儒。鹤望金君来何迟，实大声宏施三吴。爱此浓阴命车过，煮茗论诗忘哺晡。我知此藤愿有主，非君主之而谁愉？愿君日日吟其下，更煮君茗读君书。主君藤，爱君庐，请君视此主藤歌。谢遣当年嫁杏图（苏城古长庆里某君宅杏花开时，君方移居新桥巷。某君为绘《嫁杏图》以代移植，见君《续存诗集》中）。

**七月五日** 晨起，吴得一君来云：苏城诗钟社雅集即至，已为主人，例不能缺席远出，而其夫人亦阻其游太湖，恐途中为匪人所乘。得一故有季常惧言时诚恳之态可掬，瞬间吴夫人果蹑踪至，实天人也。予知夫人为索郎而来，令得一急趋他室避之，佯言："得一已出西门买船票去，夫人有何事见教？"吴夫人窘极失对，但言得一本应陪往，奈身御鲜服，虑途中为豪客注视，即去亦宜追回，令着旧服也。予心良不忍，急出得一，释之同归。自思钱四穆君本初识，又属新婚，亦不宜相强出游。洞庭西山之行，如不能强松岑先生同去，即宜罢之。计决，出大陆往普益社，得遇诸培恩、颂恩兄弟。诸君兄弟从余之大问学，暑假中就暑期学校英文教授，谈说甚欢。诸君兄弟闻予述洞庭西山周折，均兴奋愿使此游实现，仓猝即议定，余即回旅馆准备。金松岑已来答访，并赠二绝句勖灵岩、包山之行，二诗附录如下。

六月荷风吹葛衣，相逢把酒坐渔矶。扁舟欲问灵岩路，落日苍茫指翠微。

吴山东下矫游龙，缥缈烟峦网祖峰。林屋深藏禹书在，叩关为启白云封。

正午十二时顷，予驱车复至普益社，偕诸氏兄弟出，殷君太素亦附行。胥塘小轮在西门外，轮小客多，炎蒸非常。舟行约二时达木渎镇。木渎在苏城西南三十里，近太湖口，户口稠密，苏人殷实者悉移居于此，问渡太湖者，皆取道焉。余等舍舟登镇，筹先游灵岩为快。诸君须访镇中某教会小学校长华树人君，而予亦欲访顾雍如君问太湖津，因登埠同往。华君晤面后，约吾人在其寓晚餐，顾君愿同游灵岩，并出蔷薇露代茶，甘芳可口。

灵岩一名砚石山，在天平之南，距苏城二十五里，在木渎西。余等三时出发，沿河而行，桥影垂虹，波光艳日，菱荇着花，游鲦出戏，甚觉畅适。西施荡舟采莲处，即此流也。行一时许，登灵岩御道，道半有亭可憩。吴县县长彭君有灵岩全图，绘此以晓游客。过百步街，有巨石突出，形如一鼋，《山志》称石鼋，俗称乌龟望太湖。山左又有醉僧石，俗称痴汉等老婆，苏音读婆如蒲，盖韵语也。余等缘道侧先至西施洞，传为吴王囚范蠡处，亦不可信。洞幽水滴甚阴冷，砭人肌骨，不可久留，更上山入崇报寺，寺傍有九级灵岩塔，宋时所建，耸秀可与虎丘塔并。灵岩屡经劫火，馆娃宫、响屧廊，徒有断瓦颓垣，供人凭吊。再西有石城残堞，殆宋以后城堡。山中有泉二，寺中饮料所资，或者谓之莲池，为西施赏藕花处，倾国相欢，风影訛传，无怪其然。更西绝顶为琴台，石磴入云，湖光吞吐。灵岩于此，呈一奇观。湖中诸峰隐约，长蛾浅鬓，愈远愈秀。日光倒射入湖，成金蛇万道，一二帆影如化蜩翼以趋。回顾天平，穹窿岝崿，诸山开阖万状，苏城阡陌错绣，秧针绿缛，为景温媚，至不可言。余等客杭州久，觉西湖之水软山温，尚有清刚之气，隐蓄其间，若灵岩之全苏风景，真一幅美人春睡图，如《湘绮楼》诗句所谓“旁边底相唤，一步已愁难”之境矣。须臾，黑云远来，斜阳西匿，忽睹长虹垂空，光景奇绝。秋风飒然，台上不可久留，乃回寺啜残茗。阵雨骤至，迟至六时始下山，饭于华君处。晚寓木渎镇顾正心堂，顾君之药肆也。今日得诗五首，写附于后。

### 灵岩作

火云欲炙馆娃宫，一样倾脂战血红。
教舞记年犹有月，披襟快客已无风。
采莲舟去残香屧，挂树剑非剩晚虹。
万顷碧湖浮玉里，江山何事苦争雄。

### 琴台望太湖

太湖三万六千顷，欲赞汪洋致费辞。
今日琴台谁与语，真成弦绝我心悲。

天际明霞护锦衣，碧湖万顷影霏微。
吴王终是多情者，迎得西施巧笑归。

江山奇处唤愁生，浩渺烟波称客情。
盈世书空谁得会，海风微度雁初鸣。

馆娃宫外水云乡，珠翠山川两断肠。
莫把闲情思范蠡，雨虹明灭乱斜阳。

**七月六日**　昨日登灵岩之路，本有一径可至韩蕲王墓，以天黑遇雨，未披寻。晨起，顾君等复倡韩墓之行。余极爱河畔缓步，欣然和之。进早点毕，即由顾君导行，过灵岩山门口，径前取道，度垄穿塍，相随乐甚。未几抵韩祠，门已下键，想祭享久绝。从祠后径路登山，丛莽塞道，长松蔽天，不知韩墓所在。末由诸君培恩觅得，大喜过望，盖将吊而更以贺也。墓碑题"宋韩蕲王之墓"六字，墓前拜台尚完好，有小花杂生类剪春罗者甚多。因思世间庸夫琐妻，皆得合圹同穴，何梁夫人独不得与蕲王共垄相欢于地下耶？考梁夫人慧眼识英雄于行伍，在楚州时织簿自给。及蕲王围金兀术于黄天荡，一夕不谨，兀术得遁，梁夫人上书请置夫以纵敌养贼之罪，朝野震惊，传为佳话。韩蕲王治军以严肃著，未始非夫人之助也。后世军人之爱妻宠妾，倚爱为奢，安能织簿？长全国之混战，徇一己之虚荣，安能劾夫？予谓韩蕲王可血食，梁夫人尤可丝绣也。墓道半里许有蕲王纪功碑一，高可二丈馀，广约五六尺，矗立甚伟岸，清初建立。予所见墓表，当以此为最大。谒韩墓后，有诗一章。

**谒韩蕲王墓**

松桧苍深翠霭间，英灵想象动人寰。
千年俊概燕支识，半世丰功驴背闲。
脉脉忠情通肸蠁，沉沉天祸养神奸。
馆娃第宅归崇报，说与东楼恐未关。（蕲王旧第今为崇报寺，尚寓崇功报德之意。视汾阳旧第之废为法雄寺，东楼者有间矣。）

韩墓归途中，复过严园一游。严园为木渎名园，苏州刘园即规模严园而作。严园结构新巧，惟伤于繁，闻悬价四万金求新主，上海中国影片公司常来此取景，游客则罕到也。出严园，仍到顾君家午饭，讯得往太湖洞庭西山船名。顾君不欲从，华君夫妇则极力尼之。余亦知好山多傍贼边青，浪游至此，不克消沮其兴也。

午后一时许卒成行，检四人衣物为一籐篮，一切稍华侈之物，悉为屏除。吾人贫士，尚恐慢藏诲盗，宁不可笑？船开行约三里许，即入太湖，但见汪洋万顷，澄碧一色，风帆沙鸟，翕忽飞扬。太湖纵广三百八十三里，周回三万六千顷，一名震泽，又名笠泽，或谓具区，又曰五湖。古者水流顺道，五湖如人手五指，后世蓄泄不时，泛滥浸淫，五湖合而为一，与巨灵之掌无异。洞庭西山四面皆湖水，与洞庭东山对峙，一名夫椒山，一名包山，一名林屋山。隋灭陈，吴州刺史萧　据州不下，兵败保此，隋兵击擒之。宋置甪头寨于此，明初张士诚结寨于此山，向为兵家所争。山周围百三十五里，遥望一岛，而重冈复岭，绵邈不绝。吾人于舟行后一时顷已见其苍酽之色，为之欢舞不已。舟行甚速，渐见湖中峰峦甚多，七十二峰，宜非侈语。湖底产水竹一种，似蒲非蒲，似竹非竹，渔船布网，在在皆是。将至西山顷，雷雨骤至，东山则晴好如常。雨阵疏密相间，洒湖如缝工之噀水然。齐白如雾，颇饶观听。予舟重碇停行，湖舟颇有穿覆者，有小舟系吾人轮泊。风急，掣铁炼断裂为二。江湖多风波，有时且有暴客乘人于危，可懔惧也。大雨渐过东山，西山即晴。舟复启行，半时许抵镇夏。

镇夏即洞庭西山之唯一市镇，人口可一万，茂林平野，弥望皆是，闾巷井舍，不异市邑。居民以饲蚕为业，渔者亦多。风俗极淳古，见客来咸痴立环观，愕眙不已。此间适有农夫抗租及蚕户自缢事发生，彼等遂目余等为办案来，颇加敬礼。登埠后，径至公安局问讯地方情形，并出苏州公安局公函相视。公安局长郑某已外出，有巡官徐某代答，谓本镇尚无绑客危险，如虑万一，可派二警荷枪相从。余等以荷枪警士从游，既不雅观，又恐反启匪人觊覦，坚谢之。公安局距蒋祠刘啸云家甚远，距包山寺仅五里，乃投包山寺。途中遇雨，衣帽尽湿。

包山寺有大房、三房、七房之别，总称显庆寺，大休和尚所主者为大房，别称大云堂。山门松柏成林，杨梅夹道，泉流淙耳，山禽答响，幽敻极矣。名山各有异禀，令人叹慕无穷。柤梨橘柚之味相反，而皆悦于口；骚人畸士剑客奇才之性相远，亦皆宜于人，有同理也。薄暮寻得二山门，登大云堂，寺僧名文达者出迎，颇讶其来。余仍出松岑介绍信与之，如挂单和尚求收容然者，思之可笑。文达人甚开朗，急出衣服令换著，暖汤作面，来往甚忙。方丈大休已往上海，仅文达守山，香积厨数人供役而已。大休善琴工画，曾主寒山寺，颇与苏城达官名士来往。寺中早晚惟撞钟击鼓，不做功课，独以农林实业为事。山中种树甚多，寺产洞庭碧螺春茶，尤驰名于世。大休等盖欲另立宗风，一洗僧人倚施主为食之习，亦大快事也。藏经有一部庋寺中，惜有残缺。文达师颇为我说《楞严》妙处，至其晓识山外事，尤僧伽中罕有，如新文学之《呐喊》《洪水》等书，彼得购备。即时下男女恋爱小说，彼亦蓄之不少。维摩室里，天女花飞，文达师可谓道力胜人矣。山中静寂，不类世间，寒月耀芒，冷蛩作响，洗钵斟茶，看云灵榻，自觉三十年来无此境也。结束一日奇踪，不可无诗以告山灵。

**舟入太湖遇雨，晚至洞庭西山宿包山寺**

东南数名泽，太湖冠厥胜。周遭三万顷，漭瀁具区竟。气吞云梦小，势泄尾闾盛。疏岑森画戟，燕寝龙宫映。冥冥风雨会，仿佛雷车迸。濒秋水气鲜，洄汨菰蒲净。万象纳笙镛，风涛切心听。光芒巨浸里，吴越昔奔命。灵宝汝何人，窃长未为正。翻留皮与陆，唱啸富寻泳。我理木渎楫，馆娃瞥残靓。舷隈涸俗旅，贪纵霞上兴。终期孤屿登，一振清泠咏。漠然拓胸开，挽碧洗诗病。

湖云卷惊飙，舟热暗闻雷。急雨吞片晴，写空簇丹煤。咄嗟洞庭山，楼阁半沉霾。乱流截锦绣，春涛凌瓶罍。俄立积水怒，乖龙万鳞开。天地合嘘噗，阴阳待飞灰。幽灵况多异，鸿蒙宁非才。浪游如脱骏，不絷成患胎。矧闻三山上，豪客扬眉摧。绱囊孰为御，稍缓沉舟哀。雨止脱险出，蚁渡困坳杯。一笑难自劾，斯游谁能来。

湖雨岛欲秋，苍然满乡县。万绿就一途，岭空闪残电。山家断檐溜，山泷疾飞箭。桑稀蚕已登，雨过竹犹颤。共寻包山寺，鸡栖值村膳。斜阳夺阵雨，松门接彩绚。问讯大云堂，遂识梵王殿。寺僧撇残经，苔色满空院。见我颇惊笑，衣帽烦推献。暖汤濯双足，解巾拭头面。渴吻润杨梅，香积办胡面。山空虫鸣绝，月色如华钿。纷然榆柏影，静诉劳生贱。坐深太古春，不闻尧舜禅。焉知楚汉下，篡夺苦龙战。吾侪天所厚，顷刻获清便。持谢利名徒，风尘共流转。

**七月七日** 文达师昧爽即来，问讯夜来安否，予等谢之，并请导为石公山之游。诸君、殷君于二山门外盥濯清泉讫，即于大云堂共早餐。石公山距包山寺十五里，湖水环其三面岩石最奇。中有落照台、归云洞、龙床石、风衖天、翠屏轩、来鹤亭诸胜。松岑先生曩有文记之，刻画无纤发遗，皆所以状石之奇者也。兹略摘其语如下：

> 吴中之山，名者号天平石公。天平去郡二十里，如拱笏而朝于天。石公，隐者也。岩藏壑韬，蓄奇以媚湖神。湖波淫漱，洄入窍出。磨云挫烟，骨脉呈露。龙鸾翥舞，芝葩翘颖。欹倾蹙缩，诡张牙角。剖心玲珑，缜润琢成。虎子豹孙，锐齿凿龈。魅立仙娇，漏雨通星。以族以班，萃以成奇。锢而益章，斤斯凿斯。以爱为仇，千舻万牛。縻绠百丈，舁之中州。崩驳离涣，尺碱寸玖。樵苏掇拾，腾蹈朱户，犹兼金是酬，盖攒眉以入奇章之第。而山灵始诟，艮岳崔崒，复网引以北。石公之厄运，于是为剧焉。然山之秀灵，煦荣沐润，犹甲吴越。离群若仙，湖环其趾。三面睇之，如芙蓉蘸水，与波沉浮。（下略）

吾人读此，可想象山石之诡奇，虽遍寻吴越，亦不能一逢也。文达戴笠僧服，余等皆作短后装。出山门，读经幢文，盖唐时年月松林连属，亦数百年物，想见包盛时仍。山过昨日来路，隐显高下，悉依湖岸而步，经梧桐冈，为本山土著凤氏村屋，结构甚佳。道中山溜飞跃，余赤足行，亦无所苦。此间卢橘杨梅，驰声吴会。余等来晚，庐橘早过，杨梅尚有最晚摘者。妇女担负登舶，为购取一篮，价值仅铜元十馀枚。行二时许，到石公山，山磴渐高如龙脊。过落照台，湖水浩淼奔至，触山石作噌吰鞺鞳之声。于兹纵眺太湖莫厘缥缈诸峰，悉轩豁眼前，苍翠万状，湖心小岑，不计其数。皮袭美诗所谓“疏岑七十二，双双露矛戟”者也。落照台更进为归云洞，涛声尤撴触奇恣，有如普陀之梵音洞，特彼赖潮力，此惟湖水漱击耳。归云洞中石皆谽谺跐跃,啮搏万变,有倒挂塔、木鱼石,象形尤肖。木鱼石叩之作木鱼声,非山石之空窾者不至此。复前,石洞益开张,湖水啮拍声愈壮,石亦愈奇,俗称石公、石婆者在此。石公如有妻,其莱妇、孟光之流乎?一笑。石公之奇,须观其飘翥精慢之态,若行若坐,不可端倪。至湖泽吞漱之壮伟,亦穷于形况矣。时微雨飐空,即偕诸殷等回翠屏轩啜茗。翠屏轩有楼,面湖上之三山。三山为湖匪巢穴,官军不敢剿。闻其地居民尚夥,悉以渔为业,家悬匪军军旗,相安无事。冬间匪军粮秣不继,即拿舟来石公一带掠夺民米,不伤一人。三山居户,则未尝有患。盗亦有道,无怪三山之民不甘引官军入剿也。来鹤亭在翠屏轩山巅,松岑有文纪之,闻已泐碑。予于石公有观止之叹,亦成诗一首以付寺僧。

## 游石公山

爱山不取平地峰,冠裳易到俗所蒙。好石不从背水砦,飞漱鞺鞳阙众乐。今朝我得石公山,天骄水石非人间。娲皇补天天尽碧,独留云根壮震泽。不然神禹迹未至,遗此谽谺守荒裔。澎湃摐触谁为声,龙怒鲛泣四天冥。鳌掷鲸呿有新意,虎豹当关亦何事?逐形换步峰忽改,云归滃涌旋成海。吴儿踏浪不踏土,齐汩偕行无觅处。吴山破浪会有时,不见石公飘奇姿。韵磬铿钟扣凝碧,海水风潮夜喧吸。久坐骨清神更爽,七十二峰皆殊象。灵之纷来羌莫纪,被薜荔游粲厥齿。呜呼石公慎勿变化为多容,抉我双眼四方上下难相从。

石公归路访林屋山林屋洞。洞名第九洞天,东南最胜处也。洞庭西山本总称林屋山,以林屋足概全胜。石公之奇杰,或为后进,余无《山志》,不能考也。洞中如屋者可二三幢,昔人称仙灵所宅,不意连日山雨浸淫,洞口全漫,不得入观,缘悭至此,宁不怅然?昔山谷老人与高仲本约游岑公洞,而夜雨达晓,不果行。山谷赋诗,有"定是岑公闳清景，春江一夜雨连明”之句。余为山谷乡人，相去公百馀年，而复有林屋闷其清景之事相类，可无同感？因作诗抒写其意。

**访林屋洞值雨过山潦暴积不获入观**

东南籍甚传林屋，复岛重冈引客行。应是白云缭洞宇，缘何清潦闷娜嬛。

难饕饴石思王烈，远觉仙源阅暴羸。往日黄公还有此，春江一夜雨连明。

**七月八日** 昨日石公游归，足力甚乏，日来天气时阴时雨，始拟旋归苏州。缥缈峰甚高，距此三十馀里，当俟异日往寻陟也。文达师坚留不已，继出碧螺春名茶赠行，且送至轮船码头，殷殷合十，惠订后期。予告彼拟俟今冬从湖州放船往无锡梅园赏梅时，当便道谋晤。山灵如相契，当不至如祝融峰下也。舟发，湖中风霁水恬。不二时抵木渎镇。上岸，谢顾、华二君款待之，即趁十二时小轮回苏州。此行颇冲犯风雨，兼有戒心，赖殷君兄弟照拂勤勤，佐谈忘倦，而松岑先生发踪指示之功，亦不可没也。归苏后，松岑具酒食相劳，并导游鹤园等名园四五处，又出胡云持《石笥山房全集》赠行，感念曷极。是日憩东吴大旅社，晚间决定明日离苏返杭。

# 锡游酬唱录[①]

余性嗜游，顾未有壮浪之行。去夏过吴门，泛太湖，入洞庭林屋间，始稍自慰藉，而尤喜获交于吴江金松岑先生。松岑好远游，足迹遍域内名山大川。其于远游之隙也，亦往往近拾吴越佳山水。今春三月一日，挈其友蒋竹庄来杭就余为超山游。临别复相邀约，曰："无锡鼋头渚拔立太湖中，风涛漱击，形势雄绝。方春山桃烂漫，勾吴士女咸萃于斯，子能从我游乎？"余观吴越山水多巽曼妩媚，而托于太湖者类能以雄秀自拔，征于洞庭林屋即可信，遂诺为鼋头渚之游而未刻以日也。适春假方来，乃于四月二日实成行，永嘉夏臞禅亦请附往。

锡游之前，先至苏，松岑主东道，并导游虎丘狮子林。四月四日之夕，张筵速吟客，费仲深、顾巍成、黄晓浦皆在座。肴馔间有鼋裙一味，因念明日当游鼋头渚，食指既动，心神亦飞越矣。苏游应别有文纪之，兹不赘。

四月五日晨九时，松岑挈其夫人及二孙男女同出，余偕臞禅夫妇候于苏站。九时二十分同上车，于车中晤梅县李续川夫妇，亦为应松岑之招而作锡游者。到锡站，憩无锡饭店，以电话速北流冯振心至。振心任无锡国学专修学校教授，此次主东道，且导游焉。此时无锡饭店聚余辈主宾凡十人。十人中男妇老幼悉集，为籍备苏、浙、桂、粤、赣五省，斯亦遇合之奇矣。

是日饮于大新楼，索饭果腹后，议游程。振心谓去鼋头渚已晚，宜游惠山。乃雇人力车，沿城根行而至惠山。惠山因西域僧慧照驻锡得名，一名九龙山，又名冠龙山。山门内外多泥人玩具肆，祠庙亦多。巡观一周，烹铭于竹炉山房。泉水极甘，即坡老所谓"来试人间第二泉"者也。坡老漪澜堂不见榜书，倪元镇祇陀寺清閟阁藏书之

---

① 编者按：是文发表于《旅行杂志》1931 年第 5 卷第 7 期。

所，亦无人能指点。客堂有隔红尘匾额。读梦窗《惠山》词，有“树密藏溪，草深迷市”之语，知兹区以清闲胜，由来久矣。余等茗坐无所适，松岑长孙宝炬甫十龄，独登览头茅峰而返，渠祖父母为之讶绝，异日长成，何可限量。下山游寄畅园、惠山公园，碧桃高下烂漫，竹石布置亦有致。是晚振心设饮迎宾楼，振心、续川及余饮酒甚纵，松岑至为酩酊。臞禅不能沾杯斝，端拱无为而已。

四月六日，旧历清明，预定今晨乘汽艇往游梅园、鼋头渚、蠡园，松岑昧爽即来打门呼上船。续川结褵甫旬馀，不觉晏起，颇为所窘。七时自通运桥就艇，行二十里许抵梅园，振心主先看桃园。梅园、桃园皆锡商荣宗敬、宗锦兄弟私园，花萼相望，园势壮丽，胜陆士衡兄弟三间草屋多矣。桃园碧桃甚丽，海棠亦多，有送爽亭诸胜。其右则为梅园，梅园梅子如豆，海棠、碧桃、樱花之属更繁。是园据龙山正面，傍挟横山，斜睨马山。盱衡远视，则为箕山，为独山。箕山戴负万顷堂。独山一名犊山，又名中独山，在五里湖中。更远则为鼋头渚，隐约在太湖中，箕山、中独蔽之。梅园有天心台、小罗浮、香雪海、诵豳堂、念劬塔诸结构。荣氏别墅则位置尤高，眺视太湖最胜。茗坐片刻，遂登艇出五里湖至鼋头渚。

鼋头渚之由来，顾景范《江南方舆纪要》、《徐霞客游记》皆不载。此盖太湖中一孤屿，形势诘奇，好事者因构亭台、莳花木以张之，数年之间，踵事增华，鼋头渚之名，遂如异军苍头特起。观其巅有陶朱阁，可知富商自能污辱佳山水也。渚形狭而长，其前云根卓起，磊砢万状，湖波荡潏，若隐若现。渚外岛屿青青，若覆釜，若列戟，远近翕忽，与渚际万桃相映发。于时群女如云，衣香　　，来此荒岛，并倚多姿，洞庭、西山之太湖，不能致此也。向午饮于横云小筑，松岑兴最豪，酒色浮颊，自咏“人面桃花相映红”之句，不觉绝倒。朱竹垞《解佩令》词云：“老去填词，一半是空中传恨。几曾围燕钗蝉鬓？”王半山《临津》绝句云：“却忆金明池上路，红裙争看绿衣郎。”一时寄兴而已，岂必如少年人定有本事存其间乎？罢酒起，复游七十二峰山馆、长生未央之馆、花神庙、小函谷等胜，洵尽兴矣。归舟过蠡园，园为王禹卿氏所有，位五里湖畔，奄有重湖风色。长廊曲槛，神似旧都颐和园，然而富丽裔皇，非其俦也。六时返无锡旅舍，臞禅设饮，结束游踪。松岑以是夕回苏，余与臞禅则以七日归杭也。

此行同游，咸有文字纪之，振心游惠山先后作七律一首，松岑于太湖舟中即次韵和答，继而松岑作五律五首，括惠山、梅园、鼋头渚为一日，举清明以该寒食也。予亦次韵，惟为七律五首，谨避松岑四十贤人之唱云尔。续川摛文一首，臞禅填词一阕，松岑和作，而松岑长孙宝炬亦寄游记一篇来，真趣满纸，以殿于篇。馀悉依成就先后为次序，印布于世。至行辈之尊卑，昆季之伦次，则存略各随其旨。昔王戎少嵇康二十岁，同游竹林，不闻以行辈相尊，故知琐琐貌敬，非吾辈所宜急务也，酬唱诸作，列如后方。

### 奉陪金松岑前辈、邵潭秋、夏臞禅李续川诸先生游无锡山水

冯 振

江山未可终岑寂，点缀风光况是春。自有神仙成眷属，最难游侣尽诗人。

清明未过花方好，小住为佳乐莫新。明日五湖烟水阔，扁舟浮拍当垂纶。

### 次韵答振心即视同游诸子

金天羽

东风巷陌动车尘，醉杀觥船浩荡春。节物于今输画稿，江山终古属诗人。

迂倪清閟楼台废，知李风流眷属新。吴郡相逢为地主，故知冯衍善经纶。

## 与振心谭秋臞禅续川清明游惠山梅园鼋头渚得诗五首即呈同游诸君子政之

金天羽

飞弹光阴过，湖山及好春。看花逗吟客，障扇避游尘。

山暖松身健，泉甘茗味真。眷怀清阏阁，拨杖见烟榛。（惠山）

占却青山麓，名园十载完。棠娇喜永日，梨媚怯春寒。

碾麹车轮迅，当花盏宽。浮生此何时，小住且为欢。（梅园）

欲访鼋头渚，春篷过犊山。诗心吸湖渌，远镜簇桃鬟。

浪贴危矶直，堤迎画舫弯。投纶钓鲜鲫，酒尽暮无还。（鼋头渚）

一夜东风恶，杨花取次狂。遨头翻老子，偷眼数红妆。

揽胜须腰脚，随宜话景光。却思幽绝处，来构读书堂。

阔绝他乡侣，投诗便目成。类前虾菜局，江上鹭鸥盟。

桂海君多艺，枫江我独行。相期阳朔道，浮载酒船轻。（赠振心）

## 诗五首次韵和答即请同游诸君同政

邵祖平

酒人吟客例相亲，拥鼻教逢软脚春。把盏但须呼白堕，看山况复隔红尘（惠山有隔红尘榜书）。松根綦履行时好，茗畔烟岚现处真。唤起梦窗寻旧梦，峭云应为锁荒榛（梦窗《惠山酌泉》词有“二十年旧梦，峭云一片”之句）。（惠山）

名园占断重湖色，丹雘居然构架完。婉娈棠花依小睡，玲珑燕语诉轻寒。平山妆镜烟鬟绝，远渚风帆岛屿宽。已失小梅堂上约，它时邂逅肯相欢。（梅园）

看桃未作左迁客，放棹初过中独山。啮岸春波全入画，艳堤小女半舒鬟。春涛鼍吼时时警，夹渚鱼矶处处弯。珍重流霞成一醉，天风吹觉暮须还。（鼋头渚）

春风浩浩非关酒，屡儛傞傞那算狂。诗老未嗟双白鬓（谓松岑），桃花欲妒两红妆（谓续川、瞿禅两夫人）。久耽篙语捐朝睡，坐厌街灯炫暮光。三日自征糟魄退，轮扁来上读书堂。

当熊硬语自精英（谓冯振心原唱），老鹤飞飞句便成（谓松岑和作。松岑一字鹤望）。海峤多才围雅集（振心桂人，续川粤人，瞿禅瓯江籍），锡山增重拥诗盟。尊前语默闲堪味，笔底烟云怒欲行。他日披图还一笑，五湖心事莫相轻。

## 无锡游记

李崇元

余旧游鹭江，酷爱鼓浪屿山水，流连不忍去。后馆金陵，家君适移节吴会，因时往来白门、三吴间。春秋暇日，颇事登临，搜幽探奇，往往乐之。顾未尝至无锡一览惠泉、鼋渚之胜。辛未仲春，吴江金松岑先生自苏州贻书约游无锡，因于是月十八日黎明，欣然与吾妻黄伯珩偕往。至则有北流冯君振心主东道，且任向领。

是日午后流惠泉山。山距无锡县可七八里，势迤而中紧，世故称其大中小三峰，石多、少土、色玄，形似卵者强半。左右下迤处，远视作起伏态，陟岭可眺太湖。时日已斜，烟树屋宇密交，更远多原野。山腹间砌石为平台，有茶寮。憩于此，饮惠泉水，旋去而之寄畅园、惠山公园。复入城游城中公园，颇整洁宣朗。向晦，归逆旅。

明晨自通运桥驾汽艇，行二十馀里至桃园。园广约十亩，皆植桃，故以此名。其地在龙山左，或曰是东山，中有送爽亭，立视见太湖一角，而梅园则在其右，相距不及一里。梅园实据龙山形势，颇觉竟人工之巧，惟登天心台，观横山在右，马山在前，相为犄角，更有犊山峙立五里湖中，近瞩远眺，殊饶趣态。向午，去梅园，复就艇，经五里湖入太湖。行约一炊许达鼋头渚，远视绝似鼓浪屿，惟湖光海色异耳。湖水映日光，或青白，或金黄，海色。碧浪起，承日乃赤，映山影，则深黑，微风动荡，耀若彩云。不波则如镜，波激起，涛头高至丈馀者，日恒见。湖流虽激起作潮势，平缓终不过二三尺，而见者已叹为奇矣。渚面不甚广，名鼋头渚以其形，鲜树林，尤罕见鸟雀。正午饭于渚之边际，对湖天而大嚼，松岑不觉饮自豪。饭罢，周览而去。复驾艇往游蠡园，临水作长槛，差可喜。然人工所经营，好事者所题识，益卑卑矣。当振心之来会于逆旅也，出示所为诗一章，逮放艇中流，松岑已写成和诗，有“知李风流眷属新”之句，意盖戏余。艇行捷，虽无放棹容与之概，轻舟破浪，万顷在目，游者亦足豪焉。尝读震川文，其称述吴中景物之美，白茅向风，与震泽、胥江烟波，每若在眉睫间，今可证其言矣。

同兹游者，吴江金天翮松岑、其妃殷夫人、其孙宝炬、女孙某某，北流冯振振心，南昌邵祖平潭秋，永嘉夏承焘腥禅、其妃某夫人，暨余夫妇凡十人。松岑、潭秋、振心皆赋诗纪游，而责余为文，潭秋更书来相促，聊次记之如此。其燕谈之乐，皆不复书。辛未仲春嘉应李崇元续川记于私省斋。

## 三姝媚·清明渡太湖鼋头渚同松岑、潭秋、振心、续川作

夏承焘

湖山经醉舞。剩寒浪春空，当时钟侣。倦客年年，念五湖心事，背飞沤鹭。酒醒云归，疑梦堕、昆仑玄圃。望断人间，瑶瑟沉沉，水声东去。　　咏远游章句。有翠袖成轮，酒狂如虎。漫讶横流，怜王尼乱里，露车风趣。唤起鸱夷，待商略、扁舟眉妩。依约愁恨，七十二峰清苦。

## 征招·春日与振心、臞禅、潭秋、续川鼋头渚看花望湖，归棹三日，风雨恼人念花事当雕悴矣，臞禅先为妍唱，谱此阕报之，并问讯振心渚上绿阴添几许也

金天羽

看花无计占晴雨，春山鹧鸪啼彻。山影掠春帆，有花风紧掣。年光惊水逝，纵孤艇、仙源辽阔。湖海吟朋，烟波酒舫，柳阴三月。　　迟日照楼台，棠梨艳，偏对浪花生活。尽力谑东皇，奈春愁牢镭。东风帘底剧。算容易、芳菲磨折。傥流红、漂上鼍矶，问胥涛能说。

## 游无锡记

吴江十岁童子金宝炬

"春风如贵客，一到便繁华"，此王安石之诗也。繁华之景，莫如无锡。辛未春假，祖父母率余往游。火车抵无锡，先在无锡饭店作憩息之所。午刻，至大新楼饮酒。下午，雇车至惠山，入竹炉山房，品茶而甘之，此天下第二泉也。余乃独登惠山之巅，至头茅峰，则见信佛妇女，喙经膜拜，为状至虔。余独至庙后，远望太湖，平如镜面，七十二峰，沉浸其间，洵海内之奇观也。下山游寄畅园，则在惠山之背，桃花甚丽。归宿旅舍。

明日乘汽船至桃园，桃花、海棠更多。复至梅园，而花乃富丽极矣。山径曲折，行万花中，花若桃、若李、若山茶、若紫荆、若海棠、若梨、若樱，樱之淡绿色者为尤佳也。此真锦绣之山河也。汽船出五里湖，至鼋头渚，地在太湖之滨，浪花四溅。见湖中岛屿星罗，渔舟上下，浩浩汤汤，横无际涯，而桃花如锦，真世外之桃源矣。乃饮酒于湖边草地，烹鲜鱼而食之，曰：乐哉游乎！徘徊多时，乃乘船至蠡园，售票而进，仅游半小时，即相率回旅舍作返苏之计。

同游有祖父母，及梅县李先生续川夫妇，永嘉夏先生臞禅夫

妇,南昌邵先生潭秋,北流冯先生振心,及余姊弟二人。邵先生曰:“子归,宜为文寄我。”是以记之。

# 西溪纪游[①]

东倭肆暴，国将不国，吾侪卜居湖上，淤郁寡欢，遑敢腼颜作山水游？游屐不理，已二月矣。瑞安李雁晴兄新自武汉回浙，设讲座于江干之江大学，于故乡好湖山转成新契，偶一命驾，辄相招邀，或命为向导。余旅居湖上仅六年，今日反客为主，诚不胜其僭窃之惧矣。十一月一日晨七时，复来寓舍邀作西溪之游。西溪余以去秋往，觉其山水萦纡，茑萝幽蔚，颇轶西湖之上。而时局险状稍平，以久蛰之心，颇思振启，遂唯而随之，然或人以余等为冷眼国事偷安旦夕者，其亦无辞以对也。

与雁晴同出寓舍，先趋公路局车站，会齐夏瞿禅夫妇、董君、张君、戴幼和、君宗兄弟，暨雁晴子侄，共十人。雇人力车至松木场。松木场本有汽车可至留下，换划抵西溪。吾人以汽车多旧敝，行车时刻不准，乃决由松木场雇船直达，庶少换船之烦。遂雇一舟为来回计，代价不过一元六角。出发之埠，溪面甚阔，长桥卧波，一若西湖之锦带西冷。舟子虽老，然倔强好胜，常越过人舟而前。两岸人家，忽密忽疏，而皆竹树掩映成趣，间有古枫傲醉，秋色弥丽。西溪一水，远源来自天目，络以小河，愈细愈曲，两岸树木茂密。南宋时西溪寻梅，远出灵峰孤山之上，芦花则多生溪中，明以后始著。沿溪寺宇园林，有永兴寺、曲水庵、溪上巢、云溪庵、交芦庵、雪秋庵、西溪山庄等胜，今惟交芦秋雪寻涉至便，馀处不能尽至。吾人预定先至交芦，次秋雪更以馀晷游花坞、东岳庙而归也。

橹声伊轧，舟衍约二小时馀，溪道始狭，景物渐幽。将至交芦庵，船行尤曲折可喜，厉太鸿诗所谓“一曲清溪一曲烟”者，庶几近之。交芦庵寺宇不敞，板屋棐几，自然清绝。寺僧蓄画甚富，供客披玩，有

---

① 编者按：是文发表于《旅行杂志》1931 年第 5 卷第 12 期。

《西溪筑居图》，乃新罗山人为厉太鸿而作。太鸿，乾隆初与杭堇浦、朱鹿田、吴瓯亭、汪抱璞、金江声、张鹭洲、施竹田、周穆门、释明中、让山等，为杭州诗酒之会，结庐西溪，寓西溪山庄最久，图盖是时所作。观其水泉沿洄，竹树缭杂之状，信可以之参读樊榭"花源色不同，辋口境如在"诸西溪诗矣。品茗毕，趋瞻寺殿，无足称述。庭砌种鸡冠花甚多，色殊凄丽，庭侧供厉太鸿及姬人朱月上栗主，道光间里人何春渚移奉是间。考樊榭卒葬西溪之王家坞，因无子嗣，不久即化为榛莽。后四十馀年，始移栗主交芦庵中，好事者更以其姬人栗主附飨焉。月上朱氏名满娘，满州乌程人，十七岁来媵先生，二十四岁即卒，无所育，樊榭作诗十二首悼之，极哀艳悱恻，传诵于时。名士美人，秋花水国，永永不朽矣。

出交芦，溪流愈潆洄，荻花弥望如雪。此处本名河渚，又曰蒹葭深处，秋雪庵在焉。秋雪庵旧名资寿院，有两浙词人祠，为湖州周梦坡所建。每年芦花盛开时，好事者辄觞祭于此。又有弹指楼为观赏芦花处。楼有吴谷人象，厉太鸿"说剑风生座，吟诗月满楼"五字联。楼中玻璃窗，面面皆见芦花，絮栖雾积，清霜欲飞，水国烟深，梵钟韵冷，尘襟解脱，不复似西子湖头之嚣醉矣。返棹之际，令舟子荡入芦花深处，各拗折数穗，相对怡然。

归路经杨家山口上陆，过四方庙，至花坞。花坞竹箐秀密，夹路细生。度藕香桥，山绿可染，泉韵淙然。花坞寺宇最多。旧有精进林、法楞庵、故斋、在涧庵、憩锡庵、眠云室、树雪林、溪饮庵、云巢、实相庵，并见《樊榭集》中。吾人所随喜者仅九松居、隐深别墅二庵。据比丘尼云：坞中有尼庵二十馀所，略有花石之胜，闻夏超有别墅在此最精雅，殆地人习呼为公馆者。惜以尚有岳庙之游，不克登览耳。

自原路返舟东行，由庙坞寻东岳庙。杭俗事鬼，东岳庙凡有五处，推此庙宇壮丽，香火繁盛，吾人欲观其塑像作何状，讵入门但见营斋者扰扰其间，一无所睹。庙侧香烛店极多，又有一种半似庙宇半似商肆者，号曰阴公所，殆为人祈福死后而为敛钱计耳，然实不可解也。

出庙返舟，夕阳敛采，天色渐冥，村妪荡桨如飞，浦溆纵横，绝妙一幅归棹图也。同行有觉衣薄者，盖七时左右始抵松木场。登岸归寓，此行瞿禅有词纪之，余亦得绝句十首，录如后方。

**西溪重泛十绝**

罨画层波此再逢，新亭忍泪尚从容。书生薄劣真堪恨，冷眼山河遍举烽。

橹摇正值菊花开，秋入长天雁字回。万感苍茫人不会，好山无数上船来。

鱼矶蟹簖行仍在，野鸭舒凫聒满川。犹有溪童偏称意，十分霜柿树头圆。

交胭庵外水争流，客子萧疏值素秋。闲过阇黎披古画，断云落木一时愁。

樊榭诗人本有祠，侍姬捧砚忆当时。秋来寺砌胭脂碎，狼藉鸡冠一两枝。

掉船秋水溯蒹葭，人物萧寥静不哗。结得江湖幽梦熟，廿年终竟愧芦花。

野芦溪路阒行藏，却遣花飞引客忙。弹指楼前秋雪满，不知还对一红妆(同游仅瞿禅挈妇)。

欸乃声中任往还，水烟晴翠两回环。只知稳趁芦根去，忽放溪头数尺山。

水烟清淑画难图，溪渚分披路转迂。村妪飘扬能荡桨，山枫沈醉解提壶。

隐隐笳音暮霭酣，眼前难破百忧函。不辞来往西溪熟，奈此东倭目可眈。

# 皋亭山纪游[①]

皋亭山，杭人呼为半山，在杭县东北二十里，元伯颜受宋君臣之降于此。明初命李文忠取杭州，分遣茅成驻此山，盖地当往来之冲要，兵家所必争也。皋亭虽杭州名山，今则除香客外，游人实罕至。去时须先乘火车至拱宸桥，再雇划行小河中，遇水浅船缓，往返殆非竟日莫办，故不为短程游客所喜。余旅杭七年，今兹三月二十九日，始得偕李君雁晴及雁晴之乡人张君成行。

杭州往拱宸桥，除区间火车外，更有公路汽车。是日适值全市汽车供军用，吾人乃自汽车站折回火车站。火车亦以军输之故，迟半小时到城站。吾人登车启行，已午后十二时半。过艮山门，雁晴述三月二十日同晓沧、钟山、瞿禅游许氏园亦至此。艮山门俗呼坝子门，皋亭山在艮山门外。

到拱宸站，即赴铁路码头雇舟，舟形大小，略似绍兴之乌篷船，皆船娘荡划。吾人初未知皋亭远近，讯之途人，始悉皋亭即半山总称，登岸处有二：一为崇光寺，一为半山庙头山门，船价至多一元。吾人得此指示，遂得以一元买一划，决定自崇光寺登岸，恐舟行之太迂也。

船之席位极狭，才容四人。泡茶一壶，即令开行。过拱宸桥桥洞，即见小轮数艘，升火待发，盖赴苏拯纾国难之壮士也。忆予去岁十一月一日正与雁晴作西溪之游，在九一八之后，荏苒半岁，除十九路军抗日杀敌一幕外，一切令人堙郁沉废。辽、吉沦陷，既无收复失地之声；淞、沪陆沉，且有缔盟城下之耗。宋人绝句云："如此山河落人手，西风残照懒回头。"呜呼，言念及此，吾侪诚不忍令吾船向皋亭山进发矣。

往皋亭河中，水混浊多泥沙，不及西溪之清，而且驶极浅处，殆不

① 编者按：是文发表于《旅行杂志》1932年第6卷第6期。

能通航。询之船娘，两岸可否步行，答云："步行路迂回，骑马乘驴，则岸旁小树丛棘颇碍人。故往皋亭，只有舟行一法。"行十里许，见一大桥，桥头高涂粉字：夜船不通。船娘谓此间常有盗匪出没，村人于傍晚六时，即放木筏堵塞桥下，藉阻盗舟。余闻此为之瞿视，顾谓雁晴："君善技击，或不至抱不抵抗主义令苦吾同船也。"雁晴为之一笑。

吾人以午后一时顷登舟，三时始至崇光寺之智德桥。崇光庙宇甚新，辛夷盛开，僧人谓此地距唐栖约十五里，超山约二十馀里。余前同金松岑、蒋竹庄游超山，惜未便道一来此也。雁晴即于吾人登岸处摄一影。

过崇光后，全为山路，草甲鹃花，自成青紫，苍松翠柏，远如亭盖。船娘有一弱妹引余等行，双髻依人，宛然小鸟，惟童稚记忆力不强，遇歧路辄多徘徊。幸得一指路牌，始见皋亭。周围约数十里，高如南北两峰者甚多。有名雨华山者，颇饶私家亭园，土人呼为洋山，惜不及往游。庙宇错落甚多，其著者为半山娘娘庙。吾侪在杭所游之庙，如徐村之三夫人殿，规模太小。十二花神庙相传往时某巡抚为姬人十二建以祈福者，今已圮毁。半山娘娘庙必有出处，故乐为一寻。遂行二里馀而至庙。

半山庙约在山半，石磴甚峻洁。老松十百成群，苍翠拂人。山下菜花之黄，炊烟之白，掩映亦多奇趣。半山娘娘传为宋时一处女，小康王曾为追骑所迫，女乃绐追者，脱王于险，卒亦自沉而死。小康王归，因封为半山娘娘。此本俗说，不足取信，雁晴当有以辨之也。庙宇不宏敞而颇幽洁，神像头缀珠冠，绯服绿裳，笄珈委佗，威仪甚丽，视雄毅而黑硕者远过矣。于此纵览皋亭全山风景，无所不睹。松涛送籁，神听清彻，凛乎不可久留。雁晴复为同游摄影一张，予亦纪诗一首，永以留念。

伊郁遘国难，受侮实不少。危情浣令节，春物辄招挑。始晴桃已然，渐暖柳初缭。忽以乌篷迈，遂接白鸥矫。村午墟集散，晴壑尚烟袅。兰若觌高花，辛夷慰我早。阇黎二三辈，住山岂非道。光景换林垌，山英红若燎。松柏何青青，受命独物表。苔枝行赤蚁，香叶宿灵鸟。鳞甲真长年，款悲南渡赵。玉帛走山前，林际树降旐。山灵烟雨泣，风便资元昊。嗟今陈迹新，怵眼虾夷狡。淞沪户化尘，辽吉永丧宝。讦谟者谁子，尽谓越人訬。残贼本夷情，吾懦供吻爪，饕餮竟未已。腒腊变枯槁。皋壤日熙熙，新亭泣浩浩。愿见国有人，敢曰为春恼。归笔托商讴，庶用侑清醥。

# 临平超山访唐宋梅记①

湖上多梅，孤山三百，幽敻清闃，见重丘壑。然地瘠而北向，作花不盛，树多补植，不以久特闻也。前年同金松岑、蒋竹庄、钟钟山游超山屯里，梅林县亘几三十里，笋舆经其下，香雾喷涌，着人欲醉。而报慈寺之宋梅，阅年独久，又梅中之长老矣。以视孤山梅枝之凋零无姿，新植未久者，殆不可以同日语。廿二年三月五日，之江诗社诸子议访超山古梅，以予之曾往游也，请予为导。是日天气阴曀，途中霰雪交作，虽未展觌绵亘三十里之屯里梅林，然无意中获于临平观唐梅，亦大足偿所失。语曰"物不两大"，又曰"绌于此者丰于彼"，吾人虽绌于屯里之梅林，而丰于临平之唐梅，噙香吟咏，尽兴而返，亦不可不琐琐以记之也。

三月五日晨十时，会合之江诗社诸君于闸口车站，由骆君允治总购临平车票十馀张，向东启行。十一时半顷，抵临平。临平为杭州一镇，置自唐代，距杭州约五十馀里。镇之街市不长，吾人于列肆中觅得一安徽酒馆名民乐园者进午食。食毕，出街，得往汽车站之大道于一老叟，兼询临平有无寺宇可为随喜，老者乃告距镇之三里，有安隐寺，寺有年代久远之唐梅一株，作花正盛，可便道往观。吾人闻之喜极，遂定先观唐梅而后及宋梅。

安隐寺在临平镇之北，沿驰道行约三里即至。寺建于唐初，山门外有安平泉，东坡先生曾至寺品之。壁间有明末沈一先依原存苏碑勾勒之律诗一首，诗曰："闻说山根别有源，拨云寻径兴飘然。凿开海眼知何代，种出菱花不记年。煮茗僧夸瓯泛雪，炼丹人化骨成仙。当时陆羽空收拾，遗却安平一片泉。"入寺左转，即梅园，此槎枒蟠屈之唐代古梅，乃缤纷灿烂而映入吾之眼中矣。寺僧指示，唐梅瓣多七

---

① 编者按：是文发表于《旅行杂志》1934 年第 8 卷第 1 期。

出，宋梅则至多为六出，此盖唐宋之辨。吾人数之，信有七瓣而共一萼者。岂得天独厚，抑地气有不同耶？同社钟协君为梅造一象，予亦缀一诗于下：

金粉替江山，繁华绝寻会。陈迹一风湍，巧历坐难对。蕞尔临平镇，远置有唐载。惟存安隐梅，绕树令人爱。古香断嚣尘，绵蕝表前代。弄景寒泉清，妆镜宛然在。向风玉盏倾，随雨真珠碎。那忆妃子笑，冷眼胡雏狯。方春群阴闭，霰雪作澹濧。孤僧坐深林，客至强謦欬。浮云任瞬驰，世变岂留慨？同来多媛彦，笔悍风雨快。毋忘白莲游，且了驴背债。

出寺后，天已微飘雪花。同社诸君，兴致勃勃，毫不措意，步行至速者，为李雁晴教授、符恺元君、骆允治君。女社友宋清如、黄源汉、曹墨兰三女士，亦不甘示弱，屡出人前。步行迟重，而似有考虑者惟王守伟君，故每殿众人之后，同社相顾笑之。沿驰道彳亍而前，凡十五里而始达超山汽车站。超山距临平共十八里，汽车站为杭海路支路，商办不得法，致大亏蚀，今议由浙江省公路局收回，虽有站名，尚未通车也。

超山山脉，超出皋亭山，故名超山。山麓有[①]报慈寺，俗称大明堂。山腰有中圣殿，山巅有圣上殿，俗名头天门。山南有海云洞，俗称龙洞。山北有马鞍山，宋义士唐珏玉潜墓在焉。超山山谷间，弥望皆梅。村人多化稻田为梅园，以斯地梅实，大而产丰，利在种稻之上。上海各地来此购梅实以制梅酱梅渍者甚夥，年入约三十馀万金。距超山七里之遥，即唐栖商镇，梅实所自输出也。

吾人抵超山站后，令一童子导往报慈寺。行约一里馀即至，途中经安吉吴昌硕先生墓道，先往致敬。先生遗命其孤葬超山。华表之

---

① 麓有：底本作“有麓”，据文意酌改。

高，与宋梅亭相峙对，高风潜德，洵足相彰。墓有于右任所书之墓志铭，缶老遗像，缶庐授业图碑刻等，惜雪花飘舞，不能久留，乃相与憩报慈寺。

超山报慈寺，建于唐时。山门外有宋梅亭一，为今人周梦坡所构，吴昌硕镌有篆书联一。联曰："鸣鹤忽来耕，正香雪留春，玉妃舞夜；潜龙何处去，有萝蝯挂月，石虎啼秋。"亭侧三四武，即为宋梅。宋梅枝柯半朽，寺僧支以太湖石，树身生有寄生虫甚多，即吴缶庐联中所谓之"萝蝯"也。花果六出，开已八九分矣。入寺，庭中植红绿白黄四色梅四株，廊下有彭玉麟所咏之诗，吴昌硕所画之宋梅，皆制碑嵌入壁间。更上则为藏经阁香海楼，楼下有唐吴道子所绘之观音像。俞曲园联云："佛石不磨唐笔墨，仙梅犹留宋年华。"盖为寺中二古物写照也。吾人于右廊客堂内进茶点，寺僧正法，尚与予相识，云去年一病几殆，今倚杖而行，询问同游蒋、金、钟君甚悉。予告蒋君游超山归，大病半年始瘥。金君往云南，钟君病肺亦近一年，仍无起色，语次相与慨然。山僧重惜其体力日坏，不如他人亦未能皆健，又不知热河尚岌岌在陷落中。噫，不其重可慨耶！万感交乘，因题二诗于此，不知其为哀愤、为喜戚也。

> 漫谷烟深尽是梅，雪风咽处我重来。霜枝凌乱先朝选，冻蕊温馨昨夜开。东海仲连身尚隐，南音宋瑞意多哀（文文山有"翠玉楼前天亦泣，南音一夜落沧浪"之句）。看花坐溅伤时泪，酒薄愁浓怎么回。
>
> 满把馨香怀袖间，浮生从乞半朝闲。病僧建焙仍联席，诗老畤魂只在山（吴缶老墓新营寺侧）。大泽穷阴闷黍谷，孤花低竹表禅关。疏枝乞画无思肖，忍泪微吟自往还。

到寺霰雪交作，坠地即融，吾人未携雨具，中圣殿、上圣殿、海云洞、屯里之游，遂付阙如。乃于超山站雇得一汽车至临平。乘晚间九时零二分返杭。

作者附言:吾人游超山报慈寺后旬日,报载斯寺为匪徒纵火焚劫。寺僧正法,葬身烈焰中,宋梅在寺门外幸无恙,明岁如访宋梅,更不知平添枨触几许矣!

# 匡庐与北平[①]

《旅行杂志》编者，知予好游，承以“屐痕同味”一题征作。予自惟足迹局于南北数省，未能以奇山异水揭告读者。然而“回味”云者，有如食谏果后之隽永无穷，正不必如尝马肝而后可夸其富侈也。兹谨就昔年匡庐、栖霞、北平西山三游，略举梗概以对。

庐山十五年前，已有九江至莲花洞汽车道之开筑，上山石磴，则为新修。予与表弟应时俊君实同乘舆登陟。舆夫三五，接步如飞，临事不惧，遇险若夷，真绝技也！过剪刀峡，闻前数日，有一人堕舆死，而吾辈年少气盛，经过是处，无王阳九折坂之回驭返驾也。登牯岭，游能仁寺。更行五里，至黄龙寺。黄龙寺左西屋一幢，初为某巧宦筑以待贵人端方夏期避暑者。尔时为庐山森林局局址，局长刘庐僧为予同学，因假馆而宿焉。森林局在万山中，左大林，右掷笔，双峰尤峻。远山缺处，晴好时可眺见湖北之大冶山，足见此处观眺之伟。庐僧告予，山有宵人，图劫森林局，局中备有鸟铳数挺，若有缓急，惟此可恃。日色向晚，重门下键，籓篱必谨。夜闻风瀑声甚厉，疑暴客已至。有时复闻异兽啸声，依墙而过，晨起检视，泥泞中有足迹如碗口大，局丁识为猛虎。予笑谓庐僧曰：“朝畏猛虎，夕谨暴客，公等在山之志，可谓坚持不移者矣！”庐僧笑以为然。一日，与时俊弟浴于黄龙潭，时俊误践一滑泽之苔石，立坠潭中，予惶急至极，然犹镇静扬吭，呼使勿慌乱。幸潭石凌乱，水道　曲，略沉浮即出险，否则予将立槁于潭水之上矣。又一日，同游天池。天池寺侧有舍身岩，石岩横突至丈馀，下窥见苍鹘之巢，钩辀格磔，音凄涧壑。《山志》称仅阳明先生曾步至顶端而坐。予亦蛇行而至其处，瞑目数息，自觉万念澄澈，内

---

① 编者按：是文发表于《旅行杂志》1935 年第 9 卷第 1 期。作者署名“国立浙江大学教授邵祖平”。

神不眩。庄子称伯昏瞀人之教射，使学者列御寇足垂二分于外，先学不惧。《琴操》《水仙操》称成连之教伯牙，尝与拿舟海上孤绝之处，委而去之，以移其情。吾自问精魄可至此，独恨未得师耳。当时赋《舍身岩》诗云："舍身岩傍天池寺，径仄路滑难徘徊。崖倾高风乱远木，壑倒悬瀑惊奔雷。峰尖之外堕鸢死，月黑以西冲虎回。云撩裳衣忽揪敛，怀新寻异双悲摧。"总予等前十五年庐山之游，所历莫非险境，危磴也，暴客也，猛虎也，深潭也，倾岩也，偶一不良遭遇，皆足摧吾脆弱之体躯而有馀，而吾等竟无恙，且益感趣味之奇特，岂非天幸？今则庐山为终南捷径，诗贩巧宦，浊富贪贾，莫不接踵而至，而其地亦绝无一切崎危可悚栗之处。然而好奇独往之士，或愈欲里足不前矣。

壬戌三月念六日，予在金陵同镇江柳君翼谋、溧水王君伯沆、镇江张君梦炎为摄山栖霞寺之游。栖霞有舍利塔、千佛岩、天开岩诸胜。其石壁刻琢之佛像，尤东南所罕觏。予等到寺，值春期传戒，琳宫宝殿，龙象嵯峨，香烟缭绕，钟梵铿訇。夜宿僧榻，闻院中一僧诵"南无阿弥陀佛"，佛号不绝，每七秒钟一宣，声悲而宏壮，音厉而肃括。天晓始止，予等念此僧将声嘶而体疲矣。顾于客廊中值之，其人反精神奕奕，面色敷愉。心异，欲与之言，辄遁去不对。叩之他僧，乃镇江江天寺高座师，号称活佛者也。活佛道行甚高，常三五日不食不饥，一食辄兼三五人之量。又于彻食之时，尽取众比丘吐弃之残肴败滓而狂啖之，众貌敬之，不能测其所至也。中午时，柳、王、张游千佛岩未归，予留客堂观书，活佛忽飘然至，询予姓氏已，就观吾手中所持之书，略宣教谕，颜色逾和，将欲叩其所学，而柳、王、张回客堂，活佛又遁而去。三人深为讶曰："吾等要遮活佛，终不得与一语，顾于此处寻君谈耶？"此种因缘，吾根器太浅，实无所知也！窃谓江山之美，有类梵刹点缀其间。而梵刹之庄严清净，得人随喜，又赖僧人道行之高。我辈尘冗蝟集，惟恃出游以为陶写，岂能常为缮性之功于极忙中学苦空哉？设遇佳刹，则如暍暑时之遇美樾。一接高僧，便同发乱头垢者之逢鉴栉汤沐。其为心地清凉，百骸轻缓，实有不能形容万一者。惟如浙中寺庙，每有内容极类旅馆设备，以为足接待香客者，则又太过。铁床浴盆，电灯电话，无异在都会城市中，是犹求凉而尚得暍也！至僧人之俗者，貌如市侩，语极圆便，令人望而却走，是犹发乱而愈棼，头欲沐而濡之于墨也！何贵其为荫樾、鉴栉、汤沐哉？予自游栖霞，目击道者活佛，无形中已得一种人生之启示。佛氏之书，将俟异日悉心参究之。"身是菩提树，心如明镜台。时时勤拂拭，莫遣有尘埃"，虽落第二，义所不辞也。

民国十五年，五月七日，予婚赘北平郭寓新婚后一日，效新俗为蜜月旅行，偕妇南音旅居西山西山饭店者七日。是时张冯交恶，奉天飞机日至北平掷弹，近郭西山等处，皆布哨置兵，饭店为奥国籍母女所有，自备汽车，通行无阻，予等得假其车游览碧云寺等处。奥女略解华言，善憨笑，辄导予夫妇乘肩舆游山。是时西山饭店，盖仅有予二人为旅客也。一日，天大风，已约奥女游山，不欲失信于彼，竟尽一日之力遍历西山八大处，竹篚迎风，吹人欲堕。某寺有竹数茎，某寺有玉兰花如盏大，某寺有大钟一悬，都不省忆其名。惟秘魔崖石色青黝，有类庐山之青玉峡，尚依稀记其名耳。店垣四周，广植卉木。是时有荼蘼二株，紫藤一架，香风盈溢，中人欲醉。奥女琴声时作，悠扬韵耳。居此七日，几疑晨肇之入山，不复识旧京城内有兵尘十丈矣。此行有杂诗六首纪事，记其四首如次。

其一：

夹衣熨适看花天，日色桃英带醉妍。
卷起车帘双燕过，西山翠软玉人肩。

其二：

紫绒裀暖锦衾香，鹊语莺声报晓方。
颒面盘承花露底，游丝窗下理新妆。

其三：

晓亭风露似江南，花草精神与细语。
小朵泥人教攀折，满鬟红雨落毵毵。

其四：

低催久不怨风翰，骂座移床合俗难。
我有轮囷二千尺，凭卿檃括入时看。

吉夕情味，恍惚如昨；旧京景物，别近十年。而逆旅主人女之天真憨态，时复撩人省忆，不知其人仍在西山，抑早回欧土耶？凡此种种，皆予生平温馨况味，而赖名山以一一涌现于脑际者也。

# 湘桂之游[①]

予旅粤东之第十月，久蛰思启，爰乞假为南岳桂江之游。春服消摇于南疆南者凡兼旬矣。予吴头楚尾人也，兹游发轫于广州为古楚庭地，入湘为南楚，入桂为楚南，藐躬无闻，然于此堪拜三楚游客之雅号，拟古之壮游者，其荒于山水与诗，不亦宜乎？率纪屐痕，以日为纲，古近体诗三十二首，则以附于记后。

民国廿六年六月，三楚游客邵祖平自识于广州东山寓庐之匏系斋。

**五月一日**　予与田季樵画家约定今日晚车发黄沙站往衡阳，内子为检理衣物入一大皮箧。予取架上郦道元《水经注》、《李义山诗集》二书益之。田君驱车至，遂以九时出门赴粤汉南站，购得头等座车票二张，车辆不敷用，头等车只一挂，乘客拥挤，行李狼藉，甚感不舒适。但此次车向无二等，降格相就，亦不可得，惟有既来之则安之而已。车于十一时开驶，过西村后，乃与广州市暂别。是晚天气颇热，低云笼野，罕见星斗。

**五月二日**　晨光熹微中，车入大站停憩。启窗察之，乃韶州曲江站也。曲江远海一僻县，而吾人熟知其名者，则以张九龄子寿为唐之曲江人始。子寿诗名重岭南，相业彪炳开元间，安禄山为裨将时，尝犯军纪，曲江一见即知其凶顽，立主用重典置之法。天未厌有唐之难，果兆天宝变乱。曲江之前识如此，亦可异矣。粤汉车过曲江后，峰回路转，风景秀美，而以乐昌坪石间为最。坪石山峰斑赭突兀，为红砂岩，《徐霞客游记》所谓似武夷一体者也。车过郴州，想象秦词俊

---

① 编者按：是文发表于《旅行杂志》1937 年第 11 卷 8 期。

语之“郴江幸自绕郴山，为谁流下潇湘去”，永与此州同寿。而近人王静庵《人间词话》乃极赏其上半阙之“可堪孤馆闭春寒，杜鹃声里斜阳暮”，可谓嗜好殊人，强作解事。晚八时左右，车经耒阳，耒阳为有唐诗圣杜甫之埋骨处。文信国诗“一夜耒江如酒何”者，正咏工部饥困涨江，一夕得白酒牛肉饱啖而暴卒。因忆《中州集》载元裕之觞辛敬之，敬之大醉饱，离席就别途，怅然感叹，以为数年来未尝得此饱也。饥寒困厄常在身前，文章传诵常在身后，千古文豪，殆皆不免。吾人于耒江之杜子美，盖亦不胜其欷嘘凭吊矣。晚十时，辘辘车声，始达吾人初游之衡阳站戛然而止，乃携行李出站，雇手车投宿江东岸丁家码头东南大旅社，十一时就寝。

**五月三日**　晨起，柚子花香满庭，黄鹂树间，娇簧百啭。时维旧历三月二十三日，春光尚未去也。出雇手车，先赴粤汉路工程处访桂副处长铭敬，藉询登南岳路程。桂君欢然接见，并请其处中同事王兼武君导游回雁峰。回雁峰在湘江西岸之城南，唐人诗云“雁知春信别衡阳”，相传雁不渡衡阳，峰之得名以此。山上有雁峰寺，寺前有姻雨池，“雁峰烟雨”为衡阳八景之一，峰势不高而矫如雁翼，与同邑之岣嵝、会善、白石同隶南岳七十二峰，而回雁峰为岳之第一峰云。回雁游毕，即雇车赴西门汽车站，搭南岳车，而东南旅社侍者以行李来会于站中。衡阳西站距南岳仅一小时半路程，票价一元四角，正午十二时开车，以午后一时半抵南岳站。常憩中国旅行社用点，蒙贺君寿昌殷勤指导游程，并为雇得肩舆二顶，即行登山。予留名刺交贺君，因与长沙湖南大学教授熊雨生曾电约相会于此，今当于福岩寺待其足音也。南岳博大崇峻，周回八百里，历代帝王，遣使专祭，祀典极隆。今于上山路之南岳庙一加瞻礼，即可想见。庙坐北朝南，局势宏伟，自御街“天下南岳”石坊北行，过寿涧桥，门内馀坪约二十亩，为棂星门，左右为东西便门，其两旁为左右碑亭、钟鼓亭。入棂星门为正南门，左右为东西川门，正南门后为碑亭，碑亭后为嘉应门，左右为东西阁门。嘉应门再进为御书楼，再北行为殿前大坪，左右各有宝库，右宝库旁有松树名火松，相传相吸收火气，而枝干苍挺无恙，岂祝融、炎帝之下，草木亦禀赋不同耶？大坪北行为大石台，台前中央有白石级十六级，中嵌石龙台，台北即南岳大殿，重檐七间，高七十二尺，内外七十二石柱，皆准七十二峰之意。殿外石栏杆所镌树木花鸟，并皆飞动有神。正殿塑南岳圣帝像，庄严肃穆，威灵显赫。旁塑二将像，亦高大英武。长年香火皆盛，而秋季香烟缥缈，昼夜尤不绝也。大殿后为启圣殿，为寝宫。宫后为后北门，径通登山大路，遂跨接龙桥，经络丝潭、玉版桥而至送子殿。南岳小庙最多，送子观音殿尚以南方主生长，人有无嗣者，来此祷生麟儿，其理固极正，而左右之阎王殿，森森可怖，义何所取？岂非“爱之欲其生，恶之欲其死”乎？一笑！度巴巴岭后，前行里许，至半山亭，松篁交映，山翠欲滴，望芙蓉、烟霞、石廪、天柱诸峰，摩霄插云，奇秀无匹。半山亭上为玄都观，古松夭矫如龙，南岳垦植委员会于此设办事处，侯子约先生曾有刺介绍与驻会郑君相见，遣舆夫入问，则已赴衡阳去矣。再上为邺侯书院，亦称明道山房，为李泌故宅，柏树欹侧，拔地耸翠有致。李长源神仙中人，初以白衣同舆陪肃宗出入，运筹帷幄，有若子房，然内制于张良娣，外牵于李辅国，所怀竟无大施展。退隐衡山时曾遇神僧懒残，懒残告以领取十年宰相。后果相德宗十年，封邺侯，但不知十年肉味，能胜山中一霎芋香否？过铁佛寺、湘南寺均未入，更行一里至南天门。南天门为山之南北分界处，于此俯瞰，可见湘河五道，蜿蜒来趋，俗称“五龙朝圣”。峰色延青，斜阳耀彩，于此纵观，最为神王。自南岳庙乘舆至南天门，地已极高，尚不见主峰祝融之面。登南天门后，则祝融突现于眼前，其形露顶如髻，《霞客游记》所喻，殊不我欺！南天门左行半里许为黄帝岩，岩顶有巨石刻宋徽宗书“寿岳”二字，笔势浑朴，大五丈许，不类瘦金体。自黄帝岩退回原路，更上一里许至狮子岩，石势如蹲舞之狮，远视逼肖。蒋介石将军捐资建亭于侧，名曰“率舞”，涵义伟切，当与兹石永垂不朽！再上为高台寺、观音岩。南岳树、瀑皆不佳，而石之瑰异，尚有可观。自黄帝岩、狮子岩至观音岩，皆石奇之处也。高台寺上即上封寺，肩舆到寺，暮色苍茫，寺僧方诵晚课，由知客师了然接待晚餐，晤崇明苏君一行四人，亦自衡阳来游南岳者，相与商洽游程，甚为欢畅。晚十时就枕，私祷明日云开，将观初日于祝融峰顶。

**五月四日** 鬼神茫昧，在六合间存而不论，惟“精神之感通”如《吕览·精通》篇所示者，予尚信之。先君生前游踪曾到衡山，予儿时即耳熟南天门祝融峰之名。昨晚临睡，私祷云开观日，酣睡中忽梦先君颜色温霁如平日，推予起床，令速往观初日。梦境至为清晰，醒觉不容复卧，时甫钟鸣四下也。因告田君寄樵曰：“使先子灵爽果式凭者，今晨必可于祝融观日台观初日矣！”顾是时禅灯通明，东方未白，山雾濡瓦，滴沥如雨。久之，寺僮始来送盥汤。盥漱毕，急披僧袍，偕田君、苏君向观日台进发，了然和尚亦赶到。一路雾重如雨，山风振谷。到观日台后，果见东方一道红光，隐隐腾起，须臾鱼尾烘霞，金蛇耀彩，半轮红日，自云际捧出。吾人拍手欢呼，了然师亦频致庆词，谓：“衡岳今年云开朝日如此伟丽者，仅六次耳！”日初见为殷红色，继为正红，完全出平地时，则洗褪诸红，作淡白之金光灿烂。有时如带之云，故来撩日，则如在一纨扇上画倪迂平林远山，虽遇微翳，转愈增其美矣。予未上泰岱观日，得此殊足瞻自然之伟大，益身心之光明，欢喜赞叹之至。先子之推予速起者，岂非诏我以崇高无上之修养，深有期责于我乎？

初日既高升，吾人乃步行登祝融峰顶，一路云开雾霁，縠散绮飞。俯瞰千峰罗列，若揖若退，洞庭九嶷隐隐在望。于斯致思，无所不至矣。昔韩昌黎绝句云：“祝融峰下一回首，便是此生长别离。”吾人于下祝融峰时，亦不胜其眷恋，但不必作长别离之决绝语，以粤汉车通车之后，湖南省政府复极力开发南岳，只须乘半日之肩舆，便可置万峰于屐底。予思一二年内，当再挈家人一来兹峰纵观眺也。早饭上封寺，素肴鲜美异常。舆夫果腹后，肩舁吾人下山，先至罗念庵先生手植五株松处，一为徘徊。再上开云亭、观音岩、狮子岩，补昨①暮未细观之胜。舆中因思此来既礼邺侯之读书堂，尚未参懒残之煨芋处，因令舆夫先寻懒残岩，再为普光殿之游。懒残岩匿在烟霞峰之西，净瓶岩之东。径曲路峭，颇碍舆行。翻山岭三重始至岩前，岩下有窾洞方约二丈，一老道精修于此，见予等至，既讶且欢，烹岳山茶，出笋脯为佐。道人谓："懒残名宜为'懒蚕'，蚕懒则不肯作茧自缚耳！"其言醒世，类有道者。田君工速写，立为老道作一炭像甚肖。予题诗其上，有云："松风门外一回首，我辈中人路又纷。"盖深感出山后复须抗尘走俗，欲乞为"懒蚕"，不可得也。

参懒残岩后，由原路折返，乘舆至普光殿午饭，普光即藏经殿，为六朝慧思祖师道场，智者大师亦来驻锡。殿枕赤帝峰脚，树老林密，草异花奇，为南岳惟一之天然大植物园，如玉桂、菩提、洛阳球等，皆珍奇之卉木，外间罕见者。树多枝干蟠曲，有一本三树同根，根如青铜，铸成一体。其末则三种不同之柯叶歧出，亦奇观也。殿之附近有灵田、无碍林、梳妆台、钓鱼台、祥光亭、南岳花神庙诸胜，现正在补建亭构中。普光殿出，即经火厂趋天桂峰磨镜台。天柱在衡岳诸峰中石骨最为挺特，闻其上出云如香炷之直则致雨。磨②镜台为南岳僧众公共祖堂。昔怀让七祖弟子道一于此坐禅欲成佛，让因取一砖于石上磨之。道一不解，让讽之曰："磨砖欲作镜耳！"道一谓："磨砖何能作镜？"让晓之曰："磨砖既不能作镜，坐禅何能成佛？"道一言下立悟，遂受衣钵为兹山大师。后人因名此处为磨镜台也。

自此行二里，至南台寺。南台为南宗一脉，承粤之南华曹溪法乳。寺有日本僧某赠藏经一部，王　运为撰碑，瞿鸿机为之书，某举人为之刻，一时有三绝之誉。又有贝叶佛像三十二张，貌画极生动。南台寺出，赴福岩寺候友人熊雨生兄，果于道中相值，因同止福岩餐宿。福

---

① 昨：底本作"作"，据文意酌改。

② 磨：底本作"摩"，据文意酌改。

岩时值春期传戒，梵呗云璈，响彻天衢，妙香浮空，令人神滯。熊君同邑至友，现任湖南大学物理学系主任，殚精科学，复解诗文，善清论。是夕话旧，几至破晓。松间疏雨，一再飞洒，助吾人清兴不浅也。

**五月五日** 晨起，在福岩寺进素食后，熊君独乘肩舆上祝融，予与田君则往方广。忆上封寺僧了然告予云："祝融之高，方广之幽，水帘之秀，为南岳三大奇处。水帘在平地，祝融路已修治，皆不难到，惟方广径窄路艰，素未修治，往游为不易耳。"予等游程本定今日专寻方广，虽天色阴晴未定，亦不之计。度西岭，走新土路，跨观音峰，百绕千回，高高下下，肩舆始从密箐中而行抵平垄。未至寺里许闻小涧中琮铮泉响，韵耳不绝，仿佛步行西湖之九溪十八涧时也。涧中有石镌"洗衲"二字，为梁惠海大师洗衲处。其右方之小峰为补衲台，台上有岳和声所书"啸台"二字，及谭元春所书"恋响"二字。方广寺址尚宽敞，惟栋摧壁坏，佛像多翳蛛网，一种衰废之象，极可惋怅！守僧不在，不能久留，遂上肩舆，往观石涧潭瀑布。沿途烟壑幽蒨，泉籁丁东。将至[①]紫盖寺，瀑布怒吼，自桥下奔出。瀑布以飞悬者为佳，然此千遥万兀礌硠砉豁，殆亦天台石梁之流亚欤？入紫盖寺，住持初不在，由某未受戒僧侍茶。餐时，住持始赶到，酒气薰天，醉步奇侧，吾人初不欲訾议及之，惟此醉住持发言，称早间有乡民入其竹园盗笋，已乃借电话唤南岳驻警至，加以逮捕。声态嚣嚣，乃极令闻者憎厌。夫僧称道人，以悲悯众生为怀。乡民掘笋，何难更分香积之笋脯以与之，况忍电召驻警，缇骑四出，以为虐于兹乡乎？紫盖寺在紫盖峰下，竹树茸翳，风景清幽，夏季更有避暑之馀屋赁人，与西湖之龙井相仿佛也。饭罢下山，过寺皆未入，遄返南岳站中国旅行社休息。本定明日再为水帘洞之游，因长沙防空演习，公路汽车概须调省供用。幸今晚八时尚有车可回衡阳，否则须在此稽略一二日，殊无味。熊雨生兄已回，亦主予等即晚反衡，承为治酒添肴，于客中饯客。予等数日不

---

① 至：底本作"五"，据文意酌改。

知肉味，欢宴未终而车已驶至，遂匆匆握别回衡阳，住宿城内东华酒店，作回雁之归翔矣。

**五月六日**　今日立夏节，天大雷雨，上午未出，下午为石鼓、船山两书院之游。石鼓书院在城北二里之小洲阜上，其地据蒸、湘二水之会，唐刺史齐映曾建合江亭于山之阴，韩愈为赋《合江亭[1]》诗，宋张栻为书之碑。宋至道间郡人李士真请于郡守，于此创书院。景祐中，刘沆来守衡州，请于朝得赐额，遂与睢阳、岳麓、白鹿称四大书院。院之屋舍，今为女子职业学校校舍。石[2]鼓已无存，惟合江亭上下嵌壁之碑尚完好无恙。诸碑刻中当以南轩之韩诗，晦庵之石刻为最胜。韩诗，《韩集》已收，兹不录。朱子之石刻，书势劲拙，意义重大，余至爱其语，亟为迻写，以留观惕，语云："脱去凡近，以游高明。勿为婴儿之态，而有大人之志。弗为终身之计，而有天下之虑。勿求人知，而求天知。弗求同俗，而求同理。"

船山书院地址在东洲，于太子码头乘艇往一时许即达。洲据江心，四面皆青翠杂树，秀可入画。彭刚直公移建船山书院其上，今为船山高级农科中学。予入校参观，承凌君均福殷勤招待，并导至礼堂拜谒船山先生画像，至为可感！予读《船山遗书》，觉先生之学，始在"知耻"，而终于"日新之化"。其学盖远绍张横渠，而与同时顾亭林揭橥"博学于文，行己有耻"之旨亦相近。先生以学者有性气而无习气，俗人有习气而无性气，其言固非常警动矣。又闻"知耻"二字云："于不可耻而耻，则移其良耻以从乎流俗，而耻荡然矣。故曰：'知耻者，知所耻也。'"此等语药石愚狞，功在千载。今观先生之貌精粹之色犹现于眸子间，其为大儒宜矣！闻先生后嗣极贫苦，最近自鬻为奴，由湖南省政府备资赎回，将在省内学校免费读书云。

**五月七日**　晨六时离东华酒店，赴西门站搭车往桂林。湘桂公

---

① 亭：底本作"亮"，据文意酌改。

② 石：底本作"右"，据文意酌改。

路通车后，自衡州至黄沙河由湖南公路卖票。自黄沙河至桂林，由广西公路卖票，尚无联票以便旅客。西站买黄沙票，票价十二元八角，全程不过长二百零四公里耳。以视江浙公路乘车之省费，实觉悬殊，湘省公路路面尚坚实夷坦。车于八时开行，沿途因桥梁多未架，汽车须浮儎而过，耗费时间不少。祁阳之浯溪，汽车亦浮渡，此处有亭翼然水上，风景最可流连。其上有元次山所撰之《有唐中兴碑》。黄山谷、张宛丘皆有诗咏之，惜不得一往观也。午后三时始抵黄沙河，此地已为桂省界。过河买票至桂林，票价不过桂币八元馀，全程亦有一百五十七公里之长。桂林公路修筑平直，两旁植树，管理得法，四时开车，过全州经湘山寺、飞鸾桥诸胜，山则巉岩而挺秀，水亦碧净而漩急。两面路景，观之不尽。过兴安县后，奇峰 峭，拔地玲珑，汽车去路，忽而被山包围，忽而网开一面。又若与群儿捉迷藏于其间，甚有趣也。车于七时抵桂林北门站，以办理旅客入境登记手续。八时始抵南门站，唤手车载行李入城，宿环湖路环湖大酒店。是夕午夜，军警叩门入室，检查甚严。

**五月八日** 予在广州发动桂游之议时，曾去函友人陈柱尊教授介绍桂林导游之人，柱尊随有航空函介绍广西通志局封鹤君、刘锡蕃二先生。初到桂林，四境皆平起峰，攒青叠翠，不知从何处试屐？晨八时进餐毕即往访封、刘二君于中华街。广西省修志局刘君公出往猺山，封君欢然延见，畅谈甚洽。封君曾随徐又铮筹边蒙疆，壮游万里，今逾六十，惟以方志自力。既与修《湖北通志》，复受本省当轴之聘总纂志书。承示桂林看山程途甚悉，惟馆务一手主持，腰脚又非昔比，似不便请其导游于此甲天下之山水矣。然封君以为桂山岩洞居第一，而七星岩又岩洞中之翘楚者，面订明日同游七星，将聚餐于月牙山，且无负桂林春尽，举婪尾杯为乐也。予感其盛情，欣然允诺，遂告辞出门，独登叠彩山一游。叠彩山在城之东北隅，一名桂山，一名风洞山，乃桂林得名之主山也。唐元稹之从子名晦者，曾清赏于此。岩扉南向，石骨礨磝层叠，如列锦彩。入山门，有碑倚壁，文曰“常熟瞿忠宣、江陵张忠烈二公成仁处”，为明末瞿式耜与张同敞守城死事之处。再上为披云楼，游客看山品茗多于此。洞在佛殿后，奥[①]折幽邃，望之如重檐低户。有风从洞北来，岩滴凝寒，暮春俨若深秋。石壁皆镌佛像，及前人诗句。表简斋有五古题壁，中有“古剑劈山开，千年不合缝。石卵挂缨络，阴冰如　蛛”二韵，颇肖是景。

游毕回环湖旅店。田君季樵以昨夜军警检查太严，颇为烦闷，今晨乃竟驱车怀刺往访省府秘书长孙君绍园、省公安局长周君慰民，告以此来纯为看山，请饬军警宽假，勿再伺察，致令烟霞扫兴，笠屐蒙讥。孙、周二君皆田君旧同事，颇致歉悃，亦约月牙山聚餐。以此之故，下午省府且派交际股科君[②]赵君驱汽车来，将陪游近郊诸胜。吾人受惊受宠，觉如此待遇，亦有不妥。盛意不可却，姑于午后请赵君导游独秀峰一处。汽车驶往，数分钟即到。峰在中央公园内，又属省府围垣之中，盖省府在明初为靖江王府，明末之桂王传亦建都于此。而独秀久在禁城之中，虽徐霞客亦曾以不得登览为憾。今虽可登，惟每星期一始全部开放。闻某年某要人夫人投崖自坠而死，又有狙杀之案尚未破，故省府令每日皆　扃。星期[③]一非官方启键，不得辄入游览也。独秀高约三十丈，正面作圆锥形侧面似塔形，拔地峭起，苍玉嶒峨，孤秀亭亭，睥睨四野。宋颜延年守郡时，读书其中，今有读书岩。宋人题名者有孙觌北归石刻与吕愿忠篆书律诗一首，皆绍兴初元时也。启钥后，赵君领予等登峰，峰凡三百六十馀级，步至二百馀级时，即觉秀峦涌翠，奇岫呈鲜。正南有象鼻、斗鸡、五人诸山，东南有阳朔层峰，北为叠彩山、诸葛台，西北为老人峰，东北[④]为伏波山。至于不知名之奇岑异崿，则不知其几百几千。吾人登独秀峰顶，恍如

---

① 奥：底本作“粤”，据文意酌改。

② 君：疑“君”衍据文意酌删。

③ 期：底本无，据文意酌补。

④ 北：底本作“西”，据文意酌改。

韩信登台受大将印，一军皆探头侧目而惊视矣。名山静中有动态，若桂山之动，直为异动。予于兹眺，叹观止矣。下山后辞谢汽车，信步入桂林市肆散步，又出伏波门随意展眺。

**五月九日** 晨八时许，省府秘书长孙绍园来环湖酒店惠访，申昨日之约，为月牙山之聚。九时乘汽车出门，车中已有周军长及黄主席介弟晓初先生在座，遂同出水东门，步过浮桥，经水东街而至花桥。桥石构，有孔十一，上有凉亭式之盖庇。时值春江微涨，远望有如画舫，景色秀润，若到江南。吾人不过桥，乃自桥侧摆渡作龙隐岩之游。江波荡青，山容画绿，远望巨石拔地起，涵有大洞，高可十丈。初入稍狭，转步即见豁朗。石乳倒悬，如垂缨络。洞顶石窝，高漩成一龙迹，夭矫长数十丈，鳞鬣宛然，如龙从山内跃出之状，故此岩又名"龙影"，殆以其印石成文，奇矫非常而得名也。

更东行数十步，有"龙隐岩"三字匾额，经一佛殿，又得一岩洞，奇幻虽不若前洞，而幽冷过之。岩溜滴沥，最宜试茗。壁上石刻，琳琅满目，而翻刻蔡京之元祐党籍碑最为可宝。此碑北方无存，惟广西柳州与桂林各有一方，而柳州者漫漶不清，又不若此间之完好可读。当蔡京奏请将元祐害政之文臣馀官武臣内臣三百九人姓名书而刊于文德殿东，目为奸党时，自谓断自宸衷，永为万世臣子之戒，而不知石工安民刻第一名司马光名姓时，即流涕不止，乞免书名碑上。林灵素以一方士来关，见元祐党碑，乃稽首称为天上星宿，尝有诗云："苏黄不作文章客，童蔡翻为社稷臣。三十年来无定论，不知奸党是何人。"足见公道早在人心，小人无往不造福君子也！摩挲碑文，令人穆然起敬。孙君早有精拓之本，允分赠一分，遂同趋月牙山午宴，到者有罗文干、雷殷诸公。月牙素肴，驰誉已久，而豆腐一味尤绝。法以多量之黄豆芽煎汤，入镬久烹之。豆芽汤浓如鸡汁，老豆腐料似蜂窠，其动人食指宜矣。餐罢，孙君招待座客游七星岩，予等以承封鹤君先生约在先，未往。

下午三时，鹤君偕介弟濯吾同馆蒙君至，并请馆中收发陈君导予等为普陀山七星岩之游。普陀山有栖霞等，亭榭数楹，高下位置。若从翠堂、霞飞阁、壁立亭，皆结构潇洒，可坐可眺。再入即七星岩，导者二人燃炬而前。入口处有一石星，形如金鱼，鳞翅微绯，名“鲤鱼跳龙门”。洞顶上有七孔，二大五小，名曰“日月五星”，即为七星[①]岩得名之故。入洞后，石乳悬坠者无数，导者每经一石乳，必告游者以名目，多据俚俗说部故事，巧为附会，布谷烂翻，深可发笑。然如石莲花、响石钟、狮子、骆驼、金井、银井、鱼网、棋盘石、照妖镜、万民伞、香炉、一指擎天、髯蛇出洞、凤凰吸水、和尚田、童子拜观音、海水浴舍山、吕纯阳修道、雪里埋棺材，等等，则确惟妙惟肖，匪夷所思。逐步换形，诚觉造化之伟大诙诡，有非寻常所为形容者。洞分二，大洞有景约五十，小洞有景约三十，行约四十五分钟，洞内呀豁有光，导者灭炬，即自南端洞口出矣。

出洞西行，经酒壶山，约一里，仍返月牙山晚餐。三花酒熟，婪尾宴张，主人情重，欢笑开怀。同席有胡讷生学长，乃二十年前南昌砚友，别已十五六年，远离章门，重逢桂岭。讷生曾任广西民国日报社长，今为绥靖公署参议。叙旧感慨，喜不自胜，因邀西湖戏院观桂剧，且盛洽酒肴，欢尽丙夜。归逆旅时，复过讷生家絮谈旧事，不觉街柝之更番转墙。今日不仅尽山水之趣，且极朋友之乐矣。

**五月十日**　唐李渤昔年来桂林，既尽力以经营隐山，复耽恋南溪之胜，形之吟咏，尝有《别南溪》诗云：“常叹春泉去不回，我今此去更难来。欲知别后留情处，手种岩花次第开。”玩其语气，似南溪亦曾经其辟治者。南溪者，桂林南门外将军桥下之溪流也。其地山峰，苍翠凌虚，丘壑深邃。西北有洞名元岩，南有洞名白龙，又有仙人岩、穿云岩、泗洲岩诸胜，人多以艰远，不常探陟。今晨予与季樵谈及，互动好奇之念，即买得饼饵，携水瓶持杖出南门，行约八里，果至所谓将军桥者。其山俗名笔架山，苍翠插天，奇古而很。山下则碧溪萦带，家凫

---

① 星：底本作“乳”，据文意酌改。

唼泳。予得句云:“青山忽作鹅头很,碧溜宜浮鸭羽寒。”《南史》“鹅性很而傲”,于此山形容恰肖。将军桥旧有伏波将军庙,今剩遗础。再前为白龙岩,岩有大洞一,泉溜滴沥,寒人肌骨,久无守僧,一村媪应门而已。出白龚岩,遵汽车路觅径上刘仙岩。刘仙者,仙人刘仲远于此岩灭景云栖,抗高木食。人传其仙去,为图其像岩壁间,题咏刻石者甚夥。顾欢有言:“神仙有死,权便之说。神仙二十七品,仙变成真,真变成神,或谓之圣。”此固道家夸张之谈,但于此杂沓无名之众峰间,宜有岩栖谷汲、洗耳逃名之士,虽不谓之仙得乎?元岩穿云岩、泗洲岩及太空子隐居处,只在此山中,惜迷不得径,相与怅望者久之!因改道趋雉山,雉山介立如雉,与隔溪之穿山遥遥相对。穿山、雉山之间有山名斗鸡,巨石峙立如鸡冠状,昂首砺距,各不相让。上有九级小浮图镇之,形家于此必有说也。田君善摄影,于斗鸡、立雉皆为造象,因更步趋象鼻为之写生。斗鸡山至象鼻山,须过一小市镇,渡二溪桥,横跨漓江。沿途江山秀丽,步步耐人回顾。象鼻山沉博绝丽,作掀鼻渡河之状,中有涵洞甚圆,即巧在鼻与前肢之间,所欠者,仅巨牙二枚斜插品外耳!涵洞名水月,若逢晴皎之夜,景物必愈有可观!壁上题刻甚多,最令人注视者,为逊清《皇朝中兴圣德》一颂,盖清人纪平洪、杨之功也。予憩坐其下,感成六言诗一绝云:

香象渡河折齿,斗鸡拖锦垂胸。
欲问英雄草泽,一江水月澄空。

此本非诗,大类禅家短偈,然实亦千古一大公案。异日复有崛起之英雄者,当悟吾言非谬矣!

**五月十一日** 桂林诸山石刻,仅以唐、宋为最古,多数为明、清人所劗,不能激发思古之情。昨闻人有云,此地有尧山、虞山者,为桂林八景之一(八景者:尧山之尧山冬雪、虞山之舜洞薰风、开元寺之青壁上方、七星岩之栖霞真境、象鼻山水月洞之訾洲烟雨,伏波山之东渡春澜、华景洞之桂岭晴岚、隐山之夕阳古洞，此说略有根据，但独秀烟岚、花桥烟雨，亦有列为八景中者，盖出类拔萃之景，每为人所标举，吾人心知其意即可，不必刻舟求剑也）。心喜其名，即怂恿田君同往。因时间道路之关系，乃舍尧山而趋虞山。虞山在北门外二里，漓水漾其左，黄潭萦其后。山顶有薰风亭，山麓有韶音洞。洞窦初入甚仄，有眠石作人状，更进则石乳垂挂，蹲龙走虺，状若笙、匏、埙、篪者甚多。岩泉滴沥其上，恍奏古乐，洞之得名殆以此。薰风亭则以山有防御工事，驻有士兵，禁止参观。

作罢离舜山后，循漓江滨而至木龙洞，洞高可一丈，深可四五丈。自南端入，由北端出，石壁凹折处，览漓江江景最佳。桂林之城，面山而筑，木龙洞下山之处，即是就日门之成根，因买竹筏为伏波山、还珠洞之游。洞之得名，相传马文渊征交趾回，载薏苡经此，或云昔有渔父入水得大珠以献郡守，守却之，还于此洞。元人张湖山诗叙此甚详，如云“一朝明珠肆谗口，倒囊投弃兹山阿”，谓马伏波倾薏苡于此洞也；如云“守称贤侯不肯受，亟命返璧无蹉跎”，谓郡守却渔父之珠，还于兹洞也。二说皆附会有理，薏苡似珠，倾薏苡以塞谤，虽无此事，容有此情。洞石根插深渊，洞达水府，渔父适遭骊龙之睡而窃珠，守不贪而还之，亦能持之有故，言之成理也。桂林诸洞，皆与水远，惟此下临不测之渊，永据风涛之会，予赋诗，有“怪石惊翔如有翼，深渊骇荡不宜舟”，盖纪实也。洞有伏波试剑石，倒挂而下，不及地者仅数分，俗云石如合缝，即出状元，殊觉支离可笑！

**五月十二日**　连日寻陟，田君甚觉倦乏，早睡未起，予即独身出门为隐山大洞之游。隐山在丽泽门外二里，进门处有“招隐”二字横额。山不高而石笋嵯峨，地不广而行径　曲。从正殿二楹入，殿左为洞祀老君，有老君石像，是为朝阳洞，以在山之东也。山西之洞曰夕阳，南为南华，北为北牖，皆有道可寻，惟嘉莲、白雀二洞，则为乱石榛莽所翳，不知所在。隐山六洞除朝阳北牖外，馀皆为寒泉所浸，间见小鱼出泳，如天然大假山，足移人情。又若天造灵府，不可穷极，洵岩洞之别开生面者矣。游毕返逆旅，则田君又追踪寻我于隐山道中，以此相失。

下午刘锡蕃君来旅舍畅谈猺山猺民风俗，益我良多！傍晚周天游教授觞吾人于定挂门外之花舫中。桂林烟、赌、娼妓，政府特许于文昌门外特察里一隅营业，由公安局派警监视，凡军人及公务人员着制服者，绝对不得擅入，入者有罪，而军人且干重典。花舫表面为营船菜业者，然侑酒之女子，实亦私妓，惟不敢公然留髡送客耳！桂城风俗淳朴，人人皆着灰色之军队制服，虽女公务员亦然。大家闺秀出行街市，所着旗袍，亦非纨绮光艳之质，女拥二三辈，随行前后，若古之傅母然者。昔宋伯姬昏夜无傅保左侧，不肯下堂，不图于此南荒之南，尚留此远古美俗之遗意也。周君倜傥豪放，能诗能文能书，实吾乡之奇士，入桂任总部秘书有年，飞书草檄之馀，颇以香奁语自娱。觞客花舫，比之丈八沟纳凉故事。偶然寄兴，予赋诗有句云："归去应先更鼓动，桂枝莫学夜来看。"自愧语少蕴藉[1]，想不至唐突周太常否？一笑。

**五月十三日** 予等来桂林迄今为一来复，各处景物，已十探七八，因季樵尚有罗浮之行，遂于今晨结束桂林游踪，买一张姓小艇往游阳朔。开始前买菜市酤，琐及盐米，皆予等在岸上与舟子办得，携入舱中。艇不大，仅容二席一几。舟子之祖母、母氏、幼弟，则分憩船尾或船顶。晨十时启行，漓江湛碧，浮载轻舠向翠峰多处进发。

展《水经注》谛读，则知"漓水与湘水出一山而分源者也"。《水经注》云："湘、漓之间，陆地广百馀步，谓之始安峤。峤水自峤之阳南流注漓，名曰：始安水。漓水又南与沩水合，水出西北邵陵县界，而东南流至零陵县，西南径越城西。漓水又南合弹丸溪水，又南径始兴县，会洛溪而东南流入熙平县，径羊濑山，山临漓水，石间有色类羊。又东南径鸡濑山，山带漓水[2]，石色状鸡。故二山以物象受名矣。熙平

---

① 藉：底本作"耤"，据文意酌改。

② 漓水：底本例作"水漓"，据《水经注校证》改。

水又西注于漓水，县南有朝夕塘，水出东山西南。有水从山下注塘，一日再增、再减，盈缩以时，未尝愆期，同于潮水，因名此塘为朝夕塘矣。漓水又西径平乐县界，左合平乐溪口，水出临贺郡之谢沭县……”总观此水所合之溪流甚多，而所经之奇山异水，要以羊濑、鸡濑二山、朝夕一塘为最，惜无从觅人指点耳。

舟中见两岸诸山如春笋怒放，秋潮涌发，若告吾人以渐入佳境者，经草坪，遥见群峰束江，浑无去路；巨岩戴石如冠玉状，其下空窾阒黑，衔幽萃怪。予心知有异，询之舟子，舟子答不知，乃姑令荡桨近之，则见岩洞穴山复高五六丈，深十馀丈，石乳翔舞，有若奇龙怪凤。石质白腻，可坐可卧，岩泉汩汩滔滔，驶青走碧。吾人无意中获之，若遇仙宅灵府，惊庆交并！因知桂林至阳朔，江中奇岩异穴，藏入万峰深处者，决不知有若干，安得好奇者刺舟里粮，以尽发天地之秘乎？细剔壁藓，约略可见题刻，知此岩实名冠岩，惟舟子不识，而来往游人亦从未有作不速之客者，不其慎欤？冠岩返舟已傍晚六时，舟子趱程七八里，至阳坪维缆而宿焉。

**五月十四日**　阳朔舟中，奇峰献状，飞翠飘青，应接不暇，几令人不能瞬间休息矣！季樵吮笔速写，吾亦朗吟酣咏，偶有所获，如“衾枕昧兴居，软卧疑着魅”，此予深觉山之有魅惑力也；“明瞳利剑戟，窥我不得避”，此山之绝丽似美人者也；“天地碧瑶中，煎茶有功力”，此烹岳山茶，看山所得也；“湿烟葬令颜，空香闷芳躅”，此悼山之为雾所埋也；“天骥不受絷，狮子法当吼”，此状山之如天马行空，滩之如蒲牢乍吼也。区区貌写，自谓不过得形似之万一，至其神髓，吾莫能汲也！

下午至阳朔县城，赴游览招待所，承导往阳朔公园览独秀峰，探来仙洞，登玉屏山，观仙鹤石，觉此甲桂林之山，确有丘壑不同之处。至山形之诡奇者，两螯伸张如蟹者曰螃蟹山，如老人张口者曰倒笑山，如两人对坐者[1]曰神仙山，如马之骧腾者曰马山，如女子者曰大

---

① 者：底本无，据文意酌补。

姑山，如侏儒者曰矮山，如城栖高耸者曰千家山，种种形状，绝不相袭。谁谓阳朔非天下奇山异水之大都会哉？是夜宿阳朔江畔，买酒添肴，共犒此游之完满成功。

**五月十五日**　自阳朔放舟往平乐，两岸山偶有佳者，已不及阳朔以上之紧凑。且山多土岭，无挺戟戴胄作摩叠之致矣！午十二时抵平乐，即搭民乐电轮赴梧州。

**五月十六日**　民乐轮过昭平后，滩缓礁石不多，驶行较速。傍晚抵梧州，宿苍梧酒店。

**五月十七日**　搭广雄电轮赴肇庆，晚十一时登岸，宿端州旅馆。

**五月十八日**　搭广三驳船赴罗隐涵，游鼎湖山，观飞水潭，当另作文记之，兹不赘。

**五月十九日**　自肇庆搭广三驳船乘广三铁路返广州。

## 附湘桂记游诗：

### 夜发粤汉路黄沙站翌晨经曲江有怀曲江公

长路坡陀车北骛[1]，载我笠屐窥烟去。夜色朦胧烦热侵，凌晨始憩曲江渡。曲江张公天下才，金鉴千秋谨风度。胡雏倚啸上东门，夷甫能知终墙仆。先生早识禄儿奸，自比冥鸿逃弋慕。当时若听屠猪龙，真龙那得降沮洳。郎当三郎入蜀时，行在难顾大臣语。晚遣刺史祭韶州，谋国终伤妇人恕。我过曲江无束刍，深山大泽藏公墓。达人达政妙于诗，悱恻凡民同好恶。自世之衰诗教亡，性情榛莽语涂附。一身家国阙感通，岂有涕泪经天注？诗人本了天下事，莫翳蓬蒿饮风露。

### 坪石山峰斑赭陆离兀立甚古徐霞客谓似武夷一体者

卓地屏风赤玉垂，排阊何罪赭衣披。飘然竹杖离羊石，兀尔

---

① 骛：底本作“鹜”，据《培风楼诗》改。

云根近武夷。褴褛春衫疑坏衲，浑沦天巧是神锤（《晋书·祖纳传》：“假有神锥，必有神锤。”）。祝融万朵青芙上，此独湘南耀别支。

## 耒阳遥祭杜工部墓

有唐杜子美，制作比一经。许国志未达，在野身弥勤。晚岁落湘中，传闻此避兵。江涨不得食，吟诗动高旻。拿舟来聂令，牛酒致殷勤。荒江纵一啖，飞旐令人惊。今观临终篇，感激犹有神。伤哉稷契怀，旅饿缠悲辛。岂天啬其遇，使垂万年名。江天隐少微，仙乐满洞庭。藐此耒阳邑，片石埋奇精。巡狩圣者舜，葬亦在零[①]陵（九嶷山在零陵县境）。天欲异南楚，再驻诗哲魂。班瑞俨诗国，王纛拟九军。郁郁墓门望，草木含威声。贱子学公篇，穷海蹑蛟鲸。角鬣才一扪，怛绝心怔营。才薄惧苟作，操存敢弗贞。梦寐数见公，礼数稽谒坟。至诚限修途，飙轮遂前征。纸素贡远奠，飙起万古情。

## 衡阳渡湘江作

回雁峰旁沙渚清，合江亭口远山明。雄疆无事春放牧，旅邸多情晓听莺。共识骚人工短赋，从知迁客念长缨（柳子厚《衡阳与梦得分路别赠》云：“今朝不用临河别，垂泪千行便濯缨。”）。江中桃叶风前燕，伴我无憀管送迎。

## 登南岳憩上封寺

寿岳自峻极，南维永降祥。精烟隆别祭，玉节镇炎方。峰气飞霜早，华风过雨凉。絜诚遵远海，曳杖陟崇冈。五色惟观火（时山鹃盛开），诸天不隐香。络丝分瀑细（络丝潭），玉版跨虹长

① 在零：底本作“零在”，据《培风楼诗》改。

(玉版桥)。紫竹穿稠密,苍云认诗张。马头顿绝壁,龙影翳深隍。石戴尧年发,松鸣娲世簧。幽沉梵籁寂,仿佛诵声扬。凝霞陈锦轴,脱叶散琳琅。活国缥缃重,藏山韬略强。谁参煨芋处,自绕读书堂。天门观詄荡,龙伯耸趋跄(南天门下瞰五河,俗称五龙朝圣)。赤帝真知贵,叔孙实起纲。风烟纵浩淼,云树郁苍茫。东北眄吴会,西南睇桂江。致思无不至,养拙更何乡。率舞怜狮俊(狮子岩侧新建率舞亭),刺飞讶鹄忙。人谁师邓郁,我欲隐华阳。五岳楼空筑,七星文自伤。幸依转石手,得宿赞公房。香积青精饭,仙芹碧涧汤。星芒澄夜气,钟梵戛朝光。长老延观日,羲轮上屋梁。

## 祝融峰观日台观日出放歌

维岳诸峰尊祝融,南天门北雄崇墉。我扶暮色不暇谒,佛髻万丈青芙蓉(祝融露顶如髻形)。夜止岩殿梦突兀,私祷杲日生于东。才薄性傲神岂福,翻驱云阵开鸿蒙。老僧撞钟唤客起,暖覆氈帽携轻筇。寺门西出山雾湿,水烟埋却渔家篷。千崖欠伸万壑醒,扣槃扪烛堪发蒙。须臾万鬣鱼尾赤,平地绝海光曈昽。半轮彤壁耀奇彩,昭融神火洪炉中。妖氛远豁瑕秽涤,七十二峰玻璃溶。忽焉微霭掩纨扇,绛河惊遣星槎通。雌霓连蜷云叆叇,翼殷不逝神为慵。幸逢风伯风动天,涌出精实仍腾空。大哉宇宙有真赏,光明俊伟人宜同。泰山神观美朝日,此虽无海波犹红。登高壮思苦溢发,六龙羲驭何时穷。子美望岳漾舟过,退之别峰难重逢。我今爱闲健腰脚,堪娱南服骄两公。游山五岳自兹始,朝阳鸣凤声其雝。

## 开云亭晓望寄李沧萍

寿岳南维壮翰屏,云开奇赏萃斯亭。千峰骏马趋平陆,下界飞烟落洞庭。春晚相思花尚发,晓晴孤咏句能灵。客途气谊珍逾壁，远泛湘波忆楚萍。

## 懒残岩

懒残雄猛姿，转石面崖穴。身依煨芋火，神永水精域。邺侯未达时，叩岩曾伏轼。既达复归山，精勤理芸帙。达犹未达耳，已事何所益。懒公早了此，坚坐谢行适。平生一尺涕，岂为他人拭。寒泉不照颜，岩花自媚悦。领取十年相，去踏长安热。

## 既来南岳熊雨生自长沙来会同宿福岩寺清话是夕微雨

观游人外本逃群，伐木声中喜遇君。故里难同春社饮，清谈真策夜窗勋。对床乍听潇湘雨，侧帽犹俄岳麓云。赖与钟鱼宵不寐，明朝山路又临分(君向祝融，我往方广)。

## 行深箐中寻方广寺观瀑石涧潭遂至紫盖寺饭

在山复登山，一径陟苍秀。笋舆碍密箐，仰觉天光漏。青虫静悬丝，锦雉草间雊。吾意惬幽行，仆痡恐成瘦。垤封蚁穿珠，盘涡鹭乘溜。碎泉裂千帛，窄路蹙万绉。舜狩或未至，禹凿坐生谬。高高复下下，萝薜乱昏昼。数椽方广寮。佛坏寡僧守。尚喜山门前，松风弦诸岫。崖悬树欲殉，野水如相救。静中参物理，万瀑气犹吼。汇为石涧潭，桥下蛟螭走。山鹃晚芳鲜，野笋文葆幼。何年紫盖寺，宗风绍灵鹫。饭了共扪腹，闻钟独眉皱。写诗付阇黎，永与兹山寿。

## 湘桂公路全线无大桥汽车浮渡凡八次<br>江涨水急险状环生既获济戏题此诗

谓车行陆犹浮渡，湍急江深鹢退翔。乐府试歌轮四角，伊人宛在水中央。追风掣电教安坐，黄帽青衫属漫郎。致远从来惟恐泥，蛟龙应复喻行藏。

## 桂林初眺诸峰

千峰苍玉攒天起，万马昂头脱羁馵。㟏　岑峤势连犿，澜涟洄汩意飘急。此邦山水甲天下，清晖到眼不暇给。九州之山让田畴，供养凡民咸食粒。此州户少寡烟火，石髓如饴有仙蛰。天遣僻壤匿幽怪，但纵观眺莫他及。我生负奇寡所谐，曾上天都成拱揖。兹来揽结翠芙蓉，肝肺晢贮烟霞汁。诸山平地同一尊，岂有五岳森阶级。浩然神往意不穷，诗成灵籁相嘘吸。

## 叠彩山

彩奇云外叠，风冷洞中鸣。以此相招隐，从何更欲盈。霓旌悬万木，碧枕阅千枰。遥夜邀明月，细听鹤背笙(山前有明月、仙鹤二峰)。

## 独秀峰

平地苍玉忽嶒峨(山谷句)，翠佩云裳相荡摩。美人离立阙妆镜，明眸远睐江之波。石级霱破芙蓉翠，森然四望戈戟植。又似大将独登台，十万貔貅听约制。独秀从来是独清，岩岫中有读书声。独秀当年亦独伟，曾入密勿窥经纬。贤宰逃王俱飘忽，惟觉君身有仙骨。浮世荣愿付苓通，尽入天心寻月窟。

## 龙隐岩(一名龙影岩)

石窝兴骇浪，乳窦潜惊飔。目存谷谽岈，想像鳞之而。冥冥太古初，洪流淹南维。神物窟宅内，刘累岂得縻。隆污道之契，飞沉理亦齐。汗漫九垓上，退藏或于微。俗眼囿一隅，龙变宁得知。一朝天海去，山开谷风噫。去来何皎然，印壁尾与鳍。文章留示后，郁郁含风漪。铁笔勒贞珉，过者多鸿题。三将平蛮石，元祐党人碑。流传庶不泯，此外滋苔泥。士惧三不立，刻画亦奚为。寺僮捧茶至，感念百虑歧。

## 晦日封鹤君总纂招饮月牙山倚虹楼

花与奔流去不回，山如初月足徘徊。主人愉色先沽酒，远客笳音为破苔。春晚黄鹂娱史笔（鹤公任广西省修志局总纂，自云每日局廨常闻黄鹂），身闲华发老诗才。轩窗兼饮诸峰翠，龙隐闲云锁复开。

## 七星岩

桂林诸岩洞，七星奥第一。导者束缊前，奇诡随指说。布谷苦澜翻，蛇鬼呼欲出。日星与龙鲤，倒跃森户阈。狮象及橐[1]驼，腾蹭据几席。或如网在纲，或如棋就列。或钟鼓设悬，或伞荦垂植。或鬌蛇昂首，或凤凰振翮。或一柱擎撑，或海波荡潏。奇中必有正，方田区沟洫。移情俄顷间，败冢瘗凄雪。路匪夷所思，形至不一律。真宰矜奇创，虚造尽向壁。岩幽鬼神噤，乳膏凝复溢。嘘气三伏冻，裳衣润如泌。呀豁延晴光，出洞三振策。复接区中人，长夜届明发。

## 讷生学兄别十馀年矣春尽夕聚饮西湖酒楼叙旧增慨

厨及当年亦去乡，来从桂岭斗坚苍。虎头食肉犹难料，马队谈经尚不妨。负手斜阳怜畹晚，惊心去日足沧桑。十觞席上才微醉，况对筝琶舞作行（是夕即席观桂剧）。

## 象鼻山

饮水飞头不异科，眼中香象渡香河。訾洲烟雨蒙蒙里，疑有归牛浮鼻过。

---

① 橐：底本作“蘽”，据《培风楼诗》改。

## 伏波山还珠洞

颁洞蛮烟汉将愁，青山仍恐似壶头。载来薏苡翻招谤，散尽珠玑始解忧。怪石惊翔如有翼，深渊骇荡不宜舟。南风吹暖还乡梦，款段应思马少游。

## 天游教授招集花舫

青山浮象兼昂雉，沙暖鸳鸯亦作行。盾墨题诗非好武(君工诗，曾任总部秘书有年)，剑眸掷客恐须防。花明窈窕移灯觉，船重喧呼擪笛妨。归去应先更鼓动，桂枝莫学夜来香。

## 隐山六洞

隐山最隐秀，石壁走涩浪。六洞暗输贯，烟液浩难量。数椽静无氛，路折奥而旷。岩泉碧乳清，奇鳞辄来漾。浮拍文漪中，仿佛山成舫。兹山有真气，而作假山状。蹲狮与走虺，疑铲太湖藏。艮岳宁足尊，平泉莫相抗。嘉莲不获滋，白雀飞成上(嘉莲、白雀，六洞中之二洞，均不可寻)。谁为奏南薰，琴荐尚无恙(琴荐，石名)。若置汾水阳，尧早天下丧。

## 南溪访白龙洞刘仙岩兼书触目

青山忽作鹅头很，碧溜宜浮鸭羽寒。古洞水银泉滴沥，仙岩松叶席团栾。得闲稍觉亲鱼鸟，多石终堪砺肺肝。峭性难温妨入道，眼前剑戟尽森攒。

## 漓江寄内

一路看山意不群，千峰卓笔欲书勋。漓江自媚青衫色，烦制香囊为锁云(更嬴之妻能作锁云囊，佩之登高山，不必开，自有云入其中)。可惜当春入客途，长眉不画恐凋疏。相思江上多红豆，寄与卿卿作报书。

## 阳朔舟中杂诗

群山跳踉来，猿玃捷攀蹂。蛙黾不能争，恚怒伏溪口。黠者真自圣，凌跨世莫有。悍者艮其背，殷顽定谁剖。因思大化中，资性各有取。效子固未能，学我定蒙咎。天骥不受絷，狮子法当吼。呀然双峰开，部曲低培塿。云根束笋稠，滩急万鼍走。衽席且安坐，篙师策勋久。飞句速图形，舵楼艳杯酒。

千鬟饮江渌，倒影惊绝世。拥髻耀翠螺，蹋歌联玉臂。微瀑荡空青，菽乳香浮溉。明瞳利剑戟，窥我不得避。霞映双肩秀，滩摇万佩碎[①]。奇禽尽韶乐（江边丛树，幽禽鸣唤，音若笙簧，一似黄山山中之音乐鸟），美鳞[②]皆媵婢（江中多小鱼）。衾枕昧兴居，软卧疑着魅。清和芳未歇，篙工缓击汰。兹游信荒淫，初未关粉黛。

桂山虚其腹，岩洞最幽窈。玉磬滴昼寒，神弦响昏晓。江路忍滞迂，停艇辄寻绕（江畔岩洞以冠岩为最绝）。水墨谽谺开，钟乳竞垂袅。怪凤刷羽翰，龙角嶷洑湫。天浆倒涎壁，坎窦鬼臂掉。招隐惊太幽，别去恨尘绕。行脚半天下，窟室乐今绍。玲珑太始石，崖倾髓如醥。饮之足长年，且事猿公矫。

汶汶抗尘者，不知有鲁连。栖栖时务者，不知此山川。腐鼠赴鸱粮，文豹栖空岩。雾雨浃旬月，忍饥神完完。桂山瘦巑岏，漓水清沦涟。山梁雉不肥，纶鳞鳍不分。我顾乐适此，看山损朝餐。楚妃色殊众，磐石坐忘年。青芙蓉偃仰，白鹭鸶翩翻。科头意有在，谁为管宁传。

燕寝俱在江，啸卧谢行役。虽无开济才，颇似山林客。晨曦荡清光，霞彩绚奇色。自勺一方玉，颓面还濯发。天地碧瑶中，煎茶有功力。阆风疑可登，两腋欲生翼。因意圣者舜，苍梧事游

---

① 碎：底本作“砰”，据《培风楼诗》改。

② 鳞：底本作“麟”，据《培风楼诗》改。

适。敝屣天子位，消摇人仙籍。俗史不知书，诬葬嶷山侧。不见湘水间，同升彼眷室。子厚剑铓山，鬼趣堕仓卒。彼哉天僇民，躁进真无益。尚喜形似言，峭洁工赋笔。

暮霭四围合，山亦随我宿。眉月皎清江，万翠浸寒玉。美人去何之，抱影入空谷。百唤不一应，自障轻绡縠。珠冠何时卸，岭嶙任幽独。湿烟葬令颜，空香闷芳躅。一宵四五梦，梦远沉江渌。咫尺断消息，萤飞代明烛。裁书不能寄，起坐万感续。愿歌窈窕章，吐出相思腹。水鸟噤不鸣，舟人讼蕉鹿。遗我彻宵吟，吟声喷霜竹。

三日阳朔程，清晖通一面。勒此下水船，思结无穷眷。山色碧缭玉，江光静舒练。洗濯精魂莹，磨砻神骨剸。烟壑嘘玄猿，雾溆湿新燕。昼夜景不同，昏昕气常变。嗟予事幽讨，历览庶无倦。何年复来游，暝舷戛馀恋。

# 成都名胜访问记[1]

予闻成都之名胜旧矣！古人云："周观天下，但恨不能至益州耳。"唐人自李太白至贾长江，皆有"送人入蜀诗"，裒之可得一卷，岂不以其地难至，而弥足留恋者乎？考益州之地，今之成都也。宋时之成都为益州路，与潼川之梓州路、保宁之利州路、夔府之夔州路，合称川峡四路，省称即为四川矣。蜀者，开国远在万年以前，蚕丛、鱼凫，其人纵目异形，传者之言难尽信，犹中土盘古、女娲之茫昧难求也。蜀帝杜宇，让位于其臣鳖灵，犹中土尧舜之禅让也。蜀虽僻壤，而历史绵远，神秘富丽，非一览可辄尽。今人虽有目成都为小北平者，然成都之崇丽富赡，规模当与秦汉故都颉颃上下，岂元明建筑所可并论哉？左思《蜀都赋》云："金城石郭，兼匝中区；既丽且崇，实号成都。"其地东接于巴，南接于越，北接于秦，西奄峨嶓，地称天府，原曰华阳，足可见其壮阔矣。维此地灵，实生人杰。扬雄、严遵，相如、文君，幽黙以哲，美秀而文；先主、武侯，君臣鱼水；少陵、放翁，钟韶相语。文武俊彦，虽曰不尽为蜀人，然孰非钓锦江之鱼，餐岷下之芋者哉？予以己卯暮秋，都讲斯邦，菊花满手，筇屐间出，半月之间，博访四门之胜（成都旧有阳城、江桥、宣明、咸阳、太城、少城六门，今则东南西各有新旧两门，北仍一门，共七门），旁咨方志之家（华阳林思进山腴，著有《华阳县志》），稽考《华阳国志》蜀中名胜记诸籍，深觉成都名胜古迹，堙没甚多，彰显之方，渺不可期，其故盖可思也。重庆来成都，号称一千二百里，舟车可托，川旅实巨，在成渝铁路未通车以前，访寻名胜之士，焉有此种日力与财力，以事此不急之务？而成都市亦暂不可望为吸引游人之地，此名胜之荒而不治，一也。蜀中内战，曩极激烈，据川人徐子休先生统计，大小达四百七十七次，战神凶残，破坏文化

---

① 编者按：是文发表于《旅行杂志》1940 年第 14 卷 4 期。

古迹,无庸讳言,此名胜之日就荒芜,二也。成都古城,广袤异常,虽有市府,郊外二十里外,即非所辖;而历史古迹,往往不能在此区限之内,此名胜之难加葺治,三也。蜀中硕宿,如宋芸子、廖季平、赵尧生、徐子休,皆已凋谢,五老七贤之俦,渺然难值;今之耆彦,惟林山腴、刘豫波一二辈,与谈修复古迹,辄深扼腕,此名胜之修复无倡,四也。成都屋宅,花石园林咸备,私人偃息,最所相宜,而公共机关、学校军队,则似不甚合用,以是堂宇祠庙,悉被借占,访寻凭吊,必经介绍,名为参观,不许摄影,此名胜之门径常壅,五也。有此五因,好古爱奇之士,每不能餍所观闻。时会如斯,殊堪浩叹矣!予因本志编者来函,督作文字,贡《旅行杂志》四川专号采择,勉将所历,勒成此稿,暂以四门为标,分疏其下,而于访寻不得者,则阙如焉。

**东门:回澜塔(俗名白塔寺) 崇丽阁(俗名望江亭) 薛涛井 吟诗楼 大慈寺**

回澜塔在回澜寺内,已圮坏不堪,有断碑一,在少城公园内,年号为乾道十七年,而寺之缘起不可明。塔之构架,尚留残骸。附近有放生池。

崇丽阁之得名,即因左思《蜀都赋》“既丽且崇,实号成都”二语而起。阁势耸杰可观,今有横额曰“江源第一楼”者是也。

薛涛井在崇丽阁后,旧名玉女津,水极清冽。涛字洪度,本长安良家女,父郧因官寓蜀而卒,母孀居。涛及笄,以诗闻,而扫眉涂粉,与士族不侔,客有窃与之燕好者。韦皋镇蜀,召令侍酒赋诗,期岁中,曾议以校书郎奏请之。涛出入幕府,自皋至李德裕,凡历事十一镇,皆以诗受知,其间与涛唱和者:元稹、白居易、牛僧孺、令狐楚、裴度、严绶、张籍、杜牧、刘禹锡、吴武陵、张祜。涛侨止百花潭,躬制深红小彩笺,裁书供吟献酬,贤杰谓之“薛涛笺”。晚岁居碧鸡坊,创吟诗楼,偃息其上,太和岁卒,年七十五。尝有《锦江春望》诗云:“花开不同赏,花落不同悲。欲问相思处,花开花落时。”“揽草结同心,将以遗知音。春愁正断绝,春鸟复哀吟。”“风花日将老,佳期犹渺渺。不结同心人，空结同心草。""那堪花满枝，翻作两相思。玉箸垂朝镜，春风知不知？"四诗婉约，颇得子夜读曲遗意。胡曾有诗寄涛云："万里桥边女校书，枇杷花里闭门居。扫眉才子知多少，管领春风总不如。"薛涛诗不多，赠诗者亦以胡曾一首为著。涛以一妓，周旋诸达官名士之间，自咏之诗，不无幽怨，以今人方之，殆赛金花一流者乎（老而侘际，尤同）！井栏微红，砌以碧甃，令人想象染笺时之风韵。井前有小阁，中悬薛涛墨拓画像，富顺黄宪集句为联题其侧云："独坐黄昏谁是伴，怎教红粉不成灰。"十四字中，说尽薛校书一生矣。

吟诗楼临濯锦江上，位丛竹中，张钟新集句为联云："到此诗情应更远，管领春风总不如。"曹能始《蜀中名胜记》谓薛涛于碧鸡坊筑吟诗楼，则此楼殆后人因井而踵事增华者欤？

大慈寺在东门内，刹寺之最古者也。天宝之乱，玄宗幸蜀，行在驻此。沙门英干，接奉銮舆，敕赐田地二千亩，建大慈寺于此。寺有铜佛一尊，高丈二尺，相传铸于李冰作守时，今以玻璃屋护之。

**南门：文翁石室　万里桥　昭烈庙　惠陵　武侯祠**

文翁石室，在今南门内文庙街文庙右侧。文翁见《汉书·循吏传》，盖始作蜀守，而能以儒雅化俗者也。蜀之英髦，学于京师，归蜀以其所学转授子弟，蒸成文雅。相传司马相如，亦教授于此。石室旧有碑志，今已荡然，四川联立中学设此。邑人刘咸荥豫波撰联云："石室云霞思古梦，锦江风雨读书灯。"盖石室曾亦葺为锦江书院者也。

万里桥在南门外，一名长星桥，一名笃泉桥，蜀使费祎聘吴，丞相亮祖之，叹曰："万里之行始于今日！"故万里之名始著。杜甫诗："东归万里堪乘舆，须上山阴上小舟。"亦隐用此意。若刘禹锡《竹枝》："凭寄狂夫书一纸，家住成都万里桥。"则为城南思妇之词。桥名藉甚，可想见矣。桥于光绪戊申年重修，监修题名者赵尔巽、尔丰兄弟。

昭烈庙在南门外西南八里，竹柏参天，浓翠拂衣，进谒登陛，英凛之气逼人。殿横额曰"业绍高光"，同治七年完颜崇实书。楹柱间有联云："使君为天下英雄，正统攸归，王气钟楼桑车盖；巴蜀系汉朝终始，遗民犹在，霸图馀古柏祠堂。”亦完颜崇实手笔也。殿中塑昭烈像[①]，殿左角塑北地王像，原有后主，蜀有太守，以刘禅舆榇面缚。不足嗣承先主，故升北地而黜后主。左右旁殿塑壮缪桓侯，两庑尽塑从龙文武诸臣，惟谯周、许靖，不得配享而已。

惠陵在昭烈庙西七十步，竹柏幽邃，陵外有“千秋凛然”四字，宋晁迥诗所谓“天地收霸气，川原馀闷宫。野人相指似，旁有若堂封”者也。

武侯祠在昭烈庙殿后，杜诗“先主武侯同閟宫”，指此。祠前老柏森耸，绿翠蒙蒙，明嘉靖丁卯，曾司真嘱住持倪养天补植二百馀株，今其孑遗。殿堂额曰“静远”，中央塑武侯像，羽扇纶巾，飘飘然有神仙之概。鲜花满瓶，香烟绕殿，蜀人最信仰武侯之神威，未有祠庙之时，悉于道路间私祭，其后庙成，栋榱之制，伟绝诸庙。《古迹记》云：“宋曹彬建隆二年为都监伐蜀，谒武侯祠，观宇第雄观，颇有不平，谓左右曰：‘孔明虽忠于汉室，然疲竭蜀之军民，不能复中原万一，何得为武？当因其颓败处拆除之，只留其中以祀香火。’左右皆谏不可，俄报中殿摧塌，有石碑出土尺许，彬径视之，其刻字宛若新，书题云：‘测吾心腹事，惟有宋曹彬。’读讫下拜曰：‘公神人也！小子安能窥测哉？’遂令蜀守新其祠宇，为文祀之而去。”此虽神话，实足见武侯祠叠修而不止一新，忠勤风义，浃洽人心最久，区区俎豆馨香，岂得为侈乎？祠左右塑侯子孙瞻尚之像，壁间有《隆中》一对、《出师》二表、《梁甫吟》一首；石刻有杜工部‘丞相祠堂何处寻’一诗，亦嵌壁作黝然之光。古今诗人，谒昭烈、武侯二祠，作诗者多矣。而刘梦得‘天地英雄气，千秋尚凛然’，杜子美‘出师未捷身先死，长使英雄泪满襟’四语，最为超杰，岂非其语中的，而善道英雄胸腹事乎？祠外古碑，以唐柳公绰所书裴度祠堂碑为冠。

---

① 像：底本作“象”，据文意酌改。

**西门:青羊宫　窦云庵　浣花夫人祠(即俗称草堂寺)　草堂祠**

青羊宫在新西门外一里许,竹树阴浓,庙殿宏壮,榱题雕镂极精,两楹间塑老子骑青羊像。《蜀本记》云:“老子为关令尹喜著《道德》五千言,临别曰:‘子行道千日,后于成都青羊肆寻吾。’今为青羊观。”道观之古,成都以此为第一。宫有亭一,已圮,循视其石柱,镌刻盘龙之状,精致绝伦,仿佛湖南衡山之南岳庙前石栏,岂道观多皆壮丽,唐宋以来,悉如是乎?石柱矗列庭间,任人摩挲,闻某西人拟以千元易一柱去,遭市政府拒绝而罢。青羊宫附近有青羊冰厂,规模宏大,每逢韶春二三月时,青羊宫街至杜甫草堂一带,罗列万花,任人买玩,谓之花市,裙屐衣冠,盛极一时。予在浙寄赠林山腴诗,所谓“草堂路近吟逾好,花市醉归舞欲仙”①,即悬写此地,不谓今日躬临之。惜哉遭逢国难,未知明年花时,战争是否结束。偶忆此二语,有太平和畅气象,辄不胜低徊祷之矣!

窦云庵在新西门城根,曩亦名刹,今其山门内有“古百花潭”石碑一方。

浣花夫人祠在西门外五里之浣花溪。浣花一名百花潭,《吴中复冀国夫人任氏碑记》云:“夫人微时,以四月十九日见一僧坠污渠,为濯其衣,顷刻百花满潭,因名‘百花潭’。”今浣花溪有石刻浣花夫人像,三月三日为夫人生辰,倾城出游。《蜀梼杌》:“乾德五年四月十九日,王衍出游浣花溪,龙舟彩舫,十里绵亘。自百花潭至万里桥,游人士女,珠翠夹岸。”今夫人祠在草堂寺内,祠有夫人塑像一座,碑记漫漶不可辨。

草堂祠紧邻浣花夫人祠,杜甫卜筑幽栖处也。桤楠竹柏之属甚茂,风叶常吟,幽禽百啭,一若沐受诗圣之洗礼者然。入祠门向左趋入,亭院洒落,有堂一所,中祀诗圣杜甫,左右陆游、黄庭坚配飨。放翁来蜀依范石湖,身世略同杜子美,但世代在山谷后。曾茶山私淑山

---

① 编者按:即《林山腴惠寄大集赋简》诗,见《培风楼诗》。

谷诗学，而传授于放翁。放翁诗名在茶山上，所谓“咄咄入门诗弟子，剑南又见一灯传”者是也。师承次第，不容凌躐，何以配飨诗圣，陆翁反在山谷之上？此予之所未解也。堂后有石刻杜子美像二幅，一癯一丰，丰者精神饱满，真有“酒酣视八极”“猛志逸四海”之壮概，盖康熙间修草堂时，无意于地中掘发者。韩金儁题记谓，殆杜公神灵感应而显出者欤！山谷、放翁，一癯一雅，诚不愧为诗人，然不如杜公之奇气浮眉宇间也。考草堂一名，未至成都者，皆以“万里桥西一草堂”，即杜诗《堂成》一首之堂，纯为杜公自筑以幽栖者耳，而不知浣花溪先已有草堂也。杨慎引《文选注》云：“萧齐周颙，昔经为成都令在蜀，至金陵时，以蜀草堂林壑可怀，乃于钟山雷次宗学馆立寺，因名草堂寺。”可知蜀之草堂原为一寺，子美不过依其地曲折而卜筑云耳，陆游《老学庵笔记》云：“杜少陵在成都有两草堂，一在万里桥之西，一在浣花，皆见于诗中。万里桥故迹，湮没不可见，或云房季可园是也。”又云：“四月十九日，成都谓之浣花遨头，宴于杜子美草堂沧浪亭，倾城皆出，锦绣夹道，自开岁宴游，至是而止，故最盛于他时。予客蜀数年，屡赴此集，未尝不晴。蜀人云：‘虽戴白之老，未尝见浣花日雨也。’”综观各家记载，草堂寺最古，闻名于齐梁时。草堂自草堂，浣花夫人祠自浣花夫人祠，各不相涉也。惟老学庵浣花遨头一则与前《蜀梼杌》所载一则相牵缠。游览名胜，与考据史地各为二事。吾以为名士美人，各有千秋，任人凭吊无已时可也。

**北门：子云宅　洗墨池　武担山　驷马桥　文殊院**

子云宅、洗墨池均见《蜀中名胜记》，遍问潭人，罕有知者。林山腴见告在西玉龙街，但今已为私家屋宅所包围矣。予尽半日之力，始访得之，盖不在西玉龙街，而在青龙巷十四处商寓内也。商君名承祚，识殷墟文字，偶僦屋青龙巷十四号，屋后临洗墨池，意扬子云一区之宅，当不在远，遂俨然以屋为子云宅无疑。争墩问鼎，紫色蛙声，其然乎？其不然乎？今姑移录商君题壁文如下，文云：“民国廿七年六月，予避寇氛来锦江，赁庑于城西北隅阁畔，曲水一泓，相传为子云洗墨池。《蜀中名胜记》云:'扬雄有宅一区在锦官西郭隘巷,著书墨池在焉。今在藩司西南隅,属城之北,与郡县俱移来者。墨池二字,旧是米颠书。'承祚案:西蜀子云亭,殆指此,或据他籍,子云宅在长安以为疑者,栖徙转移,是非一地。长安有宅,又曷足异?安可胶执而疑及兹池哉!池绕垂杨,跨小桥,燕子剪柳,蛱蝶恋花,台榭穿绿荫,楼阁映斜晖,风物绝幽美。"其友金陵大学教授胡翔冬亦颂以二诗云:"草玄堂上暮烟芜,洗砚池边汉月孤。即今一水看如墨,童子无双况壮夫(童子意指童乌。扬雄子通玄文者,九岁而觞。扬子又有语云:雕虫篆刻,壮夫不为也。胡君意不明,亦类玄文幽黮难解矣)!""故国伤心换劫灰,儒冠饿死也宜哉。怜君腹笥藏奇字,更有何人载酒来?"墨池交割如是,游客尚无问题,惟商君之宅,是否即扬子一区之遗,自当姑妄听之,不必深究耳。

武担山为蜀王开明妃墓所在,有二石阙石镜,武陵王萧纪掘之得石,棺中美女,容貌如生。唐时石镜犹在,杜诗所谓"蜀王将此镜,送死置空山"者是也。今此古物荡然无存,山亦铲平为中央军校操场矣。

驷马桥一名升仙桥,出北门十里,有一小桥,而构作甚古者是也。相传司马相如初入长安,题市门曰:"不乘赤车驷马,不过汝下也。"桥端有石刻碑联,联云:"鹊架灵泉,自古升仙传胜事;虹临锦水,从今驷马绍前辉。"语殊平平,且欲赖驷马以绍前辉,尤为谬陋。碑为《驷马桥记》,刘心原所撰,书为小篆,秀劲可玩,兹命工拓得一纸,其辞云:"《蜀志》云:'郡城北十里有升仙桥,司马相如初入长安,题市门曰:"不乘赤车驷马,不过女下。"桥名以此。'成都知县山阴余元煜,以碑属书刻之,并为记曰:'夫士之用世,庸惟赤车驷马哉?赤车驷马以为荣,国家所以不得士用也。当汉武疲于瓯粤、朝鲜、燕齐、朔方,乃通大秦,中外骚扰,赂遗赠送,万里相奉,方营宫苑、娱珍玩,力屈则事盐铁,算车船羊马,入物补官,出货除罪,盖刓敝极矣!而长卿以陵云之才,猥与骞、蒙辈衅边科赋,其用世如此,则所谓赤车驷马,骄妻妾耳。

无异也！予遭时不及长卿，而海内多事则棘焉。过斯桥也，惴惴自省，毋宁长卿同诟乎？光绪二十四年三月朔日，成都知府嘉鱼刘心原篆。'"幼丹此文，议论甚正，益见前联之出于俗手矣。

文殊院在北门内，成都名刹之一也。院驻中央军校，有一部分不能开放，所见如石柱磉多株，其大可二人合抱，四川名画家竹蝉所作画，院所藏独多，全川佛经，以此为惟一之流通处。

四门名胜所可访寻者，略如上述，城内毗西门处有一少城公园，足可盘桓。园中台榭花石，尚堪常来茗坐。有博物馆一所，罗列铜佛铁牛断碣残碑之属，如宋仁宗达摩像钻龟蜿碑、莲瓣佛炉、明代剑阁壁画等，皆名贵品，但征集地不必在成都耳。

## 附揽胜诗十一首依前列四门次序

### 薛涛井

濯锦江边万里桥，艳花浓酒我来遥。枇杷门巷生秋草，翡翠塘坳集野茗。碧甃凝寒纤手触，彩笺吟夜醉魂娇。诗人枉结巫山梦，不惜红芳对面消。

### 万里桥

吴蜀当年信使通，蒲帆十幅好趋风。猿声两岩鹃声晓，树影千层峡影蒙。笳鼓悲凉歌吹外，江山摇落乱离中。桥头独立思忠荩，洒泪羞为儿女逢。

### 谒昭烈陵庙

西蜀黄流远，东京赤伏崇。雄才稽荡寇，大度符歌风。
礼乐留臣复，申韩教胄蒙。崎岖消髀肉，惨澹飒英容。
本以复仇始，仍因雪恨终。两间存浩气，一德贯宸衷。
擐甲轻吴狗，绥恩集僰戎。岩疆尊约束，汉道待陶镕。
鱼水方调鼎，龙髯忽堕弓。岷峨气欲怆，秦陇路谁通。

废岂关黄皓，兴非侣楚曈。浩歌寻石马，沥洒傍村翁。

川绕闷宫壮，柏森宰木浓。孙曹今已矣，谁见若堂封。

### 谒武侯祠

我从桂黔道西川，未过兵书瞻峡影。丞相祠堂柏参霄，超然如觌卧龙静。开山巨斧五丁扬，射虎雄豪夸板楯。到此始知崇道术，弥天意气为之尽。申韩上溯不至道，惨刻人情乱辙轸。惟公有道出羲皇，未屑割烹操伊鼎。豫州轩车三顾勤，始许驰驱出襄邓。当时讨贼义昭然，绵蕝汉仪施藻粉。抱膝隆中宰天下，安排梁益趋秦岭。礼乐百年真可复，致君尧舜身箕颍。宫府军旅统万事，开诚广益安而谨。教令如山悬台阁，浩荡汪洋孰畦畛。悲哉天欲启五胡，正统伤残篡盗梗。使公大星缓陨沉，将无叡髦谁怀愍？往圣可拟吕与周，岂谓奇才观灶井？公初床下拜老庞，继复磬折文休靖。谦退风义大臣难，小器斗筲骄作尹。颂公之诗茧绪繁，腹转车轮喉索茗。柏荫独坐日西斜，汲古精魂续修绠。

### 浣花溪百花潭上

僧伽坏衲临流浣，潭水沦涟满百英。新朵真疑并剪放，仙源似傍武陵行。三春燕子飞虫掠，十里龙舟锦浪生。问法早知诗已妄，草堂从此濯冠缨（山谷《浣花图》诗：百花潭水濯冠缨）。

### 谒浣花草堂

天地阴霾久不开，贤人削迹共蒿莱。沉吟诗卷窥王化，跌宕溪光有霸才。耳听杜鹃常下拜，眼惊病柏已飞灰。草堂颜色今犹壮，北望关山涕泗来。

梁益偏安尊正统，大唐诗史落成都。风尘道气因年长，天地吟篇以日娱。春水群鸥来狎荡，香醪野老任追呼。中原无主关心事，万里麻鞋一蹇驴。

花潭日浣芳英嫩，草阁长悬白水明。山果坠阶疑雨至，幽禽窥梦破烟鸣。腻香粉脱琅玕竹，匙滑冷淘槐叶羹。作尹故人宽礼数，有时载酒傍林行。

适野曾迷七圣轮，峨嵋有叟识公真。花卿仙乐来天上，严武雄心问水滨。不耐衣冠从僻壤，每嗟寇盗对佳辰。四松寂寞幽栖后，予亦羁忧避地人。

## 洗墨池

投阁虚传一壮夫，守玄准易是良图。一池泼墨翻溟色，万派同源味道腴。角折何须摧五鹿，情钟惟有念童乌。深沉经旨谁人解，但喜鸱夷作酒壶。

## 驷马桥

长卿才美都且丽，飘飘赋有凌云气。一朝挟策上长安，传闻于此曾题市。赤车驷马何煌煌？买臣主火同翕张。富贵定何与人事？锦水东流日夜忙。长门有赋堪悟主，得钱反聘茂陵女。一朝谏猎相拳拳，妾妇之爱吾何取。文君凄凄白头吟，不论钱刀只论心。何如涤器当垆长不离，拉杂市门摧烧之，免学奚妻炊扊扅！

# 合川钓鱼城史迹

## ——参观土改中瞻礼民族英雄记略[①]

一九五一年七月十三日，奉西南军政委员会土改委员会招邀的通知，参观川东区土地改革。我以重庆大学教授之一，也算一个无党派民主人士，光荣地参加合川土改参观团。

七月十六日晨六时，出重庆千斯门，搭乘营山小轮，和同行的十六位教授一同出发。轮船在当天傍晚六时到达合川，住在合川白花街十一号。天天早出晚归，前后盘桓了十四天，参观了一个镇、两个乡、九个村，于七月二十九日返渝。这次集体的参观，创有集体的总结，作为详细的报告。

我因为研究文史方面，于合川钓鱼一城寨略有史乘的探讨，被推担任纂述合川钓鱼城抗元的民族英雄事迹，结合到现在的抗美援朝运动，也是值得敬告全国父老兄弟们的。所以想借重有历史性全国风行的《旅行杂志》发表一下，作为完成此行附带的任务。

合川在南宋的时候名叫合州，宋理宗宝庆三年（公元一二二七），蒙古伐金，乘势犯蜀，铁骑冲进南郑，如入无人之境，蜀中仅仅保到了泸、合二州，和顺庆府、夔州府的两处。当时政府起用余玠做四川制置使，兼管重庆府事，余玠是一全忠臣能将，看到当时形势的险恶，一到重庆府，便开“招贤馆”，商讨御侮大计。蛮中（今遵义）来了二位兄弟，名叫冉琎、冉璞，也来应招。应招的人很多，纷纷献计，二冉却是天天吃饭睡觉，不肯开口。余玠打听他们常常弟兄对坐，用石灰画地，写、描四川山川城池的外形，心里很是奇怪，赶快把他弟兄接到别馆里面优待敬礼。过了十多天，冉琎、冉璞才求见余玠，贡献他们的“持久战计”，说道：“四川形胜之地，莫若钓鱼山，若任得其人，积粟以

---

① 编者按：是文发表于《旅行杂志》1951年第25卷第10期。

守，贤于十万师远矣！为今之计，莫若弃平土，建寨，以避蒙骑凶锋，徐图大举。”余玠听了甚以为然。遂筑堡垒八座于钓鱼山上，移成都、蓬、阆、洋、夔、合、顺庆、顺隆等八府州治来到山上，发石照、铜梁、巴川、汉初、赤水五县之民十八万丁口来落户山中。因沟为池，周回一百馀步名曰“天池”，泉水汪洋，大旱不干。池中鱼鳖繁滋，可以棹舟举网，外寨内寨，占地四十馀里，从此定了持久战计，奏表朝廷，拜冉琎为承事郎，冉璞为承务郎。

四川的二郎庙本来是纪念秦朝治水成功的李冰父子，但只有合川钓鱼城进山的二郎庙是例外，他是修建来纪念冉承事郎、冉承务郎的。钓鱼山名叫钓鱼城，他有抗战的历史，光辉着五十年。元朝蒙古的统治者蒙哥（元宪宗）在此城下为炮火所中，病殂愁军山。忽必烈（元世祖）攻打了二十三年，假设不用女间谍熊耳夫人，也不能把他攻克。现在我们在此展望新民主政治奠基的土改政策，起着翻天覆地的大变动，同时也回想旧民族主义竖起的抗敌古堡，也包含着惊天动地的卓伟史迹，确是叫我们兴奋骄傲不已。我现在把他简略写在下面。

钓鱼城的建筑创始于宋理宗宝庆三年（公元一二二七），等到宝祐二年（公元一二五四），王坚当合州太守，便烈烈轰轰表演了他的抗元伟绩。蒙古初遣汪德臣侵州属广安，王坚与曹世雄击败了他。宝祐三年（公元一二五五），蒙古遣将薛特禅来伐，又无功而还。当开庆二年（公元一二五九）的时候，合州大旱，蒙古主将蒙哥以钓鱼一城数年不破，乃发大兵亲征，汪德臣为先锋。虽然攻破了外城，但是德臣被飞石打死完蛋。再命董文蔚挟云梯以登，二十日毫无进展。城外有龟山和城内钓鱼山对峙，这年半岁不雨，蒙哥以为城里水源涸竭，更下令急急攻打。王坚乃命兵士取出大鱼二尾，重三十斤，并制好蒸饼百馀个，送给蒙哥一封信，信上说：“尔北兵可烹鲜食饼，再守（围攻的意思）十年，城亦不可得也。”蒙哥忿极，日夜围攻，为炮风所中，得病，军中复大疫，乃下令班师，走到愁军山（合州界内），病更厉害，下遗诏说："我之婴疾，为此城也。不讳之后，若克此城，当尽屠之。"到温汤溪便崩了驾。当时蒙古将捏古剌、哈八儿秃、李桢、马塔儿、沙海都同死这城下，其馀重伤的将领不可胜数。

元人运用外交手腕，利诱威吓宋奸相贾似道，无故地将王坚调为和州太守，令他郁郁而死。接替王坚的是一个怯懦的马千，屡打败仗。宋朝政府才又起用张珏。这一位也是民族抗战英雄，可以算得是王坚的后劲。他和元兵交战，出奇设伏，算无遗策，当时蜀中得半壁之安，大有兴复之势。

帝　景炎二年（公元一二七七），合州又大旱，元兵大举攻伐，张珏出兵广阳，战情不利，城中粮尽。有一个女子名叫熊耳夫人（大概他丈夫姓熊名耳），乘着军事倥偬的时候，混入城中，张珏偏将王立收为义妹。这时城内人心皇皇，张珏战败自缢。她看见王立愁眉不展，钻着空子说道："吾兄李德辉今为元大将，在成都，如欲保全一城生灵者，妹愿任掇合之劳（大意如此）。"读者要知道这个女子实在是个间谍，她的混进城中，结拜义兄，无非是特务随机应变的巧妙过程。王立心以为然，问她有何办法。她说她做的鞋子有一种特别的式样，胞兄德辉一见即知，假设修好了降书，放在鞋子里面，他必心信无疑，兵到城下，决不屠杀一人。王立照着熊耳夫人建议送鞋递书，李德辉星夜自成都赶到，王立打开镇西门投降，这个英雄抗敌古城从此就为白旗所玷污。但是蕞尔弹丸的小石堡，从公元一二二七年至一二七七年止，足足屹立了五十年。元兵从公元一二五四打起，打到一二七七年止，足足包围了二十三年，也真可算得了不得的金城汤池了！

现在钓鱼城，只留得寨门一道，庙名护国寺，寺右厢房供着王坚、张珏、冉琎、冉璞的牌位。但是最可怪的，王立降将、李德辉元将、熊耳夫人女间谍，也有牌位，这有点"友敌不分，爱憎颠倒"，我想建议毁了后面三个人的木主。瞻礼即毕，系以旧诗一首：

乱石穿空羊虎蹲，途人指说钓鱼村。

耿恭泉洒惊疏勒，葛亮师行出益门。
地下英雄犹抱恨，集中诗笔苦伤魂。
当今宝座人民据，一个蒙哥敢叩垣！

一九五一年七月三十日于重庆大学。

# 腐化义诠[①]

化，美名也。《孟子》曰："大而化之之谓圣。"《说文》曰："化，教行也。"其为美可知。今世流行新名词号若化者多矣，如纪律化、科学化、艺术化等，化之美者也。其为不美，莫过于腐化、恶化。

腐化者，物腐而澌灭也。恶化者，事变易而转恶也。恶化之至，容有他故；腐化之来，全由己造。石虎之暴，至于杀儿，倒行逆施，殆由性然。刘禅之乐，至不思蜀，宴安酖毒，失其本心，此其谓也。恶化之迹，彰著而暂，其变速而祸小。腐化之迹，隐伏而长，其痼深而害大。晁错为景帝画策，谓六国削亦反，不削亦反，削而反，则变速而祸小。贾谊当天下群谓已治安之时，而有厝火积薪之忧，痛苦流涕之词，何则？揣恶化之势然，恐腐化之害大也。盖尝论之，人而恶化至极，灾逮乎身。家而恶化至极，家降之殃。国而恶化至极，遇强敌而亡，如以桀纣逢汤武是已。腐化则不然，身虽未丧而心先死，家虽未败而患贻厥子孙，国虽不加兵而先自亡，所谓梁亡鱼烂而亡也。呜呼，腐化为人所忽，而不知其祸至烈矣！

腐化之迹一途乎？曰：不然。有精神之腐化，有物质之腐化，有学人之腐化，有愚人之腐化，有大人之腐化，有小人之腐化，略数之得六焉。是皆虚枵腐灭澌亡之道，敝一己以至于敝天下国家者也。精神之腐化者，如老庄之浮华、释氏之虚无、清淡之玄远，皆不切人事，荒废职守。又如公孙龙、惠施，窜句游心于坚白同异之间，理虽不足，辞则有馀，特以辩口相高，适成其无用之学耳。物质之腐化者，杨朱所谓之丰屋、美服、厚味、姣色，孟子所谓之堂高数仞、榱题数尺、食前方丈、侍妾数百人、般乐饮酒、驱骋田猎、后车千乘是也。学人之腐化者，琐琐考证，无裨后世，妃青俪白，穷究声病，汗牛踣马，而不能出一

① 编者按：是文发表于《国立浙江大学工学院月刊》1929 年第 12 期。

谋发一虑是也。愚人之腐化者,樗蒱酗酒,饕餮绮縠,饮食男女,近于禽兽是也。大人之腐化者,颐指气使,言莫吾违,进人若将加诸膝,退人若将坠诸渊,所识穷乏者尽得我是也。小人之腐化者,昏夜乞怜,骄人白昼,乞馀墦间,非其鬼而祭之是也。今世移事异,然腐化之迹尚可寻者,如军阀则割据地盘,甘心媚外;政客则巧变无耻,窃据要津;名流巨子,则善迎合青年心理,佯狂欺世,盗取重名;学生则寝馈恋爱,耽慕学位;工人则罢工要挟,缩劳涨薪;商人则包办仇货,罔恤国命,凡此皆今世腐化之品类也。

嗟我中华,定国凡十八年矣,外寇初未尝侵陵也,天灾未尝横祸也。袁世凯当国之时,威福自专,欲行帝制,于是俯首屈膝东瀛亡国条约之下,物腐虫生,慢藏诲盗,始启东邻觊觊之志。项城既仆,北京政府当国者,若徐世昌、黎元洪、曹锟、段祺瑞之徒,益陈陈相因,新国无望。且京官素染逊清官气,共和官员,中多帝孽,是以腐化之造诣尤深。新外交人物如顾维钧组阁时,报纸喧载其更衣室每日所用之秽纸,费国帑七八元,雪茄每日至四五十元,咖啡、摩托车,他物称是。李思浩任财长时,发表部员,常在樗蒱席上,给俸之数量尤奇。部员中常有列薪一百零一元或九十七元、八十三元等等者,故奇零其数,以为欢噱,其骄淫腐化,至不可喻。顾李当权既如是,其他官吏尤比比皆然。国会议员最称神圣者,且恭承贿选,争分赃物,种种腐化,鲍鱼腾臭,辒辌塞道。士大夫如此,北京政府安得不败?幸革命军出师东江,戡定南疆,北伐功成,遂有新政府之更造。青天白日国徽,飘展全国,可谓去腐肉而生新肌矣。虽然,新造之机,在于此时,而腐化之来复,亦在于此时。何则?设当途处成功而盈满,国人思安流而幸进,则盈满者骄,幸进者吝。既骄且吝,焉得不腐化随之?愚意此时,政府宜有防腐之策,严饬官方,综核名实,速定教育方针,力培国民道德,而国民亦宜为防腐之剂,疗治其身心。举凡封建时代及北京政府时代残遗之思想言论、陋规恶习,统须一廓而清之。军人设仍有英雄割据地盘之野心,即为思想落伍;行政人员设仍有擅作威福之丑态,即无异自侮其革命人格，国民应共起而纠正之；而国民自身，亦宜觉悟，不为贪逸之举，不为分利之事。先建设永不腐化之心理，然后力事科学以图物质建设、社会建设之实现，则中国庶有革新之望矣。否则朝见一人享用如何阔绰而师效之，暮见一人意志如何放逸而歆慕之，甚者乃有屈于一人之下、伸于万人之上腐旧思想随之，恨党国之下，无大军阀、大权贵以执鞭事之，则欲念瞀乱无穷，人格丧失殆尽。予夺辗转，所事必败，而新中国亦沦于万劫不复之域矣。噫，可悲也已。

# 中国笔之制法及其沿革[①]

中国笔之为用由来久矣。《曲礼》云“史载笔”,《晋语》云“臣以秉笔事君”,《说苑》云“周公藉笔牍书之”,《博物志》云“舜造笔”,《东观杂记》云“蒙恬造笔”。《说文》有“聿”有“笔”。聿者,所以书也,楚谓之聿,吴谓之“不律”,燕谓之“弗”。《尔雅・释器》:“‘不律’谓之‘笔’。”可知“聿”“不律”“弗”,皆笔之语音变转,其义一也。

笔之肇造,张华《博物志》溯源于有虞。虽无他书可征,然载籍所谈,周公有绥管之言,孔子有绝笔之文,是周初已有笔,谅不始于蒙恬之时,可断言也。《古今注》:“牛亨问曰:‘自古有书契已来,便应有笔。世称蒙恬造笔何也?’答曰:‘蒙恬始造,即秦笔耳。’”古以柘木为管,鹿毛为柱,羊毛为被,所谓苍毫,非兔毫竹管也。盖蒙恬筑长城,取中山兔毛造笔,韬以竹管,以代苍毫,即所谓秦笔,犹李斯改大篆为小篆,即所谓秦文是也。笔至于秦,乃有专名,以秦统一海内,车同轨,书同文,故知聿”“不律”“弗”之为笔名者渐废。

笔之制法,素无专书,诸家所载,或语焉而不详,或文多而实寡。蔡邕《笔赋》,为论笔制作最早之文,而不过云:“惟其翰之所生,于季冬之狡兔。性精亟以慓悍,体遄迅以骋步。削文竹以为管,加漆丝之缠束。形调搏以直端,染元墨以定色。”吾人读此,略知季冬取肥兔之毛,截竹为管,加漆丝胶缚以成笔,其形圆和正直而已。他如《西京杂记》所载:“天子笔以错宝为跗,毛皆以秋兔之毫,以杂宝为匣,厕以玉璧翠羽,皆直百金。”傅元有言:“汉末一笔之押,雕以黄金,饰以和璧,缀以隋珠,文以翡翠。其笔非文犀之植,必象齿之管,丰狐之柱,秋兔之翰。”似皆以金宝雕饰为贵,非制笔便书之本旨也。予尝就北平琉璃石李玉田笔工,叩其制作,略知五要,谨举列“整毛”“制头”“选管”

---

① 编者按:是文发表于《国立浙江大学校刊》1932 年第 105 期。

“修毫”“刻端”五端，以为好事者参证焉。

整毛者，取羊、兔、狼、鹿、鸡、狸备用之毛，浸以石灰水，令其润软为度，乃取出而排于一骨板上，长短各以组分，以备制头。制头者，整过之毛，悬之通风处令干燥，然后视“锐”“齐”“健”“圆”四功用，而以丝麻缚为笔头，欲头锐则选毫宜尖，欲头齐则选毫宜匀，欲头健则选毫宜长，欲头圆则选毫宜众，所谓毫之“柱”“被”“心”“副”，宜衬贴得法，俾致其用。选管者，取薄竹管或红木所刳之管，略施胶以迎笔头，暂勿令固，以便修改。管以质轻不曲无疵为宜，若用象牙、犀角、琉璃质重之属，笔成，恐挥洒不灵，殊无取焉。修毫者，取缚成之笔头，以锋利之小刀剃去其芜杂丰馀之毛。其修治之功，难于制头，须笔工之老宿者任之，然后将石花菜所煎之胶，将修好笔头自管中拔出自胶之，再用松香、生漆、面粉、广胶之类固装于管中。笔常浸于水中者用松香生漆，不常浸于水中者，可用广胶或面粉。刻端者，笔成之后，用刀笔镌字笔管上，或以笔名，或以词人诗句题识之。镌后以银朱石、绿花青等彩色髹刷之，以悦目为美。笔之制作，至是已毕。

笔之为物虽小，然观其沿革，亦可知中国文化演进之迹。上古以漆书竹简，有点画而无所谓点画，去结绳记事之功用能几何？及周盛而周公有笔牍以书事。秦一统，而蒙恬伐中山兔毛以制笔。汉武帝时，文治最隆，司马相如请为《天子游猎赋》，上令尚书给笔札，献帝时，荀悦受命作《汉纪》，天子亦令尚书给笔札。两汉文学为后世冠冕，而笔亦史不绝书矣。魏晋之间，钟繇、韦仲将、顾长康、王右军父子皆以书画擅重名，笔之资借尤重。故钟繇有鼠须笔，王右军亦然。张华用鹿毛笔。南朝有老妪善制笔。陶弘景烧丹封鼎，皆用羊须笔。萧子云用胎发为笔柱。唐兴开元间，有笔匠名铁头者，能莹管如玉。郑虔有“三绝”之号，自谓麝毛一管可书□千张，狸毛一管可书八百张。而丰狐、蠁蛉、狼豪之属，皆为奇品，则艺术精赡及于制笔者亦大矣。晚唐时罗隐喜笔工苌凤鸣，以雁头笺百幅赠之。后梁开平二年，太祖赐宰相张文蔚、杨涉、薛贻宝相枝二十，实斑竹笔也。后唐宜春王从谦善笔札，用宣城诸葛高笔，号为翘轩宝帚。宋兴，苏轼、黄庭坚雅善知笔；苏子瞻以雉鸡毛代兔毛为笔，号为三钱鸡毛笔；又云："蜀石鼠名　者，毛可为笔。"钱穆父使高丽归，以所珍猩猩毛笔赠山谷，子瞻亦爱其柔健，辄过山谷书案，下笔不能休。又山谷书："吴无星笔能作无心散卓，于挺笔去纸，则诸葛笔则矣。"所谓"散卓"者，□笔，亦即软笔也，其解识精妙如此。明时笔工辈，方以智《通雅》所载，则湖人居宁者，有陆继翁、王古用，吉水有郑伯清，湖州有张天锡，所制笔皆妙。清初高丽入贡，异品尚有黄毛笔一物，黄毛笔即山谷所爱之猩猩毛笔也。挽近文房四品，湖州之笔与徽州之墨、宣州之纸、端州之砚并重。而湖南之笔，亦与之射利相争，有名于世云。

# 正名与存养[①]

宋儒善言存养，原于孔子“操之则存”、孟子“得养则长，失养则消”之意，然徒言存养，而不知所存养者为何物何事，则又堕入禅宗坐禅、道家坐忘之纯任空虚。故横渠张氏尝谓门人曰：“吾学既得于心，则修其辞。命辞无差，然后断事。断事无失，吾乃沛然。精义入神者，豫而已矣。”朱子恐人不晓，复从而释之曰：“横渠言‘吾学既得于心’云云，他意谓须先说得分明，然后行处分明。今人见得不明，故说得　侗，如何到得行处分明？”合二儒之说观之，则知命辞无差，说得分明者，即存养之先务，而正名之应有事也。

民之生也，既有言语则有名，名有物名，有事名，未有不先知事物而竟能为之名者也。牛头与角为三，因呼为牛而造牛字；马足与尾而五，因呼为马而造马字；穿牛鼻，络马首，而其负重致远之力毕呈。吾人一见牛、马二字，即能揣知其形态与功用，则牛马之于正名也具足矣。推之人事亦然。世未有不知亲子之关系，而可知孝之名者也。又未有不知兄弟之关系，而可知友之名者也。又未有不知九族、外亲、朋友、忧贫者之关系，而可知睦、姻、任、恤之名者也。使不知孝、友、睦、姻、任、恤之惟在父母、兄弟、九族、外亲、朋友、忧贫者，则杨氏之为我，罔顾他人，墨氏之兼爱，漫无差别，释氏之冤亲平等，何以报德，虽谓之说不分明，行不分明，不知正名亦可也。六行特荦荦大者耳，至如证父攘羊之为直，让妻于兄之为悌，越位与言之为礼，自经沟渎之为谅，煦煦之为仁，孑孑之为义，嗛嗛之为德，硁硁之为信，娖娖之为谨，察察之为洁，则　析益难，疑误尤多，将见众口嚣然，混同一辞矣。群经之所严立，诸史之所抑扬，诸子百家之所辨析，要皆兢兢

---

① 编者按：是文发表于《国学论衡》1934 年第 4 上期，后又发表于《志学》1946 年第 25 期。本文以手稿本《培风楼文丛》为底本，校以《国学论衡》《志学》。

于诶正名物加之意，而掖人进于存养之途者也。使舍正名而论存养，则倒置眉目，反易冠带者，方自喜诡于人类，而魑魅狐蜮不逞现于白日之下者几希矣。

挽近学校教育途辙纷纶，声、光、化、电、农、工、医、商，莫不成为专门之学。然正名生于致知之间，存养承于致知之后，东西教育家莫能或废也。顾我国兴校已三十馀年，学校教育尚未餍国人之望，其故甚多。不学如愚岂敢妄逞瞽说，惟窃以习见词类尚不知正名，莘莘学子罔识存养为何物，则非徒待正名与存养如两橛也。学子见事不明，言不成理，浑沌函胡、游衍茫昧，诸习乘之而起，遂有某事由之而不知其非，某事本非而反躬蹈之，某某事本别而反糅合之者，亦教育成效未睹之一端，不可因其小而忽之也。

如言"志愿"与"欲望"，本截然为二名，内涵亦殊异。伊川先生曰："致知在所养，养知莫过于寡、欲二字。学者苟志于学矣，而耻恶衣恶食者，未之有也。况衣食而外之子女、宫室、金玉、锦绣乎?"而今之大学生、洋学生，颇有淆合志愿、欲望为一者。学生投考学校，首应填具志愿书，其志愿固确然可观也。及入学之后，卒业之年，则往往有以"欲望"代其"志愿"者矣。中央委员、院长、部长、巨产、大夏、艳妻、骏马、美舆，莫不中心藏之。藏之既久，而所攻之学就荒，所志之业不存，可不问矣。此岂非二名易位之过？由之不知其非，知其非而反蹈之者乎？更如"兴趣"与"学业"，本有相助相掖之理，人多有视为不可分离者，则兴趣告乏之际，即学业中辍之时，于理通乎？诗歌书画虽有伫兴而作之说，然经营惨淡，亦自有其苦诣。况美身心之学，远非诗歌书画可比，舍精勤劬苦外，奚足入其窔奥哉！此二名本别而不能为之纠合者也。复如"理想"一名，本谓合理之思想，人人可一望而得其义诠者也。而或者乃以事实之绝无者为理想，则所谓"理想"者，适成其为"幻想""妄想"而已。西儒谓"理想"为事实之母，当于人事有裨，"幻想""妄想"则非徒无益，而又害之。宋儒谓人之思虑虽出于正，而发不以时，纷然无度者，亦与邪念相同，何况所思之未尽出于正乎。人之脑智，最多再度思考，事之是非利害即已犁然。及其三思以上，而为过思，则事之是非利害转淆，非仅“见卵而求时夜，见弹而求鹗炙”之无后灾也。今之大学生思虑最为烦乱，举凡婚姻、职业、社会、国家、民族诸问题，莫不胶扰其脑海，求其学殖增益，读书效力孟晋，安可得耶？此“理想”迁化为“幻想”“妄想”之过也。最后如“主义”一名，涵义本甚美备，盖谓为人宗主之义理也。如习儒学者宗主孔子，信景教者宗主耶酥，其义理皆以立人救世为怀，非以便其私也。但今日则有以“主义”篡夺政权、徒便其私者，于是“主义”之义诠乃等于“手段之运用与目的之完成”。民十五年，孙传芳创爱国、爱民、爱敌人三爱主义，以与三民主义抗，其支离滑稽之趣，可不言而喻矣。今日学生以为人为政治的动物，未出校门，即喜染习政治臭味，不惜为人工具，任人奴使，轻则怠弃其学，重则丧厥生命。昔子路使漆雕开仕，孔子尚以为贼夫人之子。今驱天资浑沌之年轻学生，揭荷主义之旗帜以趋于市中，吾诚痛心至不忍说。过此十年，将见椎埋发冢者尽遍于国中矣。

综上数端，学校学生多有以欲望代志愿，因兴趣为学问，恣妄想幻想为理想，信手段目的为主义者，其毒害于存养，已可概见。他如血气未定而创读书不忘恋爱之言，手无斧柯而好示威，身在庠序而尚游行。国如钟鸣漏尽之病夫，而哆口打倒列强；身如长沙痛哭之不足，而盛为幽默文学。每一纠察其名，罔不令人悲诧而起。《记》曰：“言不远身，言之主也。行不远身，行之本也。”今之青年，其言行远身者亦已多也。志为气所流，心为虑所夺，独修之功荒于谈政，老成典型斥弃殆尽。黄胄之神如尚犹血食者，其亦幡然而返其本乎？噫！

# 论士大夫之贞操[1]

《说文》:“贞,卜问也,从卜、贝,贝以为贽。”后郑曰:“贞之为问,问于正者,必先正之,乃从问焉。”《书·太甲》云:“一人元良,万邦以贞。”疏云:“天子有大善,则天下得其正。”盖贞之主训曰“正”。正则固,故《易》谓:“贞固足以干事。”正则定,故《释名》以“精定不动惑”者为贞。正则一,故《易》曰:“妇人贞吉,从一而终也。”大易言贞吉之事甚夥,而妇人贞吉,不过其一。不知何时起,世俗乃以贞为妇德之独有。妇人之贤,莫过于贞。妇人之不肖,亦莫过于不贞。清钱大昕论妇人之贞乃有新义。石坊树里、旌表及门者,多为节烈殉夫,夫死不嫁之妇人,而男子之贞操,则反无人道及。噫,亦可怪矣!

男子之贞操,非谓尾生守女子约抱柱而死,曾参、王骏妻死不续娶,元德秀以不及亲在而娶,遂终身不肯婚之谓也。男子之贞,灌沃百行,铸范群德,所谓贞于道者也。道不可须臾离,贞之为操,固所以时时自操存者也。天地闭,纲维绝,上下易位,苍黄反覆,造次颠沛,饥馑流离,虽万有之变不绝于其前,而士大夫之所宜操存者,未尝可暂去于其身。灭火修容,独寐不惭于衾影;坐怀不乱,道傍无主之李不可食;暮夜之金有四知,凡此皆士大夫应有之暗行,而未尝可以一节矫示于人前也。彼矫示一节之长者,嗛嗛之德,硁硁之行,陈仲子、袁族目之徒,蚓而后充其操者也。自俗之衰,士大夫不能以贞铸范群德,灌沃百行,而惟欲矜其一节之长,若妇人女子之为其夫守贞处烈然者,则是石坊之树、旌表之及,宜先于男子,而后于妇人。吾不知士有百行之语果何谓也?呜呼,悕矣!

贞者,正也。正者,时也。王者重时,故岁首之月为正月,而夏时

---

① 编者按:是文发表于《国学论衡》1936 年第 7 期。本文以手稿本《培风楼文丛》为底本,以《国学论衡》本校补。

亦曰夏正。圣人适时，故孔子为圣之时者。贞之为行，实视时之义而定。孟子曰："禹、稷、颜子，易地则皆然。"此言禹、稷处颜子之世必为颜子，颜子处禹、稷之世必为禹、稷，盖亦重视夫时也。颜子以钻仰孔子为志，即以孔子之道自乐，是其时也。孔子以梦见周公为怀，故欲以周公之行事自见，亦其时也。时之处者，不得为出。时之出者，不得为处。虽其间亦偶有出入者，亦观其心何如耳。禹、稷、孔、颜，心同而行迹不相似者，独时间为之也。时许为孝子，则不得为忠臣；时许为功臣，则不必为死难之臣，如管仲不死公子纠之难，晏子不死庄公之难，卒以其君霸显类是[①]。此时间支配贞操之谓也。"夙兴夜寐，无忝尔所生"，事死如事生，事亡如事存，三年无改其父之道，所谓贞于孝者也。尝读[②]史至嵇康，其心非薄汤武，志存魏室。其子绍乃听山涛之荐，仕晋为侍中，赴惠帝荡阴之难，为晋忠臣。杜恕为魏幽州刺史，与司马懿不相能，遂以幽死。其子预乃尚文帝妹商陆公主，起家拜尚书郎，为晋名臣。忠贤有名之臣，人之所愿为也。然使绍不遇惠帝，预不遇文帝，则岂不得其康、恕之子乎？吾知其不然也。时间不之许也。绍、预在登仕版之际，即为无父之人。本实先拨，则其行为不贞，宁得弃其不孝而录其忠贤乎？公家之利，知无不为。送往事居，耦俱无猜，所谓贞于忠者也。赵普以幕客之雄，为宋开国元勋，然于太宗服衮冕，乘法驾、坐前殿，受朝贺之后，构陷廷美、德昭，使手创帝业先君之胤，自我而斩；新君之同气，自我而戕。既不合夏殷传子传弟之先例，于送往事居之义，不又大相刺谬乎？此亦可谓不贞，宁可取其忠于太宗而不计其叛于艺祖乎？凡此忠孝大端，其义一正于时间。绍、预不可豫知其为忠贤，而即得自绝于其父。赵普不可豫知其忠于太宗，而即得背叛于艺祖。士大夫之贞操，其不能逃诛心之论者如此。操行有未贞，则忠孝亦为虚车之饰，曾不若弘演愚忠、申生愚孝

---

① 编者按：此段小注手稿本《培风楼文丛》无，据《国学论衡》补。

② 读：底本作"谓"，据《国学论衡》改。

之尚有可取。五谷不熟，不如荑稗；鲲鹏不徙，不及蜩鸠，观于此可以警焉。

中国一尚贞之国也。先君未葬，新君不书即位，贞也。娶妇之家不设乐，嫁女之家不撤烛，贞也。师在服勤至死，师亡心丧而无服，贞也。亲者无失其为亲，故者无失其为故，贞也。为亲者讳，为尊者讳，为贤者讳，贞也。先贫后富，与共三年之丧之妻则不出，贞也。过庙则式，过祠则下，维桑与梓，必恭敬止，皆贞也。推之孔子之“朝闻道夕死犹可”，贞也。颜回“其心三月不违仁”，贞也。老子之“复返为婴儿”，贞也。庄子之“以生死为一条”，贞也。大乘禅不住生死，亦不住涅槃，非度尽一切众生不肯成佛，亦贞也。凡诸名家显学，能自成一说者，未有不贞其言、不贞其行而可立于宙合之间者。秦仪乍纵乍横，虚声恫猲；公孙龙、惠施之坚白诡辩，辞有馀而理不足。其言尚不能准绳于贞，遑能考其有贞行乎？

嗟乎！士大夫之隳其贞操也久矣。廉公之客，三盈三虚；长平之吏，移于冠军。叔孙通制朝仪以邀君赐，公孙弘具脱粟以欺故人。长孺首鼠两端，扬雄剧秦美新。匡衡、孔光、张禹，恋禄保子孙。樊英纯盗虚声，许靖不惜大节，王衍志营三窟。狄仁杰屈辱牝朝，冯瀛王居朝堂如传舍。王旦不谏天书，杨时出蔡京门下。许衡倡儒者以治生为急之说。凡此十数公，皆士大夫中之佼佼者，本无大恶，令人唾弃，惟胸次道战不胜，不恒厥德，遂隳失其贞操于一时耳。贞操与市道，相背而驰，毛公、薛公，卖浆博徒。段干木，魏之大驵。严君平居卜肆，虽处市阛，而不失士大夫之行。南宫敬叔载宝而朝，阳虎窃国之宝玉大弓而逃。崔烈以财贿而得官，虽处朝堂，而下与驵侩盗贼同列。“诚不以富，亦只以异”，贞秽之判，盖如是已。

刘向有言曰：“自古无不亡之国。”顾炎武有言曰：“士大夫之无耻，是谓亡天下。”宋亡，得一文天祥，而中国天下不亡。明亡，得一史可法，而中国天下不亡。故吾民族终复吾国者，以具贞操之士大夫未尝绝也。瓜分中国，中国将亡，中国必亡之声浪，嚣传已二十三年矣。

吾愿吾没齿不见此惨祸，亦决不信有此惨剧。但一觇吾国所号为士大夫者，则天下之亡，实已久矣。去年叛变国家身被通缉者，今年由政府授官，取消其通缉令矣。朘民自肥者，聚敛数千万数百万，早储入外国银行矣。分庙堂之忧于枢府者，别张银行巨肆于通商大埠矣。汉奸得官得贿者，其所识之穷乏者，弹冠而往、垂橐而趋之矣。民国七年以还，新思潮、新文学、罗素哲学、杜威教育、白璧德人文主义、科玄两学之争论、考据之复盛、墨学之讨探、年谱评传之叠作、生物学地质学研究之日众，此固中国学术界之佳象。然全国学者共趋向于当世矜尚之一学，其馀千途万辙，则以无人倡导，和者绝无，浸假而追逐风气，浸假而沿习时髦。其不肖者，且以其浅薄浮动之学识弋官钓誉，而学问之贞操遂无人就而顾之矣。此辈代表士大夫之学者，心存利禄，志为名高，其行径诡鄙，本不堪一问，而其自饰之言则曰："我不惜以今日之我，与昨日之我宣战。"或曰："我虽宣言不做官，但欲一尝试而止耳。"呜呼！昔贤如颜子，其心三月不违仁。今之士大夫，求其保持两日之贞操尚不可得，何贤不肖相去之远耶！挽近中国之败坏，已尸高位之士大夫固宜负其责，而国内培养士大夫之大学大庠，几无不绝类一商场或市侩之养成所，则领袖教育诸公，亦宜分任其咎。此吾所以重慨夫贞操为妇德之独有，而男子之贞操反无人道及也。

# 培风楼杂缀[①]

## （一）吴中棹歌

“月子弯弯照九州，几家欢乐几家愁。几人夫妇同罗帐？几人飘流在他州？”此明代《吴中棹歌》，王世贞辑录于《艺苑卮言》中，挽近民俗文学家推为绝唱者也。予读诚斋《朝天续集·竹枝歌序》，始恍然此棹歌滥觞所自。《诚斋集》云：“晚发丹阳馆，五更至丹阳县，舟人与牵夫终夕有声，盖吟讴啸谑以相其劳者。其辞亦略可辨，有云：‘张哥哥，李哥哥，大家着力一齐拖。’又云：‘一休休，二休休，月子弯弯照几州。’其声凄婉，一唱众和，因隐括之为《竹枝》云。”诚斋于役丹阳，其地正吴中，而王世贞，吴人也，宜与诚斋所闻略同。此歌声调凄婉，于晓风残月间闻之，不知应唤几声“奈何”？予考其托意遣声之时，亦必有千种风情，萦纡菀结，难与他人说之痛矣。盖舟人与牵夫终夕劳而少睡，刺船月下，经过临河人家，想像其中有鼓瑟渐希携手同梦者，有冠儿未卸绣被先烘者，有兰　半晕春睡沉沉者，有帷幄重重眠不觉晓者。而刺船者，则江湖之贱工也，帽不得覆额，衣不得蔽骭，食不得饱，夜不得眠；寒篗萧飒，破笠凌竞，水远山长，风漂雨泊。以此作歌，歌声始哀；于此言愁，愁肠可断矣。《传》曰：“饥者欲歌其食，劳者欲歌其事。”而刺船者之棹歌，则饥劳之外，并欲如牧犊子之歌其无妻。呜呼，其声之凄婉，又岂偶然而已哉！

## （二）杜茶村

杜茶村墓在南京太平门外，湮芜于丛冢间久矣。最近南京市政府始有修祀之议，诗人文士往拜奠者渐多，不可谓非茶村死后之反臻通泰也。茶村名濬，字于皇，湖北黄冈人，明末诸生；国亡不仕，寄寓金陵，诗文豪健，有《变雅堂集》。而贫窭刻骨，屡至绝粮，近代诗人之

---

① 编者按：本文发表于《国立浙江大学校刊》1934年，第174、175、178期。

穷，洵无出茶村右者。予读其《变雅集》《述贫》诸绝句，沉着隽丽，不觉叹服曰："此饥凤鸣也！"《绝粮》诗曰："炎威无计出蓬门，那得朝饔与夕飧。稚子默然吾独愧，始知交谪反为恩。"《典　帐》诗曰："罡风横扫北山薇，典尽衣裳到敝帷。不独腐儒朝得饱，也教白鸟夜无饥。"《离念问旭二僧携杖头过草堂》云："穷名赫赫流方外，开士双双到竹边。解下杖头无一事，观予醉饱当参禅。"《烟艸不兴，咏岭南黄熟香、六安梅花片、湖笔》云："饥来但吃梅花片，寒至惟烧黄熟香。彩笔一枝书数卷，何人信道是空肠？"茶村之贫，尚有非以上数诗所能貌写者。儿生三日，撤买其床，寝以门板，邻妪见之，掩口局局而笑。中元日无物祭其慈灵，竭一日奔走之力，仅得蔬果四器，无一荤腥可为血食，不其又大可哀耶？然江湜不云乎？"溧水当明季有某相国，富侈握权，擅绝一时，至清代而地方人士不能举其姓氏。孟郊一为溧水尉，小邑倅副之职，俗所贱也，而唐后过溧水者，咏叹不衰。"富贵势位，俗人所羡，核其荣华，仅及其身，岂若一卷诗寿世无既哉？茶村今日之墓，与徐中山靖王、方正学二茔同绵岁历，方见首都市政府保存古迹令中，往太平门外观白桃花者，可一访而吊焉。

**（三）九溪十八涧记涉**

西湖北山路，寺庙矗立，金碧辉煌。孤山路别墅旅舍，美轮美奂。湖滨路更与新市场毗连，嚣尘十丈，无异闹市矣。探胜之辈，求稍幽静而带山林风味者，惟有南山、江干二路，尤以九溪十八涧发自龙井，流经徐村入钱塘江，为能握其全胜。此处峰回路转，树石蔚洁，泉流淙净，谷禽幽唤，使我有钱者，可毋须买王官谷作高隐矣（宋人王钦臣《王官谷》诗："有钱须买王官谷，流水声中过一生。"）。春雨连宵，越日放晴，予与友数辈作九溪十八涧之游。溪流既驶，水声愈美，于此三步一曲，五步一　，草际细泉，浮沉隐现，玉佩铜簧，声锵左右，轩辕奏乐，不过是也。而山峰匼匝，如孔翠之炫采；杜鹃怒放，如火齐之耀光；好鸟时哢，如银铃之振响，尤为兹山幽绝之大观。是日嬉春群女，涉水过涧，绯袜芒鞋，相映成趣，纤腰玉胺，褰裳而逝。或沾泥而却顾，或畏冷而娇嗔，或履苔石而倚藤杖，或遇急流而漂花枝，婉丽仙仙，殆不食人间烟火矣。馆娃采莲，西洲折梅，以此相较，何遽不及？率成《观涉》诗一首，虽不敢谓能宛画当日情状，然娭光眇视，亦庶几仿佛万一。中国不亡，尚拟于春晴水满时复见之也。诗曰：

清溪骋云根，漱石意不足。复入草根行，缒幽出岩腹。逶迤十馀里，宛转十八曲。咫涧千湾环，尺波万缭复。问谁呈此奇？泓下龙堪鞠（龙井至九溪十八涧道中有龙泓亭，取杜诗“泓下有龙吟”意）。是节春雨丰，跳珠夜鸣玉。晨朝百态新，山容俨如沐。溪毛绿可茵，金沙净同粟。隐秀纷在眼，鸟歌出林麓。何来群女喧，清音雉登木。尽夺碧琉璃，染作双蛾绿。疑是曲江头，丽质真且淑。又讶越溪女，水嬉更遵陆。片云暖侵鬓，杂花红映肉。褰裳羞在靥，沾泥情觳觫。贪学跂脉行，笑效雀儿浴。娇柔倚藤枝，徽啸停方躅。溪声亦解事，佩响弦柱促。似鸣赵女瑟，罢击渐离筑。山川少霸气，丘壑媚初服。燕云事如何？拨弃不忍触。何年硕人迈，遂我王官谷。

【附】

**踏莎行·游九溪十八涧　荐之**

山色迎人，湖光耀眼。东君厚我风和暖。花香鸟语竹阴寒，浮图隐隐钟声远。　　水去匆匆，人行缓缓。崎岖曲径峰回转。清流濯足忘归来，抬头山顶云霞满。

**眼儿媚·独登北高有作**

三度登临不胜悲，叹景物依稀。西湖如镜，之江似带，远树烟迷。　　旧时师友流云散，何处寄相思？晚钟声里，垂杨荫下，举步迟迟。

### 踏莎行·夏夜

芳草无垠，嘉禾一片，摇芦摆荻垂杨岸。月斜风劲斗参横，睡鸟惊起狺狺犬。　　身世添愁，群萤作伴，夜阑露滴罗衣满。整衣无语欲销魂，蛙声阁阁凄清远。

### (四) 名词误认之弊[①]

挽近学校教育，未餍国人之望，其故甚多。不学如愚，安敢妄逞謷说？惟窃以词类之未尝正名，浸成不知而作之习，积重难返，遂有某事由之而不知其非，某事本非而反蹈之者，亦教育成效未睹之一端，不可因其小而忽之也。

如言“志愿”与“欲望”，本截然为二名，内涵亦殊异，而今日大学生、洋学生，颇有混淆为一者。学生投考学校，首应填具志愿书，其志愿固赫然可观也。及入学之后，卒业之后，则往往有以“欲望”代其“志愿”者。中央委员、部长、厅长、巨产、大厦、艳妻、骏马、美舆，莫不中心藏之。藏之既久，而所攻之学就荒，所志之业不存，可不问矣。此岂非二名易位之过？由之不知其非，知其非而反蹈之者乎？

更如“兴趣”与“学问”，本有相助相掖之理，人多视为不可分离者。殊不知“学问”之造瑞，固赖“兴趣”，而不可全因“兴趣”以完成其“学问”也。使全重兴趣，则乘兴便做学问，兴尽即不做学问。雪夜访戴，造门不前，将何以见学问真面？况学问之精粹者，必须从朴重艰巨中求得，始为真实。管子所谓“思之又重思之，思之不得，鬼神将告之”者，正晓示吾人学问必由勤苦获得，未尝敢任兴趣也。而今之教育家，多重兴趣，课程枯燥者，罕有学生选修，教师诙谐者，必有生徒翕服，此亦误认二名终始可合成之理者也。

复如“理想”者，乃谓合理之思想，人人可一望而得其义诠也。而或者又以远违事实者为理想，则所谓“理想”者，“妄想”“幻想”而已。

---

① 编者按：本部分内容与《正名与存养》一文部分内容大体一致。

“理想”于人事有益，“妄想”“幻想”则于人事多害。人徒知能想虑者为智为慧，而不知繁想过虑者，适成其为愚人而已。愚考“理想”二字，最合《论语》“再思”之训。人之脑智，再度思考，事之是非利病，即已犂然；及其“三思”以上，则为“过思”。过思则事之是非利病转淆，非仅“见卵而求时夜，见弹而求鸮炙”之无后灾也；过思之弊，王阳明《传习录》中论之纂详。今之高中学生，即已思虑烦杂，举凡婚姻、职业、社会、国家、民族诸问题，莫不胶扰其脑海，求其学殖增进，读书效力孟晋，安可得乎？“理想”“妄想”“幻想”三名不分之过也。

最后如“主义”二字，涵义本甚美备。“主义”者，为人宗主之义理也。如习儒学者宗主孔孟，信基督教者宗主耶酥，其理义皆以立人救世为怀，非以便其私也。但今日则有以“主义”篡夺政权，徒便其私者，于是“主义”之义诠乃等于“手段之运用与目的之完成”。故军阀孙传芳创爱国、爱民、爱敌人三爱主义，其支离滑稽之趣，可不言而喻矣。今日学子，习焉不察，以为主义皆可宗主，不惜为人工具，为人奴使，轻则荒怠其学，重则丧厥生命，可不为之栗惧乎哉？此亦不知综核名实之过也。

综上数端，学校学生，多有以欲望代志愿，因兴趣为学问，恣妄想、幻想为理想，信手段、目的为主义者，其弊已可概见。使闻愚言而一一谌正之，其亦无不小裨乎?!

**(五) 陆小曼**

二十一年一月二十八日，××军抗倭于上海闸北获胜，其后每战必挫倭锋，倭人引为神武开国以来未有之奇耻，济师易将，舰如云集，利器轰击，昼夜不绝。××军以绝援之军，当方张之寇，兼之军器窳苦，防线过长，其败退固意中事也。然浏河重地，守卒不满一百，倭舰可直行驶入，而月馀不能洞知实情者，盖其地水道纡曲，浦溆纵横，敌昧于地理，不得即定捣虚之策也。

三月二日，××军独立团长王赓戎装赴法租界，经倭司令部门首，为谍所获，褫其衣，得××军行军地图，凡我防地之虚实、军队敷设之溥薄，莫不为倭所悉，乃迅定附背捣虚之计，飞舰登浏河，断我后路。我军乃不得不弃闸北，退守第二道防线，而大事去矣。论者虽有咎当轴和战不定，诸军作壁上观者，然以予友孙君式钧所知，则此中尚有一女子之嫪恋事迹在也。

女子伊谁？无锡陆小曼女士，王赓之离妻，徐志摩之嫠室，淞沪大战中独居于法租界中者也。王初与陆结褵，惟恐不得其欢心，而王有友徐志摩者常相过，风流倜傥，雅擅文艺，为陆所倾慕，久久其爱竟易位。陆自倡脱輹之变，而与徐为改弦之琴瑟焉。改婚之日，王以来宾越徐、陆喜筵（一云证婚）。得间，涕泣陈爱于陆前曰："脱志摩异日与君异趣者，愿君念旧情复顾我，我不惮为覆水之收，君肯惠为息壤之言乎？"陆默然嗤之曰："小曼有老死而已！终不复嫁汝。"王闻之，始嗒然离席他去。徐、陆琴瑟既谐，跬步不暂离，海上文酒之会，争罗其伉俪为重。王虽嫪恋之心不死，而苦无陈情之路。迨志摩开山坠机遇难，王始复进行其单方之爱，利陆之新嫠独处，故饰戎装而赴，藉以绳其团长地位之高、抗日戎机之重。以为女子心理，既爱雄武佩剑之姿，复感围城相顾之客，于此弥天烽火之际，作小队郊坰之出，事必谐矣。而不知骇机潜发，身属阶囚，宁能稍隶妆台伺眼波耶？××军既溃，上海协定成立，王以军法论罪，陆亦侨居海上。而此一段之嫪恋事实，亦随烽烟消散于无迹矣。

# 书城蒙难述闻[①]

日军侵华，叠陷名城，旧京文献、东南典籍，沦亡者何限！友朋杂乱重逢，或扎牍得通，首问其家人安否，次即讯其图籍。读书人身无长物，窗明几净之晨，朱墨烂然之夜，惟此足以益人神智，清人心魂，其惓惓之怀，诚有非楮墨可尽形容矣。

七月七日，芦沟桥事起，旧京各名大学及北平图书馆当局，力持镇静，绝未将所藏图书运出。蒋孟邻先生于长沙见告：北平图书馆珍藏，南下者十之一，北大、清华图书，盈仓叠格，无从装箱，全未挈徙，念念至为痛心。闻大批日军捆载而去，馀亦由地痞穿窬挟负而趋。清华大学在北平郊外，尽人豪夺，无须巧取。传者谓有一牛车满载图书，向琉璃厂某书肆兜售，索价三十馀元云。

八一三淞沪战兴，我方屡挫敌锋，守地巩固，江浙藏书家意敌焰鸱张，亦不过如一·二八旧日局势而止，故多因循，未为长思辟安全之室。及大场败后，金山卫不守，太湖流域，倏沦敌手，则如常熟瞿氏铁琴铜剑楼所藏秘籍（楼已为弹焚毁，闻有一部分宋人集子，早押存于上海某银行）、苏州潘祖荫后人所藏[②]金石文字，今人吴梅所藏词曲珍籍（一·二八毁于商务印书馆者，已有十馀种）、无锡国学专修学校图书、南京龙蟠里国学图书馆善本书（馆长柳贻徵只身出亡扬州兴化，馆书则全存于朝天宫冷藏室，为敌所获）、湖州南浔刘翰怡嘉业堂藏书、乌程娄氏藏书、杭州浙江图书馆善本书（文渊阁四库全书运抵金华，善本书则无经费载运）、□浙江大学图书馆藏书，悉已不堪问矣。呜呼，蹙国万里，祸及百城，寝门失火，忍思东塾，可以悕矣。

友人钟钟山（泰）都讲之江文理学院，藏书甚富，新得快婿王子慧

---

① 编者按：是文发表于《大风旬刊》1938 年第 4 期。

② 藏：底本漫漶，据文意酌补。

亦堪读其妇翁书。杭州居民疏散令下，钟君买舴艋数叶，衔尾而逝，顷居金华山中，誓与其书共存亡。之江学院在沪复课，邀复主国文系，坚不为动，其守书城之周亚夫欤？何其伟也。宗子威(威)教授离湖南大学讲席后，乃尽载其图书赴京，拟换船返庐山，甫抵京，而沪战起，徘徊京寓，不敢返里，后竟委其书，而率家人仍侨居长沙。予与结邻，尝笑之曰："乾鹊知来，山鬼知一岁事。而君乃于芦沟桥变起，反送图书入围城化劫灰，何耶？"抑余亦当自疚者，都讲浙大，不离西湖，不离我书。前岁乃就曾君养甫，辟为铁道部专员，因嘱余以杭州藏书十大箱运京，未久而曾复兼长广州市，因邀余南下，往参其幕。岭海僻远，书籍难携，因暂留京。至今首都陷落，东望长号，自恨无端随人作远游，而轻弃其二十年来心爱之珍物，增益劫灰，岂冥冥中有数存于其间耶？吾不暇窃笑宗君，而重闵予之不智矣。友辈中损失图书者，如郭洽周、李佩秋、郑曼青、浙江大学之江学院诸友。李佩秋言俞寿丞毕生所得图书字画极富，在杭州新宅中，近闻宅已住日军官，车夫被胁服御，珍籍悉捆载而去。七十老翁，得此消息，一号而绝。

书既□得而易失，故藏书方法尚焉。兵乱之时，尤宜用心。钱辅宜《曝书杂记》云："《鲒埼亭外集》有《胡梅磵藏书窖记》一文，载胡三省身之寓甬上袁氏之室，有藏书窖。己丑寇作，藏书窖中得免。"藏书窖建造如何，予携《鲒埼亭集》，但有内集，而无外集，他日当补录之，以告世之癖好图书而思自免于难者。

# 记绝粒殉国之大诗人陈散原[①]

寇至，绝粒殉国，是不独在吾乡，举国尚罕见，有之，惟吾乡大老散原先生陈三立是。（去秋绝粒殉国旧京，其生平节概，已见陶君在东吴君宗慈为《大风旬刊》所著诸文中。余以）[②]先生诗古文辞，在晚清时已负盛名。入民国后，沉冥庐山，啸寄西湖，文章益奥博醇厚，国人目陈、郑共主中华诗坛，而西人复有目先生为中国之泰戈尔者。其文章成就，旷代罕所睹也。至其制行纯洁，亦忠亦孝，禀德中和，不夷不惠。凡曾[③]与于杖履游遨、便坐雅谈者，靡不为其乐易散朴、浑厚醇穆之精神所摄。古之博大真人不可见，若遇散原，庶几可窥十之三四矣。予于先生为乡晚，自民国九年，始识先生于金陵头条巷散原别墅中，季节酬酢，园亭游冶，亦尝预几座杖履之末。民国[④]十五年，复聚杭州之西湖，先生是时卜居白傅路，余则都讲私立之江大学，承先生枉赠一诗，见其别集中。此后先生离杭居沪最久，经过常有候谒。晚年慕林壑而买宅庐山，厌冠裳而避[⑤]地旧京。去年北平失陷时，乃以绝食十五日殉国闻。呜呼！先生早了生死一关，识生死为一条，故每赋诗有"敢死心情"之语。世变龃龉，愈觉魑魅之可憎，乃赴钧天之广乐，岂真欲与旧京共存亡，寻西山之遗躅，夭龚生之天年[⑥]哉？然先生秉性之劲烈，亦可以睹矣。

---

① 编者按：《大风旬刊》1938年第13期发表《散原先生文行掇述》一文，稍后于《新阵地》第25期发表《记绝粒殉国之大诗人陈散原》，较前略有增损。本文以《新阵地》为底本，以《大风旬刊》校补。

② 按：此部分内容据《大风旬刊》补。

③ 曾：据《大风旬刊》补。

④ 国：据《大风旬刊》补。

⑤ 避：据《大风旬刊》补。

⑥ 年：《新阵地》作"乎"，据《大风旬刊》改。

先生因戊戌之变，滥保逆党，几与尊人右铭公同干重典，遭罹不测，世人尽知，毋庸缕述。然尚有一私人生活，足表先生节概，而为举世所不知者，请为叙述于此。十九年夏，友人杨杏佛函介俞恪士先生孙女俞珊来杭，求为其定香桥别墅清查藏籍，估定书价。予遂赴定香桥俞庄，整理书物累日，忽于旧架中发现散原先生尊人右铭公与俞恪士书札数通。俞恪士者，名震，先生续娶俞夫人之胞弟。此时通讯之时，正在戊戌政变之后。先生父子革职，而先生之太夫人，复于是年弃养。先生佐党人变法之志既不得通，累父革职，母夫人又见背，家国牢愁，笼匝万端，于是乎撄疾而濒危。右铭公之札，即告恪士以散原斯时病状也。原书略云："立儿自经此家国巨变，痛疾万状，虽病不肯服药。日前进药，竟将药碗咬碎，誓不贪生复活……昨日予往青山，师曾孙（衡恪字师曾，先生之长子，右铭公之长孙）侍病在侧，立儿忽下床瞑立曰：'我要走！我要走！'师曾孙夙慧，跪言曰[①]：'公公不在此。你老人家不要走！'立儿闻言，若有所悟，复倒卧床上。俄而门外来一老道，自言善针灸，能起死回生，入门求看病人。家人因待予未归，计无所出，遂任针之。一针而神智渐清，再针而大病若[②]去。欲谢道士，道士遽扬袖出门去，究不知其人是仙是人？立儿现在已离危境，知关注念，特此书闻。"此扎字体潦率，而语气真挚若家书。今日读之，足见先生敢死心情，蓄之有素。戊戌政变后之拒进药饵，药碗皆被啮碎，则张睢阳之嚼齿尽碎，烈性何以过此？以前事量后事，则先生之绝食北平围城中，殆可全信！呜呼！先生壮烈，足感鬼神，而人无间于其父母昆弟之言矣。右铭公此函，余曾录副寄散原，且作诗咏叹之。散原先生次子彦通（名隆恪）曾收集此函稿，在粤时犹语及之。不知此稿现仍存北平姚家胡同寓中否？

先生自戊戌革职后，自号"神州袖手人"，绝口不谈国事，惟为地

---

① 曰：据《大风旬刊》补。

② 若：《新阵地》误作"者"，据《大风旬刊》改。

方所敦聘，曾一任南浔铁路总办，一受江西通志局总纂名义而已。考先生恬闲淡退之怀，盖得之于先天性格，而环境亦常玉成之。少年侍右铭中丞在湘，极好客，有经济当世意，与谭壮飞、丁叔雅、吴北山有天下四公子之目，与郭侍郎嵩焘亦极沆瀣。郭号为知洋务，先生亦主南强会，讲维新学术也。政变以后，先生心念灰冷，度门不出。右铭公门生故吏满天下，岁时常有馈遗，以周其乏。金陵头条巷之散原别墅，亦人所集[1]资筑赠，先生初本无求田问舍之意也。晚年诸子并杰出，为当世名人。长君衡恪师曾之书画刻印，蜚声海内。三君寅恪之精邃西学，浸淫梵典，为清华大学名教授。次君隆恪彦和，四郎方恪彦通，并有吏才，咸善属文。幼子登恪，精通法文，为武汉大学名教授。先生晚境如此，绝无所忧，因得一志以纲常文学自任。忠孝既彪炳当年，而古文早与桐城马通伯其昶齐名。文章气脉，渊源八大家为多。而选词妃色，颇出入班、范、扬雄诸书，非通伯洁清而不厚之可望也。诗虽出其乡先生黄双井，而沉博广丽横崛之趣，实若可突过而相雁行者。正集、续集，稍有晦涩之句。至晚年庐山所成之别集，则洸洋恣肆，七纵八横，头头是道矣。生平谨敕肫厚，于时人文字，不喜诋诃，多所赞许。诗翰来往最密者，晚年惟一陈曾寿仁先。于夏敬观吷庵，则许其从死宛陵做到活宛陵。于冯幵君木、黄节晦闻之七律诗，谢无量之选体诗，皆深致嘉赏。敝乡王浩然父，三十以前，以诗干先生，先生亟称之，序其诗有“天骥不可方域”之语，人皆以藻鉴允当。余年齿虽少而最不肖，曩年袖《培风楼诗》请评，先生有“艰崛奥衍，意敛而力横”之誉，至以为愧！顾余尝疑先生遇同乡后进能诗者，每以张西江之帜为言，似不无门户地域之见者。曾谓“作诗何必学江西，江西人何必须张西江派”，以笑质先生，先生不以为忤。其广心浩荡至此，弥堪拜倒！顾予终以不得先生之提撕匡假，诗古文辞，狂未就范；饥驱尘埃，日益沾俗。哲人萎化，硕果凋残，瞻念域中，不禁涕泪

① 集：《大风旬刊》作“醵”。

之无从矣！

## 附：陈三立《与邵潭秋书一》[①]

潭秋仁兄著席：

承惠示，辰荷关注，无任纫感。日内略有虚惊，惟今晨北军开到，溃兵尽散，当可暂免掠扰也。前曾有戏赠小诗，录博一笑。率复。

即颂吟安。

三立顿首，九月十七日。

## 附：陈三立《与邵潭秋书二》[②]

潭秋吾兄侍右：

前后得惠札，以许贞女事属一题句。贞女节概，洵足励浇俗，又究习文字，尤难得也。惟鄙人旧疾既时发，他杂病复纠缠不止，衰惫不堪言状，日内略减，口占一绝，藉塞盛意，不足云诗也。率复。

即颂吟安，不一一。

三立顿首，元旦。

---

① 编者按：是文迻录《散原精舍诗文集补编》(潘益民、李开军笺注，南昌：江西人民出版社，2007年版)，第295页，约写于1926年。

② 编者按：是文迻录《散原精舍诗文集补编》(潘益民、李开军笺注，南昌：江西人民出版社，2007年版)，第331～332页，写于1935年。

# 道家守神论述义[①]

土抟而成陶瓦，木刳而为舟楫，物之受形而待用于人者亦固矣小矣。至于人，虽本受形于天地父母，然其自别于万物者，岂直质异于万物哉？亦其神有以妙于万物焉。陶瓦不自覆于屋，舟楫不自行于水，而人则思越而昔至，身在江海之上，心居魏阙之下，无所待而独处万物之表，常往来而无所夭阏，岂徒秦吴为绝国、燕宋去千里哉！儒家初得此物，无以名之，名之曰“心”。“人心惟危，道心惟微，惟精惟一，允执厥中”，尧以是命舜，舜以是命禹。“操则存，舍则亡，出入无时，莫知其乡”，其心之谓与！孔子以为言，人心其神矣乎！“操则存，舍则亡”，能常操而存者，其惟圣人乎！圣人存神索至，扬雄著为篇。道家初得此物，无以名之，名之曰“神”。老子屡言：忽兮恍兮，恍兮忽兮，飘兮若无所止，庄子屡言：窈窈冥冥，昏昏默默，芴漠芒昧者，殆皆自状神之妙用者乎！夫鸡愕鱼骇、鸟眩兽蹢者，愕其所愕，骇其所骇，眩其所眩，蹢其所蹢，是徒有其气云尔，未知所以愕、骇、眩、蹢之意也。婴蜺之子索乳，孩提之童慕亲，知好色而慕少艾，是徒有其情云尔，未能特异于含气能动之禽兽也。学子循名责实以蕲治，文士寻章摘句而为学，而曰治在是、学在是者，是徒有其意云尔，未尝得为治学之神也。人而至于神人者，妙远不测于众人，不知其纪极也，于是有神性，见《庄子·天地篇》。秉神德，见《淮南子·原道训》。任神欲，见《庄子·养生主》。发神动，见《庄子·在宥篇》。知其雄，守其雌，知其白，守其黑，知其荣，守其辱，收视返听，合气冥漠，死生惊惧曾不入乎胸中，不羡寿，不羡名，不羡位，不羡货，可杀可活，制命在外，天神天明，照知八荒，观于物始，游于物初，夫岂以治天下为事哉？出其土苴绪馀，

---

① 编者按：是文发表于《东方杂志》1944 年第 40 卷第 5 期。本文以手稿本为底本，校以《东方杂志》本。

固将有益于天下国家。方将致其民于无怀氏、葛天氏之属，又安待治？方将绌聪与明，绝圣弃智，绝学捐书，齐于天和，又安事学？此道家守神之极则也。

道家之“守神论”，滥觞于“无身论”，尾闾泄之为“不益生论”。三论若有前后，若无前后，吾非张皇幽渺而敢标之如是也。若迹其伦脊，则殆有先后之序焉。无身论者，肇于老子。老子之言曰：“吾所以有大患者，惟吾有身，若吾无身，吾有何患？”庄子知之，故亦曰：“上神乘光，与形灭亡。”杨朱重身，虽原于老氏之意，而泛滥纵恣于丰屋美服、厚味姣色以逸乐其身，有利天下者，拔一毛而不为，则与老子无身之旨几若背驰。盖身者，人之所宜贵者也。所宜贵者何？以其能集神也。身如屋舍，神如主人，主人既贤，则屋舍之为峻宇雕梁、茅茨土阶，所不论焉。至人初存身而寓神，终忘身而御神，驭神而合天。杨朱徒知身之宜贵，而不知身之所以贵。譬如薪者所以传火，火者所以得明，薪尽火传，犹遗身而御神。老子未尝不重其身，顾不执着身即为神也，使以为杨子之言求之，是指薪即为火，明将安至耶？

守神论源于庄周。周之言曰：“一其性，养其气，合其德，以适乎物之所造。夫若是者，其天守全，其神无却。”又曰：“摄汝知，一汝度，神将来舍。”又曰：“目无所见，耳无所闻，心无所知，汝神将守形。”又曰：“纯素之道，唯神是守，守而不失，与神为一，一之精通，合于天伦。”又曰：“夫道不欲杂，杂则多，多则忧，忧而不救。古之至人，先存诸己而后存诸人。所存于己者未定，何暇至于暴人之所行！”综观其说，一以神无却者，如羊之在牢，豚之在苙，树藩固棚，使其无逸也。一以神将来舍者，如室之有粪除洒扫，可安几席，主人将自便，毋使喧宾夺主人也。一以神将守形者，如罔两之守景，景之守人，而人固将如蛇蚹蜩翼然也。一以与神为一者，神者天神，引出万物者也，四时行焉，百物成焉，望之畅然者，孰非神之功，故曰“莫神于天”，神人者，将与天合其德者也。一以先存诸己者，神不存身者，未有能存人者也。所存未定，己则邻于暴矣，行于暴人之所，是佐斗而得伤也。凡此四说，守神之一贯论也。淮南书于道无所深得。《俶真训》云："以神为主者，形从而利；以形为制者，神从而害。"则亦庄生"神将来舍""神将守形"之说也。

不益生论者，庄周、惠施辩难而得之解也。惠施其书五车，其道舛驳，倡坚白同异之论，好据梧而瞑，外其神而劳其精。尝于庄周有人之形无人之情之说有所訾謷，而庄生以"不益生"之语晓之。益生者，好恶内伤其身，常违于自然者也；不益生，则道与之貌，天与之形矣。此论之和者有杨朱。杨子曰："大道以多歧亡羊，学者以多方丧生。"惠子其书五车，多方之至也；坚白、大同异、小同异之说，樊然并列，多歧之至也。惠子多所好，亦多所恶，以其智辩与天下谈士相高，好胜不已，敝其精粹，是欲益生而外神也。

观上三论，"无身论"陈义过高，"不益生论"有为而发，惟"守神论"不高不下，语足喻众，故舍无身、不益生而述守神。

夫人生气聚而有形，形成而口体蕲乎养，志意蕲乎畅，雌雄蕲乎合，则异于禽兽者几希。庄生哀之，是以有守神之泠示，破其形性之执。六合之外，圣人存而不论，神人常往游焉。形性之人者，蹩躠于七尺之躬，勤劬于耳目之官，终身汲汲，迷而不返，不亦重可悲乎？考形性之驰逐，厥途万端，因庄生所论，可别之为怀爵禄、乐富厚、冀庆赏、存非誉、虑巧拙、别美恶、入惊惧、畏恶疾、惮残形、怛死生，约数之得十目焉。

爵禄者，荣华之物，未得患不得，既得又患失，早夜念之，可成痼疾。曾不知轩冕者，傥来之物，其来不可御，其去不可止者也。百里奚爵禄不入于心，故饭牛而牛肥，使秦穆[①]公忘其贱而与之政。孙叔敖三为令尹而不荣华，三去之而无忧色，人之异之者，观其鼻间栩栩然，未尝因为令尹而贵、去令尹而贱也，亦顺适之而已矣。富厚者，圣俗之情所不能忘也，孔子常讳穷矣。又曰："颜氏之子，使汝多财，吾

---

① 穆：底本作"缪"，据《东方杂志》本改。

为汝宰。”下此则歆逐之矣，而不知有万不同之谓富，藏金于山、藏珠于渊之为真富也。子綦有八子，召九方歅使相孰为祥，九方歅曰：“梱也为祥。”子綦瞿然喜曰：“奚若?”曰：“梱也将与国君同食以终其身。”子綦索然出涕曰：“吾子何为以至于是极也。”吾所与吾子游者，游于天地。吾与之邀乐于天，吾与之邀食于地，何讵知尽于酒肉而入于鼻口耶？凡有怪征者，必有怪行，殆乎！非我与吾子之罪，几天与之也。”庆赏者，契于俗人者也。俗人怀惠畏威，见庆赏则善加劝，闻刑罚则恶加沮，岂知素其位而行哉？楚昭王失国，屠羊说走而从于昭王，昭王反国，将赏从者，及屠羊说。屠羊说曰：“大王失国，说失屠羊，大王反国，说亦反屠羊，臣之爵禄已复矣，又何赏之言?”遂反屠羊之肆而不受也。非誉生于人情之向背，而人情之向背生于习染之从违。中国之民渐染礼义，而陋于知人心，故其见客也，进退中规矩，从容若龙虎，谏人也似为人子，导人也似为人父，曾不知乘道德而浮游者，视颠颠而行填填矣。彼兀者移画，无足而不能行礼，生一目者，不能不　，岂能量人之怪与不怪哉？巧拙者，俗论以为智愚之符，不知特习与不习之异耳，猿猱畏羿彀，鱼畏鹈鹕，相类似也。然则后羿之巧，侪于鹈鹕已尔，亦奚足贵乎？痀偻丈人之承蜩也，其处身若橛株拘，其执臂若槁木之枝，虽天地之大，万物之多，不以易蜩之翼，孔子叹其用志不分，乃凝于神，则巧出于有道，亦弗可绌也已矣。美恶判于官知，官知不止而神欲不行，世以好色亡其身者多矣，则不如盲目之为愈乎？哀骀它，卫之有道者，而以恶骇天下，妇人愿为之妾者十数而不止。阳子居之逆旅，逆旅小子有二妾，其一人美，其一人恶。恶者贵而美者贱，阳子问之，逆旅小子曰：“美者自美，吾不知其美也；恶者自恶，吾不知其恶也。”则美恶者，在乎神遇而已。大喜坠阳，大怒坠阴，喜出于不喜，怒出于不怒，则不能伤人，盖闻其语矣。至于惊惧而不乱其神性者，未之前闻也。飞卫之习射于纪昌，先学投梭而目不瞬，伯昏无人之教列御寇射，先引之临百仞之渊，背逡巡，足二分垂在外，而神气不变，盖能无惊惧者也。胥靡待死，登高危而无眴栗，虽踬仆无以动其心，醉者坠车，虽疾不死，骨节与人同，而犯害与人异，其神获全于酒乎？恶疾者，人之所深恶，虽生不若死也，然天地为大炉，造化为大冶，有化钱铸镈而为镆干者矣，有化镆干而为钱镈者矣。方将施化，方将顺化，彼入洪炉之金，又讵能开口启请于大冶之前哉？子舆氏曲偻发背，上有五管，头隐于齐，肩高于顶，句赘指天，阴阳之气有沴，其心闲而无事，跰　而鉴于井曰："嗟乎，夫造物者，又将以余为此拘拘也。"是以为顺民也，形全者，道家之所贵也，使无足以重其形全者，则形全亦弗贵矣。残形者，俗人之所笑也，使有足以掩其残形者，则残形亦弗可笑矣。　跂支离少脤说卫灵公，灵公悦之而视全人，其脰肩肩瓮盎大瘿。说齐桓公，桓公悦之而视全人，鲁有兀者王骀，从而游者，与仲尼中分鲁，立不言之教，无形而心成，其视丧其足犹遗土也。死生亦大矣，断者犹闻可续，死者未闻能复生也，非夫知生死为一条，以无为首，以生为脊，以死为尻者，孰能无怛然于其间哉？子桑户将死，慨然称曰："夫大块载我以形，劳我以生，佚我以老，息我以死，故善吾生者，乃所以善吾死者也。"恶乎往而不可哉？古者谓之悬解。有虞氏死生不入于胸中，故足以动人也。凡此爵禄、庆赏、富厚、非誉、巧拙、美恶、惊惧、恶疾、残形、死生十族，区中所不得无，人事所不得免，人以形性遭遇之者，则常畏权、畏势、畏威、畏刑、畏人、畏医、畏巫、畏鬼，乃至于一切皆畏。诗云："畏首畏尾，身其馀几。"人生几何，未有生民之乐，而有缧绁之忧。人生实难①，未尝开口而笑，顾有拊心之痛，则又何不决大防、解天弢，而为摧毁廓清之举乎？摧毁廓清之道奈何？重在弃形性而就神性。形性者，有长有短，有厚有薄，有方有圆，有浅有深，有丹有黄，有青有白，有刚有柔，有凉有燠，有坚有茹；神性者，视之不见，听之不闻，搏之不得，味之无味，有之不能，绝之不可。形性如物之器皿机械，陶瓦不能行水，舟楫不能覆屋，杵不缝衣，针不捣臼；神性如物之有天机，蚿拥万足而动，不

① 编者按：稿本无此四字，据《东方杂志》补。

知其所以然而然。风以无形，蓬蓬然自北海而入于南海，形性无定，伏于万物，逞其一偏，而老死不得休息。神性常定，超于万物，秉其全能，而湛静常若有馀。嗟夫，知士无思虑之变则不乐，辩士无谈说之序则[①]不乐，察士无凌谇之事则不乐，筋力之士矜难，勇敢之士奋患，兵革之士乐战，枯槁之士宿名，法律之士广治，礼乐之士敬容，仁义之士贵际，此皆驰逐其形性，尽瘁而不返者也。若夫神性常定之人，纯而不杂，粹而不散，平淡冲和，质直皓白，未尝有所好，未尝有所恶，未尝有所能，未尝有所不能，彼将处乎不深之度，而藏乎无端之纪，游乎万物之所终始也。

庄周守神之言况譬万端，曼衍无穷，连汴无止，读之令人之意也消。得其说而措之乱世，庶几免刑戮，寡悔吝，不获罪于人，而常有以自宽乎？盖尝论之，人生而不免有婚宦之情，使吾娶妻而美耶？彼将自美，将何以堪之？使吾取妻而恶耶？彼将自恶，吾又何必以为恶？则吾娶妻虽恶，皆将顺之矣，奚必执齐之姜、南阳之阴丽华乎？此泯美恶合于蒙庄之旨者也。老氏之玄虚，犹期想于小国寡民。使吾能为县令、为方伯、为执政，而真有效于治平，又得之极自然者，吾又何必不为？设吾获此稍难，而亲民之未能自信，而须偶　智故，曲诈巧伪，一切求俯仰于世人而与俗交，则胁肩谄笑，病于夏畦，则不如自待未尝举于牛口之百里奚，常得屠羊之屠羊说，而吾何为不豫？此谢爵禄、庆赏，复合于蒙庄之旨者也。天下殊途而同归，一致而百虑。科学玄学，儒史文律，殽然并兴，我以不才容厕其间。一无所解，一无所能，将自待如庄周所谓之无用，常学老聃之不敢为天下先，不能养人而贵食母，徐理箧中破书，一知半解，而逍遥徜徉之，不敢与诸显学争，岂不绰绰有馀裕哉？此亦忘巧拙而有合于老庄之理者欤。人事丛杂，喜忌辐辏，朋友周旋，动生疮痏，小则排斥，大则株连。醉饱之馀，厉阶已升，我将学庄子所谓桔槔之为人引；俯仰而不得罪于人，我

① 则：底本作“皆”，据《东方杂志》改。

将自待如兀者；不能越陌度阡以存人，我将自待如有恶疾之子舆氏；不能冠带不胜轩冕以免与世交接，则尚不至负箕斗之虚名，殷钧石之实祸乎？六气嬗变，风露不时，中年哀乐，骆驿臻至，疾病之来，有非摄卫之可免，则当吾有病，幸而不至于死者，吾将自待庄子所谓登高不惧之胥靡、临终不怛化之子桑户，则医虽非见垣一方，二竖傥亦不遽匿于膏之上肓之下乎？世界战启，倭骑压境，默坐自维，世界生命之澌灭者，何止万万，骨肉流离失所者，何止千万，惊怖愧耻成病者，何止百万，而私引为厚幸者，中国不亡，一也；骨肉尚团聚，二也；饥饿不死，奔徙不死，曾无愧耻徼幸意外之事，尚能读吾欲读之书，三也。有此三幸，窃比庄子所谓荣启期三乐之能自宽，又何为不豫哉？此吾浅取道家守神论之本论而为之用者也。

# 废师名议[①]

古者人皆有师，自天子以至士庶人共之。成王之为天子也，周公为师，召公为保。一曰周公为道，太公为充，召公为弼，史佚为承。道者导天子以道，常立于前。充者充天子之志，常立于左。弼者拂天子之过，常立于右。承者承天子之遗忘，常立于后。道术有浅深，为师为相有差等也。诸侯之有师，欲有谋焉则就之，桓公之于管仲是也。卿大夫士庶有塾学庠序以求师，就其官师以受教焉。周衰，官师之制坏，孔子以布衣为七十子师，又尝问学于郯子、师襄、老聃，而为之言曰："三人行则必有我师。"其后师遂在民间。汉兴，天子尊事三老，兄事五更，诸经皆立学官有师，其为制虽非旧，顾稍复三代之意。东汉风俗最淳，事师过礼，至有表师丧而去官者，流风未沫，虽三国时刘焉、王朗犹然。典午扰攘兵间，士耽玄放，人不重师，挚虞始谓浅教之师、暂学之徒，不可皆为之服，或有废兴悔吝生于其间，而郡守州牧不过略有教令之形式而已。晋以后未闻言师，文中子弟子达者羞称其师，至唐韩愈始犯笑侮收后学而为之师。其后师之为师，忽黯忽彰，若存若亡，至今日而以师名诏人，人必有瞠目掉头不知所谓者矣。夫礼乐三年不为则必崩坏，琴瑟不调甚者改而更张，则今日师之为道，固有宜正，而名或有可废者在也。

考古时学校之制，二十五家为闾，闾有塾；五百家为党，党有庠；万二千五百家为州，或曰术。术有序，其师则乡遂大夫当之，其教则充以智、仁、圣、义、中、和六德，修以孝、友、睦、姻、任、恤六行，晓以礼、乐、射、御、书、数六艺。自其入学，历年至九，则由小成以至大成，然后可以化民易俗，有化民易俗之实，然后乡遂大夫之为师者定矣。

---

① 编者按：是文发表于《国学论衡》1934年第3期，后又发表于《志学》1945年第24期。本文以手稿本《培风楼文丛》为底本，校以《国学论衡》《志学》。

由是以观于天子之师保，人将曰士庶人有师而无充弼与承，则充志、拂过、承遗之事将安所措乎？曰：人莫不有父兄与朋友也。传曰："立身行道，扬名于后世，以显父母。"《诗》曰："夙兴夜寐，无忝尔所生。"斯不亦为充志者乎？《诗》曰："嗟予弟行役，夙夜必偕，上慎旃哉，犹来无死。"又曰："兄及弟矣，式相好矣，无相尤矣。"斯不亦为拂过者乎？孔子曰："三人行则必有我师。"又曰："友直、友谅、友多闻，益矣。"斯不亦为承遗者乎？是士庶人之充弼与承，固父兄朋友尸之也。然视乡遂大夫之为人师者亦有间矣。

后世莫讨师之实，不知师所务。为人师者至汉始以经学训诂，晋以清谈玄理，唐以古文词章，宋以性理道学杂以事功，元明寂寞罕闻，清时杂糅汉学宋学为人师。魏昭童子有言曰："经师易遇，人师难遭。"凡自汉至今诸师，高者始以经学教授，下者不过杂学，愈下则以卜筮方技，求如周时以六德、六行、六艺三物为教者，有之乎？求如《学记》所谓"能为师然后能为长，然后能为君"者，有之乎？若而人者，当时虽有师号，没则已焉。有事之如父者乎？无有也。有左右就养无方、服勤至死、心丧三年者乎？无有也。是皆亡其道以教人者也，乌得为人师！

今也又大不然，学校为学生聘教师，或浅教，或暂学，或选修，或旁听，而教师之贤与不贤，学生之来自何方，可不问也。制为课目，定为教程，订以时数，衡以修金，教员视时数以为盈绌，学生选功课如相贩鬻，而教授学生间熟视固自若也。学校令教员伺学生之勤惰，记课堂之盈旷，又或请其理校外之交涉，应政潮之缓急，而教师之本业就荒，所不恤也。为教师者，滥应功课，每授课必有预备室，其甚者临授先一时为之，及其摄　升堂也，训句读而快议论，示碎义而辨小惑，历取今世之大人先生诋讥之以自崇其智，于是学生翕然从之，此今之所谓良师也。又或内实无能而貌示谨愿，内实浅落而盛饰威仪，则知为知、不知为不知为其藉口，野哉由、小人哉樊须为其诟辞，此亦今之所谓具师也。至师生之间，师不恒得敬于其弟子，弟子辄每忽其师。同行于道不相让，偶遇诸途，侧睨而笑，已为至礼；如有所忤，则师虽折简行成亦不至，甚且揭其阴私，鸣鼓而攻之矣，师之黠者，内为钩距之术，外学俳优之策，语必模棱两可，色必忍辱负重，学生自知为奇货为人所居也，则联校长即所以倒教授，联教授即所以倒校长，公然抱茅入林，俨为盗贼。呜呼，今之所谓师若弟子者，大抵如是，闻之有不令人哀而出涕者乎？夫哀而出涕者非一也，滔滔者皆是也，则盍一反其本？反其本奈何，重在废师名。

夫危而持之，颠而扶之，相者之道也，固非师之道也。使有师存，则必无颠无危。今也学生固已有颠危之患矣，而教师莫能救，是师降而为相尚不可得也，是师名之可废一也。孔子曰："雍也可使南面。"谓其德行可为师为君于天下也。今之教师，核其言行，有不足副中人者，而辄具然为人师，引绳批根，将何以自尊而服人？是师名之可废二也。党权高于一切，京师中有中央党部，各省有省党部，实施党化教育，自应以党员为校长为师为宜，而教授非尽服膺三民主义者也，将何以为党国造就人才？是师名之可废三也。今之教师，执册以随学生之后，考修业勤惰，记课堂莅旷，视为莫大之要务，则一如学生之史也，与师道何与？是师名之可废四也。师重道术以传弟子，授业则业有精粗，解惑则惑有大小，迥非传道之比。韩愈曰："师者，所以传道授业解惑也。"使师失其传道之实，则授业有时类圬梓种树，解惑有时如途人卜者，亦奚足贵乎？是师名之可废五也。师生浅教暂学，数年即别，既别之后，亲炙绝无，音敬亦疏，及其终不见。先生无祝予之恸，弟子鲜失声之哭，则用缌麻深衣而布缘，三月不宴不听乐，三年心丧者，更无论矣。唯南有箕，而北有斗，其此之谓乎？是师名之可废六也。有此六废，无取存师，如勉其次，或在相史。呜呼，昔人得相，丰以为师，今人得师，难为相史，世实为之，谓之何哉！如曰不然，请世之人师、弟两相释而尚友乎？古人慎毋从祸人之学校，求育英之实效，其亦庶几无"觚不觚"之叹乎！

# 说读书[①]

《说文》"读"同"籀"字,"籀"读如"紬"字,"紬"今字作"抽",谓抽绎其意义也。讽倍文也,"倍"同"背",《周礼注》曰"倍文曰讽",谓背诵也。汉廷尉律,学僮十七已上,始试讽籀书九千字,乃得为史,语见《说文》。段玉裁释之曰:"讽若今小试之默经。"盖即默写也。往时私塾课读,塾师教诵经文,不释其意,责令儿童背讽而已。乃长自知抽绎其义,更就外傅諟正之,此昔日授受经书之法也。海通已来,教授法与西学俱来,以为背诵徒为机械式之记忆,有害儿童健康,于是学校中有读而无诵,稍长以至成人,遂成习惯。故今中学生大学生几无千字能成诵者,旧学之坏,此为其主因也。昔东方朔上武帝书,自夸已诵四十四万言。姜宸英则谓东方朔三年诵二十二万言,每年正得七万三千三百馀言,以一年三百六十日成数计算之,则一日所诵才得二百零三言耳,盖中人以下之课也。东方朔以文章执戟为郎,滑稽多智,言谈微中,为人解纷,不过能诵数十万言,可抽绎其义而止耳,中人之材,本非绝人之姿,吾人犹奈何舍讽诵前言而为国学乎!

《郑耕老劝学》所述九经字数:"《周易》二万四千二百七字,《书》二万五千八百字,《诗》三万九千二百二十四字,《礼记》九万九千二十字,《左传》一十九万六千八百四十五字,《周礼》四万五千八百六字,《论语》一万二千七百字,《孟子》三万四千六百八十五字,《孝经》一千九百三字。"钱泰吉曰:"乾隆石经字数略有可增,前述九经字数外,益以《公羊》四万四千七百四十八字,《谷梁》四万二千八十九字,《尔雅》一万七百九十一字,《仪礼》五万七千二百一十二字,凡十三经,共六十四万七千五百六十字。"荒经者每日能温熟一千字,两年可毕,即有他务间断,亦两年半可毕。乃因循岁月,一经未治,殊可惜也。

---

① 编者按:是文发表于《东方杂志》1946 年第 42 卷第 1 期。

颜之推《家训·勉学篇》曰："人生小幼，精神专利，长成已后，思虑散逸，固须早学（原刻作"教"，用《学记》"教学半"之例，改作"学"字），勿失机也。吾七岁时，诵鲁灵光殿赋，至于今日，十年一理，犹不遗忘，二十之外，所诵经书一月废置，便荒芜矣。"又曰："梁元帝年始十二，便已好学，率意自读史书，一日二十卷，既未师受，或不识一字，或不解一语，要自重之，不知厌倦。梁世彭城刘绮，交州刺史勃之孙，早孤，家贫，灯烛难办，常买荻尺寸折之，然明夜读，孝元初出会稽，精选寮寀，绮以才华为国常侍兼记室，终于金紫光禄。义阳朱詹，世居江陵，后出扬都，好学，家贫无资，累日不爨，乃时吞纸以实腹，寒无毡被，抱犬而卧，犬亦饥虚，起行盗食，吸之不至，哀声动邻，犹不废业，卒成学士，官至镇南录事参军。"《北史·卢思道传》："年十六，中山刘松为人作碑铭以示思道，思道读之多所不解，乃感激读书，师事河间邢子才，复为文示松，松不能甚解，乃喟然叹曰：'学之有益，岂徒然哉？'"又李谧少事孔璠，后璠还就谧请业。清洪亮吉感此，尝有诗曰："刘松制碑铭，思道难了了。思道既读书，为文松不晓。信知学益人，饥者待之饱。明明愚与智，一日互颠倒。词章尚如此，何况穷理道。百事且勿营，扃问读书早。"夫勤学之往哲实已多矣：如匡衡之凿壁，儿宽之带经，路温舒之编蒲，车胤之囊萤，孙康之映雪。此人大抵皆生于穷约，一旦发愤读书，遂至取青紫如拾芥，俗人艳称之，不知读书所以明善修德，化民易俗，开物成物，干国济世，岂徒以博雅能文为已足哉？若卢思道之读书因于感激，虽曰其志未广，然尚贤于以学弋荣梯贵者矣。

吾人既知书之益人矣，然则读之之法果何所适从乎？读书有就季候而言之者矣，如魏武帝之春夏读书、秋冬射猎，董遇之二馀事读是也。有就日辰而言之者矣，如朱子之半日静坐半日读书，昔人之刚日读经、柔日读史是也。有总其大义者矣，如诸葛孔明之但观大意，隐渊明之不求甚解是也。有毛举细义推阐微言者矣，如秦近君说《尧典》二字至十馀万言，王阳明格物至竹半日而病是也。《学记》曰："藏焉修焉，息焉游焉。”若魏武、董遇、朱子之读书，得其意者也，言不及数，知虑通达，诸葛、陶公有焉。荀子曰“诵数以贯之”，秦近君有之焉。又曰“思索以通之”，王阳明有之焉，皆是也。顾我均未之能行焉。

《学记》亦有言曰：“或失之多，或失之寡，或失之易，或失之止，此学之所以难成也。”予以失之多者，贪多务博，细大不捐之病，此不知螣蛇无足而飞，梧鼠五技而穷者也。苏和仲云：“多好竟何成，不精安用夥？”是其谛矣。失之寡者，求专太过，通识闭塞之病。此犹乘车鼠穴驰骋以求自如者也，不知较听床下蚁斗如牛鸣之患聪者为何如也！失之易者，问一得三，意存诡遇之病，使其非失者，则闻诗闻礼之陈亢贤于不违如愚之颜渊矣。失之止者，思而不学，流于饥虚之病，佛戒非想非非想。宋儒言人之思虑虽出于正，而发不以时，纷然无度者，亦与邪念相同，其是之谓乎？

观于《学记》之论，学之难成有如是也，则读书诚亦不易矣。然则必如何而后可耶？予尝深思以求之，考古以明之，以为读书法有五要焉：一曰身读，二曰心读，三曰眼读，四曰耳读，五曰手读，五读皆备，庶得《学记》藏修息游之益，而无多寡易止之弊矣。

何谓身读？荀子曰：“古之学者为己，今之学者为人。君子之学也，以美其身；小人之学也，以为禽犊。”又曰：“其数则始乎诵经，终乎读礼；其义则始乎为士，终乎为圣人。”此皆谓身读者。子路有闻，未之能行，唯恐有闻。古人向善之切，好义之勇，有如此者，故坐而言，即可起而行。《中庸》曰：“博学之，审问之，慎思之，明辨之，笃行之。”所以博学、审问、慎思、明辨之者，以其在笃行也。孔子之门，曾子之外，子夏最为笃寔。子夏之学，惟在博学、笃志、切问、近思，日知所亡，月无亡所能，而其身行，则在贤贤、事父母、事君与朋友之间。故老而居于西河之上，闻曾子之责善，辄投杖而拜也，此身读之验也。

何谓心读？读书必口到心到，所谓口诵其言、心惟其义者是也。荀子曰：“其数则始乎诵经，终乎读礼。”所谓读礼者，抽绎其礼意，礼之数虽异，其意则一。《礼运》曰：“礼也者，义之寔也，协诸义而协，则礼虽先王未之有，可以义起也。”是乃终乎读礼之意也。夫子之门，颜渊最为好学，而孔子告之曰：“行夏之时，乘殷之辂，服周之冕，乐则韶舞，为国以礼。”其言甚富，唯颜回能心知其意，是故夫子告之以此，他人虽有问为邦，亦不以是诏之，盖圣人不陵节而施者也。此心读之谓也。

何谓眼读？读必以眼，不以眼则为暗诵。古者书皆用竹简刻字其上，暗中揣摩，亦殆可读，后世则以为背诵矣。眼读者，一目十行俱下，惟在泛览博涉，读之常恐不速。前述梁元帝日[①]读史书二十卷，既未师授，或不识其义，而不知厌倦，盖眼读既多，如馈贫之来粮，自无饥虚之患矣。此眼读之助也。

何谓耳读？《周礼·大行人》：“属瞽史，论书名，听声音。”瞽不能书，审音则准，此最初论耳读者。《学记》曰“呻其占毕”，读书之声，呻吟咿唔，非必调之口舌，亦须永言和声，顺适于耳也。眼读从眼受，其义求明；耳读从耳受，其义求彰，彰明较著，书义始涣然矣。耳读之书，必其熟而不生者，自读自听，其乐无穷。杜甫诗：“新诗改罢自长吟。”长吟云者，与耳谋也。《南史》记徐盛年过八十，犹岁读五经一遍。王维《与裴迪书》：“足下方温经。”古人书未有不温读者，求耳熟之也。顾炎武晚年患目疾，不能温经，乃选倩音读清切之士四辈，环坐己侧，轮替诵经，而以耳受之。此耳读之例也。

何谓手读？《仪礼·聘礼》：“百名以上书于策，不及百名书于方。”注曰：“名，字也。策谓行简，方谓木版。”古者师徒讲习，亦用方謄写。《尔雅》：“大版谓之业。”《管子》曰：“修业不息版。”足见古时迻录誊写，用手极勤。后世版本中有写本一种，极为人所重视，如出名手，人尤珍异。叶石林《过庭录》云：“前辈说刘原文初为穷经之学，寝食坐卧，虽谒客未尝不以六经自随，蝇头细书为一编，置夹袋中，人或

---

① 日：底本作“百”，据文意酌改。

效之。后佣书者遂为雕板，世传夹袋六经者也。”夫刘氏北宋人，在后唐长与雕印巾箱本九经之后，当可求之，而尚为此蝇头细书，逐钞六经，可谓精勤好学之至。后世如宋濂借书于三四百里外，手自钞录；归有光借书满架，当亦备钞读之用，此皆手读之可用者也。

综上五读，身读陈义甚高，然读书志在圣贤，本吾人分内事也。心读有类苏秦之简习揣摩。所谓简者，沙汰之谓，练者，洗濯之谓，沙汰而洗濯，取精遗粗，得其神髓而去其皮毛也。眼读耳读，人人能为而不乐为。手读人人能为而不肯为。因图书处此印刷术精进之时，求之甚便，人皆惮其烦碎而不为也。实则读书切实有益者，莫过于钞书背书。人不屑言，而吾亟言之者，教人宜尽其诚，不敢以谲诳之辞误人在学之年也。

此文因川大中文组读书指导而作。陈义不高，期在实行有益。故请国内教育专家、国学教授同赐商正是幸。

# 诗人节与屈原[①]

## 一、诗人节的由来

诗人节自兴起到今，恰共八年，说是为纪念屈原五月五日投汨罗江死难而定的。但五月五日属于屈原的肯定记载，并不见于正史。沈亚之《屈原外传》[②]说事怀、襄二王，蒙谗[③]负讥，被逐在江南之野，于五月五日身赴清泠泠之水为神。楚人思慕，尊他为水仙。每年此日，必以筒贮米，投水祭之。王充《论衡》也载有五月五日伍子胥被吴王诛死投尸钱塘江的事。这一天，江浙一带的人也同样的纪念他。只因楚国占南北文化中心，江浙一带比较僻远，同时因为楚国文化悠久，屈原文章又能感人，所以尽管伍子胥之死在屈原之前，还以纪念屈原来得普遍些，也许由于屈原之死，来得更伟大而更深入民心的缘故吧！

在《屈原外传》上还有一段神话：长沙有姓区回这个人，白日曾看见过屈原。屈原对他说："你们吊我很好，但所祭的东西均为蛟龙夺去，我并未吃到。以后请以楝叶包上，用五采丝线缠裹投入水中，那么蛟龙就没有办法吃下去了。"这是今天用箬叶包粽子的由来。至于龙舟竞渡，鼓乐喧阗，那就是歌以侑食的意思。

## 二、屈原的身世

关于屈原的身世，《史记》记载不算详细。《史记》是根据刘安所

---

① 编者按：是文发表于《重庆大学校刊》1948年第16期。题下注：邵祖平教授讲，罗弘道、张德辉记录。

② 屈原外传：底本作"原外传屈原室"，据文意酌改。

③ 谗：底本作"纔"，据文意酌改。

作的《离骚传》而来的，事实微嫌太简略，且毫无系年的记载。大约怀王十一年到十五年，是楚国最富强的时候，屈原在怀王十五年时约二十八岁，做楚国左徒的官，入则与王图议国事，以出号令；出则接遇宾客，应对诸侯。国家一切宪令也无不出于其手，实是集行政院长、立法院长、外交部长数职于一身了。《左传》上说周太史遭乱奔楚，把典籍、礼器带往楚国，所以屈原博闻强记，明于治乱，不但是个正统派的政论家，也是个外交家兼法学专家，实不是一个偶然的事迹。当时楚国在他励精图治之下，弄得内政修明，实力富强。在国际间楚国做了纵约长，带领了五国的师伐秦。但祸起不意，事修而谤行，德高而毁来，屈原竟因此而引起上官大夫靳尚的妒忌，在怀王面前说他的坏话。怀王听了，不知明察，勃然大怒，从此一天一天对他疏远了，但他仍在做左徒之官。这是怀王十六年的事，时屈原约二十九岁。就在这一年，楚国和齐国绝交了。十七年，屈原终于被废。十八年，怀王又找他出来出使到齐。齐为华东大国，秦为华西大国，楚处其间，非联齐则无以制秦，屈原使齐的任务即在此。这话说来很好，原来秦惠王见齐楚复言归和好，于己不利，心中大为不安，乃马上派遣张仪厚币委质来事楚怀王，进言道："只要你能与齐绝交，我们当献商於六百里地作为礼品。"怀王[①]贪这"六百里"地，利欲蒙了神智，竟不惜背信于齐，果然满口答应，跟即洋洋自得的派使到秦受地，不料张仪竟矢口否认，且说只向怀王面许六[②]里地，不曾答应过六百里。使者回话怀王，怀王大动气，出兵攻秦。那时魏国乘机来袭，齐国也不肯来救，结果大败而归，死了一员大将屈丐，断送了六郡河山。后来秦昭王愿割汉中地讲和，怀王气愤张仪，愿弃汉中地，而得张仪人头。张仪知道他是个傻瓜，可以愚弄，可以利用，便挺身来楚，带了厚币来贿赂靳尚，而设诡辩于怀王之宠姬郑袖。怀王竟听郑袖之话，果不杀张仪，

---

① 王：底本作"天"，据文意酌改。

② 六：底本"六"后衍一"百"字，据文意酌删。

而让他逃跑。麻木到如此地步，颠倒到如此地步，真叫人气死了！这时屈原恰从齐国回来，忙问他为何不斩张仪，他才从五里雾中清醒过来，可是悔悟也来不及了。二十四年又与齐复交，时正值秦昭王初立，闻下不安，又以厚币赂楚，并动以婚姻。怀王果又背齐会秦。屈原力谏，不但不从，反信谗而齌怒，竟把他放逐到远远的汉北地方去，今陕西宁羌、石泉两县间。这事实虽不见于正史，我们可由屈原文中"有鸟自南兮，来集汉北"得知。他在汉北虽然气愤天日无光，正义不伸，但没有一刻忘掉他的国家，他的人民，和他的君王。他总想怀王要不是木石，总有一天会翻然悔改的。二十五年怀王与秦昭王盟于黄棘。三十年秦昭王再约在武关相会。怀王欲去，这时屈原虽刚释放回来，他耿直之心丝毫未改。他深知秦为虎狼之国，也深悉秦昭王之阴谋。他于是又据理力谏，决不可往。但怀王幼子子兰劝行，从恶如流的楚怀王当然听从子兰之劝赴约了。那知一去见的不是秦昭王，而是一位把兵包围他的将军。这位将军拉他去咸阳，西见秦王。秦王以臣礼待之。怀王气昏了，只得逃跑到赵国去。赵国不肯收容，只得再回到秦。这个行尸走肉的没有灵魂的糊涂虫，终于死在秦国了，恐怕连他自己也不知是怎么样一回事！这时昭睢倒还不错，连即立了太子为王(顷襄王)。昭睢起初并不坏，后因适应环境而变了节操，我们读《离骚》"兰芷变而不芳兮，荃蕙化而为茅。何昔日之芳草兮，今直为此萧艾也"，就说的是他。襄王既即位，以子兰为令尹(即宰相)，子兰原有送怀王往死之罪，反得为相，政令颠倒，举国怀恨，屈原当更痛心，怕他们失了民心，写了许多文章以表示他内心的哀愤。子兰听闻大怒，献谗于王。二年复被放逐于江南之野，即今湘江流域长沙、衡阳等地，九年不给他召还。屈原行吟泽畔，憔悴江潭，先后写了《怀沙》《哀郢》《渔父》诸作。他在《哀郢》篇中郑重说出"曾不知夏之为丘兮，孰两东门之可芜"，就是不忍看见楚国的夏山倾覆为丘，楚国的两东门芜为蔓草。意义何等沉痛悲凉！终于在襄王十一年五月五日投汨罗江而死，时年五十四岁。

## 三、屈原自杀之评价

有些人以□屈原之死，徒然表示他心境的窄小，死得不该。但我们若设身处地，深深地周详地体会一下，考究一下，就会要承认屈原之死，并不是因为自己的不得志，他的死完全是为了他的人民，他的国家，和他的宗族关系，迫不得已而采取的最后的途径——尸谏之路。他一生受尽了气，蒙尽了冤，尝尽了人间的悲痛，牺牲了自己的一切，固然是为了爱人民，爱国家，爱君，他的死还不是由这一点出发的吗？前面已经说过，屈原是一个正直能干的大政治家、外交家、文学家，五年之内，把楚国弄得内外大治，他正期望有唐虞之世的一天来临。看他的《离骚》“彼尧舜之耿介兮，既遵道而得路”，又说“来吾遵夫先路”，可以知道。乃知怀王竟信一般小人谗言，内惑于郑袖，外欺于张仪。忠者见疏，奸人得势，外则丧地辱国，内则人民倒悬。屈原眼看他自己费尽心血弄得好好的国家，竟一天一天地破碎残零，善良的人民竟一个一个的走近了死亡的边缘，国家危弱的命运就要为奸党昏主所断送。每出忠谏之言，不但不以为忠，反以为仇，英雄至此，宁不气短！而他是楚国的宗室，地位是三闾大夫，义不容辞的，他应该与楚同休戚，共存亡。我们试设身处地想一想，假若我们处在这种情形之下，欲进既不可能，要退又放心不下，责任所在，在天地间无可逃避。假如国家果不幸，能对得起列祖先王吗？对得起人民吗？数十年忠心耿耿，一旦远走高飞，还算得人吗？兼之诗人敏感，国未亡而先忧。“夜中不能寝，起坐弹鸣琴”，与其痛苦于将来，不如明决于当今。而且，唯有“他”自杀，或可以感悟麻木之王，翻然悔改，来抢救国家，抢救人民。所以他不得已终于走上了最后一条唯一可能拯救国家的途径——尸谏之路，而投汨罗江自杀了。所以屈原之死可谓死得其所，可谓见危致命，可谓临难毋苟免。为了人民，为了国家，他应该如此！我们只能说屈原之死，在屈原是一种不幸，但他决没有走错。后来楚国虽亡于秦了，然而亡秦的终竟是楚。“楚虽三户，亡秦必楚”,这句歌谣在当时每个楚国人民的心里,燃起了沉□的火焰!这不是屈原之死的伟大成功吗?我们应如何为屈原之死而歌颂呢?

至于有说屈原自杀,只表示了他心境的狭小,那未免对屈原认识太小了。我们看他说“驰余马于兰皋兮,驰椒丘且焉止息”“吾将济于白水兮,登阆风而绁马”“忽反顾以流涕兮,哀高丘之无女”,当他离楚时,那种惓恋不已之情,不忍去之悲哀,乍阴乍阳,将行而复趑趄,岂高堂安居的人所能揣测?屈原初放于汉北,达六年之久,继放于江南之野,九载不复,虽至形容枯槁,犹且行吟泽畔。他的就义死难还不算得从容吗?简直从容极了!那能说他心襟狭小呢?

说到这里,我们不由得想到明亡时候的一段故事:明亡以后,几个臣子相约到孔子庙上吊以报国家,但他们的内心其实都是贪生畏死的。他们彼此观望着,探视着。既然于死没有伟大的认识,所以他们也□没有赴死的勇气!他怕人家背约不死,自己先上了当!于是有一个打听到另一个正在喂猪,于是他想,猪尚不忍弃,何肯舍生?结果大家都不去死了。从这里,可见“死节”并不是一桩易事!也更可显出屈原为国家尽忠、为民族尽孝的死了的伟大!

## 四、屈原的人格及其文学上之成就

屈原的人格,由一个爱字出发的。他爱民、爱国、爱君、爱纲常、爱正义。他说:“余幼好此奇服兮,年既老而不衰。带长铗之陆离兮,冠切云之崔嵬。被明月兮佩宝璐,世溷浊而莫知兮,吾方高驰而不顾。”又说:“乘骐骥以驰骋兮,来吾导夫先路。”他有伯夷之心,伯夷,圣之清者也。有伊尹之志,伊尹,圣之任者也。他秉廉贞而恶贪婪。我们看他说“吁嗟默默兮,孰知余之廉贞”(《卜居》),“众皆竞进以贪婪兮,凭不厌乎求索”(《离骚》),可以知道。他重端直而恨佻巧,我们看他说“苟余心之端直兮”,又说“雄鸠之鸣逝兮,余犹恶其佻巧”,可以知道。他喜祗敬而恨慢慆,看他说“汤禹俨而祗敬兮”“椒专佞以慢慆”,可以知道。他有一颗“富贵不能淫,贫贱不能移,威武不能屈”而永远淡白、永远光明的心。他说“余不能变心以从俗兮，固将愁苦而终穷”“宁溘死以流亡兮，不忍此心之常愁”“苟余情其信美以练要兮，长　颔亦何伤”。因此，他最怕君子化为小人。他曾为昭雎的变节惋惜说：“兰芷变能不芳兮，荃蕙化而为茅。昔日之芳草兮，直为此萧艾也。”他怨怀王糊涂，他说：“怨灵修之浩荡兮，曾莫察乎民心。”他暗暗地拿桀纣来警告他：“何桀纣之猖披兮，夫唯捷径以窘步。”他理想的政治是尧舜的大同世界，他想伊尹相成汤一样，把怀王引向这个世界去，故他说：“彼尧舜之耿介兮，既遵道而得路。”奈何靳尚、上官大夫、子兰、子椒这批党人，郑袖是个惑妇，极尽操纵蛊惑的能事，蒙住了怀王的双目，毁灭了怀王的灵魂，弄得怀王颠三倒四，以致于断送了国家的命运。因此，他极度的反党人，拒惑妇。他但要坚持自己的“耿介”“端直”“廉贞”“清白”，而且他不让恶势力存在。他说“惟党人之偷乐兮，路幽昧以险隘”“众皆竞进以贪婪兮，凭不厌乎求索。羌内恕己以量人兮，各兴心而嫉妒”，又说“殷有惑妇”。他为整个楚国爱日惜阴，读他“汩余若将不及兮，恐年岁之不吾与。惟草木之零落兮，恐美人之迟暮”“老冉冉其将至兮，恐修名之不立”。屈原文学之成就，是他人格完善之灿烂光辉。对众是整个楚国，影响到万世的是非曲直。

这可以说屈原的人格崇高比泰山，光明比日月，并不是虚诞恭维。我们再说“伯夷圣之清，伊尹圣之任，屈原把他们糅和，兼而有之”，也不算过吧。

其次，谈到屈原之文学。屈原的文学创作是大成功的，但他也继承了前人的优点。他的赋体出于《诗经》，形式虽完全不同，内容却是一样，有风，有颂，也有雅。风如《九歌》，雅如《九章》，颂如《天问》《橘颂》，《离骚》则三者都具备了。依《汉书·艺文志》及戴东原《屈原赋注》说来，屈原赋共二十五篇：《离骚》一篇、《九歌》十一篇、《九章》九篇，及《天问》《远游》《渔父》等二十五篇。至《招魂》《大招》，或谓宋玉、景差之作。林云铭《楚辞灯》又把《招魂》当作屈原自招其魂，认为是他自己做的。那么总共二十六篇。

《文心雕龙·情采》篇说:“诗人什篇,为情而造文;辞人赋颂,因文而造情。”我们简直可以把文学分为诗人文学和辞人文学两种。诗人文学不是为自己求不朽而写的,乃是为人民、为国家求自由独立而写的。换言之,它是全人类、全民族共同的呼声,它是有生命、有灵魂,永垂不朽的东西。屈原的作品,就是这一种文学。后来继起而堪绍屈原之光者,只有贾谊一人。至于扬雄、司马相如的作品,只能算是辞人的文学罢了。象扬雄的《甘泉赋》,就完全是因文造情,一□儿也不真切。因为他根本就没有到过甘泉宫去,不晓得甘泉宫到底是怎么一个样儿。为了要得成帝的欢心,不惜苦心焦思,坐而假寐,梦见肝肠流出,纳还腹中。所以尽管他写成的《甘泉赋》如何的堂哉皇哉,我们简直可以说它无一点文学价值。即宋玉之文,亦不足以入于诗人文学之选,如他的《大言赋》《小言赋》《登徒子好色赋》,即失去本心,且说出低级无聊的话。他始终不敢在王前直言忠谏。较之其师,真太令人失望了,实不算是屈原之徒。好在正史也没有明白的记载他是屈原的弟子啊!

单是诗也可以分为两派:一派专为人伦,一派描绘自然。屈原是前一派的开山祖师。其后如苏武、曹植、阮籍、陶潜、王绩、杜甫、司空图、韩□、陆游、文天祥、谢翱、郑思肖、顾炎武、石达开,都是伟大的伦常诗人、民族诗人。陶潜之诗表面是写田园,其实他是忘不掉国社。“枝条始欲茂,忽值山河改”,咏荆轲、三良,念念沉着,语语悲健,所以应放在这一派。另一派描绘自然的,谢灵运、谢朓、谢惠连、王维、孟浩然、储光羲、韦应物、永嘉四灵,等等,以山水田园为主,人事为副。这些人受屈原的洗礼太少,不足为诗人文学的嫡传。但是,屈原的诗赋也未尝不波及自然界景物。不过他于景物,都是比兴,不是直赋,直由内心悲哀的浓度,登峰造极,随意加以点染涂抹而成。如《山鬼》篇:“雷填填兮雨冥冥,猿啾啾兮狖夜鸣。风飒飒兮木萧萧,思公子兮徒离忧!”上面三句乃收束到最末第四句来,象征其怨慕悲疑,不是专咏雷雨、风木、猿狖……。又如《涉江》篇:“深林杳以冥冥兮,乃猿狖之所居。山峻高以蔽日兮,下幽晦以多雨。霰雪纷其无垠兮,云霏霏而承宇……”从高驰不顾,写到愁苦终穷,兴象萧瑟,读了只见屈子之憔悴幽忧,不见林深雨晦、雪雾云奔之状,真是化工绝妙之笔!至于遥望瑶台,溘游春宫,岷顶摅虹,阳阿晞发,鸠媒佚女,驶求二姚,都是幻想的神游,全非是实!比西洋文学中之但丁《神曲》,还要先进前辈。那么屈原文学的成就岂不是全世界最早的第一人。诗王加冕,古今中外文人应当一致上劝进表才对。

## 五、纪念屈原应警世自儆

我们今天纪念屈原,应该明了其意义所在。如就吃吃茶点,照例将屈原搬出来讲演一翻,是失掉了它的价值的。我们应冷静的想一想,今天我们的国家到了什么田地!?和屈原时代有什么区别?在今天的中国,资本豪门、政治贪污、官吏无能,不报复日本,反美扶日,渴望美援等,弄得民不聊生,头昏眼花。国家是人人所有,人人都是三闾大夫,我倒[①]希望有人不因做黄金、美钞失利,恋爱失败,而纯为国族来一个投江自杀!胜利前的报纸记载过招待美军的成都特种妇女,胜利后的报纸新载一批运用美援委员会某某处长的特种官僚。说到这里,我们不禁要为我们的国家,我们的士大夫痛哭流涕,不禁要为世道人心警惕。我们的国家能几何不断送于今天的靳尚、上官大夫之手呢!?顾亭林先生说:“士大夫之无耻是谓国耻。”现在我们国内的知识阶级也渐渐有由君子化为小人之倾向了,服务的机关还没有进身,先问他有什么好处,平常说话常有“合法贪污”这个新名词。屈子所痛心的“众皆竞进而贪婪兮[②],凭不厌乎求索”,这就是说贪污决不合法,合法决不贪污。从纪念屈原说起,我们今日可用颜习

① 倒:底本作“到”,据文章酌改。
② 兮:底本漫漶,据文意酌补。

斋先生一句话来提撕警觉:“天下事尚可为,诸君须储学待用!”不要太悲观,去投江自杀,同时我们要激发天良,先国后身,树立崇高的人格,实践廉贞的美德,来准备迎接艰巨重大的救国工作,洗刷士大夫投机享乐造成的国耻!

# 安县刘长铁墓志铭

君讳长铁，字敛锋。先世以清初自粤徙蜀，有受廪饩、掌训导于安县者，因家焉。累世殖田聚书，兼治耕读。及君之祖足三始一麾出守豫之太康，旋擢知州，仍乞终养，未之任。父毓英克保厥家，有声绵左间。君生而岐嶷，弱不好弄，幼冲端慤如成人。年逾舞象，遭父丧，孤露恂栗，勇承慈欢。劬学于家，则范乡梓，土簋有三牲之奉，公车无轹牲之祭。尝以归养重于游学，守身原于事亲，不入危城，不处军旅，不随俗婞婟、自怙于势利，是固圣哲智士之所垂教，而一己所当歆慕效法者也。顾保家而不殖产，善己而不忘善人。深明岐黄之术，未尝果悬壶而受人财。远近有乞主方者，延无不赴，沉疴无不起。或倾囊以代馈药，殊不见其稍有德色，人是以益钦其学之实能行焉。遭世糜乱，巴蜀构兵，二十馀年不绝，间为诗以声其哀闵，瀹茗以兴其忧轸。棋声丁丁，然酒碗滃然，盖未尝一日忘世难，然而发白壮而齿豁强仕之年矣。

民国三十四年乙酉八月，太夫人疾作绵左。君趋侍献药，母良瘥而身大瘁，末疾缠里，八阅月遂不起。呜呼，悕矣！君生于前清光绪二十八年壬寅三月，没于民国三十五年丙戌四月，享年四十有五。子二：良品、焕品；女二：瑞品、端品，皆在庠塾。将以九月奉君厝。安葬于安阳之花街镇。瑞品从予问学，丐予文，铭君之幽。铭曰：

惟稷为官替不窋，士不力田嗟有失。代耕纷纷乱四国，秦仪衍轸相横突。司民孤终协有册，耨获烝尝永无歇。劬学济病群动色，守先保家在亲侧。佳城永闷人悲惜，千秋万岁相寻绎，齐物蒙庄谥安宅。

# 海宁孙鹰若教授生平述略

君讳世扬，字鹰若，浙江海宁人。先世不详所业，至君之翁习贾，张绸缎肆于邑致富饶。吴中蚕桑之利甲天下，滨海之土，潮汐常至，不宜稼而适桑，君邑海宁，固以浙江潮闻于世者也。

君幼颖异好学。稍长，与同邑周承德游。承德工书，汉魏碑版五百家，摹习殆遍，篆隶行草并精绝。君承其染，书法骎骎入古，汉隶、八分皆可乱真。民国七八年间，君负笈游学燕京，适蕲春黄季刚主讲国学于北京大学，因师事之，小学经义皆通其窾要。未卒业，以事南返，季刚为荐于其师馀杭章先生，章先生令其二子导、奇执贽受业。君以童子师而得事当代老先生，精金更入铸冶，盖自喜得地。居章宅几二十年，学以大成。师弟宾主相得无间，章宅重之如家宰。进退宾客，谴奖僮仆，笔札驰骛，君皆一手任之。

余以十九年获事章先生于海上同孚路寓庐，得识君，重以夙契。周君承德之介，因与定交。君性重慎，寡交游，不臧否人物，惟有所激发，则诋　谯让，面折人过无所徇，辞锋飙举若有棱，然其中悬忳实无他，人未尝讥其狂也。其侍章先生也，跬步不违。海上奸莠杂出，杀人越货，日有所闻。尝有逻者自邻垣越入章宅缉逸盗，枪弹猝发，声震屋瓦。家人皆逃匿，而章先生从容燕坐，君肃然侍立，不稍皇惑，逻者共惊为神，君之毅胆定识有如此者。君旅沪久，复以其隙，师事恽铁樵习岐黄，得其秘要。出为人主方，多奇效。然性洁好静，畏见病人，终不悬壶树表也。

二十三年夏，国民政府派丁惟汾赴吴门赍二万金为章先生寿。时章先生已侨吴，赁庑初定，不欲得官府财，坚拒不纳。惟汾有怍色。君主受之，而移其金以兴办章氏国学会，为衷于礼义，不伤廉，章先生然之。于是四方学子咸游吴市，章黄门下士亦多集吴门。余见君立课程，办约束，编杂志，记讲录，常至夜分，无倦容。二十五年章先生撤瑟，君受顾命，仍理国学讲习会事，余则泛海为岭南游，愧负师门深恩。其后二年，苏州、南京相继沦陷，君承章夫人旨，权葬章先生于苏州锦帆路宅园中，待收京营国葬，已则间行入邓尉山，奉《章氏遗书》，藏穹窿山寺中。处分讫，而寇焰愈张，不得已怀挟太炎文未刊稿，挈一老仆仓皇出，溯江而上。忽与余邂逅于汉皋市中，则须发皆白，辅颐瘦削特甚。瞿瞿然视，顿惊其老，相将入浴室爬梳痒疴，稍苏劳魂，亦犹有积年之疹疾，而欲以一丸消之也。浴毕共饭，君慨然叹曰："我寄食故人二月馀矣，幸不死。寇机自沪袭京，更迭轰炸，而常挟有馀之弹归贻苏州。予惧章先生权厝址为弹药所糜，则吾幸生不如死之为愈矣！"言次唏嘘不绝。时所携之太炎集外文排印汉上，君每日必自武昌渡江校雠文稿，不避轰炸，无间风雨。呜呼！君之于师，可谓能心丧之哀，而敬其传之业者矣。

二十九年，君应重庆中央大学之聘。入川著《西征记》，李根源为之刊行。朱家骅闻其才，欲延为私人记室，相对一日，即别去，家骅不能屈张。继长国史馆，拟辟为编纂，终不往。沙坪坝病，家往往以笋舆延主方，辄流连竟日。其天性如是，非矫拗使然。

三十年秋，余亦来沙坪，任中央大学诗学教授，与君三度相聚。相见破涕为笑，忘在客中。君始有咯血之疾，恃己知医，常自下药，勿措意。又嗜烟卷，黄酒不之禁。而渝州冬之雾霾、夏之毒热，窃恐非其所堪。然偶于春妍之辰，与余啸招辽东金毓黻等，欣然命驾，为槃溪之游。柱杖溪流，观山陬碧桃灼放如火齐，亦未尝不举觞大乐，分韵赋诗。居沙坪坝时，肉鬻黑市，不易得。吾人日啖豆腐，君始嘉其乡诗人查初白《豆腐》诗。又一日，美机炸东京，报馆出号外，吾与君狂喜，买酒小龙坎，佐以盐茗所渍鸡子。予赋诗，有"下酒海暾摧羿彀，思归春雨涨胥潮"之句，君大喜，浮一大白。君室中常烧灯煮茗，热盐茶鸡子饷客，灯号五更鸡，焰穗荧荧然昼夜不熄。性好洁，躬自涤器，巴僮所不能代劳，终日栗六如恒人，孰知其淹贯经史，调习声韵，胸有至乐，不忮不求哉？

三十一年，予辞中大教席而应川大之聘，而君则以三十四年胜利后乘机东归，于京度残腊招其二女公子来侍侧。有书见告，客疱无烟，囊空如洗，岁暮还乡，仍复凄断。盖自教授月给五斗米以来，饥饿不死，鼓腹不能。而君破产初贫，间关万里，妻亡嗣绝。期待胜利后之种种幸福，复如梦幻。君如无弱女之慰情，则生人之乐，殆乎绝矣。

三十五年，君旋里家居闷损，复出应安徽大学之聘，卒以三十六年七月二十一日，呕血不止逝世，享年五十有四。呜呼痛哉！君任真寡欲，妻死不续娶，平生薄仕宦，亦不乐作文字。所著仅《文字学》《三礼讲义》《本草注释》，骈文诗篇等皆未刊。

天不假年，厄我名贤！栋折榱崩，名言永绝！揎琴泼茗，觅君何所？他人好君，叶公之龙；余之好君，驱虚蛩蛩。皖江呜咽，雪涕无从。顷与成都友人成此哀悼专刊者，窃以常人之情，艳称事业文章。今有天下名贤，无丰伟之事功，与赫曜之文篇，岂必不足于荣哀之数乎？夫颜渊之子孔子，仰钻不休，又不改其乐。薄有负郭之田，不慕元　之重，但闻夫子循循讲论，三月不违仁，终身如愚，没吾身而已矣，彼岂待有禹稷之事功哉！黄宪之生于汉季，葆真味道，德器充然，澄之不清，挠之不浊，令见者每自多失。则若而人者，夫岂望有马、班之文章哉？

君之一世，游于章、黄之门者二十馀年，出而任大庠教授者近十年，终其身优游浸渍于学问义理修持之中。其心未尝求为官，以失其至乐，亦未尝效俗工文，以丧其真朴。是皭然不染、安节顺化之天人也。既曰天人，天合之矣，畸于人，庸何伤哉？死于道路，又何戚乎？

# 参考文献

[1] [唐]房玄龄等撰. 晋书[M]. 北京:中华书局,1974 年版。

[2] [北魏]郦道元著,陈桥驿校证. 水经注校证[M]. 北京:中华书局,2013 年版。

[3] 陈鼓应注译. 庄子今注今译(最新修订版) [M]. 北京:商务印书馆,2007 年版。

[4] 朱乔森编. 朱自清全集:第二卷[M]. 南京:江苏教育出版社,1988 年版。

[5] 冯永军著. 当代诗坛点将录[M]. 上海:华东师范大学出版社,2011 年版。

[6] 张寿平辑释. 近代词人手札墨迹[M]. 台北:"中央研究院中国文哲研究所",2005 年版。

[7] 张卓群、宋佳睿编.《甲寅》通信集[M]. 福州:福建教育出版社,2016 年版。

[8] 逯钦立辑校. 先秦汉魏晋南北朝诗[M]. 北京:中华书局,1983 年版。

[9] [清]彭定求等编. 全唐诗[M]. 北京:中华书局,1960 年版。

[10] 傅璇琮等主编. 全宋诗:第六十四期 [M]. 北京:北京大学出版社,1998 年版。

[11] 金涛声点校. 陆机集[M]. 北京:中华书局,1982 年版。

[12] [唐]杜甫著,[清]仇兆鳌注. 杜诗详注[M]. 北京:中华书局,1979 年版。

[13] [唐]岑参著,陈铁民、侯忠义校注. 岑参集校注[M]. 上海:上海古籍出版社,2004 年版。

[14] [唐]杜牧著,[清]冯集梧注. 樊川诗集注[M]. 上海古藉出版社,1978 年新 1 版。

[15] [宋]苏轼著，[清]冯应榴辑注，黄任轲、朱怀春校点. 苏轼诗集合注[M]. 上海：上海古籍出版社，2001 年版。

[16] [宋]陈师道撰，[宋]任渊注，冒广生补笺. 后山诗注补笺[M]. 北京：中华书局 1995 年版。

[17] 陈三立著，潘益民、李开军辑注. 散原精舍诗文集补编[M]. 南昌：江西人民出版社，2007 年版。

[18] 黄侃等著，王培军、庄际虹校辑. 校辑近代诗话九种[M]. 上海：上海古籍出版社，2013 年版。

[19] 邵祖平著. 文字学概说[M]. 上海：商务印书馆，1929 年版。

[20] 邵祖平著. 中国观人论[M]. 上海：开明书店，1933 年版。

[21] 邵祖平著. 国学导读[M]. 上海：商务印书馆，1947 年版。

[22] 邵祖平著. 培风楼诗[M]. 上海：商务印书馆，1946 年版。

[23] 邵祖平著. 培风楼诗[M]. 杭州：浙江大学出版社，2000 年版。

[24] 邵祖平著. 七绝诗论·七绝诗话合编[M]. 成都：中国文化服务社四川分社，1943 年初版，1946 年再版。

[25] 邵祖平著. 七绝诗论·七绝诗话合编[M]. 成都：巴蜀书社，1986 年版。

[26] 邵祖平著. 七绝诗论·七绝诗话合编[M]. 北京：华龄出版社，2009 年版。

[27] 邵祖平著. 词心笺评[M]. 上海：复旦大学出版社，2007 年版。

[28] 杜晓勤. 20 世纪唐代文学研究历程回顾[J]. 北京大学学报(哲学社会科学版)，2002 年第 1 期。

[29] 程郁缀. 史有遗贤，而文章无穷——邵祖平先生《词心笺评》略评[J]. 北京大学学报(哲学社会科学版)，2008 年第 2 期。

[30] 路成文. 论邵祖平的“词心”说[J]. 文艺研究，2015 年第 12 期。

# 《中国近现代稀见史料丛刊》已出书目

**第一辑**

莫友芝日记
汪荣宝日记
翁曾翰日记
邓华熙日记
贺葆真日记
徐兆玮杂著七种
白雨斋诗话
俞樾函札辑证
清民两代金石书画史
扶桑十旬记(外三种)

**第二辑**

翁斌孙日记
张佩纶日记
吴兔床日记
赵元成日记(外一种)
1934—1935中缅边界调查日记
十八国游历日记
潘德舆家书与日记(外四种)
翁同爵家书系年考
张祥河奏折
爱日精庐文稿
沈信卿先生文集
联语粹编
近代珍稀集句诗文集

**第三辑**

孟宪彝日记
潘道根日记
蟫庐日记(外五种)
王癸避难日志　辛卯年日记
嘉业堂藏书日记抄
吴大澂书信四种
赵尊岳集
贺培新集
珠泉草庐师友录　珠泉草庐文录
校辑民权素诗话廿一种

**第四辑**

江瀚日记
英轺日记两种
胡嗣瑗日记
王振声日记
黄秉义日记
粟奉之日记
王承传日记
唐烜日记
王锺霖日记(外一种)
翁同龢家书诠释
甲午日本汉诗选录
达亭老人遗稿

**第五辑**

袁昶日记
吉城日记
有泰日记
额勒和布日记
孟心史日记·吴慈培日记
孙毓汶日记信稿奏折(外一种)
高等考试锁闱日录
东游考察学校记
翁同书手札系年考
辜鸿铭信札辑证
郭则沄自订年谱
庚子事变史料四种(外一种)
《申报》所见晚清书院课题课案汇录
近现代“忆语”汇编

**第六辑**

江标日记
高心夔日记
何宗逊日记
黄尊三日记
周腾虎日记
沈锡庆日记
潘钟瑞日记
吴云函札辑释
新见近现代名贤尺牍五种
稀见淮安史料四种
杨懋建集
叶恭绰全集
孙凤云集
贺又新张度诗文集
王东培笔记二种

**第七辑**

豫敬日记　洗俗斋诗草
宗源瀚日记(外二种)
曹元弼日记
耆龄日记
恩光日记
徐乃昌日记
翟文选日记
袁崇霖日记
潘曾绶日记
常熟翁氏友朋书札
王振声诗文书信集
吴庆坻亲友手札
画话
《永安月刊》笔记萃编
浙江省文献展览会文献叙录
杨没累集